Jesus, der Mann aus Nazareth

Donald Spoto

Jesus
der Mann
aus Nazareth

Sein Leben,
seine Bedeutung,
seine
Geheimnisse

Bechtermünz

Genehmigte Lizenzausgabe
für Verlagsgruppe Weltbild GmbH, Steinerne Furt, 86167 Augsburg
Copyright © 1999 der deutschsprachigen Ausgabe by
Europa Verlag GmbH, Hamburg/Wien
Copyright © 1998 by Donald Spoto
Übersetzung ins Deutsche: Maria Czedik-Eysenberg
Umschlaggestaltung: Form Fünf, Regensburg
Umschlagmotiv: Girolamo da Santacroce, »Das heilige Abendmahl«
(Ausschnitt), AKG/Berlin
Gesamtherstellung: GGP Media GmbH,
Karl-Marx-Straße 24, 07381 Pößneck
Printed in Germany

ISBN 3-8289-4890-1

2005   2004   2003   2002
Die letzte Jahreszahl gibt
die aktuelle Lizenzausgabe an.

In tiefer Dankbarkeit für
Irene Mahoney
Elaine Markson
John Daretta

Nunc scio quid sit amor.
Vergil

»Vergiss die Exegese«, unterbrach Didymus müde. »Jetzt benötige ich sie nicht mehr. Lies die Schrift.«

J. F. Powers: *Lions, Harts, Leaping Does*

Inhalt

Vorbemerkung

Seit nahezu fünfzig Jahren, seit ich als Schuljunge davon hörte, komme ich von den Worten der alten Osterliturgie nicht mehr los:

»Christus gestern und heute, der Anfang und das Ende, Alpha und Omega. Alle Zeit und alle Zeitläufe gehören ihm.«

Für die frühen christlichen Gemeinschaften bedeuteten diese Worte den Glauben an die immerwährende Gegenwart des auferstandenen Jesus unter ihnen – nicht nur ein vager Geist, der nur für diejenigen unter ihnen existent war, die an ihn und seine Lehre glaubten, sondern seine Wirklichkeit, sein absolutes Selbst, lebendig und jedermann zugänglich. Für mich hat die Verkündigung immer die Bedeutung gehabt, daß ich zwar niemals der Vollendung nahe kommen, doch gleichzeitig immer in seiner Kraft leben werde: *Ipsius sunt tempora.* »Alle Zeit gehört ihm...«

Alle Zeit, das war mir klar geworden, bedeutet nicht nur die Zeit im universellen Sinn, sondern *die Zeit* – die Bruchstücke jedes Momentes – jedes Menschen, *meiner* Zeit: alles, was mein Leben, meine Beziehungen, meine Arbeit und auch meinen Tod umfaßt. Alles steht in meiner Beziehung zu Gott. Mir ist die Erkenntnis gekommen, daß es weniger darauf ankommt zu lernen, wer ich bin, sondern zu verstehen, wem ich gehöre. Alles, was ich als das meine betrachte, gehört Gott und steht in Verbindung mit Gott, so wie Paulus den Korinthern geschrieben hat: »Ihr gehört Christus, und Christus gehört Gott.«

Die vergangenen vierundzwanzig Jahre habe ich hauptsächlich an Biographien gearbeitet. Doch das Doppelte dieser Zeit gehörte meinem ganz großen Anliegen, denn das, was mich gestützt, angespornt, belebt, belehrt, beunruhigt, verurteilt, erschreckt und beglückt hat, war die unerklärliche Reise, die der Glaube an Gott bedeutet. Und damit war es eine wunderbare – zugleich erschreckende und beschämende – Erfahrung meiner Berufung als Schriftsteller gerecht zu werden, indem ich mich mit den Fragen nach den letzten Dingen befaßte.

Es ist wahrlich eine Sache von Leben und Tod, sich an den Glauben der Selbstoffenbarung Gottes in Jesus von Nazareth zu klammern, wie häufig Dunkelheit und Schwäche den Menschen auch befallen mögen. Hier muß es bereits klar sein, daß Jesus, der Mann aus Nazareth, in einem Glauben wurzelt, der weder intellektuelle Pose noch poetische Phantasie ist, aber auch nicht etwas, das man besitzt wie einen akademischen Grad oder die Kenntnis einer Fremdsprache. Glaube ist eine bestimmte Haltung zur Realität – ein Kontext von Erkennen und Handeln, ein Prozeß des Wachsens. Die Haltung, der Kontext und der Prozeß sind, zumindest für mich, in der feierlichen Verkündigung der ersten Christen umrissen, wie wir sie im Neuen Testament finden.

Wir aber beweisen unseren Glauben nicht in Schriften oder in den erforderlichen klassischen Glaubensformeln, in welchen sich die strenggläubigen Christen der frühen kritischen Jahrhunderte bemühten, den Glauben zu definieren. Noch viel weniger beweisen wir unseren Glauben in den Statements der Theologen oder den Beiträgen der Bibelgelehrten, wie faszinierend und nützlich sie auch sein mögen. Nein, das einzig Wahre des christlichen Glaubens liegt im lebendigen, allgegenwärtigen Jesus, der über, hinter und jenseits jeder menschlichen Tat steht, die ihn oder den Gott, den er offenbart, betrifft.

Ein Buch, so heißt es, sollte niemals mit negativen Feststellungen beginnen. Das ist die erste Tradition, mit der ich breche. Jesus, der Mann aus Nazareth, ist weder für den Theologen noch für den professionellen Bibelexegeten bestimmt, wenn ich auch bei den besten von ihnen in tiefer Schuld stehe. Obwohl jedes Kapitel viele Bibelauslegungen dieses Jahrhunderts miteinbezieht, so ist es der Sinn dieses Buches, eine Reihe von Meditationen über die Bedeutung des Jesus von Nazareth zu bringen. Es ist für alle Menschen gedacht, die von Jesus fasziniert sind, und wenn es auch von besonderem Interesse für Katholiken ist, so habe ich es für alle Menschen geschrieben, die guten Willens sind. Es gibt viele ausgezeichnete literarische und historische Werke, die dem Leser einen tieferen Einblick in die Geschichte, in alte Kulturen, in sprachliche Deutung und Archäologie gewähren, soweit sie die hier relevanten Fragen betreffen. Viele Werke, die ich herangezogen habe, sind im bibliographischen Teil zitiert und einiges von wissenschaftlichem Interesse im Anhang aufgelistet.

Wenn es sich hier auch nicht um einen Bibelkommentar handelt, so hoffe ich doch, daß meine Jahre des Studiums und als Lehrer des Neuen Testamentes in diese Reflexionen eingeflossen sind. In diesem Zusammenhang muß ich meine tief empfundene Bewunderung für die großen Gelehrten und Exegeten dieses Jahrhunderts betonen, deren Werke den Boden für den bescheidenen Samen dieses Buches bereitet haben.

So fühle ich mich verpflichtet, zwei Professoren zu nennen, unter denen ich studierte, als ich an der Fordham University über das Neue Testament promovierte, denn sie und ihre Werke haben viel dazu beigetragen, mein Denken zu formen. Myles M. Bourke und Raymond E. Brown sind international anerkannte Gelehrte, deren Leistungen allen jenen bekannt sind, die sich mit zeitgemäßen Bibelstudien befassen. Alles, was an in diesem Buch wertvoll ist, verdanke ich dem Unterricht dieser beiden Männer.

Und in diesem Zusammenhang möchte ich meine Dankbarkeit und meine Bewunderung aussprechen:

Robert Weil, Cheflektor bei St. Martin's Press, hat vom ersten Tag an dieses Projekt gefördert und den Autor ermutigt. Er ist ein Mann von außerordentlichem Wissen und Einfühlungsvermögen, er ist der Traum jedes Schriftstellers vom idealen Lektor, und seine Liebenswürdigkeit gibt mir den Mut in unserer gemeinsamen Arbeit fortzufahren. Diese Partnerschaft, eine Idee meiner lieben Freundin und unfehlbar scharfsinnigen Agentin Elaine Markson, ist ein weiteres Beispiel für die außergewöhnliche Förderung meiner Karriere.

Ich bin zudem sehr glücklich, daß ein beiderseitig langgehegter Wunsch einer Zusammenarbeit letztendlich realisiert werden konnte: Sally Richardson, die kluge und weise Direktorin von St. Martin's Press, war in jeder Phase dieses Projektes meine hilfreiche Verbündete.

Mein Dank gilt Andrew Miller aus Robert Weils Büro, der geduldig und mit großer Bereitwilligkeit seinen täglichen Anteil an Verantwortung getragen hat.

Die Bibel wurde, selbstverständlich, von Menschen geschrieben – sie ist das Wort Gottes in den Worten der Menschen. Obwohl diese Schreiber (und dieser Autor) versichern, daß sie von den transzendenten Realitäten geleitet wurden, so waren ihnen gleichzeitig durch die Möglichkeiten der eigenen Sprache Grenzen gesetzt. Jeder menschliche Diskurs ist metaphorisch – das gehört zu meinen Hauptthemen –, und so muß, was immer über Gott gesagt wird, behelfsmäßig und unvollkommen bleiben, begrenzt durch die Struktur der Sprache und die Ideologien, den Grundmauern der Kultur. Daher denke ich, daß über Gott zu sprechen, weder falsches Bemühen noch Verrücktheit ist.

Jesus blieb seinen Zeitgenossen ebenso verborgen, wie er heute uns verborgen zu sein scheint. Viele Christen und andere Wohlmeinende, gleichgültig ob sie Gläubige oder Ungläubige sind, haben das Gefühl, hätten sie Gelegenheit mit Jesus über die Hügel von Galiläa zu wandern, um ihn zu sehen und zu hören, so könnten sie selbst ihre Entscheidung treffen. Ich bezweifle das. Das Miterleben dürfte nicht den geringsten Unterschied machen.

Seht diese zusammengewürfelte Schar der Jünger, ein nicht sehr beeindruckender Haufen, der mit Jesus von Nazareth sprach, aß und lebte. Sie wanderten fast zwei Jahre mit ihm über die unwegsamen Hügel und durch das verdorrte Land, und dennoch, sogar bis zur Zeit seines Todes waren sie unfähig, seine Größe zu erkennen. Einer der bittersten Aspekte der letzten Stunden Jesu ist seine vollkommene Verlassenheit: Am Ende war er allein.

Die Bedeutung Jesu begann seinen Freunden erst schrittweise nach den ersten Ostern klar zu werden. Dank einer Reihe bemerkenswerter Erfahrungen kamen sie zu der Erkenntnis, daß die ganze Wahrheit über diesen Mann während seines Lebens verborgen blieb. Und sie waren überzeugt, daß ihn der Tod nicht bezwungen hatte – statt dessen verkündeten sie, daß er in völlig gewandelter Form weiter unter ihnen weilte, in einem vollkommen neuen, wenn auch unsichtbaren Leben. Jesus blieb für die ersten Christen immer noch verborgen, doch wurde er paradoxerweise immer gegenwärtiger und immer zugänglicher.

Die ursprünglichen Zeugen Jesu und die Schreiber über ihn beabsichtigten keine historische Biographie. Für sie war er keine geschichtliche Figur, sondern ein Lebender, sehr präsent und real. Wenn auch unsichtbar und geheimnisvoll, so war er ihnen doch nahe und an Wendepunkten ihres Lebens war er bei ihnen.

Die Evangelien, wenn auch erst ein halbes Jahrhundert nach den Ereignissen vollendet, sind nicht Dokumente einer Vergangenheit. Sie wurden für Menschen geschrieben, die sich in kritischen Lebenslagen befinden, Menschen, die nach dem Sinn des Glaubens suchen, Menschen, die Schmerz sowie politische und soziale Unbill bewältigen, die sich trotz Unzulänglichkeit und Mangel an Einsicht durchsetzen und mit ihren Grenzen und Eigeninteressen zum Ziel kommen müssen. Die Evangelien geben Antwort auf die Anliegen der Gemeinschaft und stehen im Einklang zu ihren Erfahrungen mit dem Auferstandenen – der Eine, der geglaubt und gepredigt hat, derselbe, der einst als Mensch gelebt hat und gestorben ist und der nun für immer weiterlebt.

Gott bleibt, wie es so oft scheint, der Verborgene, und Jesus, der Mann aus Nazareth, was immer man über ihn denken mag, war und bleibt auch der Verborgene. Doch es ist sein neues Leben, und in diesem neuen Leben teilt er mit, daß er lebendig und gegenwärtig ist und er dort ein Ziel anbietet, wo nur Unordnung herrscht.

Die Prüfung, die Probleme, die Fragen und das Erstaunen, welche diesen Fragen folgen, bilden den Kern dieses Buches. Ich biete keine definitiven Antworten. Ich möchte nur zu bedenken geben, daß die Demut und die Verborgenheit Jesu, damals wie heute, vielleicht der Schlüssel ist, um die tiefe Bedeutung seines neuen Lebens verständlich zu machen. Und die des meinen und des Ihren.

D. S.

Los Angeles, 27. Januar 1998

Fest der hl. Angela Merici · Gründerin der Ursulinen

Die Musik der Stille:

Christi Geburt

Ein neugeborenes Kind liegt in einer mit Stroh gefüllten Krippe. Seine Eltern knien neben ihm. Daneben stehen ein Ochse, ein Esel, vielleicht einige Lämmer, ein paar Hirten und drei fremdartig gekleidete exotische Männer, die dem Kind Geschenke darbringen.

Diese Darstellung ist allgemein bekannt. Die Geburt Christi, ob in Hymnen oder Oratorien besungen, auf Leinwand, in Gips oder Holz dargestellt, dürfte die bekannteste Ikone der Welt sein.

Dieses Szenario, die künstlerische Wiedergabe der Geburt Christi, die seit mehr als siebenhundert Jahren ihre Gültigkeit hat, stammt nicht aus dem Neuen Testament, sondern von Franz von Assisi und einigen seiner Begleiter. 1223 hat Franz von Assisi nahe dem italienischen Dorf Greccio eine Art Panorama für die Weihnachtszeit ins Leben gerufen. Da das Evangelium nach Lukas erwähnt, das Kind sei in eine Krippe gebettet worden, meinte einer der Begleiter, in dem Stall müßten sich Ochsen, Pferde und Esel befunden haben. Die Bemerkung des Mannes hinsichtlich der Tiere erinnerte Franz von Assisi an einen Vers des Propheten Jesaja: »Der Ochse kennt seinen Besitzer, und der Esel die Krippe seines Herrn« (Jesaja 1, 3), und so wurde einiges Vieh dem *tableau vivant* hinzugefügt und vorsorglich neben der bäuerlichen Familie angebunden, die das originale Trio darstellte. Und weil das Evangelium nach Matthäus den Besuch einer ungenannten Zahl von Weissagern und Astrologen (in der Bedeutung von *magi*), Lukas die Anwesenheit von Schäfern erwähnt, bat Franz von Assisi die Freunde, auch diese darzustellen. Seinem frommen Denken entstammt die malerische Ikonographie der Christnacht.

Nach dem Weg, den Franz von Assisi gezeigt hatte, komponierten die Künstler häufig die Szene der Christnacht, indem sie alle Beschreibungen der Evangelien vereinten. In den Evangelien findet man sonst jedes Detail und jedes Ereignis entweder bei Matthäus *oder* bei

Lukas, mit einer Ausnahme, nämlich die Szene in Bethlehem, hier unterscheiden sich die Berichte in jeder Einzelheit und lassen sich nicht auf einen Nenner bringen. Doch bedeutet dies kein Problem, wenn wir bedenken, daß jeder der beiden Evangelisten bei der Beschreibung des Ereignisses einen bestimmten religiösen Zweck im Auge hatte – ein Ziel, das uns den Glauben der Gemeinschaft zeigt, für die es geschrieben wurde und aus der der Evangelist selbst kam.

Nur Ebenezer Scrooge konnte es vor seiner Sinnesänderung wagen, an der schlichten, zu Herzen gehenden Schönheit der künstlerischen Darstellung, wie sie über Jahrhunderte tradiert ist, Kritik zu üben. Aber wie immer in der Kunst zeigt sich auch hier, daß jede Einzelheit ihre Bedeutung hat. Es gibt nur wenige Menschen, die nicht von der armen ländlichen Familie mit dem hilflosen Kind unter elendsten Umständen gerührt sind. Dennoch ist es erstaunlich, bedenkt man, wie verschieden die Ereignisse von den beiden Evangelienschreibern gesehen werden, von denen jeder das Ziel hatte, die Ankunft Jesu in ihrer ganzen Wichtigkeit zu beschreiben.

»In jenen Tagen erließ Kaiser Augustus den Befehl, alle Bewohner des Reiches in Steuerlisten eintragen zu lassen ... So zog auch Josef von der Stadt Nazareth in Galiläa hinauf nach Judäa in die Stadt Davids, die Bethlehem heißt; denn er war aus dem Haus und dem Geschlecht Davids. Er wollte sich eintragen lassen mit Maria, seiner Verlobten, die ein Kind erwartete.« (Lukas 2, 1–5)

Inmitten der Hügel, zwischen dem See Genezareth und dem Mittelmeer gelegen, war Nazareth ein bedeutungsloses, sechzig Acker umfassendes Dorf, dessen Einwohner ihren Lebensunterhalt mit Ackerbau verdienten. Pächter, Sklaven und vorbeiziehende Tagelöhner bearbeiteten den Boden der wenigen reichen Gutsbesitzer, deren Land (dank milder Temperaturen und reichlichem Regen) ausreichend Früchte, Getreide und Gemüse hervorbrachte.

Das größte Ansehen im Dorf genossen allerdings nicht die Bauern, sondern die Händler und Handwerker, wie Goldschmiede, Maurer, Töpfer, Steinmetze, Schuster und – an der Spitze – Zimmerleute, die nicht nur Türen und Möbel zuschnitten, sondern denen auch die Konstruktion der Häuser und der lokalen Synagoge oblag. In der Synagoge, dem religiösen Versammlungsort, trafen sich die Gläubigen, um zu lesen, zu beten und die schriftlichen und mündlichen Auslegungen der Bibel zu diskutieren.

Die meisten Häuser der unteren und der mittleren Schicht bestanden aus einem oder zwei Räumen von jeweils achtzehn oder fünfundzwanzig Quadratmetern, der Fußboden war aus Lehm. Mit Wänden aus Stroh und Ziegeln waren diese kleinen dunklen, meist fensterlosen Hütten mit dem Wohnhaus des Nachbarn verbunden. In dem in der Mitte gelegenen Hof waren die gemeinsamen Feuerstellen, die Zisternen und die Mühlsteine, eine Scheune für das Getreide und ein Lagerhaus für Öl, Wein und Nahrungsmittel.

Die Nahrungsmittel umfaßten Brot, geröstetes Getreide, zu einer Art Haferflockenbrei verkocht, Linsen, Graupen, Paprika, Datteln, Beeren und Oliven. Fische aus dem Mittelmeer oder dem See Genezareth gab es in Mengen, und sie wurden eingepökelt, um sie vor dem Verderben zu schützen. Jede Art Fleisch hingegen war Luxus. Die Leute tranken Wasser, Ziegenmilch, gewässerten Essig, Dattelsaft, eine Art Bier aus fermentierter Gerste und einen starken, gefilterten Wein, der mit Wasser versetzt werden mußte. Dennoch konnten nur wenige die häufigen Anfälle von Dysenterie vermeiden, und allzuoft starben die Menschen an verdorbenen Nahrungsmitteln. Nur wenige Familien hatten Zugang zu wirkungsvollen Pflanzenheilmitteln.

Zu den spärlichen Besitztümern des Haushalts, welche die meisten Familien besaßen, gehörten eine Lampe, die aus Ton hergestellt war und mit Olivenöl gefüllt wurde, und ein Vorratsschrank für Kleider und vorbereitete Mahlzeiten. Als Betten wurden zwei oder drei Bodenmatten verwendet, als Kissen dienten Steine oder Holz, als Decken gefaltete Mäntel.

Bethlehem andererseits, neun Kilometer südlich von Jerusalem, war für das jüdische Volk als Heimat der Familie König Davids, wo dieser auch gesalbt worden war, ein geheiligter Ort. Doch nach Matthäus' und Lukas' Beschreibung von Jesu Geburt wird Bethlehem im Neuen Testament niemals wieder erwähnt, und Jesus wird als der »von Nazareth« bezeichnet.

Eine alte Vorhersage schreibt ihm im Licht seiner Auferstehung und seines neuen Lebens die Macht der Auferstehung und der Herrschaft über das Universum zu – eine Vorhersage, die für die königliche Linie Davids erhofft wurde. Es ist daher durchaus möglich, daß die ersten Judenchristen die Geburt Jesu nach Bethlehem verlegten, um damit seinen königlichen Ursprung zu bekräftigen, zumal bewiesen ist, daß Jesus aus der Familie David stammt. Damit erklärt der Glaube ihn zum Repräsentanten des neuen Israels.

Was die von Kaiser Augustus »für das ganze Reich« angeordnete Schätzung – eine Anordnung, die Josef und Maria vermutlich vor allem nach Bethlehem geführt hat – anbetrifft, so lautet das nach Lukas: »Dies geschah zum erstenmal; damals war Quirinius Statthalter von Syrien.« (Lukas 2, 2) In Wahrheit ließ Augustus niemals das ganze Reich (schon gar nicht die ganze Welt) registrieren, und der judäische Zensus, der keinesfalls die Einwohner von Nazareth betroffen hätte, wurde historisch von Publius Sulpicius Quirinius erst angeordnet, als Jesus ungefähr acht Jahre alt war. Hier ist Lukas, in dem Bemühen, ein genaues geschichtliches Datum festzulegen, wenn auch in einer Kleinigkeit, ein Irrtum unterlaufen.

»Als Jesus zur Zeit des Königs Herodes in Bethlehem in Judäa geboren worden war, kamen Sterndeuter aus dem Osten nach Jerusalem und fragten: Wo ist der neugeborene König der Juden? ... [Die weisen Männer] machten sich auf den Weg. Und der Stern ... zog vor ihnen her bis zu dem Ort, wo das Kind war; dort blieb er stehen ... Sie gingen in das Haus und sahen das Kind ... da fielen sie nieder und huldigten ihm ... und brachten ihm Gold, Weihrauch und Myrrhe als Gaben dar ... Als sie wieder gegangen waren, erschien dem Josef im Traum ein Engel des Herrn und sagte: Steh auf, nimm das Kind und seine Mutter und flieh nach Ägypten ... denn Herodes wird das Kind suchen, um es zu töten ... er [Herodes] ließ in Bethlehem und der ganzen Umgebung alle Knaben bis zum Alter von zwei Jahren töten.« (Matthäus 2, 1–12, 16–18)

Diese dramatischen Episoden finden sich nur bei Matthäus, denn laut Lukas sind alle Umstände der Geburt friedlich und verheißungsvoll. Hirten kommen, um dem Kind zu huldigen, Engel singen, das Kind wird getauft und die Eltern begeben sich in aller Ruhe nach Jerusalem, bevor sie in ihr Heimatdorf Nazareth zurückkehren. Im Evangelium des Lukas gibt es keinen Besuch der Weisen aus dem Morgenland, keinen wunderbaren Stern, keine Flucht nach Ägypten, nicht das Hinschlachten der Kinder auf Anordnung von Herodes, der um seine Vorherrschaft Angst hat.

Jedes Jahr bringen zur Christzeit Zeitungen und Magazine phantasiereiche Artikel von Astronomen und Bibelgelehrten, die behaupten, ein für alle Male den Stern (oder Kometen oder eine Verbindung von

Planeten) gefunden zu haben, dem die Sterndeuter gefolgt wären und der über der Geburtsstätte Jesu angehalten hätte, was Matthäus später beschrieben hatte. Aber nach einem astrologischen Phänomen zu suchen, heißt, den Kern der sublimen Literatur, des religiösen Charakters und der innewohnenden tiefen Wahrheit mißzuverstehen.

Es beginnt damit, daß sich in den Aufzeichnungen jener Zeit kein Hinweis auf ein astronomisches Phänomen findet. Hätte wirklich ein Stern Exoten aus einem fernen Land und auf geheimnisvolle Weise den Ort von Jesu Geburt gewiesen, warum scheint dann dieses Ereignis in der zeitgenössischen Geschichtsschreibung nicht auf, ja nicht einmal in den Erinnerungen an jene Zeit? Warum hatte ein solches Ereignis nicht Auswirkungen auf sein Leben oder das seiner Familie und Freunde? Und wenn Herodes der Große – der nominelle jüdische König von Judäa, der gegenüber Rom absolut loyal war – solche Schritte gegen Jesus unternommen hätte, warum hatte sein Sohn Herodes Antipas dann erst gegen Ende des Wirkens Jesu von diesem Kenntnis? Die Antwort ist darin zu finden, daß der Stern und die weisen Männer Elemente der religiösen Wahrheit sind, und ihre Bedeutung für den Glauben nicht in der Argumentation über ihre historische Wahrheit zu finden ist.

Zur Zeit Jesu hing das Motiv eines symbolischen Sterns mit den jüdischen Geschichten zur Geburt Abrahams zusammen. Nach einer zeitgenössischen Midrasch (einer Auslegung des Alten Testaments nach den Regeln der jüdischen Schriftgelehrten) verkündeten die Astrologen, sie hätten am Tag der Geburt des Patriarchen einen Stern aufgehen sehen. Genau das schreibt Matthäus, daß nämlich die Weisen einem Stern gefolgt seien – zu Jesus, den Matthäus in den ersten Versen seines Evangeliums als »Sohn Abrahams« (Matthäus 1, 1) bezeichnet.

Weiter spricht im Alten Testament im Buch Mose der heidnische Seher und Astrologe Bileam von der Geburt König Davids und seinem Sieg über die Feinde Israels: »Ein Stern geht in Jakob auf, ein Zepter erhebt sich in Israel.« (Numeri 24, 17) Und im Buch Jesaja wird von der Hoffnung gesprochen, Jerusalem werde nach dem Babylonischen Exil wieder seine Schätze zurückerlangen: »Auf, werde Licht, denn es kommt dein Licht ... Völker wandern zu deinem Licht und Könige zu deinem strahlenden Glanz.« (Jesaja 60, 1–3). In anderen Worten, der Stern repräsentiert nicht nur den König als Einzelperson, sondern auch die Völker, deren Hoffnung er erfüllen wird: »... die Schätze der Völker [d. h. der Heiden] kommen zu dir ... bringen Weihrauch und Gold und verkünden die ruhmreichen Taten des Herrn.« (Jesaja 60, 5,6).

Jesus erfüllt alle diese Hoffnungen, an die Christen glaubten, und so wird sein Kommen mit dem Aufsteigen eines Sternes angekündigt. Unter gekonnter Verwendung der traditionellen Bilder des jüdischen Glaubens repräsentiert Matthäus den Glauben einer Gemeinschaft, die überzeugt war, daß Jesus derjenige ist, auf den sie alle Jahrhunderte lang gewartet hatten. In seinem neuen Leben, seinem Leben nach dem Tod, hat Jesus alle Erwartungen des alten Israels erfüllt (ja, sogar weit übertroffen). Doch um genau zu sein, nach Ostern kamen sogar die Heiden – repräsentiert durch die Weisen – zur Anbetung. In seinem ersten Kapitel stellt Matthäus fest, daß Jesus zu den Juden kam, denn Josef wird die Empfängnis verkündet, nachdem er die Genealogie Abrahams gehört hat. Doch in seinem zweiten Kapitel fährt Matthäus fort, daß Jesus auch zu den Nichtjuden kommt – darin liegt die Bedeutung der »weisen Männer aus dem Osten«.

Matthäus stammt aus einer jüdischen-christlichen Gemeinschaft und schreibt für sie, also hält er sich natürlich an die reichen Traditionen des Judentums. Josephus Flavius faßt diese Traditionen in seiner Geschichte der Juden aus dem 1. Jahrhundert zusammen, doch waren sie längst Allgemeingut, als Matthäus sein Evangelium schrieb (vermutlich in den neunziger Jahren des ersten nachchristlichen Jahrhunderts). Die Geschichten befassen sich mit Amram, dem Vater Moses', dem Aufenthalt in Ägypten, der Weisung des Pharao an die Hebammen, dem Massaker an den hebräischen Knaben und dem Entkommen des Kindes Moses in die ägyptische Wildnis. Josephus, der das Buch Exodus, in dem der ägyptische Pharao bemüht ist, Moses zu töten, als Ausgangspunkt nimmt, gibt in seinem Bericht eine populäre Auslegung der heiligen Mission des Moses, von seiner Empfängnis angefangen bis zur Angst, die er unter den Feinden Gottes verursachte:

»Amrams Weib war schwanger, und er befand sich in großer Verzweiflung ... Gott erschien ihm im Schlaf und ermahnte ihn, nicht an der Zukunft zu verzweifeln ... ›Dieses Kind [sagte Gott] wird jenen entkommen, die beabsichtigen, es zu vernichten ... es wird das hebräische Volk von der ägyptischen Knechtschaft befreien.‹ ... Einer der geheiligten Schreiber – Männer, mit beachtlicher Fähigkeit die Zukunft genau vorherzusagen – kündigte dem König an, daß zu dieser Zeit den Israeliten ein Kind geboren würde, das die ägyptische Vorherrschaft ablehnen und die Israeliten erhöhen würde ... Von dieser Vorhersage erschreckt, befahl der König, jedes, den Israeliten geborene Kind männlichen Geschlechtes sollte getötet werden.«

Aber Moses und sein Volk blieben verschont – so das erste Passahfest – und die Erfüllung des Versprechens Gottes wurde von den ersten Judenchristen als letzte Erfüllung dessen angesehen, was mit dem Aufenthalt ihrer Ahnen in Ägypten und deren Errettung Jahrhunderte früher im Exodus begonnen hatte. Somit wiederholt Jesus durch sein Leben, seinen Tod und sein Schicksal die Geschichte des Volkes Gottes. Matthäus hat die Meditation als besonderes Merkmal im Leben Jesu bezeichnet, das in den historisch belegten Ereignissen seiner Sendung, seines Todes und seiner Auferstehung den Höhepunkt findet. Matthäus reflektiert mit dem typisch jüdischen Verständnis, in welchem Jesus als wahrer Israel und neuer Moses erscheint.

Was die überstürzte Flucht der Familie nach Ägypten und ihren, wie es scheint, zweijährigen Aufenthalt dort anbetrifft – einen Zeitraum, der im Neuen Testament nirgends Erwähnung findet –, so könnte es sich hierbei möglicherweise um die religiöse Reflexion des Matthäus handeln. Die Erzählung von der Flucht nach Ägypten läßt sich mit dem Bericht des Lukas von der friedlichen, ereignislosen Rückkehr von Bethlehem nach Nazareth nicht auf einen Nenner bringen. Um genau zu sein, der Mord an jüdischen Kindern (ein schrecklicher Vorgang, angeblich zur Zeit von Christi Geburt angeordnet und von Herodes, wie Matthäus sagt, unmöglich zu verbergen) wird in den Büchern des Josephus Flavius nicht einmal angedeutet, der sonst jede sträfliche Tat des Königs genüßlich dokumentiert. Besonders in den letzten Jahren seiner Regierung hat Herodes viele Menschen skrupellos behandelt, um so seltsamer mutet es daher an, daß Josephus Flavius nicht den geringsten Hinweis auf Herodes' Grausamkeiten gegenüber den Kindern von Judäa gibt.

Aber der Hintergrund für Matthäus' Betrachtungen ist das Alte Testament, in dem über den Kindermord des Pharao und die im letzten Moment gelungene Flucht Moses berichtet wird. Und Gott sagte daraufhin zu Moses: »Mach dich auf, und kehr nach Ägypten zurück, denn alle, die dir nach dem Leben getrachtet haben, sind tot.« (Exodus 4, 19) Das alles erfüllt sich bei Matthäus in dem Befehl an Josef: »... zieh in das Land Israel; denn die Leute, die dem Kind nach dem Leben getrachtet haben, sind tot.« (Matthäus 2, 20) Mit der Rückkehr der Familie nach Nazareth in Galiläa (nicht in Judäa, denn dort regiert nun der Sohn von Herodes) beendet Matthäus seine zwei einleitenden dramatischen Kapitel und beginnt das Evangelium mit der Person und der Verkündigung von Johannes dem Täufer.

»Als sie dort waren, kam für Maria die Zeit ihrer Niederkunft, und sie gebar ihren Sohn, den Erstgeborenen. Sie wickelte ihn in Windeln und legte ihn in eine Krippe, weil in der Herberge kein Platz für sie war.

In jener Gegend lagerten Hirten auf freiem Feld und hielten Nachtwache bei ihrer Herde. Da trat der Engel des Herrn zu ihnen, und der Glanz des Herrn umstrahlte sie. Sie fürchteten sich sehr, der Engel aber sagte zu ihnen: Fürchtet euch nicht, denn ich verkünde euch eine große Freude, die dem ganzen Volk zuteil werden soll: Heute ist euch in der Stadt Davids der Retter geboren; er ist der Messias, der Herr. Und das soll euch als Zeichen dienen: Ihr werdet ein Kind finden, das, in Windeln gewickelt, in einer Krippe liegt. Und plötzlich war bei dem Engel ein großes himmlisches Heer, das Gott lobte und sprach: Verherrlicht ist Gott in der Höhe und auf Erden ist Friede bei den Menschen seiner Gnade ... So eilten sie hin und fanden Maria und Josef und das Kind, das in der Krippe lag ... Als acht Tage vorüber waren und das Kind beschnitten werden sollte, gab man ihm den Namen Jesus ... Dann kam für sie [Maria] der Tag, der ... vorgeschriebenen Reinigung ... Dann kehrte er mit ihnen nach Nazareth zurück ... Jesus aber wuchs heran, und seine Weisheit nahm zu...« (Lukas 2, 6–52)

Der Bericht des Lukas ist natürlich die Erzählung, die in der Christnacht in allen Kirchen der Welt gelesen wird – ein Text von überwältigender Schönheit, doch von berührender Einfalt. Wie verschieden ist diese Erzählung von der des Matthäus, dem farbenfrohen Minidrama von den reichen Astrologen, dem königlichen Gemetzel und der gefährlichen Flucht nach Ägypten. Doch Lukas ist in seiner Verkündung der Bedeutung Jesu keineswegs weniger ausdrucksvoll, allerdings mit anderen Mitteln für eine andere christliche Gemeinschaft.

Der erstgeborene Sohn wird, wie man uns erzählt, in Windeln gewickelt und in eine Krippe gelegt. Wer hat schon über die genaue Bedeutung der Windeln in diesem Kontext nachgedacht? Und ist es nicht seltsam, daß eine Mutter ohne weitere Überlegungen ihr neugeborenes Kind in eine Futterkrippe legt? Was geschieht hier wirklich?

Tatsächlich befaßt sich die Überlegung des hl. Franziskus mit einer Zeile in einem Vers von Jesaja: »Der Esel kennt die Krippe seines Herrn.« (Jesaja 1, 3) Für Lukas sind es Hirten (keine weisen Männer), die ausgesandt werden, den Herrn zu suchen, und der Herr ist »eine große Freude, die dem ganzen Volk zuteil wird«. Im Gegensatz zur Klage des Propheten Jeremias, der Gott fragt, warum er sein Volk anscheinend verlassen hat, wie »ein Fremder, ein Reisender, der in einer Herberge übernachtet«, hält sich jetzt der Herr und Retter Israels *nicht* in einer Unterkunft auf, übernachtet *nicht* in einer Herberge, sondern kommt als der, der seinem Volk Nahrung bringt (in einer Krippe), und der unter ihm weilt. Die Windeln sind nicht Zeichen der Armut, sondern (wie Lukas 2, 12, sagt) ein »Zeichen« – und sie weisen direkt auf Salomon, dem reichsten der jüdischen Könige: »Sorgfältig wurde ich in Windeln gewickelt und voll Fürsorge aufgezogen. Denn für einen König gibt es nur dieses eine nach seiner Geburt.« (Apokryphen, Die Weisheit Salomos 7, 5–6)

Und so findet sich Jesus, geboren in der königlichen Stadt Davids, nicht in einer Herberge wie ein durchreisender Fremder, sondern in einer Krippe – als die wahre »Nahrung« seines Volkes, und hier wird Jesus auch in Windeln gewickelt wie ein wahrer König.

Dieses ganze wunderbare Kapitel sagt uns daher viel mehr als das, was wirklich *geschehen ist*: Lukas ist nicht im geringsten an den Umständen von Wehen und Geburt interessiert. Vielmehr erzählt er uns die *Bedeutung* der Geburt – Gott hat eine neue Beziehung zu seinem Volk. Die Hirten, die das Kind unter diesen Bedingungen finden, klagen nicht über die Armut der vorbeireisenden Familie, die gezwungen ist, in einem Stall zu nächtigen, vielmehr preisen sie Gottes Glorie, denn er zeigt sich im Leben, im Tod und in der Auferstehung Jesu als der wahre König, wie es das Evangelium einleitend erzählt.

Wer aber sind diese Menschen, denen die Ankunft als erste verkündet wird? Im Judentum werden Hirten keineswegs als liebenswürdige, sentimentale, verantwortungsbewußte Männer angesehen, die fürsorglich ihre Herde leiten. Ganz im Gegenteil, sie sind das beste Beispiel für skrupellose Gauner, denn sie führten ohne Gewissensbisse ihre Schafe auf fremdes Land, stahlen das Vieh der Nachbarn und kehrten nachts mit mehr Schafen zurück, als sie morgens gehabt hatten. Wie die Steuereinnehmer dieser Zeit wurden sie durch Betrug reich. »Für Hirten und Steuereinnehmer ist die Reue schwer«, sagte ein jüdisches Sprichwort dieser Zeit. Aber was noch wichtiger ist, das Wort »Hirte« wurde praktisch zum Synonym für »Sünder«, und wer mit einer Herde zu tun hatte, dem wurden zivile Rechte versagt, er konnte verbannt oder sogar vor Gericht gebracht werden. Dennoch sind es gerade diese, die als erste von der Geburt des Herrn hören: Außenseiter der Gesellschaft und Sünder sind willkommen, ja, sogar die ersten, die zum Herrn geladen werden. Und diese Menschen – für jene, die davon das erste Mal hörten, muß es unglaublich geklungen haben – reagieren mit Frömmigkeit und Anbetung.

Lukas' Erzählung von Jesu Geburt hat uns eine der berühmtesten Strophen der Heiligen Schrift geschenkt, den Chor der Engel. Allerdings wurde dieser unglückseligerweise immer wieder falsch übersetzt, entweder mit »Friede auf Erden, Gnade den Menschen« oder mit »Friede auf Erden den Menschen Wohlgefallen« (Luther). Doch die Verse des Lukas, die sich auf bereits existierende hebräische und koptische Texte stützen, sollten richtig heißen: »Friede auf Erden den Menschen, die Gottes Gnade folgen.« (Lukas 2, 14) Jahrhunderte später zeigte Dante die gleiche Geisteshaltung: *E'n la sua volontade è nostra pace* (In seinem Willen liegt unser Friede). Der göttliche Wille ist nicht eine Fessel für uns, er ist keine Bestimmung, der wir nicht entkommen können, sondern er ist liebende Erkenntnis und für unser Wohlergehen viel wirksamer, als alles, was wir durch eigenen Willen jemals erreichen könnten.

Das Gefühl der Freude, das mit dem Erscheinen von Gottes Sohn auf dieser Welt verbunden ist, bezog sich damals darauf, daß der Friede zu denen kommt, die nach der Gegenwart des vergebenden Gottes suchen; Gott, der sich uns nähert, um uns zu umarmen und zu vergeben, zu beschenken und zu retten. Das ist es, was die sündigen Hirten – vor allen anderen Menschen – hören und verstehen, denn sie eilen sofort herbei, um anzubeten, wie später so viele Heiden und Sünder durch den auferstandenen Jesus erkannt haben. Die Hirten sind für Lukas das Äquivalent zu den Weisen des Matthäus, Menschen, die dem Judentum durch Abstammung oder Sünde fernstanden. Für sie ebenso wie für die frommen Juden, die durch Maria und Josef repräsentiert sind, bedeutet es wahrlich die »Nachricht einer großen Freude, die dem *ganzen* Volk zuteil wird« (Lukas 2, 10).

Dieser Jubel ist unmittelbar mit der Namensgebung durch Josef und Maria verbunden, die nach dem traditionellen jüdischen Ritus acht Tage später bei der Beschneidung stattfand. Denn das griechische *Iesous*, »Jesus«, ist von einer Abkürzung des hebräischen Namens Joschua (Jehosua), dem Nachfolger des Moses, abgeleitet und bedeutet »Jahwe ist die Rettung« oder »Gott rettet«.

Nach der Rückkehr der Juden aus dem babylonischen Exil im 6. Jahrhundert v. Chr. war Jesus ein allgemein gebräuchlicher Vorname, denn Jahwe hatte, wie sie glaubten, sein Volk wirklich vor dem Untergang gerettet. Der Vorname blieb bis ins 2. Jahrhundert n. Chr. allgemein üblich und wurde erst dann infolge des sich schnell ausbreitenden Christentums wieder durch die alte Form Joschua ersetzt. Im 1. Jahrhundert n. Chr. war der Name so gebräuchlich, daß man der Unterscheidung willen üblicherweise den Geburtsort hinzusetzte wie z. B. Jesus von Nazareth. Bereits in den fünfziger Jahren nach Christi Geburt (also innerhalb von zwanzig Jahren nach dem Tod Jesu) greift Paulus in seinen Briefen oft auf den bekannten Titel »Christus« zurück, um damit Jesus genauer zu bestimmen. Das griechische *Christos* ist die Übersetzung des hebräischen Wortes Messias, der von Gott »Gesalbte«, auf den Israel gewartet hatte.

Mit Ende des 1. Jahrhunderts war die Bezeichnung »Christus« so weit verbreitet, daß sie zum zweiten Namen wurde. Jesus, der Retter, wird als Christus, als der von Gott Gesalbte, bezeichnet. Das war der unumstößliche Glaube jener, die gelernt hatten, ihn als Auferstandenen zu verstehen. Bis heute ist »Jesus Christus« der Name, der allen bekannt ist – die Bezeichnung für den Mann, den die Geschichte vielleicht verleugnen, nicht aber ignorieren kann. »Jesus Christus« ist in allen westlichen Sprachen, wenn nichts anderes, so zumindest ein allgemeiner Ausruf des Erschreckens oder des Ärgers, und manchmal auch des Fluchs. Aber für diejenigen, für die er nicht nur eine nebulöse Gestalt der Vergangenheit, sondern der Eine, wahrhaft Lebendige ist, bedeutet der Name, wie im 12. Jahrhundert Bernhard von Clairvaux sagt, »Jubelschrei und Musik für das Ohr«.

Die Berichte von Christi Geburt, die wir bei Matthäus und Lukas lesen, wurden von ihnen sowohl als Einstimmung wie als Ouvertüre gestaltet – oder, um bei dem Vergleich mit dem Theater zu bleiben, sie sind Intermezzi, die ein Bindeglied für die Hoffnungen des Alten Testaments mit der Sendung Jesu im Neuen Testament darstellen. Folglich benützten sie die Geschichten und Hinweise des Alten Testaments, um die Bedeutung Jesu klar herauszuarbeiten. Matthäus zeigt Josef als Vater Jesu (über den wir aber im Alten Testament nichts erfahren) – er ist der geistige Erbe seines Namensvetters Josef, des großen Patriarchen des Alten Testaments. Im Traum spricht Gott zu Josef von der Geburt und der Bestimmung Jesu und führt ihn nach Ägypten, um das Leben des Kindes und dessen Mutter zu retten, genau wie der Patriarch Josef (laut Genesis 37, 5–10) »der Träumer« war, der nach Ägypten zog, wo er sein Volk vor der Hungersnot rettete. Kann es wirklich Zufall sein, daß auch Josef, der Vater Jesu, im Neuen Testament als derjenige dargestellt wird, der im Traum Offenbarungen hört – und der als einziger nach Ägypten zieht?

In der Vergangenheit ließ der gottlose Pharao männliche Säuglinge hinschlachten, um die Kinder Israels auszurotten. Doch Moses entkam und führte sein Volk aus der ägyptischen Knechtschaft. Die Parallele findet sich bei Matthäus: Der gottlose Herodes tötet die hebräischen Neugeborenen, doch Jesus, der neue Moses als Führender eines neuen Israels, entkommt und kehrt aus Ägypten zurück, um sein Volk zu retten.

Im Laufe der Reise Moses' in das verheißene Land verkündete Bileam, der Seher aus dem Morgenland, daß der Stern eines Königs aus dem Geschlecht Davids über Israel erstrahlen werde. Jesus ist in Wahrheit dieser rettende König, verkündet der Glaube jener, die Matthäus anspricht: daher die Bekehrung Fremder, bei Matthäus die drei Magier aus dem Morgenland, die den Stern des wahren Königs sehen. Dem Josef im Verborgenen geoffenbart, wird Jesus nun durch die Magier bestätigt. Die Identität Jesu, verborgen und unsichtbar, wird der ganzen Welt durch das Leben im Glauben verkündet.

Mit Lukas verhält es sich sehr ähnlich. Die Eltern im Alten Testament, Abraham und Sarah, werden indirekt in den Personen von

Zacharias und Elisabeth, den hochbetagten Eltern von Johannes dem Täufer, dargestellt: Die Ankündigung des Engels des Herrn, daß die Kinderlosigkeit beendet ist (Lukas 1, 11–13); der quälende Zweifel (Lukas 1, 18); die höchste Freude der Mutter (Lukas 1, 41–45) – auf brillante Weise versteht es Lukas, die Geschichte vom Ende der Unfruchtbarkeit aus dem Alten Testament in neuer Version wiedererstehen zu lassen. Nur durch den Glauben an das, was Jesus durch sein Wirken, seinen Tod und seine Auferstehung *bereits geworden war*, kann das frühere Walten der Vorsehung in der hebräischen Verheißung als Vorbereitung für eine neue erkannt werden.

Und die alten christlichen Hymnen der Lobpreisung, die Maria in den Mund gelegt werden oder Zacharias und Simeon, dem Tempelpropheten (Lukas 2, 25–35), sind nahezu Zeile für Zeile den Versen des Alten Testaments entnommen. Als zum Beispiel Hannah ihren Sohn Samuel zu Gott brachte, wurde er von dem greisen Eli in Empfang genommen (Samuel 1, 24–25), und so bringt Maria das Kind Jesus in den Tempel, wo er vom greisen Simeon empfangen wird. Maria im geheimen geoffenbart, wird Jesus durch die Verkündung der Hirten bekannt gemacht. Wieder also wird die Identität Christi, verborgen und unsichtbar, über die Welt durch das Leben im Glauben verkündet.

Wie verschieden ist dies alles doch von den typischen Weihnachtskarten mit dem ewig lächelnden Kind, so zart und weich, das in himmlischer Ruhe schläft. Ich habe nicht die Absicht, diese liebenswerte Tradition des Westens anzugreifen oder lächerlich zu machen – es wäre eine Schande, wollte man versuchen, auch nur die ärmliche Krippe des hl. Franziskus wegzunehmen –, doch diese bukolische Süße verdeckt unglückseligerweise die starke und ernste Botschaft der Evangelien. Die romantische Betonung der Schätze, die dem Kind in der Krippe dargebracht werden, haben das Kommerzielle so sehr in den Vordergrund gerückt, daß die tiefere Bedeutung der Erzählung von Matthäus und Lukas nahezu untergeht.

Diese Evangelien sagen, daß Gott die Menschheit umarmt und ihre Leiden in unermeßlicher Liebe teilt. Sein Jesus betritt die Welt nicht in königlichem Purpur, sondern in Stille und Schlichtheit, weit entfernt von den Beifallsrufen, die Augustus und Herodes begleiten. Er ist wahrlich ein König – denn die Windeln und die Schätze stehen ihm zu –, aber er ist eine neue Art von König, der keine weltliche

Autorität beansprucht. In seiner Kindheit und in seinem Erdenleben (und danach) erweckt er Antipathie und fordert sogar, durch seine Person und seine Botschaft, Feindschaft bei denen heraus, die weltliche Herrschaft höher stellen. Er kommt zu den Hirten, zu den Zügellosen, Groben – damit identifiziert er sich von Anfang an mit den Ausgestoßenen, den Armen und den Hilflosen.

Das ist der Jesus, den Lukas in den ersten Kapiteln seines Evangeliums ankündigt. Die klingenden Titel, wie König, Herr, Sohn Gottes, die weltlichen Potentaten bestimmt sind, werden von Matthäus und Lukas dem ärmlichen Kind gegeben, von dem die beiden Evangelisten wissen, daß es später die Stimme Gottes sein wird, der Heiler, der ein für allemal die Erwartungen und die Bestimmung des Menschen verändert. Die christliche Botschaft zu der berührenden Geschichte eines Neugeborenen zu verniedlichen, heißt somit, die Erzählungen der Bibel ihrer Strenge und ihres revolutionären Charakters zu berauben. Denn hier findet sich das Paradoxon genau dieser Botschaft: Die wahre Macht ist nicht dort zu finden, wo die Welt sie zu sehen vermeint.

In dem Ereignis, das wir jede Weihnachten feiern, liegt eine von uns anerkannte historische Wahrheit – doch kein historischer Bericht, selbst wenn wir Einzelheiten von Augenzeugen besäßen, könnte diesem Ereignis gerecht werden, das nur durch den Glauben begriffen werden kann. Die Selbstoffenbarung Gottes, die mit der Schöpfung beginnt, setzt sich in dem Ruf der Patriarchen fort, begleitet das Volk auf seinen Wegen und ist in den Rufen der Propheten und der Sehnsucht der Psalmisten zu hören. Diese Offenbarung erreicht in der Fleischwerdung Gottes ihren Höhepunkt.

Und hier liegt der entscheidende Unterschied der jüdisch-christlichen Tradition zu den anderen großen Weltreligionen. Nur in der Kontinuität, die ihre Erfüllung in Jesus erreicht, ist die Beziehung zwischen Gott und Mensch eine Bewegung *von oben nach unten*. Das ist natürlich eine offenkundig metaphorische Sprache, doch wird mit ihr etwas durchaus Reales ausgedrückt, daß nämlich Gott definitiv in die menschliche Sphäre eintritt, er also das, was er geschaffen hat, ernst nimmt. Gott handelt in der Geschichte, nicht fern von ihr in herrlicher, transzendenter Isolation. Er nimmt auch das menschliche Leid ernst.

Und in Jesus von Nazareth zeigt Gott ein menschliches Antlitz. Er schenkt der Welt seine nie endende Liebe. Trotz aller Habgier, politischem Chaos, sozialer Ungerechtigkeit, Betrug und lokalen Feindschaften wird das Leben von dieser Liebe bestimmt, und die Gnade kommt wie die Stille der Nacht.

Dennoch soll das nicht heißen, daß er unseren Egoismus, unsere Perversion – die alle unseren Bedarf nach Gott symbolisieren – nicht ernst nimmt. Gott kommt in aller Stille, verhüllt, in eine Welt, die in Feindschaften versunken ist, deren Wurzeln sie kaum wahrnimmt. Er beansprucht uns für sich und verspricht das triumphale Ende, das, wie die Evangelien ankündigen und der Glaube prophezeit, bereits da ist und nur mehr von uns angenommen werden muß.

Die christliche Ordnung ist weder Illusion noch die vage Vorstellung einer anderen vollkommenen Welt, noch ein Traum, der eines Tages zerfließen wird, wenn eine schlafende Gottheit erwacht. Nein, hier geht es um weit Größeres. Gott ist Grund und Basis aller Wirklichkeit – man kann sagen, er ist die letzte Wirklichkeit, die lebendige und treibende Kraft. Gott gibt der Welt Ziel und Zweck. Weder schreitet Gott neben der Welt einher noch begleitet er sie »von oben«: Von der Erschaffung der Welt bis zum heutigen Tag ist Gott *in* der Geschichte und in allen unseren Taten und Gedanken gegenwärtig.

Das ist die Bedeutung der Inkarnation Gottes in menschlichen Maßstäben. »Von Ihm kommen wir«, schreibt die englische Mystikerin Juliana von Norwich im Mittelalter, »in Ihm leben wir, zu Ihm kehren wir zurück.« Das ist der geschlossene Kreislauf: Schöpfung, Inkarnation, Erlösung. Gott erschafft, Gott nimmt, was er geschaffen hat, Gott liebt, was er geschaffen hat, und schützt es für alle Zeiten. Das ist das Evangelium: die Frohe Botschaft.

Weihnachten ist also nicht eine Zeit, in der wir schenken und beschenkt werden, es ist die Zeit, in der wir erkennen sollen, daß Gott *sich selbst* uns zum Geschenk gemacht hat. Aber nicht nur einmal, sondern jeden Augenblick und ganz besonders dann, wenn unser inneres Leben beginnt, alt und abgestumpft zu werden und zu sterben scheint. Wann immer wir dieser Wirklichkeit ins Auge blicken, wissen wir, daß die Frohe Botschaft wahr ist, daß wir in alle Ewigkeit von Liebe umgeben sind.

Zwei Worte im Lukas-Evangelium über die Geburt Jesu (die bei Matthäus keine Parallele hat) werden oft nicht beachtet, doch sie haben tiefe Bedeutung. Wenn die Hirten von der Geburt Jesu erfahren, hüten sie ihre Herde »bei Nacht« (Lukas 2, 8).

Der Hintergrund dieses Details ist in der Geschichte der alten Hebräer zu sehen, die Rettung durch Gott erfahren haben. In der ersten Nacht des Passahfestes, als Gott sein Volk durch die Befreiung aus der ägyptischen Sklaverei vor dem Untergang rettete, sandte er sein allmächtiges erlösendes Wort – »Träger« der göttlichen Weisheit: »Während alle Dinge von Stille eingehüllt waren«, lesen wir bei Salomon, »und die Nacht bereits halb vorüber war, da erschall dein allmächtiges Wort vom Himmel, vom himmlischen Thron herab.« (Weisheit Salomos, 18, 14–15)

Die Geburt Jesu bei Nacht bedeutet den letzten »Sprung« Gottes aus der Verborgenheit in die volle Offenbarung. Wie Ignatius von Antiochia am Ende des ersten nachchristlichen Jahrhunderts schreibt, sind Jesu Geburt, sein Leben und sein Tod »klingende Geheimnisse in der Stille Gottes«. Ein »Geheimnis«, das es wert ist, ausgesprochen zu werden, bedeutet nicht, daß es für alle Zeit in Dunkelheit und unerklärlich bleibt, im Gegenteil, es kann begreiflich, es kann in Zukunft erkannt werden. Um es anders zu sagen, ein »Geheimnis Gottes« ist etwas Göttliches, etwas, das uns kennt und uns packt, das uns zu Gott einlädt.

Der alte Ignatius von Antiochia wußte etwas von der »Stille Gottes«, die lauter ist als jede menschliche Stimme, als jede Musik, als jeder Lärm. Vielleicht dachte er dabei an den Paulusbrief an die Kolosser im Neuen Testament: » ... Geheimnis, das seit ewigen Zeiten und Generationen verborgen war. Jetzt wurde es seinen Heiligen offenbart.« (Kolosser 1, 26) Der ist an jene gerichtet, die bereit sind, Gottes Flüstern zu hören und die Gott in der Stille finden. Das ist einer Besinnung wert, denn die Augenblicke, in denen uns Gott seine Gnade geschenkt hat, und die Augenblicke, in denen wir ihn gesucht haben, haben sich meistens in der Stille abgespielt.

Diskussionen und Schriften über Gott und Göttliches – ja sogar die beste davon, die von Juden wie Christen als absolut angesehene Heilige Schrift – sind immer nur ungenaue Analogien, denn sie sind den Grenzen der jeweiligen Kultur unterworfen. Wie wichtig auch immer die Bibel für den Glauben ist, so stellt sie doch die Bemühung des Menschen dar, etwas auszudrücken, das letztlich nicht ausdrückbar ist: die Identität, die Natur, die *Bedeutung* Gottes für die

Welt. Hinter den Worten stehen Erfahrungen, die (so sagt der Glaube) in der Geschichte Manifestationen Gottes sind. Doch alle Erfahrungen konnten nur in der Stille verstanden und erhalten werden – so wie auch wir heute ihre Bedeutung nur in der Stille verstehen können.

Auf jeden Fall aber ist der menschliche Diskurs weniger klar und weniger kreativ als die Stille Gottes. »Nur die Stille läßt alle Dinge reifen«, erklärt Gott. Und so fährt er in seinem göttlichen Tun fort. »Der Herr aber wohnt in seinem heiligen Tempel«, verkündet der Prophet Habakuk. »Alle Welt schweige in seiner Gegenwart.« (Habakuk 2, 20)

Die Stille bedeutet nicht das Nichts, sie ist kein Dementi. Gott allein, der unsere absolute Zukunft ist, bleibt (in den Worten Karl Rahners) »das unbegreifliche Mysterium, dem man nur in der Stille dienen kann.« Auch unsere Erfüllung in seiner Ewigkeit bleibt »ein Mysterium, dem wir in Stille zu dienen haben über alle Vorstellungen hinaus zum Unaussprechlichen« – das eben, worüber wir nicht sprechen können. Im Laufe der Geschichte haben viele Menschen darin ihre Sicherheit und ihren Trost gefunden, denn wir können nur sagen, was Gott *nicht* ist, denn er ist über aller menschlicher Vorstellung. Denn wir können, wenn wir alle falschen Vorstellungen beiseite lassen, sagen, daß Gott weder der strenge Richter, der reiche Onkel, weder der genaue Buchhalter noch der passive Zuschauer ist.

Doch ist es auch möglich, einige positive Bestimmungen zu treffen und nicht alles in Abrede zu stellen – so lange wir die Einsicht haben, daß unsere Sprache nur eine metaphorische ist. Zumindest läßt sich sagen, daß Gott sich uns dann nähert, wenn wir uns bemühen, in Stille zu verharren und nicht, wenn wir über ihn daherplappern. Gott kann nur dann zu uns kommen, wenn unsere Gedanken einhalten, sich unsere Emotionen beruhigen, wir uns der Sprache, den Blicken, den Gesten und der Gesellschaft anderer verweigern.

Tiefe innere Stille hört, voll der Aufmerksamkeit, und das ist die Bereitschaft zum Gebet. Das soll nicht heißen, dem Nichts zu dienen, sondern der Gegenwart Gottes gewahr zu werden, die das Leben möglich macht. Diese Art der Stille ist für die Entdeckung des eigenen Ichs, des eigenen Denkens und dessen, was wir aus unserem Leben machen, von unabdingbarer Notwendigkeit. Es ist auch die absolute Voraussetzung, wenn wir Gott erlauben, für uns Gott zu sein, denn in seiner Gegenwart sind wir die Passiven, die Empfänger. Erst hier erfahren wir unsere Möglichkeiten und unsere Grenzen. Doch auch das bedeutet eine frohe Botschaft, denn wir erkennen, daß wir nicht alle unsere Wunden heilen können, daß wir bei allen unseren Idealen und Zielen den letzten Sinn unseres Lebens nur erkennen, nicht aber bestimmen können. Die Wurzel dafür liegt woanders. »Sei still und wisse, daß ich Gott bin«, hört der Psalmist.

Stille ermöglicht intensives Nachdenken und Fühlen, und Denken und Fühlen machen Artikulation möglich. Beziehungen entwickeln sich in der Stille, die Sprache ist dann die Antwort. Doch mit der Sprache *erschaffen* wir nichts: sie gehört zu uns und setzt uns Grenzen, zum Teil sind wir von ihr abhängig. In der Stille wissen wir, wo die Wahrheit liegt, in der Stille finden wir unsere Antwort. Erst wenn wir uns in der Stille über alles im klaren sind, können wir darüber sprechen oder schreiben.

Unmittelbar vor der Jahrtausendwende scheint es, daß wir in der Geschichte dieser Welt die lärmendste und lauteste Gesellschaft hervorgebracht haben, auch die verwirrteste. Eine Lärmorgie raubt uns Teile unseres wahren Seins. Ansager schreien, Musik, Filme und Theaterstücke sind unerträglich laut, jedes Jahr wird der Verkehr ohrenbetäubender, die Werbung in den Medien beleidigt das Ohr. Die Auswirkung des unablässig auf das zentrale Nervensystem von Mensch und Tier einwirkenden Lärmes zeigt sich erst in ihren Anfängen. Es scheint zu einer Art Wahnsinn zu führen, eine Entfernung von uns selbst.

Verwandt damit sind auch die Geschwindigkeit und das Ausmaß von Kommunikation und Reisen, die man für notwendig ansieht, nur weil sie möglich sind. Heute haben wir die mit Informationen gespickte Autobahn, die Explosion der Kommunikation, das Internet, die allgegenwärtige Präsenz der Medien – die uns aufwühlen, Angst einjagen, schockieren oder Neid in uns erwecken. Wir bekommen pausenlose Kommentare über alles, endloses Geschnatter und dieses moderne Artefakt, die Talk Show – ein Widerspruch in sich, aber »Talk« ist zur »Show« geworden. Doch trotz des ständigen Lärms, der nervtötenden Berieselung mit Musik in Kaufhäusern und Aufzügen, haben unsere Beziehungen weniger Tiefe und Wahrheit: Denn nicht jedes ist auch wirklich Kommunikation. Das kreative Leben des Künstlers, wie jedermanns Innenleben, hängt von der inneren, stillen Sammlung ab, bevor sich etwas in Worten, Bildern, Musik oder in Einklang manifestieren kann. Stille ist nicht die *Abwesenheit* von etwas, sondern sie ist das größte *Ereignis*, die Voraussetzung für die Realität. »Während die sanfte Stille alle Dinge umgibt, tönt deine allmächtige Stimme vom Himmel«. Indem wir zwischen Zeit und Raum, die uns üblicherweise beherrschen, eine Distanz legen, treten wir in jene kreative Stille, die unsere Beziehung zu Gott wirksam macht. Der hl. Augustinus hat recht gehabt: *Verbo crescent, verba desficiunt* – Wenn das Wort erscheint, kommen Worte zum Schweigen.

Das ist natürlich keine neue Erkenntnis. Im Alten Testament wird dem Propheten Elias befohlen, den Berg zu besteigen: »Da zog der Herr vorüber: Ein starker heftiger Sturm, der die Berge zerriß und die Felsen zerbrach, ging dem Herrn voraus. Doch der Herr war nicht im Sturm. Nach dem Sturm kam ein Erdbeben. Doch der Herr war nicht im Erdbeben. Nach dem Beben kam ein Feuer. Doch der Herr war nicht im Feuer. Nach dem Feuer kam ein sanftes, leises Säuseln.« (1. Könige 19, 11, 12)

Und damit bedeckt Elias, buchstäblich von Ehrfurcht überwältigt, das Gesicht mit seinem Mantel, denn ihm wird klar, daß er sich in der großen Stille in Gegenwart Gottes befindet.

Die unerwarteten Kinder:

Die wunderbare Empfängnis Jesu

Trotz aller Unterschiede ähnelte die Welt, in die Jesus geboren wurde, der unseren auf erstaunliche Weise: gespalten, böse und voll Mißtrauen nach innen wie nach außen. Sie war auch, wie die unsere, Spielplatz politischer und religiöser Institutionen, die viele als schal, inkompetent, irrelevant und absolut heuchlerisch und scheinheilig empfanden, wenn es sich um die Bedürfnisse der Menschen handelte, denen zu dienen sie vorgaben.

Seit 37 v. Chr. wurde unter der wachsamen Toleranz Roms der jüdische Staat Judäa von Herodes dem Großen, Vater des Herodes Antipas, regiert. Eindrucksvoll, von athletischer Gestalt, loyal gegenüber Rom und ein Befürworter heidnischer Kultur unterdrückte Herodes jeden inneren Widerstand, immer bereit, alle umzubringen, die seine Autorität anzweifelten. Verschlagen, grausam und unersättlich in seinen Ambitionen, war Herodes gegen Ende seines Lebens geistig labil. Er besaß zehn Frauen und vierzehn Kinder, von denen er aus Langeweile oder einer Laune heraus einige umbringen ließ.

Herodes war immer auf die Zustimmung Roms sowie die der jüdischen Priester bedacht. Zu diesem Zweck ließ er eine Reihe öffentlicher Arbeiten ausführen, darunter den vollständigen Wiederaufbau des Tempels in Jerusalem, ein großartiges, 35 Acker umfassendes Projekt, das 19 v. Chr. begonnen und erst dreißig Jahre nach dem Tod Jesu vollendet wurde. 70 n. Chr. wurde das Bauwerk nach einer fruchtlosen jüdischen Revolte von römischen Truppen dem Erdboden gleichgemacht.

Auch wenn er ihr König war, so verachtete er die Juden: aufgrund seiner teilweise jüdischen Abstammung – Herodes war Idumäer. Da Edom erst unter den Hasmonäern gewaltsam judaisiert wurde, ist die Legitimität des herodianischen Königtums nicht unumstritten gewesen – er jedenfalls zeigte keinerlei Interesse, und nichts in seinem Auftreten weist ihn als jemanden aus, der sich mit dem Judentum identifizierte. Die Bevölkerung mußte nicht nur den Bau des Tempels bezahlen, sie trug auch eine hohe Steuerlast, um die prachtvollen neuen Städte, die über Palästina verstreuten Festungen, die Theater, Hypodrome und Heilquellen, die unter der Regierung von Herodes entstanden, zu finanzieren. Und das alles geschah, während die Armen unbeachtet und machtlos dahindämmerten.

Nachdem Herodes während seiner letzten Krankheit die Hinrichtung mehrerer Verwandter, Freunde, Feinde und einer Anzahl führender Bürger angeordnet hatte – so würde sein Begräbnis von allgemeiner Trauer begleitet sein –, starb er. Das war vermutlich zu Frühjahrsbeginn des Jahres 4 v. Chr., als Jesus, entgegen der allgemeinen Ansicht, ungefähr zwei Jahre alt war. Die Worte »vermutlich« und »ungefähr« scheinen bei der Diskussion der alten Geschichte oft auf, was aber nicht weiter erstaunlich ist. In der Alten Welt gibt es kaum eine historische Gestalt, von der das Geburtsjahr und die ersten Lebensjahre bekannt sind, ebenso wie die Historiker die Geburtsdaten der letzten römischen Kaiser nicht genau festlegen können. Das gleiche gilt übrigens auch für das 16. Jahrhundert, auch in dieser Zeit vermag niemand etwas mit Sicherheit zu behaupten: Über die Jugend von Sir Walter Raleigh, des großen englischen Seefahrers und Entdeckers, ist nahezu nichts bekannt. Berichte über sein Leben beginnen, als er über dreißig ist (ungefähr 1583).

Was Jesus anbetrifft, so dürfte er entweder 7 oder 6 v. Chr. geboren sein, eine Tatsache, deren Erwähnung mit gehobenen Augenbrauen zur Kenntnis genommen wird, denn wie kann Jesus mehrere Jahre vor seiner Geburt geboren worden sein?

Römische Historiker datieren Ereignisse traditionell nach der Gründung Roms. Diese Art der Zeitrechnung war im allgemeinen bis 533 n. Chr. üblich, als der Scholar Dionysius Exiguus feststellte, daß das 754. Jahr nach der Gründung Roms mit der Geburt Jesu gleichzusetzen sei. Doch später wurde klar, daß die Rechnung des Dionysius falsch war. Tatsächlich starb Herodes 750 Jahre nach der Gründung Roms, das heißt, in dem Jahr, das wir heute als das Jahr 4 v. Chr. bezeichnen. Das Neue Testament bestimmt sehr genau in seiner Zeitrechnung, daß Jesus am Ende der Regierungszeit des Herodes geboren wurde, einer Zeit ziviler und religiöser Unruhen in Palästina. So hat also im Jahr 7 oder 8 eine junge Frau mit zwölf oder dreizehn Jahren einen Sohn empfangen. Ihr hebräischer Name war Mirjam oder Marah – im Griechischen und Lateinischen Maria, im Englischen Mary.

Sie lebte in Nazareth, wo sie mit einem Mann namens Yosep oder Josef verlobt war. »Verlobt« kann hier zu einem Mißverständnis führen, denn im Jüdischen bedeutete es zu dieser Zeit »verheiratet«. Die jüdische Verlobungs- oder Heiratszeremonie, arrangiert von den Eltern des Paares, fand üblicherweise statt, wenn das Mädchen zwölf Jahre alt war, häufig sogar noch früher. Die meisten Ehemänner waren ein oder zwei Jahre älter als die Braut. Zu dieser Zeit wurde vor Zeugen ein Vertrag unterschrieben, der besagte, daß eine rechtmäßige Heirat stattgefunden und der Mann vor dem Gesetz die Frau als sein Eigentum erworben hatte. Damit begann der Prozeß der legalen Übergabe der väterlichen Gewalt in die des Mannes – eine Formalität, die ungefähr ein Jahr dauerte. Wenn auch das Paar weiterhin getrennt bei den jeweiligen Eltern wohnte, so besaß der Mann alle Rechte über seine Frau. Starb der Mann, so wurde sie als seine Witwe angesehen. Mit einem Scheidungsbrief konnte er sie wegschicken. War sie ihm untreu, so konnte sie wegen Ehebruchs hingerichtet werden.

Eines der vielen Elemente jüdischen Lebens, das sich infolge geographischer Gegebenheiten veränderte, waren die sexuellen Beziehungen nach der Verlobung. In bestimmten Teilen von Judäa konnten schon die Verlobten die »Ehe« vollziehen. Aber in Galiläa wurde die Jungfräulichkeit der Braut bis zum formellen Eintritt in das Haus ihres Ehemanns strengstens gehütet. Für das typische jüdische Paar wurde ein Jahr nach der Verlobung eine zweite Zeremonie abgehalten, nach der das Mädchen offiziell aus der väterlichen Gewalt in die des Mannes übergeben wurde. Der Bräutigam führte dann die Braut nach Hause und übernahm damit ihren rechtlichen und finanziellen Schutz.

Als Gegenleistung für diesen Schutz unterwarf sich die jüdische Frau vollkommen: von ihr wurde erwartet, daß sie ohne zu fragen gehorchte und ihren Mann mit *rab* bzw. Herr ansprach. Sie war ebenso verpflichtet, alle Hausarbeit auf sich zu nehmen, ihrem Mann jeden Wunsch zu erfüllen, Kinder zu gebären und aufzuziehen, ihm alles abzuliefern, was sie gefunden hatte, ihn zu baden und jede Art von Konkubinen, die er sich nehmen mochte, zu tolerieren. Sie besaß keinerlei Rechte auf eigene Besitztümer und sie konnte keine Scheidung verlangen, es sei denn, ihr Mann forderte von ihr Dinge, die sie öffentlich erniedrigten.

Das war das soziale Umfeld, in dem sich unser junges Paar befand, von dessen Geschichte wir nahezu nichts wissen. Aber die Anhänger Jesu wollten mehr über seine Abstammung erfahren. Sie, die nicht wie wir heute an der zweifelsfreien wissenschaftlichen Biographie interessiert waren, gelangten allein durch religiöse Reflexionen und durch die, wie sie glaubten, immerwährende Gegenwart Jesu unter ihnen zur Kenntnis seiner Person. Die *Bedeutung* Jesu konnte, auch ohne Dokumente, erkannt werden. Und ein Teil dieser Bedeutung wird in der seltsamen, einmaligen und komplizierten Geschichte von der Empfängnis und Geburt des Jesus von Nazareth enthüllt.

Die Matthäus und Lukas zugeschriebenen Evangelien erzählen ihre Geschichte von der Abstammung Jesu in sehr reflektierender, vorsichtig zusammengestellter Nachahmung anderer Traditionen, von denen einige biblische sind, andere nicht. Bei Matthäus wird die Abstammung Jesu nach den religiösen Traditionen über die Geburt Moses und die Geschichte Israels zusammengestellt. Bei Lukas paßt sie sich der Geschichte von Johannes dem Täufer an, dessen Schüler Jesus später wurde.

In einer bis ins Detail genau erarbeiteten Genealogie verfolgt Matthäus die Ahnen Jesu – »der Messias, der Sohn des David« –, indem er bei Abraham, dem Vater des jüdischen Volkes, beginnt und dann drei Gruppen von jeweils vierzehn Namen konstruiert, möglicherweise weil im Hebräischen Buchstaben auch als Zahlzeichen verwendet werden, so daß Worte als Zahlen und Zahlen als Worte gelesen werden können. Der Zahlwert des Wortes David beträgt vierzehn. So gelangt Matthäus schließlich zu Josef. (Wie wir sehen werden, glaubt Matthäus anscheinend nicht, daß Josef der biologische Vater Jesu war, doch seine Art der Genealogie ermöglicht ihm, Josef zum *legalen* und somit ordnungsgemäßen Vater Jesu zu machen.)

Lukas hingegen nimmt einen anderen genealogischen Weg, indem er von Jesu Vater Josef, dem Sohn Elis, ausgeht, sich über König David in die Vergangenheit zurückarbeitet, bis er zu Adam dem »Sohn Gottes« gelangt – und diese Auflistung rückt er nicht zufällig an die Stelle seiner Erzählung, wo er von der Taufe Jesu berichtet: »Das ist

mein geliebter Sohn, an dem habe ich Wohlgefallen.« (Lukas 3, 22)
Somit besteht für Lukas die Verwandtschaft Jesu nicht nur mit dem
Auserwählten Volk, sondern mit allen Menschen – mit allen Söhnen
Gottes. Diese beiden Genealogien bereiten nur dann ernstliche Probleme, wenn wir sie mit den Augen der modernen Geschichtsschreibung betrachten. Doch das war nicht der Weg der alten Schriftsteller,
für die nur die *Bedeutung* des Lebens und Wirkens einer Person wichtig war und für die eine entsprechende Vergangenheit das passende
Vorspiel einer großen Gegenwart war.

In den ersten Kapiteln von Matthäus und Lukas wie auch in der
Gesamtheit der vier Evangelien sind sich die Evangelisten im Glauben
der absoluten Einmaligkeit der Person Jesu einig, der als Offenbarung
Gottes beschrieben wird. In ihr, folgt man den Erzählungen über seine
Kindheit, hat Gott ein für alle Male die Welt betreten und sie in seine
Arme genommen. In dieser Beziehung opfert der christliche Glaube –
der in der geschichtlichen Rolle Gottes wurzelt – am Altar weder die
Vergangenheit, noch ist der Glaube von ihr oder irgendeinem histo-
rischen Ereignis abhängig. Ganz im Gegenteil, der Glaube blickt immer auf das, was Gott *in der Gegenwart* tut.

Als Teil dieses Erkenntnisprozesses haben sich Christen immer an
die normativen Dokumente des Neuen Testaments gehalten, denn sie
sind die Führer zum Urchristentum. Deren Sprache versucht, neue, der
Menschheit bisher unbekannte Erkenntnisse auszudrücken und be-
dient sich dabei der ganzen Bandbreite der Metaphorik.

Doch trotz aller Rätsel über einige Elemente des Hintergrundes und
trotz aller Verschiedenheiten in den Berichten von Matthäus und Lukas, sind die beiden sich in einem einig: Während der Zeit vor ihrer
Heirat, wurde Maria und Josef, unabhängig voneinander, von einem
oder mehreren Engeln verkündet, daß Maria, wenn auch physisch unberührt, schwanger sei. Nach dem Bericht des Matthäus wird Josef die
Neuigkeit in einem Traum mitgeteilt: »... denn das Kind, das sie erwartet, ist vom Heiligen Geist.« (Matthäus 1, 20) Erleichtert darüber, daß ihre Schwangerschaft nicht das Ergebnis von Untreue ist
(fährt Matthäus fort), heiratet Josef Maria: »Er berührte sie aber
nicht, bis sie ihren Sohn gebar. Und er gab ihm den Namen Jesus.«
(Matthäus 1, 24)

Lukas beginnt mit einer sublimen Meditation, bei welcher er die

Herkunft Jesu mit der Johannes des Täufers in Verbindung bringt. Tatsächlich finden sich bei Lukas eine Reihe paralleler Verkündigungen und Ereignisse für die Ankündigung der Empfängnis der beiden. Der Engel Gabriel, schreibt Lukas, besucht den Vater des Johannes, eines alten Mitglieds der Priesterklasse namens Zacharias. Gabriel verkündigt ihm, er und seine Frau würden ein Kind haben, was aber Zacharias bezweifelt, da seine Frau unfruchtbar und auch bereits hoch in den Jahren ist. Bis zur Geburt des Kindes mit Stummheit geschlagen, erkennt Zacharias bald, daß seine Frau Elisabeth wirklich schwanger ist. Dieses unerwartete Kind wird später Johannes der Täufer genannt.

Lukas, feinsinniger Schreiber, der er ist, verbindet die beiden Berichte von Johannes' und Jesu Geburt, indem er Gebrauch macht von den Beschreibungen des Alten Testament für die Geburt des Ismael (Sohn von Abraham und Hagar, 1 Moses 16, 1–16) und des Isaak (1 Moses 21, 1–7). Was der Glaube von Johannes, und in weit wunderbarerer Form von Jesu Geburt verlangt, wird im Rückgriff auf die literarischen Formen dargestellt, mit denen im Alten Testament das Schicksal Israels beschrieben wurde. Auf diese Weise verschmelzen die Evangelien Vergangenheit und Gegenwart. Jesus wird bei seiner Empfängnis als der gezeigt, der er bei seiner Auferstehung ist – der Sohn des Höchsten, der angekündigte Messias, dessen Name seine göttliche Bestimmung zeigt.

Und die Geschichte der Empfängnis Jesu wird auf noch erstaunlichere Weise dargestellt. »Da sagte der Engel [Gabriel] zu ihr: ... Du wirst ein Kind empfangen, einen Sohn wirst du gebären, dem sollst du den Namen Jesus geben ... Maria sagte zu dem Engel: Wie soll das geschehen, da ich keinen Mann erkenne? Der Engel antwortete ihr: Der Heilige Geist wird über dich kommen, und die Kraft des Höchsten wird dich überschatten...« (Lukas 1, 30–55)

Maria antwortet demütig, sie sei die Magd des Herrn und sein Wille geschehe. Das Gespräch ist beendet, Gabriel verschwindet und wird niemals wieder im Neuen Testament erwähnt werden.

Bald darauf geht Maria zu Elisabeth, die Lukas vage als Verwandte beschreibt. Der Zweck, den Lukas mit der rührenden Szene der Begegnung der beiden schwangeren Frauen im Auge hat, wird im Licht der späteren Ereignisse klar. Indem er Johannes den Täufer bereits *in utero* in die Sphäre Jesu einbindet, versucht der Autor, die Rivalität zwischen ihren Schülern im späten 1. Jahrhundert zu entkräften. Wieder einmal ist die Metaphorik verblüffend, denn die Verbindung zwischen Johannes und Jesus war nicht die der buchstäblichen Verwandtschaft, sondern die der geistigen Brüderlichkeit. An keiner anderen Stelle im Neuen Testament findet sich ein solches verwandtschaftliches Bindeglied. Tatsächlich beteuert Johannes der Täufer, als er im Erwachsenenalter mit Jesus zusammentrifft: »Ich kenne ihn nicht!« (Johannes 1, 31)

Die Kindheitserzählungen sind auch hinsichtlich der Gegenwart der Engel bemerkenswert – eine namenlose Gestalt bei Matthäus, bei Lukas hingegen als Gabriel bezeichnet. Wie bei anderen geistigen Begebenheiten in den hebräischen und christlichen Schriften ist Gabriel (der im Tone eines römischen Herolds spricht) die dramatische Versinnbildlichung göttlicher Aktivität, ein Zeichen für Gottes persönlicher Gegenwart unter seinem Volk. Die Texte der Bibel, die sich mit einem Engel oder Engeln befassen, sind besonders beeindruckend, denn Engel sind mehr als nur phantastische Wesen mit Flügeln, sie haben mehr Macht, als durch einen philosophischen Diskurs herausgearbeitet werden kann.

Engel sind Teil der semitischen Ikonographie, sie bilden eine Art der Bildersprache, die Erwartung und Normalität sprengt. Engel sind der dramatische Weg, das Unvorstellbare zu beschreiben: Die Offenbarung Gottes gegenüber den Menschen. Solche Offenbarungen geschehen im Schweigen, in der Stille und unsichtbar. Sie können nur dargestellt werden durch die Metaphorik, die erstmals in den alten hebräischen Schriften benutzt und die von Matthäus und Lukas brillant aufgegriffen wird.

Die gegenwärtige teils modische, teils obsessive Beschäftigung mit Engeln ist dagegen wohl kaum mehr als ein allerdings sehr bezeichnendes Phänomen der Dekadenz der etablierten Religionen, besonders im amerikanischen Sprachraum. Wenn Engel im Kino und Fernsehen als freundliche Polizisten, weise Onkel oder ernste Pfadfinder weiblichen oder männlichen Geschlechts dargestellt werden, so markiert dies einen traurigen Höhepunkt künstlicher Frömmigkeit. Die Erzählungen über Besuche von Engeln im Alltagsleben haben ganz und gar nichts Göttliches an sich. Und für Hollywood unterscheiden sich Engel nur wenig von freundlichen kleinen Geschöpfen aus dem All.

Die Schriftsteller der Bibel sehen in den Engeln viel mehr, und »der Engel des Herrn« ist eine Metapher, die die göttliche Offenbarung erklären soll. Die Verkündigungsszenen von Zacharias und Maria betonen den Glauben nicht als magische oder nebensächliche Episoden, sondern als göttliche Initiative, um Johannes und Jesus in diese Welt zu bringen. Die außergewöhnlichen Umstände der Empfängnis zeigen Gottes direktes Eingreifen. »Denn für Gott ist nichts unmöglich« (Lukas 1, 37), lautet die Botschaft für Maria – genau wie Generationen davor im Buch Genesis Gott alle Erwartungen übertraf, als die Frau des Patriarchen Abraham in späten Jahren ein Kind empfängt: »In einem Jahr komme ich wieder zu dir, dann wird deine Frau Sara einen Sohn haben ... Ist beim Herrn etwas unmöglich?« (Genesis 18, 10, 14)

Wir mögen bereitwillig zustimmen, daß für Gott nichts unmöglich ist, er kann alles und zu jeder Zeit nach seinem Plan regeln und ordnen. Doch Matthäus und Lukas beschreiben das, was für manche Menschen das schwierigste im christlichen Glauben ist: die Behauptung, daß Jesus von seiner Mutter ohne natürlichen Vater empfangen wurde. Nur diese zwei der vier Evangelisten postulieren die jungfräuliche Empfängnis Jesu ohne das Eingreifen von Josef. (Diese *jungfräuliche Empfängnis* hat im übrigen nichts mit der Unbefleckten Empfängnis zu tun – die später entstandene Überzeugung der einmaligen, sündenlosen Rolle Marias, von der frommer Glaube annimmt, sie sei durch die Gnade *ihrer* Empfängnis besonders auserwählt gewesen. Dafür bringt, im Gegensatz zu dem, was über Generationen angenommen wurde, die Bibel keinen Beweis.) Abgesehen von der Auferstehung Jesu gibt es kaum etwas, daß Christen – und auch Nichtchristen – so sehr unterscheidet, wie der Glaube an die jungfräuliche Empfängnis Jesu.

Was aber ist die *Bedeutung* dieses merkwürdigen Glaubenssatzes – primär für Jesus selbst und dann für die Christen? Wollen wir an ein Unikum der Biologie, einen Streich der Gynäkologie glauben? Ist es möglich, daß die institutionalisierte Kirche aus diesem Lehrsatz mehr gemacht hat, als Matthäus und Lukas intendierten?

Als erstes müssen wir einmal darüber nachdenken, warum das

buchstäbliche Verstehen der jungfräulichen Empfängnis überhaupt zu hinterfragen ist. Die naheliegendste Antwort ist, daß wenn jemand die Evangelien genau und ernsthaft liest, er bereits bei den ersten Kapiteln von Matthäus und Lukas häufig auf unüberwindliche Schwierigkeiten stoßen wird.

Während seines Wirkens sprach Jesus, wie wir sehen werden, von sich selbst niemals als dem von Gott gesandten Messias – das war ein inadäquater, politischer Titel, um seine wachsende Bedeutung auszudrücken. Auch nannte er sich niemals Gottes Sohn. Was das anbetrifft, so könnte das auf ein Mißverständnis seiner Zuhörer zurückzuführen sein. Das soll nicht heißen, daß Jesus in seiner Auferstehung und in dem daraus folgenden christlichen Glauben nicht letztlich der von Gott Gesalbte und Sohn Gottes *gewesen ist*, und das in noch nie dagewesener Weise mit seinem ganzen Sein. Doch wie es scheint, hat Jesus während seines Lebens niemals Anspruch erhoben, der Messias oder Sohn Gottes zu sein. Er hatte mit den Grenzen seiner Sprache (vermutlich Aramäisch) ebenso zu kämpfen wie mit seinem eigenen wachsenden Verständnis, wer er und was seine Beziehung zu Gott überhaupt war. Wenn Christen diese Grenzen als Basis leugnen, so leugnen sie auch die Basis ihres Glaubens, daß Jesus nämlich ein Mensch war, »genau wie wir, jedoch ohne Sünde«. Seine Existenz als Gottes höchste Manifestation in der Geschichte schließt seine Menschlichkeit nicht aus.

Es ist notwendig, sich die Unschlüssigkeit und das Schweigen Jesu vor Augen zu halten, denn daran hängt das Problem, die Geschichte der jungfräulichen Empfängnis und der Geburt Jesu glauben zu können. Die spätere christliche Lehre, besonders die römisch-katholische, hat auf die Umstände der Verlobung und der Heirat besonderes Gewicht gelegt. Vor allem auf die physische Jungfräulichkeit Marias, die Umstände der Empfängnis und sogar auf den Verzicht der Eltern auf jegliche sexuelle Aktivität nach der Geburt des Kindes (was das Neue Testament nicht erwähnt). Der Rest der Bibel ist im großen und ganzen erstaunlich zurückhaltend. Nur die Matthäus und Lukas zugeschriebenen Evangelien erwähnen die Empfängnis Jesu überhaupt. Da sie die jungfräuliche Empfängnis Jesu als selbstverständlich anzunehmen scheinen, befassen sie sich mehr damit, seine Bedeutung für die Gegenwart herauszuarbeiten. In anderer Hinsicht differieren die ersten

Kapitel von Matthäus und Lukas in bezug auf Inhalt und Stil von jedem anderen Text des Neuen Testaments.

Nach Matthäus 1 und 2 leben Maria und Josef, wie bereits erwähnt, in ihrem Haus in Bethlehem. Der Besuch der Weisen aus dem Morgenland läßt Herodes fürchten, daß Jesus eine Gefahr für seine Macht bedeuten könnte, daher befiehlt er, Knaben bis zum zweiten Lebensjahr zu ermorden – eine Greueltat, die zur Flucht Marias, Josefs und Jesu in die Sicherheit Ägyptens führt. Nach dem Tod des Herodes kehrt die Familie wieder nach Nazareth zurück.

Laut Lukas 1 und 2 leben Maria und Josef in Nazareth und gehen nach Bethlehem, um sich für eine Volkszählung eintragen zu lassen. Nach einem kurzen Besuch in Jerusalem kehren sie von Bethlehem friedlich wieder zurück. Hier gibt es keine Weisen, keinen Stern, kein Gemetzel, keine Flucht nach Ägypten.

Abgesehen von der jungfräulichen Empfängnis ist die Erzählung bei Matthäus 1 und 2, die sich auf Josef konzentriert, vollkommen verschieden von Lukas 1 und 2, der Maria in den Vordergrund stellt. Lesen wir diese Kapitel als korrekte historische Berichte, dann bleibt uns allerdings der absurde Eindruck, daß Maria und Josef ihre Geschichten niemals verstanden, geschweige denn jemals über ihre verschiedenen Erfahrungen miteinander gesprochen haben.

Diese einleitenden Erzählungen waren den anderen Schriftstellern des Neuen Testaments nicht bekannt – auch Paulus nicht, der in seinen Briefen weder Empfängnis noch Geburt Christi erwähnt. Ebenso unbekannt waren sie den Evangelisten Markus und Johannes sowie denen, die die frühesten Credos und Hymnen sangen, von denen Fragmente in der Apostelgeschichte und den Briefen des Neuen Testaments erhalten sind.

Interessanterweise hat auch nichts, das in diesen ersten Kapiteln erzählt wird, den geringsten Einfluß auf das folgende. Die geheimnisvolle jungfräuliche Empfängnis und die durch die Geburt Jesu entstandene Unruhe sind allen denen, die über das Wirken Jesu berichten, unbekannt. Auch haben diese Ereignisse Jesu eigenes Verständnis seiner Natur und seiner Mission niemals beeinflußt.

Das Stillschweigen der Bibel über diese Ereignisse (außer der kurzen Erwähnung bei Matthäus und Lukas) beweist entweder, daß diese »Tatsache« unbekannt war und daher von den ersten Christen nicht zur Kenntnis genommen werden konnte oder daß sie für den Glauben in Christus nicht von Bedeutung war. Auf jeden Fall wäre es äußerst schwierig, die These aufrechtzuerhalten, daß der Glaube an Jesus notwendigerweise den Glauben an die jungfräuliche Empfängnis und Geburt voraussetzt.

Gehen wir davon aus, daß diese Geschichten wörtlich zu nehmen sind – anstatt nach ihrer *Bedeutung* zu suchen –, dann müssen wir einige sehr direkte Fragen stellen.

Ist es vorstellbar, daß eine so wichtige Sache wie eine jungfräuliche Empfängnis (a) so vielen Menschen unbekannt geblieben ist und (b) bei dem Versuch, die Einmaligkeit Jesu für die Welt aufzuzeigen, ausgelassen worden wäre? Und außerdem, wie wäre es für Matthäus und Lukas (Evangelisten des späten 1. Jahrhunderts, die in Griechisch geschrieben haben) möglich gewesen, so intime Details aus dem Leben von Maria und Josef in Erfahrung zu bringen? Und warum werden diese Ereignisse der ersten Kapitel im folgenden niemals wieder erwähnt? In denselben Schriften ist nirgends etwas über die jungfräuliche Empfängnis, die Geburt in Bethlehem, den Besuch der heidnischen Weisen, das Gemetzel an den Neugeborenen oder den Aufenthalt in Ägypten zu lesen. Niemand von denen, die Jesus begegnet sind, scheint etwas von seiner einzigartigen Abstammung zu wissen.

Die Schwierigkeit ist nicht zu übersehen: Ist es vorstellbar, daß die Mutter Jesu ihrem Sohn die dramatischen Umstände seiner Empfängnis und Geburt gar nicht mitgeteilt hat? Und hätte ihn eine solche Kenntnis nicht von Anfang an zu einem anderen Selbstverständnis geführt? Der Mann, der mit den anderen am Ufer des Jordans vor Johannes dem Täufer steht (um nur ein Beispiel zu nehmen), sieht sich als Teil des sündigen Volkes und hat in keiner Weise das Gefühl, aus der gesamten übrigen Menschheit hervorgehoben zu sein.

Hätte er von Beginn an von diesen einmaligen Umständen seiner Herkunft gewußt, wie wäre es dann möglich, daß weder er noch seine Familie noch seine Anhänger während der ganzen Zeit seines Wirkens diesen Umstand niemals auch nur vage erwähnten? Wie konnte Maria, in Anbetracht dessen, was ihr bei der Verkündigung gesagt worden war, wagen, ihren Sohn zu schelten, wenn er als Zwölfjähriger tagelang allein im Tempel von Jerusalem zurückblieb? »Kind, wie konntest du uns das antun?« fragt sie im Ton der guten jüdischen Mut-

ter. »Dein Vater und ich haben dich voll Angst gesucht.« (Lukas 2, 48)
Als Jesus antwortet, für ihn sei es ganz natürlich, in seines Vaters Haus
gefunden zu werden, »... verstanden [sie] nicht, was er damit sagen
wollte.« (Lukas 2, 50)

Im folgenden wird uns erzählt, daß Maria und seine Geschwister
gekommen seien, um Jesus vor dem aufgebrachten Volk zu schützen,
das sagte, er habe den Verstand verloren und nicht einmal seine Brüder
könnten ihm glauben. Warum konnten sie ihm nicht glauben, wenn die
Umstände seines Eintritts in diese Welt wirklich so bemerkenswert
waren? Hatte die Familie Jesu keine Ahnung, oder hatten sie Jesus niemals von dem Unterschied erzählt, der ihn von der übrigen Menschheit
trennte?

Die einführenden Kapitel geben uns viel mehr, wenn wir sie als
dichterische Auslegung, als Gleichnis für den Glauben nehmen, das
zwei Evangelisten als Einführung geschrieben haben, um klar zu machen, wer Jesus war. Dieses Wissen ist um so wichtiger, als sein späteres
Wirken zeigt, wie wenig die Menschen von seiner Person verstanden
haben.

Vermutlich zu Beginn des Jahres 28 bis zum Frühjahr des Jahres 30
kehrte Jesus in seine Heimat zurück. Die Menschen dort waren über
sein Wirken verblüfft und fragten, woher dieser Mann seine Weisheit
genommen habe, denn er sei doch der Sohn des Zimmermanns, seine
Mutter hieße Maria und seine Brüder seien Jakob, Josef, Simon und
Judas. Und alle seine Schwestern wären unter ihnen. Woher also habe
dieser Mann das alles? Hier ist anzumerken, daß Jesus als Sohn des
Zimmermanns bezeichnet wird und, noch wichtiger, daß Lukas später
von Josef und Maria als »seinen Eltern« spricht.

Um noch weiter zu gehen, wenn auch auf die Gefahr der Ge-
schmacklosigkeit: Wie konnte jemand von der jungfräulichen Empfängnis wissen oder gar über das weitere intime Eheleben von Maria
und Josef, über das das Neue Testament nichts sagt, doch das nichtsdestoweniger über Jahrhunderte so viele Menschen beschäftigt hat?
Josef, von dem außer seinem Namen und seinem Beruf nahezu nichts
bekannt ist, wird in drei Evangelien nur als Vater Jesu bezeichnet. Da
er im öffentlichen Leben Jesu niemals auftritt, liegt die Vermutung
nahe, daß er bereits vorher gestorben ist. Doch das darf nicht zu der
Annahme führen, Josef sei wirklich der alte Mann gewesen, als der er
später gern dargestellt wird, vermutlich um zu zeigen, daß er für

Maria mehr Vater als Ehemann war. Die Vorstellung des alten Mannes, der ein junges Mädchen heiratet, sollte auf die asexuelle Beziehung der beiden hinweisen.

Um es kurz zu machen: Warum haben weder Jesus noch seine Familie noch seine Anhänger jemals von dem gesprochen, was der Engel bei der Empfängnis gesagt haben soll: daß Jesus nämlich der Sohn des Höchsten sei, derjenige, der nun die wahre Bedeutung des Namens Jesus (eine Kurzform von Josua »Gott errettet«) erfüllen würde?

Die Schwierigkeit wird dann beseitigt, wenn wir in den Worten des Engels die Erfüllung des Glaubens der österlichen Kirche sehen – der Glaube in Jesu, der durch seine Glorifizierung nach dem Tod seinen Platz im Universum als der Herr eingenommen hat und jetzt sowie für alle Zeiten der gesalbte Messias bleibt, auf den die Schöpfung gewartet hat.

In späteren Zeiten legten die Christen auf die geheiligte Jungfernschaft besonderen Wert, und somit war es folgerichtig zu glauben, daß Maria für immer *intacta*, das heißt, Jungfrau blieb. Das mag stimmen oder auch nicht. Wir haben keine Möglichkeit, etwas über ihr intimes Leben zu erfahren, und tatsächlich (dies sei hier mit allem Nachdruck festgestellt) geht es auch niemanden etwas an. Die einzige Quelle über das sexuelle Leben von Maria und Josef könnten Maria und Josef selbst sein. In den Evangelien wird nichts darüber berichtet, und es ist eindeutig, daß diese ohne den Einfluß von Maria und Josef geschrieben wurden.

Was, müssen wir uns hier fragen, läßt sich für den Glauben und die Erlösung damit gewinnen, wenn man auf der wörtlichen Auslegung der Jungfräulichkeit besteht? Nichts außer der Gewißheit, daß wir alle zu einer weitaus niedrigeren Geburt verurteilt sind. Schlagen wir weiter die Trommel für die lebenslange Jungfräulichkeit Marias und für die wörtlich verstandene jungfräuliche Empfängnis Jesu, ist es schwer, den Eindruck zu vermeiden, Gott hätte sich selbst kritisiert – er hätte damit sozusagen bereut, was er für die Menschheit geschaffen hat. Im Licht dieser Erkenntnis kommen alle Probleme und Neurosen an die Oberfläche: Geschlechtsverkehr und die normalen Wege der Zeugung werden unpassend, *unwürdig*, wenn sie für den Eintritt Gottes in diese Welt als nicht würdig angesehen werden.

In der Bibel finden sich keine sexualfeindlichen Tendenzen, die wurden erst Jahrhunderte später geboren, und bis zum heutigen Tag ist Sexualität in der westlichen Welt mit Kummer und Verlegenheit behaftet. Davon zeugt schon die kuriose Sitte, daß die Braut nach der Hochzeitszeremonie ihren Blumenstrauß in die Schar kreischender Mädchen wirft. Traditionsgemäß geschieht dies unmittelbar vor ihrer Abreise in die Flitterwochen – das heißt, sie befindet sich auf dem Weg, du weißt schon wohin, um das zu tun, was du auch weißt. Das Wegwerfen der Blumen zeigt an, daß sie im Begriff ist, ihre Jungfräulichkeit zu verlieren – sie wird defloriert –, und der Stand der Reinheit wird bei ihren Freundinnen »zurückgelassen«.

Dieser weltliche Brauch, der sich aus heidnischen Gebräuchen entwickelt hat, wird heute noch von vielen frommen, jungfräulichen Bräuten praktiziert, die, bevor sie mit ihrem Bräutigam die Kirche verlassen, ihr Bouquet einer Marienstatue zu Füßen legen. In beiden Fällen ist der Sinn klar, auch wenn die Frau es unter Umständen gar nicht weiß. Je nach dem Charakter der Braut opfert sie das Totem der Jungfräulichkeit mit einem wehmütigen Wurf, einem feuchten Blick, dem Anflug von Ekel oder einem vieldeutigen Glitzern in den Augen. Es mag sein, daß diese Rituale in einer Gesellschaft, in der Männer und Frauen lange vor der Ehe den Geschlechtsverkehr vollzogen haben, viel von ihrem Sinn verloren haben. Dennoch steckt hinter diesen rein weltlichen Bräuchen die Spannung eines puritanischen Vorurteils, das in den Evangelien nicht zu finden ist. Zum Unglück der Menschheit wurde die Idee der jungfräulichen Empfängnis später ausgeweitet, bis sich das Vorurteil festsetzte, die Jungfräulichkeit sei für die Ehe die wichtigste Voraussetzung. Diese Auffassung geht jedoch weit über den Text der Evangelien, mehr noch über den gesunden Menschenverstand hinaus.

Man schmälert nicht im geringsten das göttliche Wesen Jesu, wenn man den Begriff der jungfräulichen Empfängnis neu überdenkt. Daß Gott in seiner Ganzheit in Jesus von Nazareth lebt, ist ein Glaubensgrundsatz der Evangelien und ein Grundelement des Christentums, das heißt, absoluter Mittelpunkt des Glaubens. Gott offenbart sich in dem Mann Jesus, und die einzige Möglichkeit dieses Geheimnis zu »wissen« ist, es zu erfahren: Mit der Erkenntnis der Person Jesu findet der Mensch Erlösung. Doch dieses Erkennen Jesu hängt nicht von der Würdigung der jungfräulichen Empfängnis ab. Und das Evangelium des Johannes, das am meisten zur Entwicklung des Christentums beigetragen hat, kennt die jungfräuliche Empfängnis überhaupt nicht.

In diesem Zusammenhang ist es interessant, den konservativen römisch-katholischen Theologen Kardinal Josef Ratzinger, Leiter der Glaubenskongregation, zu zitieren: »Im Einklang mit dem Glauben der Kirche besteht für das Sohnesverhältnis Jesu nicht die Voraussetzung, daß Jesus keinen menschlichen Vater gehabt hat. *Die Doktrin der Göttlichkeit Jesu würde unberührt bleiben, auch wenn Jesus einer normalen Ehe entsprungen wäre.* Denn das Sohnesverhältnis, von dem der Glaube spricht, ist keine biologische, sondern eine ontologische Tatsache, ein Ereignis, daß nicht in der Zeit, sondern in der Ewigkeit Gottes liegt. Die Empfängnis Jesu heißt nicht, daß ein neuer Gottessohn kommt, sondern daß Gott in dem Mann Jesus den reifen Mann zu sich zieht, so daß er selbst der Mann ›ist‹.«

Aber die heilige Wendung des christlichen Glaubensbekenntnisses – »geboren von der Jungfrau Maria« – muß erhalten bleiben, denn sie stellt klar, daß Jesus wirklich geboren wurde, daß er der leibhaftige Sohn einer Mutter ist. Das Wort »Jungfrau« erklärt den Status Marias zur Zeit der Empfängnis Jesu. Es drückt nicht mehr aus, als Matthäus sagt, wenn er bei der Beschreibung auf die Worte des Propheten Jesaja zurückgreift, die sich nun erfüllt haben: »Seht, die Jungfrau wird ein Kind empfangen, sie wird einen Sohn gebären, und sie wird ihm den Namen Immanuel geben« (Jesaja 7, 14), ein Name, der, wie Matthäus ergänzt, »Gott ist mit uns« (Matthäus 1, 23) bedeutet.

Jesaja weist auf die bevorstehende Geburt eines normal empfangenen Kindes hin, das in seiner Zeit – siebenhundert Jahre vor Jesu – hilft, das Haus David und damit das Volk von Israel zu schützen. Wie auch immer, das hebräische Wort für »Jungfrau« das Jesaja verwendet, ist ’alma, das einfach »junge Frau« heißt und keinen Hinweis auf Jungfräulichkeit gibt. Die griechische Übersetzung von ’alma (*parthenos* sowohl bei Jesaja wie bei Matthäus) bedeutet einfach, daß eine junge Frau, die eine Jungfrau *war*, in Kürze auf normalem Weg den Samen empfangen und schwanger sein wird.

Was das für unseren Glauben bedeutet, ist also nicht irgendeine Anomalie der Empfängnis. Die Heilige Schrift sagt vielmehr, daß die Menschheit sich nicht selbst von der Sünde befreien kann, daher sendet Gott in seiner Großmut seinen Christus in diese Welt. Sogar die römisch-katholische Kirche, die mehr als jede andere Religion ihren Glauben sorgfältig in Dogmen festlegt, hat die Katholiken strengstens vor unziemlichen Überlegungen der biologischen Aspekte der Jungfräulichkeit Marias gewarnt. Dennoch muß es belastend sein, daß der offizielle römische Katholizismus das religiöse Gewicht nach wie vor auf das wörtliche Verständnis der jungfräulichen Empfängnis legt. Viele katholische Theologen halten dieses Verständnis für die Grundlage des Glaubens der katholischen Kirche. Es gibt aber namhafte Gelehrte, die dem nicht zustimmen; die Diskussion geht weiter.

Was wird nun genau in diesen beiden Kapiteln der zwei Evangelien erklärt? Die Antwort kann nur sein, daß das Auftreten Jesu in der Geschichte die Überraschung aller Zeiten war. Gott hat damit mehr geoffenbart, als alle Propheten oder Seher jemals ahnen konnten. Gott hat mit der unerwarteten Geburt von Johannes dem Täufer und Jesus alle Vorhersagen übertroffen.

Die immerwährende Jungfräulichkeit Marias – eine biologische Kondition, die, wie gelehrt wird, trotz Geburt wunderbarerweise lebenslang bestanden hat – gehört auf ein anderes Blatt. Vielleicht liegt der Zweck dieses Glaubenssatzes (der durch nichts in den Evangelien belegt ist) einfach darin, die Aufrichtigkeit des Herzens zu betonen, mit der Maria ihrer Verpflichtung nachgeht: »Ich bin die Magd des Herrn; mir geschehe, wie du es gesagt hast. Danach verließ sie der Engel.« (Lukas 1, 38) Mit dieser Haltung ist sie für jeden Gläubigen das beste Vorbild.

Aber die Behauptung einer immerwährenden physischen Jungfräulichkeit Marias scheint angesichts der Tatsache, daß sie weitere Kinder gehabt hat, nicht gerechtfertigt. »Deine Mutter und deine Brüder stehen draußen und möchten dich sehen« (Lukas 8, 20), sagte man Jesus, während er heilte und lehrte. Die Paulusbriefe, die Evangelien sowie die Schriften des Josephus Flavius (der völlig unabhängig von den Evangelisten geschrieben hat) berichten alle von Geschwistern Jesu.

Dieser Hinweis ist für Angehörige der römisch-katholischen Kirche mitunter schockierend, denn seit dem späten 4. Jahrhundert – als die jungfräuliche Empfängnis weithin wörtlich genommen wurde – firmieren die Brüder und Schwestern Jesu als Vettern oder Halbgeschwister (Kinder aus eine früheren Ehe Josefs). Ist aber Josef gar nicht der Vater Jesu, dann sind diese »Brüder und Schwestern« Jesu mit ihm überhaupt nicht verwandt!

Aber diese Erklärungen wurden später angesichts des Zwangs, die nichtbiblische Idee der ewigen Jungfernschaft Marias zu verteidigen, nicht zur Kenntnis genommen oder zurückgewiesen. Allerdings werden heute Bibelgelehrte – sogar Katholiken –, die auf der wörtlichen Bedeutung von »Brüdern und Schwestern« bestehen und daher die dauernde Jungfernschaft Marias als unmöglich betrachten, nicht immer von Rom abgelehnt oder verdammt. Das Neue Testament verwendet für Vetter das griechische Wort (*anepsios*) und ist in dieser Hinsicht eindeutig, wenn die Geschwister Jesu (besonders von ihm selbst) erwähnt werden, so heißt es griechisch *adelphoi* (Bruder) und *adelphai* (Schwester).

Im Neuen Testament findet sich kein Beispiel, wo das Wort »Bruder« im Sinn von »Vetter« oder »Stiefbruder« verwendet wird. Bis zum 4. Jahrhundert gab es diese Wortklauberei nicht, erst dann fand man es unpassend, daß Maria noch andere Kinder oder am Ende gar sexuelle Beziehungen gehabt haben könnte. Jerome Neyrey hat die Diskussion über dieses Thema einleuchtend zusammengefaßt: »Es gibt sprachlich keine Beweise für die Auslegung der Evangelien, Jesu Brüder und Schwestern wären seine Vettern und Cousinen gewesen. Vettern werden, wenn sie erwähnt sind, als Vettern und nicht als Brüder bezeichnet. Daher verstehen die Schreiber [des Neuen Testaments] eindeutig Brüder als Brüder in blutmäßigem Sinn und nicht als Vettern oder Stiefbrüder ... Die Aussage hinsichtlich von Stiefbrüdern ist nur Legende.« Neyreys Position, die von vielen katholischen Theologen und Exegeten geteilt wird, hat ihn nicht seinen Status als Jesuit oder als Professor für das Neue Testament an der Notre Dame University gekostet. Wobei die Notre Dame University als katholische Institution über allen Zweifeln erhaben ist.

Was das Intimleben von Maria und Josef anbetrifft, so geht dies niemanden außer den beiden etwas an, und wir besitzen auch keinerlei Zeugnis darüber. Die Annahme, Maria hätte wie eine Nonne das Gelübde der Jungfräulichkeit abgelegt, ist der Phantasie zuzuschreiben. Ganz gewiß aber wäre es etwas völlig Untypisches für ein jüdisches Mädchen jener Zeit.

In dieser Beziehung ist es wichtig, sich daran zu erinnern, daß nach

Anerkennung des Christentums im frühen 4. Jahrhundert durch das Römische Reich Heiligkeit nicht mehr allein durch den Märtyrertod, sondern auch durch Askese erlangt werden konnte – das fleischliche Leben wurde dem geistigen Leben untergeordnet. Doch das hat zu der unnatürlichen Anschauung geführt, die das geschlechtliche Leben abwertet. Eine Auffassung, die im Grunde auf die unchristliche (eigentlich häretische) Idee hinausläuft, daß Jesus trotz allem nicht vollkommen Mensch war. Denn wenn wir Jesus einen biologischen Vater absprechen, erhebt sich die Frage, ob wir ihn wirklich als Mensch bezeichnen können. Wie ein katholischer Bibelgelehrter geschrieben hat: »Man könnte sich fragen, ob die jungfräuliche Geburt nicht Teil einer inzwischen überholten Weltanschauung ist, so wie der biblische Glaube an ein geozentrisches Universum.«

Matthäus und Lukas bringen die jungfräuliche Empfängnis als Symbol göttlicher Initiative ins Spiel, einer Initiative, die mit der einfachen Feststellung dessen, »was geschah«, nicht gebührend zum Ausdruck gebracht worden wäre. Die beiden Schreiber bieten Erklärungen, daß der Gott, der Jesus auferstehen ließ, auch über seiner Empfängnis stand. Das soll nicht heißen, daß Gott es für notwendig erachtete, die allgemeine Meinung von Empfängnis und Geburt, die für alle Lebewesen gilt, in Frage zu stellen. Mit der Geburt Jesu, sagen Matthäus und Lukas – und alle, die an Jesus glauben –, beginnt eine neue Schöpfung. Und der einzige Weg für die alten Schreiber, diese Neuschöpfung darzustellen, lag darin, neue Metaphern zu finden – nicht die Unwahrheit, aber einen neuen Weg, die Wahrheit zu verkünden. Die Offenbarung Gottes braucht schließlich nicht in die Form wörtlicher Geschichtsschreibung gepreßt zu werden.

Von dem erstaunlichen Bericht der Genesis bis zu dem Versprechen der Ewigkeit in der Offenbarung waren die Schreiber immer von gottgegebenen Erzählungen inspiriert, um die Wahrheit zu verkünden. Erzählungen – nicht die Bemühungen um metaphysische Spekulation – haben die Kraft, uns hellhörig zu machen und uns zu verändern. Menschen können auch durch andere Formen als die Geschichte belehrt werden. Jesus, müssen wir uns in Erinnerung rufen, sprach in Parabeln, und niemand würde wagen zu behaupten, diese wären unwahr. Nur der hyperrationale moderne Mensch denkt (sehr zu Unrecht), Geschichten wären nicht wahr. Die ersten Christen dagegen und ihre Vertreter, die die Evangelien schrieben, verstanden, daß die Geschichten natürlich wahr waren – in dem Sinn, daß die Autoren sie als wahr betrachteten, was nicht heißen soll, daß ihre Wahrheit immer und vorwiegend wortwörtlich war.

Unser Glaube beruht weder auf der traditionellen noch der geheimnisumwitterten Empfängnis. Der Glaube liegt nicht in Worten, die etwas von der physischen Jungfräulichkeit behaupten. Glaube ist das Bekenntnis, daß Gott sich ein für allemal in Jesus dem menschlichen Leben geoffenbart und mit dem Schicksal der Menschen vereint hat, und das auf jede Weise, in Dunkelheit, Leiden und Tod. Er hat das getan, um die Menschheit für alle Ewigkeit zu erlösen.

Die Geschichte der jungfräulichen Empfängnis stellt eine historisierende Untermalung der religiösen Feststellung über Jesus dar – ein Ursprung, den Gott gewiß nicht durch die »gewöhnlichen« Mittel der Eltern gemindert sehen wollte, als wäre überhaupt je etwas bei der Geburt eines Kindes gewöhnlich. Die katholische Kirche hat zudem festgestellt, daß »die Evangelien eindeutig, gläubig und frei von Irrtümern die Wahrheit lehren, die Gott in die geheiligten Schriften legte, um uns zu erlösen«. Der loyale Katholik muß sich also fragen, ob der biologische Weg des Eintritts Jesu in die Geschichte eine Wahrheit ist, die Gott in der Bibel festgeschrieben hat, »um uns zu erlösen«.

Die menschliche Natur Jesu und die Tatsache, daß Jesus Gottes Sohn ist, sind tragende Elemente des christlichen Glaubens – ohne sie würde das Christentum ad absurdum geführt. Ist aber die körperliche Jungfräulichkeit Marias auch eine Säule des Glaubens? Wenn dem so wäre, muß man sich fragen, was diese seltsame Tatsache mit unserer Erlösung zu tun hat. Die Geschichte der jungfräulichen Geburt ist tatsächlich wahr – in dem Sinn, wie sie die Tradition verstanden haben will, das heißt, es ist *keine* historische Wahrheit, sondern eine theologische: die Gegenwart Jesu als der wahre Sohn Gottes in der Welt zeigt die Priorität der göttlichen Aktivität.

Ziel dieses Buches ist nicht, Gottes wunderbare oder geheimnisvolle Offenbarung zu schmälern. Doch sollte eine fromme Seele das kirchliche Dogma und die Unfehlbarkeit des Papstes in diesen Dingen als Richtschnur ansehen, so kann ich nur mit allem Respekt sagen, wenn das Wort Gottes mit aller Ehrfurcht vor dem Reichtum der Sprache zu lesen ist – falls es tatsächlich unsere Aufgabe ist zu urteilen, was der heilige Text bedeutet –, dann ist es erst recht wichtig, daß wir uns mit der Bedeutung des weltlichen Textes befassen. Anders ausgedrückt: Kirchliche Erklärungen sind ebenso für eine Interpretation geeignet wie biblische Verse. Leugnen wir das, dann leugnen wir auch, daß Gott uns immer noch etwas zu sagen hat – und was uns betrifft, hier und jetzt.

Die beiden ersten einleitenden Kapitel von Matthäus und Lukas, die vom literarischen Standpunkt den folgenden ganz unähnlich sind, bringen zwei Zusammenfassungen des Sinnes und der Wichtigkeit Jesu für die jüdischen Gemeinschaften. Die beiden Kapitel gleichen den ersten elf Kapiteln der Genesis, die eine Ouvertüre oder ein Anheben des Vorhangs im Lichte dessen, was folgt, darstellen. Das ist eine grundsätzliche Voraussetzung für alle Bibelstudien.

Was die Wahrheit des Bibeltextes anbetrifft, so hat sogar die Päpstliche Bibelkommission der katholischen Kirche – eine Organisation, die nicht dafür bekannt ist, sich nach Moden oder extrem liberalen Aussagen zu richten – bereits über Dekaden gelehrt, daß die Bibel sorgfältig zu studieren ist, unter Beachtung der literarischen Formen und Normen, die in der Zeit, da die Bibel entstand, gebräuchlich waren. Die 1943 herausgegebene Enzyklika von Pius XII., *Divino Afflante Spiritu*, stößt zum erstenmal sogar für Angehörige der römisch-katholischen Kirche die Tür zum Bibelstudium auf. Man muß »sogar« sagen, denn bis zum ersten Drittel dieses Jahrhunderts betrachtete Rom mit Mißtrauen und manchmal mit Verdammnis jedes Studium der Evangelien, sofern es die Erkenntnisse der Sprachwissenschaften, der Archäologie und der Geschichte miteinbezog.

Weitere Fortschritte im Studium der Bibel wurden beim Zweiten Vatikanischen Konzil, 1962 bis 1964, gemacht und in der Folge durch die Päpstliche Bibelkommission in dem 1964 erschienen Dokument »Instruktionen hinsichtlich der historischen Wahrheit der Evangelien«. Doch bedauerlicherweise haben diese gelehrten und befreienden Worte der offiziellen Lehrmeinung der katholischen Kirche im allgemeinen nicht ihren Weg von Rom durch die Seminare zu den Pfarreien gefunden.

Wenn brave Kirchgänger und gute Geistliche versuchen, jede Diskussion abzuschneiden und ihre Taschen nach 7,5 mal 12,5 cm-Karteikarten absuchen, auf denen die Antworten auf alle unsere Fragen über Gott stehen, dann sollten wir schreiend in die Nacht laufen. Eine gewissenhafte Studie der einzelnen Elemente des Glaubens fegt nicht den Sinn der Geburt Jesu »durch die Jungfrau Maria« hinweg. Eine solche Studie könnte im Gegenteil zeigen, daß wir manchmal unseren Schwerpunkt auf die falsche Stelle oder zumindest (wie könnte es anders sein) auf die teilweise falsche legen.

Jesus wurde wirklich geboren; er war und ist ein Mensch. Er ist auch ein für alle Male Gottes letzte Selbstoffenbarung. Das Wie übersteigt unseren Verstand. Aber die Worte des Engels gelten allgemein: Dem kämpfenden Gläubigen wird durch Maria versprochen, daß die Kraft des Allerhöchsten uns überschatten wird, so daß der, der geboren wird, für uns alle wahrlich Gottes Heiligkeit sein dürfte.

»Seht, ich mache alles neu« (Offenbarung 21, 5), verkündet der Herr am Ende des Neuen Testaments. Diese Worte sind sowohl Schlüssel für das, was Gott in jedem Augenblick tut als auch für jene Menschen, die in seiner Gegenwart leben wollen, die in jeder Stunde Gottes Nähe spüren. Gott hat die Vergangenheit für nicht ausreichend angesehen, er hat uns die Gegenwart geschenkt.

Am Fluß:

Jesus trifft Johannes den Täufer

Palästina, ein kleiner Teil des Römisches Reiches, war zur Zeit Jesu gerade 240 km lang und 80 km breit. Das gesamte Land hätte in den amerikanischen Bundesstaat Massachusetts gepaßt. Doch das alte Land der Juden war weder eine Staatengemeinschaft noch souveräner Staat, geschweige denn eine föderalistische Republik. Infolge seiner strategischen Lage hat es seit Jahrhunderten Invasion, Eroberung, Zerstörung und Unterdrückung gekannt. Seit 63 v. Chr. war es wieder besetztes Land, und überall waren die Embleme Roms zu sehen – besonders die allgegenwärtige Standarte, der Lorbeerkranz, das Emblem SPQR (*Senatus Populusque Romanus* – Der Senat und das römische Volk), gekrönt vom Adler, dem Symbol der wachsamen Autorität. Sogar der Name des Landes war von Rom geändert worden, von Israel auf Palästina, der an die Philister der Küstenregion erinnerte.

Im Frühjahr 28 erstaunte ein Mann, in der Geschichte als Johannes der Täufer bekannt, die Menschen mit einem strengen Aufruf – »Reue!« – und lud Sünder zu einer rituellen Waschung ein als Zeichen für die Notwendigkeit eines neuen Lebens. Die sengenden Sommerwinde, die regelmäßig aus dem Süden kamen, zwangen die Menschen, Unterschlupf zu suchen. Das bedeutete oft, daß sie sich in Zelten im Tal des Jordans oder nahe den Ufern des Toten Meers zusammendrängten, genau dort, wo Johannes der Täufer seine Taufen abhielt. »Die Leute von Jerusalem und ganz Judäa und aus der ganzen Jordangegend zogen zu ihm hinaus; sie bekannten ihre Sünden und ließen sich im Jordan von ihm taufen.« (Matthäus 3, 5)

Damals Mitte Dreißig, war Johannes der Sohn eines bäuerlichen Priesters namens Zacharias und seiner Frau Elisabeth. Die Empfängnis des Knaben (nach dem Lukas-Evangelium von Gabriel verkündet) war eine Überraschung, denn die Eltern waren alt und die Mutter galt als unfruchtbar. Es ist unmöglich festzustellen, ob Johannes später den Weg des Priesters einschlug, wie es vom Sohn eines Priesters erwartet wurde. Möglicherweise hat er sich auf seine Berufung in der heiligen Stadt Jerusalem vorbereitet, wo er fasten und predigen lernte und an den priesterlichen Übungen teilnahm. Und in der Folge könnte er einige Zeit bei der Glaubensgemeinschaft der Essener verbracht haben. Einige ihrer Charakteristika (Einsamkeit und Sehnsucht nach Reinheit) und ihrer Praktiken (rituelle Waschung als Zeichen der Vergebung) finden sich bei ihm wieder. Sowohl Johannes wie die Essener zeigen besonderen Abscheu gegenüber religiöser – besonders priesterlicher – Scheinheiligkeit und Extravaganz.

Auf jeden Fall war Johannes in dem bewußten Jahr 28 weder mit der jüdischen Priesterschaft verbunden noch Mitglied einer vergleichbaren Gruppe innerhalb des Judentums. Er war, ganz im Gegenteil, ein Einsamer und in jeder Weise ein Exzentriker – ein streng enthaltsamer Mann, der anstelle der üblichen Nahrung wilden Honig und Heuschrecken (häufig die Hauptnahrung der Armen) zu sich nahm. Er trug auch ein charakteristisches Gewand – einen mit einem Ledergurt zusammengehaltenen Kamelhaarmantel –, das an das Gewand des geheimnisvollen Elias erinnerte, der (wie manche glaubten) an einem kritischen Punkt der jüdischen Geschichte wieder erscheinen würde.

Als eine solche Erscheinung forderte Johannes das selbstzufriedene, fast schon professionell religiöse Volk heraus, das (wie solche Leute immer sind) von der eigenen Rechtschaffenheit zutiefst überzeugt war – fromme Seelen, denen die äußeren Regeln der Religion mehr als ihr Inhalt bedeuteten. Zu allem Überfluß griff er diejenigen an, die das Flehen der Armen ignorierten. Doch seine Botschaft war für jeden Protest und moralischer Aufschrei: »Ihr Schlangenbrut ... Bringt Frucht hervor, die eure Umkehr zeigt.« (Matthäus 3, 7,8) In der Möglichkeit einer radikalen Umkehr und Veränderung des Herzens sieht Johannes also den wahren Sinn der Reue.

Das war nur der Anfang, er schockierte seine Zuhörer, indem er erklärte (gegen die konventionelle Auffassung), es sei nicht genug, nur ein Mitglied des Auserwählten Volkes zu sein, das allein biete keine Garantie des rechten Weges und der Erlösung, sondern müsse als Auftrag zu einem frommen, moralischen und liebenden Leben verstanden werden. »... fangt nicht an: Wir haben ja Abraham zum

Vater« (Lukas 3, 8), ermahnt er sie eindringlich und fügt hinzu, wenn Gott wollte, könnte er sogar Steine zu Kindern des Auserwählten Volkes machen. Der Tag, an dem über die Sünder gesessen werde, stehe, so Johannes, bald bevor, und jene, die im Weingarten Israels lebte, wären für immer verloren, wenn ihr Glaube nur ein Lippenbekenntnis, nicht aber mit guten Werken verbunden sein sollte: »Schon ist die Axt an die Wurzeln der Bäume gelegt; jeder Baum, der keine gute Frucht hervorbringt, wird umgehauen und ins Feuer geworfen.« (Lukas 3, 9)

Daher müssen die Menschen auf ihnen liebgewordene Vorrechte und Annahmen, die sich nur aus einer ethnischen Herkunft ableiten, verzichten. Derselbe Gott, der Israel aus Ägypten geführt und durch das Wasser in Sicherheit gebracht hat, schenkte ihnen nun durch das Wasser der Taufe neues Leben. Johannes gründete keine neue Religion, er kritisierte nur eine Frömmigkeit, die schal geworden war, da ihre Vertreter ihre Mitmenschen unterdrückten. Sein Gewand, sein Fasten, sein streng einfaches Leben und seine Selbstverleugnung zeigten seine Zugehörigkeit zu den Schwachen.

Doch hatte er mehr zu sagen. Seine Verkündigung und seine Taufe würden schließlich durch einen anderen ersetzt werden: »Ich taufe euch nur mit Wasser. Es kommt aber einer, der stärker ist als ich ... er wird euch mit dem Heiligen Geist und mit Feuer taufen.« (Lukas 3, 16) Es gibt keinerlei Anzeichen, daß Johannes damals gewußt hat, von wem er sprach. Hoffnung und Vertrauen feuerten seinen Glauben an, daß eine letzte große Manifestation Gottes bald in der Welt erscheinen würde – von den Einzelheiten wußte er nichts.

Viele fromme Juden, die um die Dringlichkeit einer persönlichen und kollektiven Erneuerung wußten, wandten sich Johannes zu. Josephus Flavius, der jüdische Historiker des ersten nachchristlichen Jahrhunderts, beschrieb Johannes beifällig als »einen guten Mann, der die Juden ermahnt, ein rechtschaffenes Leben zu führen, Gerechtigkeit gegenüber ihrem Nächsten und Ehrfurcht vor Gott zu üben«. Die Einladung des Johannes, Sünder mögen sich der Taufe unterziehen, dem religiösen Ritus der Waschung, hatte, laut Josephus, »nicht den Zweck, alle Sünden zu vergeben, sondern die Reinigung des Körpers sollte sozusagen stellvertretend für die durch Wohlverhalten reine Seele stehen.« Während Johannes unter seinen Anhängern umherwanderte, lud er sie zu der rituellen Waschung ein, die die Notwendigkeit der Umkehr symbolisierte, die demütige Heimkehr zu Gott als sein Volk. Schon sechs Jahrhunderte vorher hat Gott am Ende der babylonischen Gefangenschaft versprochen: »Ich werde reines Wasser über euch ausgießen, dann werdet ihr rein. Ich will euch von aller Unreinheit reinigen ... Ich werde euch ein neues Herz schenken und einen neuen Geist in euch legen.« (Ezechiel 36, 25–26) Johannes, der die Schriften kannte, lebte mit diesem Vertrauen.

Rituelle Waschungen waren natürlich in vielen alten Religionen ein üblicher Vorgang und sind es bis heute geblieben. Von den religiösen Waschungen der alten Juden bis zu den ägyptischen Isis-Riten, von den Waschungen der Qumran-Mönche und dem Untertauchen konvertierter Juden bis zur späteren christlichen Taufe und der Praxis, Brunnen nahe dem Kircheneingang zu errichten – es gibt nur wenige Riten, die ähnlich mit Bedeutung überfrachtet sind, wie diejenigen, die Wasser als unabdingbares Element verwenden.

Sich mit Wasser zu übergießen oder in Wasser einzutauchen, entspricht dem allgemeinen Wunsch nach Erneuerung, wieder geboren zu werden (in neuer Reinheit), und den alten Menschen abzustreifen (das Abwaschen des angesetzten Schmutzes). Bevor die Gläubigen den Tempel in Jerusalem betraten, wuschen sie sich – das Wandern durch die Welt war letztlich eine schmutzige und mühevolle Sache. Gastgeber boten ihren Gästen, wenn sie zu Besuch kamen oder zu einem Mahl das Haus betraten, Wasser zur Reinigung. Es war dies eine besonders großzügige Geste der Gastlichkeit, denn das Wasser mußte in schweren Gefäßen mühsam von der außerhalb der Stadt liegenden Quelle in die häusliche Zisterne gebracht werden, wo es dann zum Kochen und Waschen verwendet wurde. Frisches reines Wasser war bei den alten Völkern kostbar. Das galt auch für alle Arten von Veränderungen, immer wurde Wasser rituell verwendet.

Doch der Sinn, den Johannes dem Wasserritus gab, war ein anderer: die alten Riten, die jüdischen wie die heidnischen, identifizierten das Zeichen der Erneuerung mit dem Angebot von Gottes bedingungsloser Liebe, für die es auch ein anderes Wort, nämlich »Gnade« gibt. Genau das war die Verbindung, die Johannes machte – Wasser ist das Zeichen von Gottes Allgegenwart in dieser Welt –, er verwendete ein archetypisches Symbol und verlieh ihm tiefe religiöse Bedeutung. Die Taufwaschung konnte nicht wiederholt werden wie die anderen Reinigungsrituale: sie gibt es im Leben seiner Anhänger nur ein-mal.

Ihr mußte eine grundlegende Änderung des Lebens folgen, der Augenblick der Taufe hatte allgegenwärtig zu sein, ihre Bedeutung sich zu vertiefen. So war die Taufe des Johannes ein Neubeginn, bei dem der neue Mensch mit dem Alltag konfrontiert wurde. Später, nach dem Tod Jesu, wurde die Taufe als der Beginn einer tiefen mystischen Verbindung zu ihm angesehen – dem folgte die spätere christliche Tauf-zeremonie »im Namen Jesu«, was bedeuten soll »durch die Kraft sei-ner Gegenwart und Macht«.

So wie die alten Propheten Israels (Jesaja, Jeremia, Ezechiel oder Amos) und viele Stimmen, die im Laufe der Geschichte laut wurden, verdammte Johannes den egoistischen Luxus, der wie die weitver-breitete Armut zur wirtschaftlichen Unterdrückung jener Zeit gehörte: eine Art sybaritischen Wohllebens, das zum geistigen Bankrott führen kann.

Als wahrer jüdischer Prophet – ein Sprecher Gottes, nicht ein Hell-seher – hatte der Täufer den prophetischen Sinn für strengste Abge-schiedenheit. In dieser Hinsicht ist er ein Nachfolger von Jeremia, der im 7. Jahrhundert vor Jesus gegen religiöse Indifferenz predigte und fühlte, daß seine Mahnungen ein Dorn im Fleisch der Selbstgefälligen war. Seine Berufung trennte ihn notwendigerweise von »Freudenspen-dern« und führte ihn in eine gewisse Abgeschiedenheit. »Von deiner Hand gepackt, sitze ich einsam« (Jeremia 15,17), sagt der Prophet weh-mütig, aber ohne Selbstmitleid.

Nachdem er Gott in der Stille und Einsamkeit gelauscht hatte, kehrte er zu seinem Volk mit der Warnung über ihre Ungläubigkeit zurück – eine Verkündigung, die immer mit dem Versprechen von Gottes ausgleichender Liebe und seiner unendlichen Vergebung und Gnade gegenüber dem Sünder verbunden war. »... denn ich bin mit dir, um dich zu retten ... Kehr zurück, Israel, du Abtrünnige. Ich schaue dich nicht mehr zornig an, denn ich bin gütig.« (Jeremia 1, 8; 3, 12) Zur hebräischen Tradition gehört, daß die Prophezeiungen von An-fang bis Ende das Gottesvolk immer daran erinnern, daß Gott im Gegensatz zu den Menschen seinen Versprechungen treu bleibt.

Wie Jeremia hatte auch Johannes eine strenge Botschaft an die Privilegierten und Mächtigen seiner Zeit, die die Entrechteten und

Schwachen ausnützten: sie mußten sich ändern oder dem göttlichen Gericht gegenüberstehen. Johannes hatte sich von der priesterlichen Familientradition entfernt und die Gesellschaft für die Verlassenheit in der Wüste aufgegeben, dem traditionellen Ort für das Gebet in der Einsamkeit. In dem zentralen Ereignis des Exodus durch die Wüste Sinai, dem Weg aus der Sklaverei in die Freiheit, hat Gott sich dem ängstlichen umherziehenden Volk als liebender Führer geoffenbart. Nach seinem Aufenthalt in der Wüste kam Johannes nach Palästina, um die Gesellschaft in ihren Wurzeln zu erschüttern. Johannes sprach von dem Feuer des Gerichtes, so wie vor ihm die großen Propheten der Apokalypse von herabfallenden Sternen, der Verdunkelung von Sonne und Mond und dem einstürzenden Himmel gewarnt hatten – dramatische Bilder, die manche vielleicht wörtlich verstanden, die meisten aber symbolisch als Ankündigung, Gott würde die gesamte Schöpfung verändern.

Durch Unrecht, das soziale Unruhen zur Folge hatte, wurde die Weltordnung gestört: die Folge des Fehlverhaltens einer Minorität, der reichen Aristokraten, die die Bedürfnisse der Unterprivilegierten nicht zur Kenntnis nahmen, und die Repressalien, denen die Bevölkerung seitens der römischen Okkupanten ausgesetzt war. In einer solchen Atmosphäre erwachte die Hoffnung einiger Juden wieder – die Hoffnung auf den erlösenden König, der sie als Gottes Messias (der »von ihm verheißene«) zum Sieg über ihre Feinde führen würde. In ihren Schriften und ihrem Gottesdienst wurden die Juden immer wieder an Gottes Versprechungen erinnert – trotz seines Unglücks und der Fehler seiner Könige blieb es immer noch sein Volk, das letztlich nicht untergehen würde. Darauf basierte ihr Glaube.

Damals wie heute waren die Reichen nicht die Majorität. Der Ruf des Johannes galt vor allem den wenigen, die das Schicksal ihrer Landsleute beeinflußten – den Aristokraten, deren Leben nur den Luxus kannte, die das niedere Volk verachteten, Sklaven hielten und glaubten, sich selbst zu genügen. Die nahezu eine Million Einwohner im Palästina des ersten Jahrhunderts (ungefähr sieben Prozent davon Juden) bildeten eine heterodoxe Mischung mit weit auseinanderklaffendem Glauben und Brauchtum. Der Großteil von ihnen bildete eine anonyme Masse: da die wirtschaftliche Basis Palästinas die Landwirtschaft war, bestand die Bevölkerung wesentlich aus Bauern, die ihren Lebensunterhalt dem kargen Boden abrangen, indem sie Getreide, Gerste, Wein, Obst und Oliven anbauten und Honig sammelten. Zwischen der Menge der Armen und den wenigen Reichen gab es eine kleine Mittelklasseschicht, die sich vor allem aus Handwerkern zusammensetzte – Steinmetze, Maurer, Holzarbeiter und Fischer. Der typische Einwohner war jedoch weder ein reicher noch ein sorgenfreier Mann, er war Tagelöhner. Frauen hatten natürlich keinerlei Rechte und das, was man heute als Karriere bezeichnet, war ihnen verwehrt.

Überall konnten die Ausgestoßenen der Gesellschaft gesehen werden – Bettler, Krüppel, Menschen mit Krankheiten aller Art, Blinde, Verrückte und arme Greise zogen durch die Straßen. Greis bedeutete damals jemand über vierzig, doch die meisten erreichten dieses Alter gar nicht. Viele Schwangere überlebten nicht, und junge Leute starben an Blinddarmentzündung, an Fieber oder Paralyse. Kinder litten oft an Asthma. Die Menschen erblindeten durch grauen Star und Sandstürme. Die Verheerungen von Skorbut und Beriberi waren allgemein verbreitet, und jedermann litt unter Vitaminmangel. Gebrochene Glieder blieben deformiert und nutzlos. Infizierte Wunden führten zu Blutvergiftung und Tod. Ansteckung war allgemein verbreitet, ebenso wie Schwäche, Unterernährung, nervöse, neurologische und Geisteserkrankungen. Alle Arten von Hautproblemen, Verbrennungen und Ekzemen wurden der tödlichen Lepra zugeschrieben, die weitverbreitet war und als Zeichen von Gottes Zorn angesehen wurde: Von Lepra ist im Alten Testament Miriam, die Schwester von Moses und Aaron, befallen (4 Moses 12, 10). Für die meisten Kranken konnte kaum etwas getan werden, Wunden wurden ausgekratzt oder ausgeschnitten, aus Früchten machte man Umschläge, aus Kräutern, Wurzeln oder einer Mischung von Öl und Wein stellte man Arzneimittel her.

Da es keine Kühlung von Lebensmitteln gab, gehörten Krankheiten und Vergiftungen zum Alltag. Das Wasser war verschmutzt, Durchfall, Dysenterie und Malaria alltäglich. Natürlich war jede Art der Installation unbekannt, alle Arten von Abfällen flossen in die offenen Abflüsse der Straßen. Um sie gegen nächtlichen Diebstahl zu schützen, wurden die Tiere während der Nacht ins Haus gebracht, wo sie mit der Familie schliefen; Schmutz und Krankheit waren unmöglich unter Kontrolle zu halten. Der Tod war der Bruder jedes Haushalts: Die meisten Kinder starben vor ihrem dritten Geburtstag. Das Leben bot wenig Freuden, aber viele Lasten. Ein Mensch guten Willens mußte sich zeitweise überfordert fühlen.

Dennoch empfanden die Menschen damals das Leben nicht als »unfair«, wie heute in einer modernen Welt gesagt wird, die sich an Wunderpillen und immer neue Alltagserleichterungen gewöhnt hat. Vielleicht geschieht es im 20. Jahrhundert zum erstenmal, daß viele Menschen ein glückliches, gesundes und im Grunde genommen erfülltes Leben erwarten – womit Unbeschwertheit und Unabhängigkeit je nach Willen und Können gemeint ist. Krankheit ist heute eine Beleidigung. Der Tod von Kindern wird als Zeichen eines desinteressierten Gottes oder des feindlichen Universums betrachtet. Diese Überlegungen waren den Menschen vor zweitausend Jahren unbekannt. Leben und Tod waren nicht ungerecht: sie waren einfach das, was sie waren.

In genau einer solchen Welt – in der das Leben kurz, düster und brutal war – traf die zutiefst leidenschaftliche Botschaft von Johannes dem Täufer die Menschen ins Herz. Wahre Gottesfurcht, versicherte er, betreffe nicht nur das Seelenleben, sondern dessen unausweichliche Folgen: liebende Sorge für jene, die sie nötig haben. »Wer zwei Gewänder hat, der gebe eines davon dem, der keines hat, und wer zu essen hat, der handle ebenso.« (Lukas 3, 11) Man solle nicht nur den Überfluß teilen, die Unterdrückung der Machtlosen müsse auch ein Ende haben. Dafür erließ Johannes ausdrückliche Befehle für bestimmte Gruppen.

Steuereinnehmer (auch als Zöllner bezeichnet), die den besonderen Ruf hatten, die Armen auszunehmen, wurden zur Umkehr aufgefordert. »Es kamen auch Zöllner zu ihm, um sich taufen zu lassen, und fragten: Meister, was sollen wir tun? Er sagte zu ihnen: Verlangt nicht mehr, als festgesetzt ist.« (Lukas 3, 12–13) Das war für jüdische Steuereinnehmer gewiß eine revolutionäre Forderung und mußte besonders hart geklungen haben. Denn immerhin agierten sie als die Vertreter von Rom, der geistlichen Autoritäten in Jerusalem und von Herodes Antipas selbst. Steuereinnehmer sammelten üblicherweise beachtlichen Reichtum an, indem sie von den Einwohnern einen höheren Betrag verlangten, als sie den Behörden am Ende ablieferten. Das gesamte System ähnelte ein wenig legalem

Raub. Johannes verlangte Reue, die »Umkehr des Herzens« nach sündhaftem Tun. Um dem Verlangen des Johannes nachzukommen, mußten die Steuereinnehmer ihr gesamtes Tun neu überdenken.

Die Bedeutung seiner Mahnrufe – der sich niemand entziehen konnte, auch nicht die höchsten zivilen und geistlichen Autoritäten – lag darin, daß Johannes an den Grundfesten des Steuersystems rüttelte. Die Aufstände gegen das Steuersystem der letzten beiden Dekaden vor seiner Mission mußten ihm bekannt gewesen sein: Es waren blutige Revolten gewesen, deren Anführer ein böses Ende genommen hatten. Durch seine öffentlichen Predigten weckte Johannes neue Hoffnung bei den unterdrückten Armen, die viel zu hohe Steuern zahlten, und zog den Zorn der Mächtigen auf sich.

»Alle glaubten, daß Johannes wirklich ein Prophet war« (Markus 11, 32), und so strömten die Menschen in Scharen zu ihm, seine radikale Botschaft zu hören.

Seine Kritik beschränkte sich nicht auf das Geldwesen des Landes: auch Soldaten und Ordnungshüter wurden ermahnt. »Er sagte zu ihnen, verlangt nicht mehr, als festgesetzt ist ... Tut niemandem Gewalt oder Unrecht.« (Lukas 3, 13–14) Erpressungen gehörten damals zum Alltag wie Sand zur Wüste. Und da der Sold der Soldaten bereits von den Steuern der Armen – die im übrigen dazu dienten, prächtige königliche Paläste und den riesigen Jerusalemer Tempel zu subventionieren – bezahlt wurde, verbot Johannes die übliche Forderung der Soldaten und Ordnungshüter nach Erhöhung des Soldes. »... begnügt euch mit eurem Sold!« (Lukas 3, 14) Ein ähnlicher Befehl hätte Jahrhunderte später nur wenige Anhänger gefunden.

Und so wurden alle Menschen, die die Armen ausbeuteten, zur Umkehr aufgerufen. Und jeder, der bereit war, die Notwendigkeit eines neuen Lebens in Gott anzuerkennen, wurde von Johannes in das Wasser des Jordans geleitet. Waren sie dem Fluß entstiegen, so schickte er sie in ihre Häuser und zur Arbeit zurück. Die Schüler des Johannes wurden nicht, das muß angemerkt werden, in den Tempel von Jerusalem gesandt, um Bußpredigten zu halten, öffentlichen Segen zu erteilen, zeremonielle Waschungen oder irgendeine Art priesterlicher Aktivität vorzunehmen. Johannes selbst hatte eine neue Art des Rituals geschaffen, welches, begleitet von der Ausrufung des nahen Gerichtes und der notwendigen Reue, die Unvollständigkeit aller bisherigen religiösen Akte implizierte.

Diese Worte und Gesten vertrugen sich schlecht mit den Hütern der jüdischen Tempelorthodoxie, zumal bekannt war, daß Johannes aus einer Priesterfamilie kam – und nach den traditionellen Erwartungen selbst hätte Priester werden sollen. Nicht nur, daß er diesen Erwartungen nicht nachkam, er hatte sich außerhalb der Gesellschaft gestellt. In der Tat war alles an ihm – sein Aussehen, sein Leben, seine Worte – eine Störung für die Herrschenden. Er war der Inbegriff eines Mitglieds der ungehobelten Gesellschaft.

Doch für jemanden, der Gottes Wege aufmerksam verfolgte, waren die wohlmeinenden Aufrufe und seine Methode in der gesamten Erlösungsgeschichte absolut folgerichtig. Es war weder das erste noch das letzte Mal, daß Überraschung das essentielle Element von Gottes leidenschaftlichem Vorstoß gegen Verirrungen und für die Menschlichkeit war. Man kann sehr wenig über die Wege Gottes sagen, außer daß sie alle menschlichen Perspektiven und Voraussagen, die auf jeden Fall begrenzt sind, weit übertreffen. Wir glauben zu wissen, was das beste für uns ist, doch Gott in seiner Barmherzigkeit weiß es besser. Und in Johannes dem Täufer wählte Gott einen Antihelden als den letzten der großen jüdischen Propheten aus.

Irgendwann im selben Jahr 28 begab sich Jesus, nun Mitte dreißig, gemeinsam mit einer Gruppe von Menschen, die vom Täufer gehört hatten und von seiner Botschaft vom Herannahen eines neuen Zeitalters angelockt waren, an die Ufer des Jordans. »Zu dieser Zeit kam Jesus von Galiläa an den Jordan, um sich von ihm taufen zu lassen.« (Matthäus 3, 13) Bis zu diesem Zeitpunkt war Jesus ein gewöhnlicher Zimmermann, in dessen Leben nichts auf eine außergewöhnliche Zukunft gewiesen hatte. »Auch ich kannte ihn nicht« (Johannes 1, 31), gestand Johannes der Täufer, nachdem er Jesus zum ersten Mal begegnet war.

Jesus aber hatte von Johannes gehört und sich nach Süden aufgemacht, um ihn zu treffen. Er war zutiefst beeindruckt von dem außerordentlichen Verkünder und schenkte ihm seine Aufmerksamkeit. Als Angehöriger des israelischen Volkes – ein Volk, das für Johannes sündhaft war und sich dringend erneuern mußte – unterzog sich der Neuankömmling der Taufe des Johannes im Fluß. Das Ereignis sagt nichts über die individuelle Geisteshaltung Jesu: Das Bekennen der Sünden hieß für die Juden im alten Israel nicht das Auflisten persönlicher Fehler, sondern das demütige Bekenntnis, daß jeder, gemeinsam mit dem ganzen Volk, Gottes bedürftig war. Wie viele Menschen in diesem Jahr erkannte Jesus, daß Johannes der Täufer in einer kritischen Zeit in der Geschichte Israels ein Prophet war, und er sah sich selbst als einer, der wie seine Landsleute eine Umkehr nötig hatte. Vielleicht wurde er von der Selbstgenügsamkeit des Johannes gefesselt, so wie die, die nichts von dem Gelöbnis für die Unterdrückten wußten – schließlich war Jesus durch seinen Beruf mit den Bedürfnissen der Ärmsten vertraut. Was immer die Gefühle Jesu gewesen sein mögen, daß er sich von Johannes taufen ließ, zeigt, daß auch er von der Notwendigkeit einer Umkehr überzeugt war.

Dieser Tag am Fluß mag den Anwesenden vielleicht gar nicht so bemerkenswert erschienen sein, so daß seine Bedeutung – wie so oft bei großen Momenten der Geschichte – erst im Rückblick klar wurde. Erst durch die spätere mündliche Überlieferung wurde die Bedeutung dieses Tages für Jesus und für seine Beziehung zum Täufer offenbar. Die Erzählung über das Ereignis dieses Tages brachte zum Ausdruck, daß Jesus die letzte Manifestation des Willens und der Anwesenheit Gottes in der Menschheitsgeschichte war.

Im Lichte dieses Glaubens knüpften die Evangelisten eine Art Meditation an die Beschreibung dieses Treffens von Jesus mit Johannes: »Und als er aus dem Wasser stieg, sah er, daß der Himmel sich öffnete und der Geist wie eine Taube auf ihn herabkam. Und eine Stimme aus dem Himmel sprach: Du bist mein geliebter Sohn, an dir habe ich Gefallen gefunden.« (Markus 1, 10, 11)

Markus gebraucht hier wieder vertraute Muster der alten hebräischen Texte, um dem Leser zu erklären, wer Jesus war. Bei seinem Eintritt in die Geschichte – und das gilt für alle Zeiten, wann immer er in einem Leben willkommen geheißen wird – erscheint Jesus auf der Bühne des Lebens, und die Himmel öffnen sich, in Erfüllung des Gebetes, das der Prophet Jesaja Jahrhunderte früher gesprochen hatte: »Reiß doch den Himmel auf und komm herab...« (Jesaja 64, 1) So wie eine alte Hymne den Ritus der Salbung der Könige Israels preist, werden die Könige am Krönungstag als »Söhne« bezeichnet (»Mein Sohn bist du. Heute habe ich dich gezeugt.«) (Psalmen 2,7), und so ist Jesus für alle Zeiten der Führer des neuen Israels, erschaffen in der Wüste wie das alte Israel. Er ist Gottes geliebter Diener, eine in sich geschlossene Persönlichkeit, der die Bestimmung des Volkes Gottes vollendet (»... das ist mein Erwählter, an ihm finde ich [Gott] Gefallen«) (Jesaja 42, 1).

Bei Markus 3, 22 findet sich schließlich auch das eindeutig literarische Zeichen: das Erscheinen der Taube, der traditionelle liebevolle biblische Name für Gottes geliebtes Volk. Der Bericht der Evangelien über die Taufe Jesu will nicht einen nostalgischen Rückblick auf die Vergangenheit geben, sondern Gegenwart und Zukunft umschliessen. Der Jesus, der war, ist! Der, der getauft wurde, bleibt für immer Gottes Auserwählter. Mit der »Stimme aus dem Himmel« (Lukas 3, 22; Matthäus 3, 17) – eine Ausdrucksform der frommen Juden, die es vermeiden, den Namen Gott auszusprechen – ist die Anwesenheit Gottes selbst gemeint.

Johannes der Täufer war, wie Jesus versicherte, »mehr als ein Prophet« (Matthäus 11, 9), er war wie Elias von Gott vor dem drohenden letzten Gericht gesendet. Nach seiner Taufe wurde Jesus einer der eifrigsten Schüler des Johannes, indem er half, dessen Botschaft zu verbreiten und den Ritus der Taufe allen jenen anzubieten, die bereit waren, sie anzunehmen. Wie Johannes glaubte auch Jesus (und alle großen Propheten in der jüdischen Geschichte), daß Israel nach Generationen des Unglaubens wieder erneuert werden mußte.

Doch innerhalb weniger Monate veränderte sich alles, denn Jesus wurde zu einem neuen Leben berufen. Er kehrte nicht nach Hause und zu seiner Arbeit zurück, stattdessen ließ er die Vergangenheit für die neue Predigerberufung hinter sich. Seine Anwesenheit, seine Persönlichkeit, seine einmalige Hingabe und sein Charisma mußten beachtliche Wirkung ausgeübt haben, denn bald entschieden einige der Anhänger des Johannes, ihn zu verlassen und Jesus zu folgen. »Darauf ging Jesus mit seinen Jüngern nach Judäa. Dort hielt er sich mit ihnen auf und taufte. Aber auch Johannes taufte damals, und zwar in Änon bei Salim, weil dort viel Wasser war...« (Johannes 3, 22)

Als die Popularität Jesu stieg, beklagten sich die glühendsten Anhänger des Johannes, da sie durch diese plötzliche Beliebtheit einen Konkurrenten vermuteten. »Rabbi, der Mann, der auf der anderen Seite des Jordan bei dir war ... der tauft und alle laufen zu ihm.« (Johannes 3, 26) Johannes aber sah darin keine Bedrohung. Die Zeit war kurz: für seine Verkündigung, die möglichst alle erreichen sollte, benötigte er die Hilfe aller. Da er ganz auf seine eigene Mission konzentriert war, bemerkte Johannes nicht, daß er der Wegbereiter für die Mission Jesu war, die bald weiter reichen sollte, als Johannes es je geträumt hatte.

Die Sprache Jesu bei der Taufe befaßte sich nicht mit der einmaligen Predigt, sondern mit der religiösen Bedeutung eines Ereignisses, das ein halbes Jahrhundert später, als die Evangelien geschrieben wurden, die Gläubigen weiterhin beeinflußte. Die Zeit, die Jesus bei Johannes verbracht hatte, galt sozusagen als Lehrzeit, aber auch seine Salbung im Namen von Gottes neuem Israel wurde so wie später die christliche Taufe als Initiation gesehen.

Der Gedanke der Initiation ist wichtig. Während die Taufe, wie sie von Johannes und Jesus ausgeführt wurde, eine Umkehr des Herzens und des Tuns wegen des nahenden Endes bedeutete, fuhren die Christen nach dem Tod und der Auferstehung Jesu mit dem Ritus des Wassers als Zeichen eines Beginns fort.

Doch keine der beiden Taufarten hat etwas mit Magie zu tun. Von dem Ritual der schlichten Worte und Gesten erwarten die Menschen weder, daß sie transzendente unsichtbare Ereignisse in Gottes Nähe erleben, noch daß irgend jemand die »Kraft« haben könnte, unsere Freundschaft mit Gott zu begründen. Keinem Priester ist dieses Können verliehen, und wir haben nicht die Fähigkeit, das allein zu vollbringen. Wir verwenden heute wie damals Wasser und Worte als äußeres Zeichen – um den inneren Wandel, um den wir Gott bitten, darzustellen. In dieser Beziehung spricht der alte Taufritus der Kinder, die noch nicht sprechen können, sehr deutlich: hier, bevor wir noch fähig sind zu antworten, entfaltet Gott sein erstes Tun.

Ebenso wie die Juden die männlichen Kinder durch die Beschneidung zu Gott führen, wird das Neugeborene bei den Christen durch die Taufe in die Gemeinschaft des neuen Israels, das dem alten folgt, aufgenommen. Wie Christus in den Jordan getaucht wurde, so wird das Neugeborene in das Taufwasser getaucht, aus dem es jetzt und für immer »in Christus« auftaucht. In Christus, der nun, und zwar nicht nur in der begrenzten Zeit seiner leibhaftigen Existenz auf Erden, das Universum beherrscht. In unserer völligen Hilflosigkeit als Neugeborene – auch das eine Metapher unserer lebenslangen Stellung vor Gott – ist er es, der handelt, der kommt, um uns in unserem kindlichen Schlaf zu umarmen, unser Weinen und Klagen zu beruhigen.

Gott fordert für sich, was er geschaffen hat. Er liebt und erlöst. Gibt es eine andere Vorstellung über Gott, die einen Sinn ergibt?

Und so ist der Weg zu Gott einzig sein Tun: die Sehnsucht nach ihm, wenn wir der Kindheit entwachsen, unser Vertrauen, das die Basis jedes Glaubens ist, das alles bereitet den Boden in uns, den nur Gott bepflanzen, bewässern und zum Erblühen bringen kann. Die christliche Taufe, die ohne Unterbrechung seit dem späten 1. Jahrhundert praktiziert wird, ist daher kein Ende, nicht die Erlösung, sondern der Beginn eines lebenslangen Prozesses, in dem wir immer wieder vom schlafenden Kind zum denkenden Erwachsenen gewandelt werden. Die Erlösung – erlöst für das Ziel – ist allein das Vorrecht Gottes, doch verlangt sie eine Antwort, und die ist unsere Aufgabe. Die Erlösung – erlöst für die Ewigkeit – ist Gottes Versprechen, daß die Liebe, nach der wir verzweifelt suchen, uns bei unserem Ende nicht verlassen wird.

Diese ersten Überlegungen über die verschiedenen Bedeutungen des »verborgenen Jesus« und das »neue Leben« haben uns mit einer Reihe erstaunlicher Formulierungen konfrontiert, die alle sehr symbolhaft sind: In den Jahren voranschreiten ... Früchte der Reue ... Schlangenbrut ... Steine aufheben ... die Axt an der Wurzel ansetzen ... die Waschung als Zeichen eines neuen Lebens ... Gott neigt sich zu jenen, die zu ihm kommen...

Wann immer wir schreiben oder sprechen, sind wir in Symbolik gefangen. Daher ist es sinnlos vorzugeben, daß wir, wenn wir über die letzten wichtigen Dinge des Lebens und unserer Bestimmung sprechen, die Wahrheit deckungsgleich in Worte umsetzen können. Was immer wir an menschlicher Erfahrung ausdrücken, ist auf diese oder jene Weise eine Metapher: Schreiben und Sprechen stehen wie die Malerei und die Musik für eine andere Realität.

Wenn Romeo von der Liebe spricht –

Doch still! Welch Licht bricht durch das Fenster dort?

Es ist der Ost, und Julia ist die Sonne.

– springen wir nicht wütend von unseren Sitzen und laufen den Mittelgang des Theaters hin zur Bühne, um zu erklären, daß Julia nicht die Sonne ist, sondern er nur sagen will, sie sei *wie* die Sonne etc. Wir akzeptieren die Wahrheit des dichterischen Sinns, der ungefähr bedeuten soll: Julia läßt alles erstrahlen, ihre Gegenwart bedeutet

Licht und Wärme, sie bringt Dinge zum Erblühen. Doch diese erklärenden Worte sind längst nicht so ausdrucksvoll wie »Julia ist die Sonne«. Romeos Worte sind absolut wahr – Julia *ist* für ihn die Sonne.

Das bringt uns zum springenden Punkt dieses Buches.

Um zum gegenseitigen Verständnis unserer Realität zu kommen, kleiden wir sie in Erzählungen – keine langen Geschichten, epische Erzählungen, breitgetretene Biographien, sondern kleine Tagesereignisse. »Vergangenes Jahr, als ich arbeitete ... Heute morgen, als ich die Zeitung las ... Gestern berichtete die Polizei, daß ... Für heute Nacht wird in den Bergen Schnee erwartet ... Nächstes Jahr hoffe ich, Urlaub zu nehmen...« Ereignisse und Erfahrungen, reale oder hypothetische, aktuelle oder fiktive, werden in kleinen Erzählungen zusammengefaßt, die wir zur Betonung ihrer Bedeutung mit kleinen Verschönerungen ausschmücken. Diese verfälschen nicht, sie betonen nur das Ereignis – das heißt, sie erklären den Sinn, den das Ereignis für uns hat. Aber während wir unsere Identität in Erzählungen zeigen, denken wir in Metaphern – besonders wenn wir versuchen, eine Relation zwischen dem, was wir nicht wissen und dem, was wir bereits wissen, herzustellen. Aristoteles hatte recht: Sprache ist ein in sich stimmiges System von Symbolen, die parallel zur Realität laufen, ohne jemals mit ihr zu verschmelzen.

Die bewußten und unbewußten Realitäten zwingen uns zum Gebrauch von Metaphern. Liebende wissen das: »Ich liebe dich mit meinem ganzen Herzen«, ist ebenso metaphorisch wie »Ich schicke dir all meine Liebe«. Nur mit Bildern, nur indem wir Worte aus ihrem angestammten Bedeutungsbereich in einen anderen übertragen, können wir unsere tiefsten Gefühle ausdrücken. Die Metapher, unser bestes Werkzeug, wird zum größten Problem, wenn wir vergessen, daß alle Sprache metaphorisch ist, wobei jede Periode der Geschichte ihre eigenen Metaphern hat. Jetzt, Ende des 20. Jahrhunderts, ist eine unserer Metaphern die »historische Genauigkeit«, die in mancher Hinsicht eine trügerische und gefährliche Illusion ist. »Was geschah wirklich?«, diese Frage hat nicht den gleichen Stellenwert wie »Was bedeutet das Ereignis für mich?« – für uns und für andere.

Jede sprachliche Äußerung, jedes Wort auf einer geschriebenen Seite ist ein Symbol. Wenn ich mit jemandem spreche, geschieht etwas Erstaunliches – etwas Symbolisches. Im Bruchteil einer Sekunde habe ich eine Vorstellung, einen Gedanken im Kopf. Ich atme ein. Ich versetze meine Lippen, meine Zunge, meine Zähne in bestimmter Weise. Ich bilde Worte, die zu Schallwellen werden, die wiederum an die winzigen Knochen und Nerven des Ohres meines Gesprächspartners treffen, und – wieder im Bruchteil einer Sekunde – mein Partner und ich haben uns über bestimmte Töne als die von uns anerkannte Sprache geeinigt, mit der ich meinen Gedanken weitergebe. In gewisser Weise sind die einzigen konkreten Dinge der Luftschall, die Schallwellen, die winzigen Bewegungen der Wellen im Gehirn. Läßt du diesen Gedanken beiseite, so bleibt die spirituelle Realität: die Kommunikation von Gedanken.

Und genau das geschieht, wenn man diese Zeilen liest. Zeichen sind in bestimmter Weise aneinandergereiht – vertikale und horizontale Striche, Halbkreise, Punkte und so weiter –, und das Auge überfliegt sie. Wir sind hinsichtlich dieser Zeichen übereingekommen: Sie sind nur Symbole – lineare Signale, wenn man so will –, die den Austausch von Erfahrungen und geistigen Vorstellungsinhalten erleichtern.

Jeder geschriebene Text, beginnend mit der antiken Poesie in einer halbvergessenen Sprache bis zum nächsten Steuerformular, ist eine symbolische Weitergabe von Erfahrungen. Der einzige Weg für uns, diese Erfahrungen zu verstehen und mit ihnen zu kommunizieren, sind die uns zugänglichen kulturellen Symbole. Klänge, Zeilen auf einer Seite, »Bedeutung« und Hinweise – sie alle sind Metaphern und bilden den für uns gangbarsten Weg zur Realität, wenn wir das Schweigen brechen wollen.

Es ist verführerisch, sprachliche Äußerungen so aufzufassen, als wären sie keine Metaphern, als drückten Worte bereits alles aus. Worte, wollen wir sagen, sind gut, soweit sie reichen, doch sie reichen nicht weit genug – zumindest wenn wir mehr als das Wetter, den Aktienmarkt oder Kochrezepte diskutieren. Wenn wir über etwas Profunderes sprechen wollen, flüchten wir in Bilder und Übertragungen. Wir werfen Wörter unlogisch zusammen, wenden uns von der Realität ab und weichen in die Poesie aus. »Gott kam herab«, sagen wir, aber wir wissen, daß der allein geistige Gott nicht von Ort zu Ort eilt, noch ist seine Wohnung (auch eine Metapher) irgendwo »oben«, von wo er »herabsteigen« kann.

Dennoch verstehen wir den Sinn der Worte, selbst dann, wenn un-

sere Wiedergabe eine Metapher ist. »Gott kam herab« ist eine Rede-
wendung, die sagen soll: »Gott ist zu uns gekommen, umarmt uns,
erkennt uns an«. Das sind Metaphern, die von Anthropomorphismen
stammen – diese wunderbar hilfreichen Formen, durch die wir versuchen, Göttliches in menschliches Gewand zu kleiden: Er wandelt,
erreicht, lauscht, berührt, das heißt, wir übertragen in unseren Ausdrücken menschliche Verhaltensweisen auf ihn. Wenn wir so sprechen,
so ist uns klar, daß es sich hier um eine sprachlich nicht ausdrückbare
Wahrheit handelt – so wie wir wissen, daß jeder Ausdruck der Liebe
außerhalb menschlicher Ausdrucksformen liegt. Das ist der Grund,
daß wir Dichter und Komponisten verehren, die vielleicht von allen
Menschen die größten Realisten sind.

Wir wissen, daß es immer neuere und bessere Wege gibt, die Sprache für die wichtigen Dinge des Lebens zurecht zu biegen. »Unglück-
lich, das bin ich«, klagt König Lears liebevolle Tochter Cordelia,
wenn sie zu einer Liebesbezeugung aufgefordert wird, »ich kann mein
Herz nicht auf der Zunge tragen.« Welcher Liebende, welcher Dichter würde da nicht beistimmend nicken? Je stärker das Bewußtsein,
desto ausgiebiger verwenden wir Metaphern. Unsere Sprache ist nur
Behelf.

Wir scheinen niemals genug Worte zu finden, unseren immer
neuen Entdeckungen Ausdruck zu verleihen. Ein von uns geliebter
Mensch ist niemals vollkommen unser »Besitz«, kann von uns nie
ganz verstanden oder gehalten werden. Wir haben Beziehungen, die
von Dauer sind, weil sie uns immer von neuem eine Art von Offenbarung bescheren: In Gegenwart dieser anderen sehen wir tiefer, empfangen wir mehr – und sehen uns in dem, was wir zu bieten haben, anerkannt.

Jedes Wort, das die Menschen zu Gott gesprochen haben – egal ob in
Hebräisch, Griechisch oder modernem Englisch – ist notwendigerweise durch die zeitlichen Umstände sowie die Möglichkeiten und
Grenzen der Sprache bedingt. Wenn wir sagen Gott oder Jesus hätten
»in Worten gesprochen«, so heißt das nicht, daß diese Worte der Natur der natürlich begrenzten Sprache entspringen. Manche Menschen
glauben, dies bedeute, es gebe immerwährende absolute Wahrheit.
Gott selbst ist die Wahrheit, und so bleibt jede Möglichkeit der Vorstellung und des Ausdruckes von Gott notwendigerweise unvollstän-

dig. Der sichtbare Mensch drückt sich in Worten aus und kämpft um die Wahrheit. Gott – unsichtbar, still, in alle Ewigkeit gleichbleibend, verborgen, doch allgegenwärtig – *ist* die Wahrheit.

Die »Berichte« über Jesus im Neuen Testament (in den Jahren nach ihrer Entstehung bezeichnete man sie als »nach« Matthäus, Markus, Lukas und Johannes) sind keineswegs unparteiisch, und dies scheint von Gott durchaus gewollt. Sogar der letzte und mystischeste der Berichte »nach Johannes« weist eine Warnung auf, denn das Evangelium schließt mit den Worten: »Es gibt aber noch vieles andere, was Jesus getan hat. Wenn man alles aufschreiben wollte, so könnte, wie ich glaube, die ganze Welt die Bücher nicht fassen, die man schreiben müßte.« (Johannes 21, 25) Die Reichweite dieser und aller Worte ist begrenzt, ihr Sinn immer unvollständig: Das Wirken Jesu muß sich im Gläubigen erfüllen, in der Gnade, der großzügigen Gabe der Freundschaft, die Gott zu spenden bereit ist.

Die Evangelien bringen verschiedene Überlieferungen über das selbe Ereignis oder die selben Worte im Leben Jesu – immer, wie die ursprünglichen Schreiber und die Zuhörer sie verstanden, also bedingt durch Zeit, Ort und Sprache. Die dritte Generation der Christen glaubte, diese bedingten Fassungen seien für alle Zeiten gottgewollt und leiteten zu seiner Selbstoffenbarung in der Gestalt Jesu. Was aber generell für die Sprache gilt, das gilt auch für die Worte der Bibel, auch wenn sie als Richtschnur anerkannt sind. Im Neuen Testament wird Jesus »Wort Gottes« genannt, und das ist interessant, denn auch er verbirgt und enthüllt in seinem irdischen Leben und später. Was man sieht, ist nicht alles, was man bekommt: Gott ist größer als unsere Vorstellungskraft.

Und ist das nicht die absolute Bedingung für alles und jedes? Alles ist Metapher, alles zeigt nach vorn, alles zieht uns vorwärts. Unsicher, ängstlich, mißtrauisch, gläubig, aber voll Zweifel, erstaunt, sehnsüchtig – wir wünschen uns alle unsere Worte absolut, ein anderer Weg, unsere Sehnsucht nach Gott auszudrücken. ER aber paßt nicht in unsere begrenzte Vorstellung. Er *ist* Gott, nicht das Phantom, von dem wir glauben, es wäre Gott.

In diesen Zusammenhang gehört auch unser sublimes Vermögen der Vorstellungskraft, mit dem wir Bilder und Realitäten (weder Irrealitäten noch Phantasien) in unserem Unterbewußtsein formen. Lesen wir eine Biographie, so glauben wir oft, der Autor hätte seine Phantasie vergewaltigt. Doch dem ist nicht so: um sich in das Leben eines anderen einzufühlen, muß der Biograph, auch wenn er sich an seine Quellen hält, Gefühl und Intuition besitzen – das alles ist seiner Vorstellungskraft zu verdanken.

Aber unsere einseitig rationale, vermeintlich aufgeklärte Weltsicht sieht in Vorstellungsgabe und Phantasie Gegensätze zu der »Wahrheit«. »Ach, das ist nur deine Phantasie«, sagen wir jemandem, den wir von einer grundlosen Angst befreien wollen. Oder »Hör auf, dir Dinge einzubilden!« Das Wort ist eindeutig negativ besetzt. Als Jeanne d'Arc vor den Bischöfen stand, fragten diese: »Glaubst du nicht, daß das, was du als Stimme Gottes bezeichnest, nichts als deine Einbildung ist?« Worauf das neunzehnjährige Bauernmädchen, die Analphabetin, mit einer Weisheit, wie sie große Mystiker auszeichnet, antwortet: »Natürlich ist es meine Einbildung! Wie anders könnte Gott zu uns sprechen, wenn nicht durch unsere Einbildungskraft?« Das brachte die Bischöfe eine Weile zum Schweigen.

Die junge Frau hatte natürlich recht. Es gibt keinen anderen Weg unsere Erfahrungen zu überdenken als in Bildern, in Begriffen, die der Fähigkeit der Phantasie dienen. Wir stellen nichts her, wir erfinden buchstäblich – das heißt, es geschieht mit uns, wir entdecken das, was bereits vorhanden ist.

Der Bericht von der Taufe Jesu ist ein ausgezeichnetes Beispiel, wie die Erfahrung der ersten Gläubigen etwas ausdrückt, was das menschliche Verständnis eigentlich übersteigt – die Wahl Jesu durch Gott, eine Wahl, die zurückverfolgt werden kann bis zu seinem ersten Auftreten in der Öffentlichkeit, als er am Flußufer den Täufer traf. Die Zeilen, die die Taufe beschreiben, verwenden Texte früherer Generationen, und so verwendeten die Menschen die poetischen Bilder ihrer jüdischen Vorfahren und setzten sie zu neuen Erfahrungen zusammen.

Im Leben des Zimmermanns aus Nazareth geschah etwas Fundamentales, als er Johannes traf. Seine Zukunft veränderte sich, seine Bestimmung nahm einen neuen Weg, und im Licht dessen, was später geschah, können Gläubige voll Vertrauen sagen, daß Gott mit Jesus »zufrieden« war. Offen gegenüber Gottes Forderungen, war Jesus bereit, sein Leben von Grund auf zu ändern. Wenn wir ihm das absprechen, wenn wir sagen, er wäre von der Gnade nicht überrascht gewesen, verleugnen wir sein Menschtum und wenden uns praktisch von den Worten des Neuen Testaments ab: »Jesus aber wuchs heran, und seine Weisheit nahm zu, und er fand Gefallen bei Gott und den Menschen.« (Lukas 2, 52)

Gott mag in diesem Jahr mit Johannes und Jesus zufrieden gewesen sein, die höchste Autorität des Landes, Herodes Antipas, aber war es nicht. Als Statthalter Roms und Herrscher über Galiläa und Peräa (einem Viertel von Palästina, daher auch der Titel Tetrarch), war Herodes Antipas durch die Berichte über die Kritik des Johannes an den sozialen Zuständen beunruhigt.

Der egoistische, hedonistische und verschlagene Herrscher stammte aus einer idumäischen Familie, die, als ihr Land Judäa einverleibt wurde, zwangsweise zum Judentum konvertierte. Die Familie des Herodes wurde nur formell als jüdisch angesehen, da die weiblichen Ahnen aus diversen arabischen Ländern stammten.

Auf jeden Fall aber wußten seine Untertanen, daß Herodes Antipas im Herzen Heide geblieben war und für die Juden kaum mehr als Geringschätzung hatte. Ein geschickter Politiker, der es verstand, die Gunst Roms zu gewinnen und gleichzeitig eine palästinensische Rebellion gegen Rom zu verhindern, war Herodes Antipas, zuerst mit der Tochter des Aretas von Nabatäa, einem arabischen Stammesfürsten, verheiratet, doch ließ er sich von ihr scheiden und heiratete (in Verletzung des jüdischen Rechts) Herodias, seine Nichte und Schwägerin, Schwester seines Halbbruders. Für Johannes den Täufer war das ein schamloses, unmoralisches Verhalten, für die Juden eine zutiefst schändliche Handlungsweise, und so sah Johannes sich zu hitziger Anklage veranlaßt.

Johannes, der wohl kaum fünf Jahre gewartet hätte, um das Leben seines Souveräns anzuprangern, mußte seine erste Anklage gegen Herodes Antipas im Jahre 23 n. Chr. abgefeuert haben, als die Heirat mit Herodias stattfand. Zu dieser Zeit konnten es sich der Tetrarch und sein Hof vermutlich leisten, das Geschrei eines umherziehenden Exzentrikers zu ignorieren. Nun aber, im Jahre 28 n. Chr., stellte sich Johannes als ernstzunehmende politische Kraft heraus: Seine Kritik der sozialen Ordnung, seine Aufrufe zur Verweigerung des Steuersystems und gegen die Unterdrückung der Armen konnten die Juden nur zu leicht zur Rebellion anstacheln, da sie bereits über alles und jedes von Herodes Antipas aufgebracht waren: seine von ihm vergessene jüdische Abstammung, seine Kollaboration mit dem heidnischen Rom, seine amoralische Sucht nach Luxus, seine Mißachtung des Volkes und seine Anfälligkeit für Korruption.

Genau zu dieser Zeit fand Aretas, Herodes Antipas ehemaliger Schwiegervater, der sich für die Zurückweisung seiner Tochter rächen wollte, einen Anlaß zum Säbelrasseln – eine Auseinandersetzung mit Herodes Antipas über Ländereien, die Peräa von Nabatäa trennten. Die Möglichkeit eines Krieges vor Augen – gerade in einem Moment, in dem Johannes gegen die Politik des Herodes Antipas protestierte und das soziale Gewissen der Juden weckte – beschloß der Tetrarch als Vorsichtsmaßnahme, den Täufer zum Schweigen zu bringen, und zwar im Gefängnis. »Da das Volk durch seine Reden auf das höchste aufgebracht war«, kommentiert Josephus Flavius, »war [Herodes Antipas] sehr beunruhigt. Eine Ausdruckskraft, die sich so stark auf das Volk auswirkte, könnte letztlich zur Verführung werden, denn es machte den Eindruck, als hätten sich die Menschen für alle ihre Taten Johannes zum Führer erwählt.« Herodes Antipas ließ also Johannes festnehmen und in Ketten in die Festung Machaerus in Peräa bringen, einem großartigen Palast, dem ein schreckliches Gefängnis angeschlossen war. Der gesamte Komplex lag jeweils weniger als 20 Kilometer vom Toten Meer und von der Grenze zu Nabatäa entfernt. Herodes Antipas hatte sich nicht nur hierher begeben, um einem Grenzkonflikt zuvorzukommen, sondern auch um öffentliche Anerkennung durch eine großartige Geburtstagsfeier für sich selbst zu gewinnen, indem er Feiertage proklamierte und einige einflußreiche jüdische Führer ehrte. Augenscheinlich wußte er um den Wert der römischen Tradition von Brot und Spielen. Mit Johannes im Gefängnis hoffte Herodes Antipas, würde dessen unwillkommener und bedrohlicher Einfluß ein Ende haben, und für den Moment waren auch keine weiteren ernsthaften Aktionen gegen ihn geplant.

Doch der einflußreichste Jünger des Täufers predigte in der Zwischenzeit in Judäa allein weiter. »Als Jesus hörte, daß man Johannes ins Gefängnis geworfen hatte, zog er sich nach Galiläa zurück.« Ungefähr 180 km nördlich. »Er verließ Nazareth, um in Kafarnaum zu wohnen, das am See liegt...« (Matthäus 4, 12, 23) Hier konzentrierte Jesus seine Mission in Galiläa – in einem kleinen Dorf am nordwestlichen Ufer des See Genezareth.

Die Gefangennahme des Johannes änderte eindeutig die Pläne, die Jesus für dieses Jahr gefaßt hatte. In dieser weiteren dramatischen Entwicklung seines Lebens beschloß Jesus, nun mit der Verkündigung in Galiläa fortzufahren, einem Landstrich, der von seinem Mentor noch nicht vollständig bekehrt war. Das war nicht, wie man vielleicht oberflächlich annehmen könnte, eine Flucht Jesu, um einen Konflikt mit dem Hof des Herodes Antipas zu vermeiden. Ganz im Gegenteil: die Hauptresidenz des Tetrarchen befand sich in Tiberias, ungefähr 20 Kilometer südlich am westlichen Ufer des Sees. Die Botschaft des Johannes hatte diese Region noch nicht ganz durchdrungen, daher sah Jesus hier seine Aufgabe. Als gläubiger Jünger des Johannes ging er daran, das Werk seines Mentors weiterzuführen – in welche Gefahr auch immer er sich selbst damit begab. Denn sowohl seine Verbindung zu Johannes wie seine eigene Mission bargen Gefahren.

Ende des Jahres 28 war von Jesus nur bekannt, daß er ein Jünger von Johannes dem Täufer gewesen war und zumindest einige von dessen Jüngern für sich gewonnen hatte. Aber bald hatte er auch Eigenes zu sagen. Denn er war der, der auszog, Gutes zu tun und die zu heilen, die vom Teufel besessen waren, denn Gott war mit ihm. Das war Jesus von Nazareth, wie er ein für allemal in der frühchristlichen Verkündigung charakterisiert wurde.

Die Einkerkerung von Johannes war für Jesus das eindeutige Zeichen der endgültigen Krise. »Die Zeit ist erfüllt, das Reich Gottes ist nahe. Kehrt um« – so weit waren seine Worte mit Sicherheit noch ganz die des Johannes, doch dann folgte eine radikale Wendung – »und glaubt an das Evangelium!« (Markus 1, 15) Hier liegt der Unterschied, der sofort ins Auge fällt.

Johannes predigte im Geist des klassischen prophetischen Judentums, er betonte die Drohung eines Verhängnisses, das bald über die Menschen hereinbrechen würde. Als letzter der großen jüdischen Propheten verkündete Johannes das nahe bevorstehende Königreich oder die Herrschaft Gottes: Das Gute wird belohnt, das Böse bestraft werden. Als ewiger König war Gott kurz davor, endlich die geschichtliche Bühne der Menschheit zu betreten – und das, so meinten manche, würde die Niederlage der römischen Besatzungskräfte bedeuten.

Jesus hingegen verkündete, daß das Nahen Gottes eine frohe Botschaft sei – daß das Königreich, Gottes Tun in der Welt, nicht Verdammnis bringe, sondern Gnade für alle und das könnte man wohl wirklich als eine neue Weltordnung bezeichnen. Die Herrschaft Gottes bedeutet neues Leben und Zugang aller zu Gottes Barmherzigkeit. Das Reich Gottes klammert sich nicht an Gesetze, und es ist schon gar nicht ein politisches oder soziales Staatsgefüge. Im Gegenteil, es kommt zu uns in der Form, die wir als Gnade bezeichnen. Das Reich Gottes lebt in uns: was bedeutet das?

Es gibt natürlich viele »Königreiche« oder Machtkonzentrationen, die versuchen, unseren Gehorsam zu verlangen: Menschen, deren Einfluß wir brauchen, Menschen, an die wir durch Verpflichtungen oder auch Liebe gebunden sind. Leute die geben oder nicht geben, die uns helfen oder uns quälen. Und so gibt es viele »Königreiche«, die in uns um die Vorherrschaft kämpfen: der Wunsch nach immerwährendem Wohlstand, vielleicht nach mehr oder kostbareren Besitztümern oder nach mehr Vergnügen und mehr Abwechslung, und das Verlangen nach Macht über andere, die Art der Manipulation, die einem das großartige Gefühl gibt, alles in der Hand zu haben.

Was das Reich Gottes in uns anbetrifft: »Gott regiert ungeachtet der Menschen«, schreibt der große Philosoph Romano Guardini. »Er herrscht nur soweit, als es dem Bewußtsein seiner Gegenwart möglich ist, sich mir mitzuteilen, mit meinen Mitmenschen zu leben.« Gott beherrscht nicht unser Leben, klagt Guardini. »Jeder Baum auf meinem Weg scheint mehr Macht zu haben als er, wenn auch nur damit, daß er mich zwingt, um ihn herumzugehen!«

Aber was wäre das Leben, wenn Gott nicht in mir herrschte?

Einmal würde ich sofort erkennen, daß mein wirkliches Leben ohne Gott nicht existiert. Alles, was zählte, würde einerseits die Beziehung zwischen den Menschen, Geschehnissen und Dingen meines Lebens und andererseits mein Leben in Gott sein. »Mein Leben wird das wirkliche Leben sein, voll von Dir«, war die fromme Hoffnung des Heiligen Augustinus. Das mag die tiefste Bedeutung des Reiches Gottes sein – die schrittweise Erkenntnis jedes Menschen in seiner Beziehung zum liebenden Schöpfer.

Aber das menschliche Königreich hat uns in seinen Fängen, und soweit wir es zulassen, macht sich die Sünde breit in unserem Leben: das Königreich der Güter und Dienste, der irdischen Macht, des Geschäfts, der Furcht, aller Dinge. Jedes für sich bedeutet nichts Böses, doch wie leicht geschieht es, daß sie in ihrer Gesamtheit die Gegenwart Gottes aus unserem Leben verdrängen. »Wie ist es möglich«, fragt Guardini, »daß der Baum auf dem Weg für mich realer ist als Er? Daß Gott für mich nur ein Wort bleibt? Daß Er nicht übermächtig in mein Herz und mein Bewußtsein dringt?«

Johannes war Asket, während Fasten und Abstinenz nicht zu den Gewohnheiten Jesu zählten: »Da kamen die Jünger des Johannes zu ihm und sagten: Warum fasten deine Jünger nicht, während wir und die Pharisäer fasten? Jesus antwortete: Können denn die Hochzeitsgäste trauern, solange der Bräutigam bei ihnen ist?« (Matthäus 9, 14–15) Johannes wartete auf ein kommendes Ereignis, während Jesus die Spannung einer teilweisen Erfüllung gerade in diesem Moment verkündete – das heißt, in seinen Worten und Taten zeigte sich Gott jetzt und in alle Ewigkeit. Wie Johannes war auch Jesus nicht verheiratet, doch im Gegensatz zu Johannes hielt Jesus das rituelle Fasten nicht ein. Beides weist Jesus als nicht allzu frommen Juden aus. Ein sichtlich durchschnittlicher Galiläer, hatte er doch nie bei einem bedeutenden Rabbi gelernt. Und dennoch war er in seinen Lehren oft radikal, forderte die Autoritäten heraus und verkündete einen neuen Weg zu Gott.

Worin unterschied sich Jesu Wirken von der Botschaft des Täufers und von dem typischen jüdischen Denken? Die Antwort liegt in dem, was Jesus zu sprechen und zu tun begann, nahezu vom ersten Moment an auf der Hand. Er lehrte nicht nur, er heilte. Er predigte nicht nur, er segnete, er beruhigte und veränderte das Leben anderer. Es waren nicht nur frohe Botschaften für die Armen, sondern für jedermann. Er war »dieser Freund der Zöllner und Sünder« (Matthäus 11, 19), der Kranken und der Besessenen, der Selbstgefälligen und Verführten, der Geistesschwachen und der Einsamen, der Ungehobelten und Häßlichen – jeder, der von der Gesellschaft ausgestoßen war, kam in seine heilbringende Umarmung.

Es war nicht mehr die Sache von Menschen, die ihre Unterdrückung der Armen bereuten und das Taufwasser als Zeichen der Verzeihung und der Sehnsucht nach Erneuerung des Herzens erhielten. Jetzt – in allem, was Jesus sprach und tat – goß Gott seine Barmherzigkeit über die Welt für jedermann, wie der kühle Regenguß im Frühjahr über die heiße trockene Wildnis.

Von den verborgenen Dingen –

Jesus: Sein frühes Leben, die Zeiten

Berücksichtigen wir die komplexe literarische und religiöse Geschichte der Kindheitsberichte nicht, so könnte die Aufgabe, eine konventionelle Biographie Jesu zu erstellen, einfach erscheinen – besonders im Vergleich zu den verwirrenden Berichten, die uns die Lebensläufe anderer großer religiöser Männer bescheren.

Buddha, der um 480 v. Chr. starb, wird in Schriften – keinesfalls früher als 500 Jahre nach seinem Tod verfaßt – mehr als großer Weiser, denn als bedeutender Mensch dargestellt. Die Persönlichkeit seines Zeitgenossen Konfuzius ist weder mit der Auslegung der chinesischen Ideologie noch mit den ersten Dokumenten über ihn, die 400 Jahre nach seinem Tod niedergeschrieben wurden, in Einklang zu bringen. Und Laotse kann irgendwann zwischen dem 14. und dem 16. Jahrhundert v. Chr. gelebt haben, die Formulierung der taoistischen Lehren wurde nicht vor dem 1. Jahrhundert v. Chr. versucht.

Aber die Schriften, die über Jesus von Nazareth und das Volk, das an ihn glaubte, Zeugnis ablegen – die siebenundzwanzig Bücher, die das Neue Testament umfaßt –, stammen aus einer Periode von zwanzig bis siebzig Jahren nach seinem Tod, und wir haben genaue Kopien dieser Schriften, die aus dem 3. und 4. Jahrhundert stammen. Diese Dokumente gewähren uns die Nähe zu den ersten Ereignissen des Christentums, die andere religiöse Schriften in bezug auf ihre Wurzeln nicht bieten können.

In den frühesten Niederschriften des Neuen Testaments (die Paulusbriefe, geschrieben zwischen den Jahren 50 und 60) finden sich nur eine oder zwei Anspielungen auf das Leben Jesu. Das ist durchaus einsehbar, da weder Paulus noch seine Zeitgenossen besonderes Interesse daran hatten, Einzelheiten aus der Vergangenheit festzuhalten, da Jesus für sie allgegenwärtig war. Das einzige Interesse des Neuen Testaments an einer »Vergangenheit« sind die hebräischen Schriften (das

Alte Testament), denn die ersten Christen sahen sie in Jesus erfüllt – sogar vollkommen erfüllt. Auferstanden und unter ihnen, immer gegenwärtig in ihrem Glauben, forderte Jesus nie eine Beschäftigung mit der *Vergangenheit* – er weckte nur den Wunsch in ihnen, sich mit dem zu befassen, was gerade geschah und welche Herausforderungen die Zukunft versprach. Jedenfalls ist der Versuch, die genauen Einzelheiten des Lebens Jesu darzustellen, zum Scheitern verurteilt – in anderen Worten, der Versuch einer Biographie im heutigen Sinn –, vor allem deshalb, weil die Evangelien nicht im Geist der heutigen Geschichtsauffassung geschrieben sind. Wie wir sehen werden, heißt das nicht, daß wir nichts über Jesus wissen können. Die Schweigsamkeit der Evangelien, denen die Besessenheit des 20. Jahrhunderts, jedes Geschehen genau zu wissen und festzuhalten, wer was zu wem sagte, fremd war, ist nicht die Schweigsamkeit der Negation: es hat eine tiefere Bedeutung.

Die Evangelien schweigen über die Vergangenheit, weil sie laut die Gegenwart verkünden – ihre eigene, aber auch die unsere. In den Evangelien werden nicht unsere Fragen nach der leiblichen Existenz Jesu beantwortet, sondern sie erklären die Bedeutung seiner Existenz in Ewigkeit. Sie sind Zeugen eines Jesus, der ewig, immer neu zu entdecken ist, er gehört nicht der unwiederbringlichen Vergangenheit an. Der Mann, der als Gottgesalbter kam und am Kreuz starb, ist, so sagen die Evangelien, lebendiger als zur Zeit seiner fleischlichen Existenz – und wir begegnen ihm unaufhörlich und erfahren ihn immer wieder. In dieser Beziehung dürfen die Evangelisten mit anderer Stimme sprechen als wir, und in gewisser Weise ist dieser Gegensatz Ziel des vorliegenden Buches. Die Bemühung zu bestimmen, »was geschah«, ist nicht mehr vordringlich, wenn wir verstehen, daß die Evangelisten auch beschreiben, »was geschieht für den, der vom Glauben lebt«.

Jesus selbst hinterließ weder ein geschriebenes Wort noch betraute er jemanden mit dieser Aufgabe. Das ist der Grund, daß die Geschehnisse nicht zu der Zeit niedergeschrieben wurden, als sie sich ereigneten. Er lebte, predigte, vollbrachte Wunder und wurde als galiläischer Jude im ersten Drittel des ersten Jahrhunderts hingerichtet.

Nach seinem Tod und dem einmaligen Ereignis seiner Auferstehung begannen die Jünger Jesu zu predigen. Dieser zweite Abschnitt, die Überlieferung seiner Worte und Taten, erfolgte im zweiten Drittel des ersten Jahrhunderts. Predigen bedeutet natürlich, den Stil einer Rede den Bedürfnissen seiner Zuhörer anzupassen. Predigen verleitet zum Beschwören von Erinnerungen und mitunter auch zur Verfälschung von Details. Aussprüche werden nach Themen geordnet und verändert, um sie dem Erfahrungshorizont der jeweiligen Zuhörer anzupassen. Taten werden interpretiert und ausgelegt, um neuen Zusammenhängen gerecht zu werden. Sammlungen dieser Predigten und Aussprüche werden verbreitet und differieren voneinander.

Der Schwerpunkt dieser Predigten des ersten Jahrhunderts lag noch sehr stark auf der Gegenwart: Jesus wurde als der Lebendige, in der Gemeinschaft Tätige verkündet, der – wenn auch verborgen und unsichtbar – sich jenen im Glauben enthüllt, die seine Nähe suchen. Gottes bedingungslose Liebe, die Darbietung seiner selbst, wurde Heiden wie Juden auf griechisch, hebräisch und aramäisch verkündet. Und nun bekam die Frohe Botschaft durch Übersetzung tieferen Sinn – Übersetzung nicht nur in andere Sprachen, sondern Übertragung in neue Gegebenheiten. Dieser teils mündlich, teils schriftlich überlieferte zweite Abschnitt in der Entwicklung der Evangelien ist kaum zu rekonstruieren, obzwar Fragmente von Predigten der Apostel, von frühen Hymnen und überlieferte Sprüche in die Schriften eingeflossen sind.

Die folgende Niederschrift der vier Evangelien im letzten Drittel des ersten Jahrhunderts (von circa 65 bis 100) sollte helfen, die verschiedenen Auffassungen in den Gemeinschaften zu klären. Einmal war es offensichtlich, daß die Welt nicht vor dem Untergang stand. Diese Einsicht bildete einen Widerspruch zur Überzeugung der ersten Christen. Als die ursprünglichen Augenzeugen schließlich nach und nach starben, erwies es sich als notwendig, den Auferstehungsglauben dem Leben der neuen Gemeinschaften weiterzugeben, in denen das Christentum zu einer außergewöhnlichen Bewegung wurde. Die Bewegung breitete sich weiterhin über das Judentum und die Grenzen Palästinas hinaus aus, weshalb auch den Nichtjuden die Berichte weitergegeben werden mußten. Tatsächlich wurden alle vier Evangelien in griechischer Sprache verfaßt, der damals allgemein üblichen Sprache. Das Markus-Evangelium wurde vermutlich kurz vor 70 beendet, die Evangelien des Matthäus und Lukas etwa zwischen 80 und 90, das Johannes-Evangelium Mitte der neunziger Jahre.

Keiner der Evangelisten war Augenzeuge der ursprünglichen Vorgänge, doch jeder hatte Zugang zu der reichen mündlichen Überlieferung, jeder bearbeitete die Berichte nach eigenem Gutdünken und Geschick, und jeder von ihnen zeigt ein einmaliges Verständnis der Bedeutung Jesu für seine Gemeinschaft – ein Verständnis, das die Worte und Taten Jesu im Licht seines auferstandenen Lebens interpretiert und darstellt. »Die Evangelien«, wie der Gelehrte Tonart Senior bemerkt, »stellten Jesus als den auferstandenen Herrn dar, die Erfüllung von Gottes Versprechen, den höchsten Augenblick der Schöpfung und der Geschichte, in der sich das wahre Leben Gottes enthüllt. Alle über sein Leben berichteten Vorgänge sind in diesem Licht zu sehen, jedes ihm zugesprochene Wort war von diesem Glauben geprägt.«

Daß Jesus als Gottes »Höhepunkt« erklärt wird, geht aus den lebendigen Beispielen der Kindheitsgeschichten eindeutig hervor. Es gab keine Bemühungen, das frühe Leben Jesu in wörtlichen oder chronologischen Details wiederzugeben. Das Anliegen der Schreiber war vielmehr, die ewige Bedeutung des auferstandenen Jesus durch die Wahrheiten seiner Predigten auszudrücken, so wie die Bedeutung seiner Taten und die gewaltige Wirkung, die er hatte und hat. Somit waren die Schreibenden genau das: kreative Überlieferer des Glaubens, Organisatoren, Auslegende und Leitende dieser Überlieferung gemäß den besonderen Zielen ihrer Gemeinschaften. Daß ihr Glaube nicht abweichend, daß er sinnbildlich und überzeugend war, wird durch die Tatsache bewiesen, daß die vier Evangelisten von den ersten Christen bestätigt, während andere als Zeugen ihres Glaubens an Jesus abgelehnt wurden.

Die Bibel mag in der Tat für den Gläubigen das Wort Gottes sein. Aber für wie heilig sie auch gehalten wird, so unterliegen die Schriften doch den Grenzen des Wissens, der Geschichte und der metaphorischen Natur des menschlichen Gesprächs. Natürlich spiegeln die Evangelien Ansichten ihrer Zeit wider, und der historische Zusammenhang muß immer bei der Interpretation von Gewicht und Bedeutung ihrer religiösen Botschaft in Rechnung gestellt werden.

Es wäre daher töricht, suchte man in der Bibel nach biologischen oder anthropologischen Spuren, nach Evolution oder Massenproduktion: diese Dinge existierten in biblischen Zeiten nicht. In dieser Beziehung ist es seltsam, daß Christen, die die historischen Sprachgrenzen der Bibel verstehen und akzeptieren, doch oft unfähig sind, auch zu akzeptieren, daß kirchliche Erklärungen unter den gleichen Grenzen leiden. Doktrin und kirchliche Lehren mögen sicher einen Aspekt der offenbarten religiösen Wahrheit ausdrücken, aber die sprachlichen Formen dieser Lehren schöpfen die Wahrheit nicht aus.

»Das Wesen der Glaubensfestlegung ist eine Sache, ihre Anwendung eine andere«, rief Papst Johannes XXIII. weise anläßlich der Eröffnung des Zweiten Vatikanischen Konzils im Jahre 1962 in Erinnerung. In dieser Hinsicht ist die offizielle Lehre der römisch-katholischen Kirche bemerkenswert offen und herausfordernd, denn sie betont, daß Veränderungen dazu gehören. Alle Lehren und Dogmen der Kirche wurden natürlich von Menschen ausgedrückt: Das erklärt die Kirche selbst im Jahre 1973. Daher muß jedes Dogma im Licht der Vorstellungen, Begriffe und Umstände der Zeit, aus der sie stammen, gesehen werden. Wie der Glaube in den Evangelien verkündet wird, sagt uns viel über den Glauben der ersten Christen, aber wenig über das tägliche Geschehen im Leben Jesu. Die Unfähigkeit, eine moderne Biographie zu erstellen, ist jedoch kein Hindernis, Jesus zu kennen, denn das ist, wie die Bibel und der Glaube offenbaren, immer und in jedem Fall etwas Gegenwärtiges.

Wir denken oft fälschlich, Geschichte könnte von Gelehrten oder Schriftstellern ohne Vorlieben, Vorurteile oder persönlichen Standpunkt geschrieben werden – als eine Aufgabe, in die wir nichts Eigenes einzubringen haben und nur auf der Suche nach »den Tatsachen allein, bitte« sind. Doch das ist nicht möglich, denn die Tatsachen in ihrer Gesamtheit sind nicht vollständig rekonstruierbar. Daher ist es für jeden Historiker, mag er noch so brillant und gewissenhaft in seiner Forschung sein, unmöglich, jedes tatsächliche Detail der Umstände zu wissen, unter denen sich Vergangenes abgespielt hat.

Was durch das Studium der Quellen, durch Forschung und Gespräche herausgearbeitet werden kann, sind nur Teile des Geschehens, und diese werden zwangsläufig selektiert, redigiert, arrangiert und in bestimmte Zusammenhänge gebracht. In anderen Worten, der Stoff wird begutachtet, beurteilt und bewertet. Einige Aspekte eines Ereignisses werden als weniger wichtig angesehen und weggelassen, andere als bedeutender beurteilt und breiter verarbeitet, einige Details mit diesen, andere mit jenen Ursachen verknüpft.

Interpretation fließt also von Anfang an in die Arbeit des Historikers ein – und dieser Vorgang der Auslegung fälscht nicht die Vergangenheit: Im Gegenteil, er enthüllt ihre Bedeutung oder zumindest einiges ihrer Bedeutung. Der Historiker kann ein Ereignis präzise beschreiben, doch die Tatsachen allein können über die Bedeutung des Ereignisses nichts aussagen. Die Bedeutung liegt in der Auslegung, nicht in den Tatsachen. Und die Auslegung wiederum hängt von der Erzählung ab. Das ist der Grund, warum der Historiker (und der Biograph, der eine bestimmte Art von Geschichte schreibt) bescheiden sein muß. Die vollkommene Wahrheit ist immer schwer zu erfassen, der Historiker bietet nur ihre »Annahme« an.

Jedes menschliche Leben – und für Christen im besonderen das Leben Jesu – ist paradox, vieldeutig, geheimnisvoll. Wir werden es nie vollständig erklären. Irgend etwas bleibt immer zu enthüllen oder auf wunderbare Weise verborgen. Deshalb können wir das Leben Jesu als ewig und immer neu bezeichnen – besonders weil etwas davon uns immer voraus ist, immer darauf wartet, entdeckt zu werden –, und es sind nicht die Tatsachen, es ist der Lebendige, der sich uns enthüllt. »Wahrlich, Du bist ein verborgener Gott«, schreibt Jesaja.

All das ist für die Ereignisse unseres täglichen Lebens ebenso wahr wie für ein Verständnis der Bedeutung der Geschichte und die Wirkung der Vergangenheit auf die Gegenwart. Wir interpretieren ständig die Wirklichkeit: Das ist für uns der einzige Weg, sie zu verarbeiten, Sinn in ihr zu finden und sie konstruktiv anzuwenden.

Erzählen wir zum Beispiel Freunden, was gestern geschah, so konzentrieren wir uns auf ein oder zwei Augenblicke, die für uns interessant waren, oder von denen wir glauben, sie könnten für die Freunde interessant sein. Wenn wir ihnen Neuigkeiten mitteilen, ob es nun lebenswichtige Neuigkeiten sind oder nicht, erzählen wir einander kleine Geschichten, wir ordnen das Erzählte, katalogisieren, klassifizieren, wägen es ab und werten es aus – daher brauchen die Berichte, die unsere Erfahrung vermitteln, eine Interpretation. Einiges ist zum Beispiel im Licht unserer Vergangenheit von Bedeutung, anderes wieder berührt uns durch Geschehnisse der Gegenwart oder in unseren Hoffnungen für die Zukunft. Wir eliminieren das Alltägliche, wir ordnen und, ja, wir dramatisieren – doch das heißt nicht, daß wir die Wahrheit verfälschen oder etwas erfinden.

Der Schlüssel, die Realität unserer Erfahrungen zu interpretieren, heißt Reflexion, in zwei Bedeutungen des Wortes. Ich reflektiere – ich erwäge, ich denke nach, ich erlaube mir zu fühlen – und dann kommt die Reflexion im anderen Sinn, im Sinn von widerstrahlen, widerspiegeln: Mein Gegenüber reflektiert (wendet sich zu mir zurück) mich oder meine Worte. Das Ereignis oder die Person hält nach mir Ausschau, »spricht« zu mir, zeigt mir mich selbst, und so komme ich in die Situation des Dialogs. Ich erkenne die größere Wirklichkeit als die, auf die ich mich bisher konzentriert habe, doch auch eine größere Wirklichkeit als die meiner Person. Verbindende Fäden deuten sich selbst, Bedeutungen zeigen sich – Verbindungen zwischen mir und anderen, zwischen mir und der Vergangenheit. Und diese geben mir die Möglichkeit, dem eisigen Gefängnis des eigenen Ichs zu entkommen.

So entdecke ich zum Beispiel etwas, das seinen Nachhall aus der Vergangenheit oder dem Leben anderer bezieht, und ich nicke, ich bestätige, ich verstehe. Das ist der Grund, warum Historiker und Biographen im besten Fall einfühlsame Partner ihrer Leser werden, indem sie Vergangenheit und Gegenwart miteinander verbinden. Sie ziehen nicht nur die Ereignisse der Vergangenheit in die Gegenwart, sie versuchen zu zeigen, warum und wie der Bogen der Zeit und das Mysterium des menschlichen Lebens tiefer geht als der persönliche Augenblick oder die Lebenszeit. Wie alle guten kreativen Schriftsteller waren die Evangelisten nicht nur Berichterstatter, sie reflektierten alles gründlich und ermöglichen uns, das gleiche zu tun.

Auf diese Weise können wir Geschichte in zweierlei Sinn verstehen: Geschichte als Erzählung eines Ereignisses oder einer Person oder als Prozeß, den die Welt durchmacht und aus dem sich mein Leben entwickelt. Man kann von Gibbons Geschichte von Rom oder von der eigenen Geschichte sprechen. Das trifft auch auf die Biographie zu. Zu dem trockenen Bericht von Tatsachen und Details (der in jedem Fall nichts anderes als die Eintragung in einen Jahresbericht ist) bietet der gute Biograph Sinn und Bedeutung einer Persönlichkeit. Es ist die Errungenschaft der Evangelien, die Bedeutung Jesu für den Glauben von heute, nicht nur für historische Überlegungen festgelegt zu haben.

Die moderne Art der Biographie, die auf der sorgfältigen Rekonstruktion von Fakten und der Auswertung aller zur Verfügung stehender Quellen basiert, war in der Alten Welt unbekannt. Die Versuchung ist groß, davon auszugehen, daß die heutigen Biographien besser wären als die früheren – was nicht der Fall ist: sie sind nur anders. Und weil heute Biographen häufig nach einer im Grunde unmöglichen Neutralität zu streben scheinen (oder ärger noch, dem Thema gegenüber negativ eingestellt sind), so sind sie alles andere als neutral. In ihrem Bemühen nach Wertfreiheit versagen sie sich jede Interpretation, und so wird dem Leser nichts gegeben, woran er sich reiben und seine eigene Meinung bilden kann. Fußnoten, die jede Tatsache dokumentieren, Interviews, die jede Meinung bestärken, sind heute die Markenzeichen des Historikers und Biographen – eine kaum mehr als vierzig bis fünfzig Jahre geübte Methode. Denn über Jahrhunderte hinweg wurde als bewiesen angenommen, daß Standpunkt und Erfahrung des Schreibenden uns mehr geben als bloße Fakten, die der Autor präsentiert. Und war der Autor berührt, bewegt, vielleicht sogar vom Thema inspiriert, so steigerte das das Ansehen und den Wert seiner Arbeit. In der modernen Erzählung können die Tatsachen nur zu leicht an Stelle der Realität treten: Sie sind aber nicht Realität – nur die Interpretation führt uns zur Realität.

Ein Leben gewinnt für uns nur dann Wirklichkeit, wenn es verinnerlicht ist, wenn wir selbst die verbindenden Fäden finden und Querverbindungen schaffen. Doch das reduziert weder das Leben noch die Bedeutung einer Person zur fiktiven Hülle. Für den Gläubigen sind die Tatsachen der Vergangenheit Jesu längst nicht so bedeutsam wie die Realität seiner Gegenwart – in uns und um uns. Daher führen uns die Evangelien nicht in die Vergangenheit, sondern in die Gegenwart, und sie weisen uns die Zukunft. Der Auferstandene, den sie verkünden, ist nicht nur von historischem Interesse: Er lebt und wirkt jetzt, und er leitet uns in die Zukunft. Das ist der Grund, warum wir zu tieferer Wahrheit gelangen, als sie in bloßen Tatsachen gefunden werden kann. Die Bibel, vielleicht durch ihre überragende Größe, unternimmt nicht den Versuch einer rein historischen Wahrheit gerecht zu werden, sondern sie will eine tiefere Wahrheit vermitteln, eine Wahrheit, die für uns wichtig ist, um Sinn und Bedeutung in diesem und im nächsten Leben zu erkennen. Das ist es, was wir unter der »Wahrheit der Erlösung« verstehen.

Wenn wir über das Leben einer berühmten historischen Persönlichkeit lesen, werden wir nicht von den Fakten, sondern von dem Geist, den der Autor vermittelt, gefesselt. Wir gewinnen ein Gefühl für die Erfahrungen des Helden. Im weiteren muß der Text die Leidenschaft des Autors widerspiegeln – lebendige Prosa ist das erste Resultat, dem eine Art innerer Einsicht folgt, die ein Verstehen (oder auch Mitleid) voraussetzt. Sind wir aufmerksame Leser, so können wir daraus das entscheidende Bindeglied schaffen: Die Lebensgeschichte spricht unsere eigene Erfahrung an. Es ist nicht so, und das ist von bezeichnender Bedeutung, daß unsere eigene Erfahrung uns Verständnis für das Leben des anderen vermittelt, das würde uns in unserem Ich erstarren lassen. Nein, wir erlauben dem Inhalt, uns zu ergreifen: Wir gestatten der Vergangenheit ihre Lebendigkeit in unserer Gegenwart zu zeigen. Wir sind es, die durch den Inhalt verändert werden. Wir ändern nicht den Inhalt, um ihn unserer Lebensart und Phantasie anzupassen.

Dies gilt um so mehr für alle Erfahrungen, die die Wirklichkeit transzendieren – in anderen Worten, wenn wir uns erlauben, von Gott erblickt zu werden. Eine Möglichkeit, eine solche Erfahrung zu machen, besteht darin, den Bibeltexten zu erlauben, in uns Eingang zu finden, so wie wir einem Menschen, einer Meinung, einem Kunstwerk Zutritt zu unserem Leben gewähren. Die Worte der Bibel haben über Jahrhunderte das Leben und das Bewußtsein der Menschen verändert. Die Worte haben die innere Kraft, uns zu Meditationen anzuhalten, die unser Schicksal verändern und uns Kraft geben. Sicherlich ist vieles verborgen, vieles wird von uns nicht richtig verstanden, denn ein tiefer Abgrund trennt unsere Kultur und unsere Sprache von denen der Schreibenden. Aber gerade in dieser Schwierigkeit liegt eine Chance, denn das Verstehen ist Teil eines fortschreitenden Prozesses. Wir beten die Bibel und ihre Texte nicht an: Wir beten an und werden still in der Gegenwart Gottes, der hinter ihnen steht, der sie heiligt und bestätigt. Die Worte, die auf ihn hinweisen, sind weder tot noch endlich – sie sind lebendig, sie verschaffen uns tiefere Einsichten unserer Befindlichkeit.

Eine der großen Überraschungen, die die Evangelien für den eine ausgewogene Biographie erwartenden Leser bereit hält, ist das Schweigen über die Zeit bis zum öffentlichen Auftreten Jesu. Der Grund ist, daß zur Zeit, da die Evangelisten lebten, so gut wie nichts über die ersten dreißig Jahre des Lebens Jesu in Erinnerung geblieben war. Seine engsten Freunde sowie seine Nachfolger begegneten ihm erst, als er bereits erwachsen war, und dann – etwa eineinhalb Jahre lang – waren Jesus und seine Jünger, um es zurückhaltender auszudrücken, sehr geschäftig. Keiner der ursprünglichen Augenzeugen seines Lebens und Sterbens schrieb ein einziges Wort über ihn, wie auch er selbst nichts schriftlich fixierte. Die Überlieferungen enthielten nichts über seine Vergangenheit, nichts über seine frühen Jahre – denn zu der Zeit, als man begann, sie in Worte zu fassen, war für sie nur der lebendige Auferstandene in seinem neuen verborgenen Leben von Wichtigkeit. Wie wir gesehen haben, wurde alles, was wir über seine Lehren und Werke erfahren, durch das Prisma des Glaubens gebrochen.

Das frühe Leben Jesu bis zur Zeit seines Wirkens ist in der volkstümlichen Frömmigkeit immer das verborgene Leben genannt worden – und darüber drückt sich das Neue Testament sehr klar aus. Und so schreibt Lukas nach der Geburt Jesu: »Dann kehrte er mit ihnen [seinen Eltern] nach Nazareth zurück ... Jesus aber wuchs heran, und seine Weisheit nahm zu und er fand Gefallen bei Gott und den Menschen.« (Lukas 2, 51–52) Und diese wenigen Sätze sind die Zusammenfassung von mehr als dreißig Jahren! Dennoch ist es möglich, sein Leben während dieser Zeit zumindest in Umrissen zu zeichnen und eine Vorstellung von dem zu geben, welche Entwicklung der Mann Jesus während dieser langen verborgenen Periode nahm.

Galiläa ist ein kleines Land – nicht mehr als 480 Kilometer von Norden nach Süden und 400 Kilometer von West nach Ost. In biblischen Zeiten lag es offensichtlich außerhalb der Hauptströmungen jüdischen Lebens, und zur Zeit Jesu wurde es von den judäischen Juden wenig geschätzt. Die Wohnverhältnisse in Nazareth (mit einer Bevölkerung zwischen zwei- und fünfzehntausend Einwohnern) waren, wie wir gesehen haben, nicht außergewöhnlich: ein oder zwei Räume um einen zentralen Hof; Steine und Lehmziegel waren das Baumaterial, das Flachdach bestand aus Holzträmen, auf die Bretter genagelt waren, bedeckt von Zweigen und Mergel. Feuer war eine ständige Gefahr.

Zu Hause wurde Jesus fraglos in der Tradition und den Ritualen des alten Judentums erzogen. Jeden Morgen und jeden Abend rezitierte der gläubige Jude die *Schema*, das Credo der Juden: »Höre Israel! Jahwe, unser Gott ist einzig. Darum sollst du den Herrn, deinen Gott, lieben mit ganzem Herzen, mit ganzer Seele und mit ganzer

Kraft.« (Deuteronomium 6, 4–5) Fromme Juden beteten dreimal täglich – Lobeshymnen und Dankgebete, an deren vorgegebene Worte sie persönliche Bitten anfügten. Das Gebet war Teil des täglichen Lebens.

Die Vertrautheit Jesu mit dem Alten Testament und der Liturgie läßt den Schluß zu, daß er in der Synagoge von Nazareth eine religiöse Erziehung genoß. Tatsächlich hören wir, daß Jesus sein öffentliches Leben mit dem Betreten der Synagoge von Nazareth begann, »... und ging, wie gewohnt, am Sabbat in die Synagoge«. (Lukas 4, 16) Die Synagoge war das örtliche Versammlungshaus, in dem gebetet, unterrichtet und gelernt wurde, es war der religiöse und gesellschaftliche Mittelpunkt des jüdischen Gemeindelebens, denn der Tempel von Jerusalem war für die meisten Juden unerreichbar. Waren sie wohlhabend genug, um sich die Reise und die Abwesenheit von der Arbeit leisten zu können, so pilgerten Juden nur zum Passahfest, die Feier der Befreiung aus der ägyptischen Sklaverei und der Vereinigung des Volkes Gottes, in die heilige Stadt.

Die Reise von Nazareth nach Jerusalem dürfte mindestens vier bis fünf Tage gedauert haben. Frauen mußten diese jährliche Reise nicht mitmachen, doch laut Lukas zogen Maria und Josef gemeinsam mit dem zwölfjährigen Jesus nach Jerusalem (Lukas 2, 41–42). Diese Pilgerreise ist das einzige Ereignis im Leben Jesu zwischen seiner Darbietung im Tempel, vierzig Tage nach seiner Geburt, und seinem Treffen mit Johannes als über dreißigjähriger Mann, wovon uns berichtet wird. Der Talmud nennt dreizehn als das Höchstalter, um mit den jüdischen Ritualen und Gesetzen zu beginnen. »Ein Fünfjähriger ist reif für die Bibel, ein Zehnjähriger für die Mischna, ein Dreizehnjähriger für die Erfüllung der Gebote.« (Sprüche der Väter 5, 24) Mit zwölf Jahren wurde ein Junge üblicherweise zum Passahfest nach Jerusalem gebracht, um ihn auf die Bar-Mizwa-Feier vorzubereiten, die im folgenden Jahr seine religiöse Mündigkeit begründet: Er ist nun ein Bar Mizwa (»Sohn Gottes«), ein vollwertiges Mitglied der Gemeinde mit allen Rechten und Pflichten, die das Religionsgesetz festlegt. Lukas berichtet: »Der junge Jesus aber blieb in Jerusalem, ohne daß seine Eltern es merkten. Sie meinten, er sei irgendwo in der Pilgergruppe, und reisten eine Tagesstrecke weiter; dann suchten sie ihn bei Verwandten und Bekannten. Als sie ihn nicht fanden, kehrten sie nach Jerusalem zurück und suchten ihn dort.« (Lukas 2, 43–45) Suchen und

Finden sind Leitmotive im Lukas-Evangelium, und sie wiederholen sich mit einer so eindringlichen Häufigkeit, daß sie unmöglich als zufällige Wiederholungen gesehen werden können. In einem Gleichnis bei Lukas verliert und findet der Schäfer sein verlaufenes Schaf, in einem anderen verliert und findet eine Frau ihre verlorene Münze, in einem dritten kehrt der verlorene Sohn wieder zurück. Und Jesus spricht vom Verlieren und Finden des ganzen Lebens. Der Schlüssel zu dem, was Lukas zu sagen hat, liegt in folgenden Worten: »Nach drei Tagen fanden sie ihn im Tempel; er saß mitten unter den Lehrern, hörte ihnen zu und stellte Fragen.« (Lukas 2, 46) Den ersten, die diese Geschichte hörten, mag sie den Ostersonntag in Erinnerung gerufen haben, als Jesus, der im Tod zwei Tage »verloren« war, am dritten Tag wieder »gefunden« wurde.

Nun setzt die Erzählung mit einem seltsamen Dialog fort: »... und seine Mutter sagte zu ihm: Kind, wie konntest du uns das antun? Dein Vater und ich haben dich voll Angst gesucht. Da sagte er zu ihnen: Warum habt ihr mich gesucht? Wußtet ihr nicht, daß ich in dem sein muß, was meinem Vater gehört? Doch sie verstanden nicht, was er damit sagen wollte.« (Lukas 2, 48–50)

Sodann kehrte er mit Maria und Josef nach Nazareth zurück und blieb ein folgsamer Sohn. Lukas ergänzt mit den gleichen Worten, die im Alten Testament für Samuel gebraucht werden: »Jesus aber wuchs heran, und seine Weisheit nahm zu, und er fand Gefallen bei Gott und den Menschen.« (Lukas 2, 52)

Diese Geschichte bildet bei Lukas die Brücke von der Kindheit zum Beginn des Wirkens Jesu, das unmittelbar folgt. Hier wird er als Kind mit außergewöhnlicher Bestimmung (im Licht dessen, was später geschieht) gezeigt, als Sohn Gottes. Die grundlegende Forderung an das Leben Jesu wird von Gott gestellt, der sein Vater ist. Das ist einer der Begriffe, die das Neue Testament in seinem Versuch gebraucht, das nach der Auferstehung wachsende Bewußtsein auszudrücken, daß Jesus das Geschenk Gottes an die Welt war. Bei seiner Präsentation im Tempel – einige Verse vorher – war Jesus unfähig, für sich selbst zu sprechen: nun tut er es und zeigt seine Sendung auf: »... daß ich in dem sein muß, was meinem Vater gehört.« (Lukas 2, 49)

Was den ständigen Hinweis Jesu auf Gott als seinen Vater betrifft, so sollte man sich damit allerdings kritisch auseinandersetzen, denn diese Bezeichnung ist natürlich auch eine Metapher. Weder Jesus noch die Juden vor ihm sahen in Gott einen Mann. Da aber in der semitischen Kultur die Rolle des Vaters sowohl autoritär wie ehrfurchtgebietend war, so war es natürlich von Jesus, in dieser Weise von Gott zu sprechen. Es ging hier nicht um die Männlichkeit, sondern um die tiefe lebendige Verbindung zwischen Schöpfer und Erschaffenem.

In dieser Beziehung ist es erstaunlich, in unserer Zeit Menschen zu finden, für die die Bezeichnung »Er« für Gott sozusagen eine Beleidigung darstellt – als hätten Juden oder Christen Gott jemals ein Geschlecht zugesprochen. Aber da sind sie, die kleinen Geister, mit ihrer Parole: Alles war in diesen Tausenden von Jahren falsch! Und siehe da, sie behaupten Gott wäre nicht »Er«. Aber damit schaffen sie nur überflüssige Probleme. Alles Reden über Gott ist notgedrungen begrenzt, bildlich und in Andeutungen verharrend. Wer das nicht begreift, hat keine Hemmungen, die Bibel neu zu schreiben: Von Gott darf nicht als »Er« gesprochen werden, und so hört und liest man (in der plumpesten, politisch gezielten Auslegung) von Gott als »die Eltern«. Oder als »Sie«, was weder besser noch schlechter als »Er« ist.

Zeitweise allerdings, das muß ich zugeben, kann die plötzliche und unerwartete Verwendung von »Sie« heilsam mißtönend sein – es mag uns für den Moment unangenehm sein, doch es erinnert uns, daß unsere Sprache über Gott immer nur Behelf sein, immer überdacht, immer neu erfühlt werden sollte. Juliana von Norwich, die große englische Mystikerin des 13. Jahrhunderts, hatte recht, von »Jesus unserer Mutter« zu sprechen. Juliana, in der lebendigen und unmittelbaren Einsicht des Menschen, der Gott nahe ist, wußte, daß Sprache manchmal neu geformt werden muß. Jesus nährt uns, hüllt uns ein, hält uns sanft: Juliana hätte niemals zu psychologischen Ausdrücken Zuflucht genommen, doch sind dies Eigenschaften, die wir mit Weiblichkeit verbinden. Es schadet also nicht, solange wir nicht versuchen, Jesus herabzuwürdigen, wenn wir ihn Mutter nennen.

Im heimischen Nazareth waren seine Eltern sicher darauf bedacht, daß ihr Sohn genügend Hebräisch lernte, um die Heilige Schrift lesen zu können (Jesus sprach höchstwahrscheinlich eine galiläische Form des Westaramäischen, eines dem Hebräischen verwandten Dialekts, der die Umgangssprache der Israeliten des ersten Jahrhunderts war). Seit dem vierten Jahrhundert v. Chr. aber war Griechisch die weltweite

Sprache für Handel, Politik und Kultur. Das palästinensische Judentum stand nicht außerhalb der griechisch-römischen Welt, und jeder Jude besaß zumindest ausreichend Kenntnis der griechischen Sprache, um offizielle Kundmachungen oder die notwendigsten Handelsunterlagen lesen zu können. Latein wurde hauptsächlich von römischen Beamten verwendet.

Es ist notwendig, sich vor Augen zu halten, daß es sich beim Judentum nicht um ein monolithisches Gebilde gehandelt hat: Tatsächlich gab es verschiedene Arten des Judentums. Kernpunkte der Überlieferung waren, und das galt für alle, die Tora (das Gesetz des Moses in den ersten fünf Büchern der hebräischen Bibel), der Tempel von Jerusalem und die Heiligkeit des Landes selbst. Die Nachforschungen der letzten vierzig Jahre haben deutlich gezeigt, was wir über das jüdische Leben und die religiösen Praktiken zur Zeit Jesu wissen, und, wie ein Wissenschaftler bemerkte, es ist außerordentlich schwer, »das, was wir bereits wissen, in sinnvollen Zusammenhang zu bringen, [denn] das palästinensische Judentum ... scheint ganz verschiedenartig und vielfältig gewesen zu sein. Unser wachsendes Verständnis für diese Verschiedenartigkeit macht es noch schwieriger, mit Sicherheit sagen zu können, welche Art Jude Jesus gewesen ist.«

Wie auch immer! Er war sicher ein jüdischer Knabe, und es wäre mit zweitausend Jahren christlichen Glaubens unvereinbar, würde man leugnen, daß er in der Kindheit und der Jugend einen Prozeß der Reife auf körperlichem, sexuellem und intellektuellem Gebiet durchgemacht hat. Das Neue Testament ist da sehr deutlich: »Das Kind wuchs heran und wurde stark ... darum mußte es in allem seinen Brüdern gleich sein ... Denn wir haben nicht einen Hohenpriester, der nicht könnte mitleiden mit unserer Schwachheit, sondern einen, der in allem wie wir in Versuchung geführt worden ist.« (Lukas 2, 40, Briefe an die Hebräer 2, 17 und 4, 15)

Um es klar auszudrücken, Jesus durchlief die geistige und körperliche Entwicklung eines Mannes. Das abzustreiten, hieße, seine Menschlichkeit zu leugnen.

Doch wir müssen uns davor hüten weiterzugehen. Es ist eine Sache zu sagen, er reifte in jeder Beziehung zum Mann. Welche Entwicklung aber sein Innenleben nahm, bleibt uns verborgen, und wir haben keine Möglichkeit zu erfahren, was die normale sexuelle Neugier und Entwicklung für ihn bedeutete. Die Tatsache seines Menschseins gibt uns die Gewißheit, daß er danach strebte, sich selbst und die Perspektiven des Lebens zu erkennen, doch dürfen wir, was die einzelnen Schritte und die Entwicklung des inneren Menschen anbetrifft, unserer Phantasie nicht freien Raum lassen. Die volle Anerkennung seines Menschseins verpflichtet uns auch, die Grenzen Jesu in bezug auf menschliches Wissen zu akzeptieren: Entgegen den frommen Wünschen blickte das Kind in der Krippe nicht gen Himmel und dachte über die Relativitätstheorie nach, noch konnte der erwachsene Jesus ein paar Takte Mozart summen. »Wenn das Wissen Jesu begrenzt war, wie in den Evangelien dargestellt«, schreibt der Theologe Raymond Brown, »dann versteht man, daß Gott uns liebte bis an den Rand der Selbstunterwerfung unter unsere größten Charakterschwächen.« Würde man sich Jesus als ein Wesen vorstellen, das im Leben keinerlei Schwierigkeiten gekannt und die Fähigkeit besessen hätte, sich von menschlichen Schwächen durch stilles Rezitieren erhabener Poesie abzuwenden und ein ausgewogenes klares Wissen der eigenen Bedeutung zu besitzen, so hätte man eine Gestalt, die man bewundern, an die man aber nicht glauben könnte.

Aber wir, die wir uns wundern und quälen, die wir uns angesichts der letzten Leiden, des Todes und der Möglichkeit des völligen Nichts fürchten, glauben an den menschlichen Jesus. Dieser Jesus hat wie wir vor Angst gezittert, hat an dem Ergebnis seines Tuns gezweifelt und das qualvolle Gefühl des Versagens gekannt: Er ist jemand, der bei uns steht, der vollständig Mensch ist. Und das ist der Jesus, den die Evangelien zeigen – einer, dem nichts erspart blieb, was unser Leben mit sich bringt, und dessen endgültige Bestimmung das Schicksal der Schöpfung umgestaltet.

Die an ihn glauben, stellen am Ende auch fest, daß Jesus mehr ist als einfach »nur« der beste Mensch, der jemals gelebt hat: Er ist wahrlich von Gott. In ihm sehen wir die klare und endgültige Erklärung der Liebe Gottes zu uns – einer Liebe, die völlige Selbsterniedrigung nicht gescheut hat. Es ist, denke ich, kein haltbarer Standpunkt, daß diese komplizierten, einzigartigen und unvergleichlichen Mysterien von einer Gruppe halbgebildeter Palästinenser des ersten Jahrhunderts oder von einem Quartett von Schreibern der selben Gemeinschaft ein halbes Jahrhundert später erfunden sein sollten. Denn Betrug und literarische Schönfärberei verändern nicht den Lauf der Weltgeschichte.

Von der äußeren Erscheinung Jesu, die zahllose Maler und Bildhauer dargestellt haben, wissen wir im Grunde genommen nichts. Als praktizierender Jude dieser Zeit hatte er sehr wahrscheinlich langes Haar, nicht notwendigerweise einen Bart und möglicherweise Schläfenlocken. Ein kurzes, von einem fließenden Mantel bedecktes Unterkleid war die übliche Kleidung; außer den römischen Soldaten trug in jener Zeit jedermann Sandalen oder weiche Schuhe aus Kamelleder. Seine Nahrung bestand aus den Erzeugnissen des Landes: Obst und Fisch, Oliven und Nüsse, der mit Wasser verdünnte dunkle Rotwein und verschiedene Arten von Brot. Die griechische Sitte, die Mahlzeiten auf Diwans oder Betten liegend einzunehmen, war im ersten Jahrhundert weit verbreitet. Der Essende stützte sich auf einen Ellbogen, langte zum Tisch und griff mit den Fingern in einfache Schüsseln oder Platten. Das Volk war zur Reinlichkeit angehalten, und das häufige Waschen von Händen, Kopf und Füßen war Vorschrift und hatte religiöse Bedeutung.

»Wer seinen Sohn kein Handwerk lehrt, lehrt ihn zu rauben«, hieß eine der bekannten Lebensregeln zur Zeit Jesu. Nach Matthäus und Lukas übte Josef entweder das Handwerk eines Zimmermanns oder einer anderen Art von Holzbearbeitung aus, und als Erstgeborener (der traditionsmäßig das Handwerk des Vaters weiterführte) wird Jesus das gleiche Handwerk gelernt haben. Die Juden sahen in diesen Handwerkern ehrenhafte Könner und bezahlten sie gut, vorausgesetzt, sie konnten sich deren Fertigkeit leisten. Auf jeden Fall aber war ein geregeltes Einkommen Voraussetzung für Josefs Haushalt, denn er mußte für eine Ehefrau, fünf Söhne und zahllose Töchter sorgen. Jesus und seine Familie wären dann nicht mehr und nicht weniger arm gewesen als die durchschnittliche Familie in Nazareth, weder so elend wie ein Feldsklave noch so unterprivilegiert wie der Tagelöhner. Der gesellschaftliche Status der Familie läßt sich annähernd mit dem der heutigen Arbeiter oder Kunsthandwerker vergleichen.

Was die genaue Spezifizierung der Arbeit anbetrifft, muß festgehalten werden, daß das griechische Wort, das mit »Zimmermann« übersetzt wird, der allgemeine Begriff für jemanden ist, der mit Holz zu tun hat: so ein Mann konnte ebenso ein Haus wie Möbel bauen, und er mußte eine große Anzahl von Fertigkeiten beherrschen. Türen und

Schlösser, Holzkonstruktionen und Möbel, Fenster und Dächer, Pflüge und Gespanne mußte er herstellen und reparieren können. Das Material für seine Arbeit waren (unter anderen Holzarten) Maulbeer- und Feigenbäume, Zedern, Tannen und Wacholderholz, Olivenbäume und Palmen. Seine Werkzeuge ähnelten den heutigen auf die erstaunlichste Weise: Hammer, Schlegel, Säge, Beil, Lineal, Meßstab und Lot. Nägel, die teuer waren, wurden selten benutzt. Etwa bis zum 33. Lebensjahr lebte Jesus ruhig in dem bedeutungslosen Dorf Nazareth im südlichen Galiläa und war mit einem Beruf beschäftigt, der Übung, Intelligenz, Konzentration, Geschicklichkeit und körperliche Kraft erforderte. Irgendwann während dieser ereignislosen Jahre starb sein Vater, denn als das Wirken Jesu beginnt, wird Josef nicht mehr erwähnt – nur seine Mutter und seine Geschwister. Natürlich wären auch andere Erklärungen für das Schweigen über Josef möglich, aber es gibt keinen Anhaltspunkt dafür (Josef hätte auch seine Familie verlassen oder jedes Interesse an seinem ältesten Sohn verlieren können, sobald dieser nicht mehr sein Handwerk ausübte). Wenn Josef, als er Maria heiratete, ein Jüngling unter zwanzig war, wäre er, als Jesus seine Arbeit niederlegte, um zu predigen, ein Mittfünfziger gewesen – also für jene Zeit ein Greis, der allen Übeln des Alters ausgesetzt war.

Dennoch gibt es zwei Aspekte im Leben Jesu zu dieser Zeit, die der Überlegung wert sind. Zum ersten ist wichtig, sich daran zu erinnern, daß er ein frommer Laie, nicht aber Angehöriger der Kaste der Priester oder der Aristokratie war. Aus diesem Grund stieß er später bei diesen beiden Schichten auf Widerstand und wurde von ihnen als unwissender Bauer bezeichnet und verspottet, als er es wagte, der politisch verwurzelten Jerusalemer Beamtenschaft zu widersprechen und sie zu korrigieren.

Zum zweiten ist es bedeutsam, daß Jesus offensichtlich sein ganzes Leben unverheiratet blieb. Seine Eltern und Geschwister, sogar die Frauen seiner Brüder werden erwähnt, doch es gibt keinen Hinweis auf eine Ehefrau. Während der Zölibat unter den Juden selten war, da die Verpflichtung, die Kinder Abrahams fortzupflanzen, sehr ernst genommen wurde, war es auch für Gelegenheits-Propheten durchaus üblich, unverheiratet zu bleiben. Im siebenten Jahrhundert v. Chr. hatte Jeremia sein Junggesellentum als göttlichen Auftrag gesehen, als Teil der Bestrafung eines ungläubigen Volkes. Johannes der Täufer, ein

Zeitgenosse Jesu, war offensichtlich auch Junggeselle, so wie ein geringer Prozentsatz der Juden, die freiwillig nicht heirateten. Die Essener zum Beispiel führten in Kommunen in Qumran am Ufer des Toten Meers ein klosterähnliches Leben in strenger Zurückgezogenheit – viele von ihnen zölibatär.

Es scheint für diese uneinheitliche Lebensweise der Juden keine einfache Erklärung zu geben, doch in jedem Fall war die Wahl der Ehelosigkeit eine drastische Demonstration, daß die Zeit reif für eine tiefgreifende Veränderung sei, und ein Zeichen totaler Hingabe. Das ehelose Leben war nicht unbekannt, aber doch ungewöhnlich genug, um Jesus als atypisch zu bezeichnen. Seine Berufung, das Volk Israel in die Arme Gottes zu führen, beherrschte sein Leben.

Als Jüngling und junger Mann ledig zu bleiben, könnte Jesus als nicht der Norm entsprechend, aber keineswegs als völligen Außenseiter erscheinen lassen. Und tatsächlich, da wir keinerlei Zeugnis von einer Heirat oder einer Lebensgemeinschaft haben, bleibt uns – besonders im Licht des ungewöhnlichen Vorfalls im Tempel im Alter von zwölf Jahren – der Eindruck, daß dieser Jesus von Nazareth seit frühester Jugend das Gefühl der Berufung oder eines Auftrags hatte. Dieses Gefühl mag vage, unausgeformt und ohne klare Richtung gewesen sein. Doch da er sein Handwerk als Meister ausführte, der mit dem Vater zusammen arbeitete und, wie wir annehmen können, half, Mutter und Geschwister zu ernähren, so bleibt uns das Bild eines Jesus, der auf seine Berufung wartet – mit anderen Worten, der auf Gottes eindeutigen Auftrag wartet. Wir alle kennen diese Perioden des Wartens in unserem Leben, wenn wir uns fragen, wozu wir eigentlich auf der Welt sind, was unsere Augabe ist, was die Zukunft für uns bereit hält. In dieser Beziehung sollten sich alle, die warten, den Sohn Gottes vor Augen halten – der beobachtete, sich Fragen stellte und lernte, auf seine Bestimmung zu warten.

Der Lohn des Wartens kam, als Jesus Johannes den Täufer traf, einen schon in seiner äußeren Erscheinung ungewöhnlichen Mann. Und diese Begegnung veränderte Jesus. Die übliche Verwirrung der Jugend verschwand im Licht der Bekehrung.

Die Verlockung:

Die Versuchung Jesu

Es ist für uns nicht möglich, nachträglich das zu liefern, was die Evangelien gar nicht liefern wollten: eine genaue Chronologie der Ereignisse im Leben und Wirken Jesu. Eine solche Chronologie aufzustellen, war nicht das Ziel der Evangelisten. Was sie bezweckten, war hingegen die Wiedergabe und die Ausstrahlung des Glaubens, und zu diesem Zweck wurden die mündlichen und bruchstückhaften schriftlichen Überlieferungen, in denen die Worte und Werke Jesu zu finden waren, von den Schreibern überarbeitet und künstlich geordnet – oft nach Kategorien, wie Aussprüche, Gleichnisse, Exorzismen, Heilungen und so weiter.

Doch es ist, dank der modernen Wissenschaft, natürlich möglich, einen ungefähren Zeitrahmen aufzustellen. Jesus wurde um das Jahr 6 v. Chr. geboren und begann, wie wir gesehen haben, sein Wirken mit dreiunddreißig oder vierunddreißig Jahren, also zu Beginn des Jahres 28 n. Chr. Es ist sehr wahrscheinlich, daß er Freitag, den 7. April des Jahres 30 gekreuzigt wurde. Mit anderen Worten, sein öffentliches Wirken erstreckte sich über zwei Jahre und wenige Monate, im Alter von ungefähr sechsunddreißig war er tot. Während seines kurzen und intensiven Wirkens wanderte Jesus häufig von Galiläa nach Judäa und wieder zurück, wobei er predigte und heilte.

Mittelpunkt seines Lebens war einer der reizvollsten Plätze Palästinas – die Gegend rund um den Süßwassersee in Galiläa, den See Genezareth. 20 Kilometer lang und (an der breitesten Stelle) 15 Kilometer breit ist der See, und damals wie heute wird er von eindrucksvollen Klippen und grünem Flachland gesäumt. Unter der Bevölkerung gab es viele Fischer, denn der See war fischreich, und einige von ihnen berief Jesus zu seinen Jüngern.

Er wählte diese Gegend auch als Lieblingsplatz für Gebet und Betrachtung: »In der Frühe, als es noch dunkel war, stand er auf und ging an einen einsamen Ort, um zu beten ... Gleich darauf forderte er seine Jünger auf, ins Boot zu steigen und ans andere Ufer nach Betsaida vorauszufahren. Er selbst wollte inzwischen die Leute nach Hause schicken. Nachdem er sich von ihnen verabschiedet hatte, ging er auf einen Berg, um zu beten.« (Markus 1,35; 6, 45–46) Am Ufer des Sees wohnten auch Kaufleute, Handwerker und Regierungsbeamte – viele von ihnen kannten Jesu, und einige von ihnen erfuhren später seine Barmherzigkeit.

Das ursprüngliche Hauptwirkungsfeld Jesu war am Nordwestufer in Kapernaum; in der dortigen Synagoge lehrte und predigte er oft (siehe Lukas 4, 31; Markus 1, 21–39). 7 Kilometer entfernt, auf der anderen Seite des Jordans, der in den See mündet, lag am Nordostufer Betsaida, ursprünglich die Heimatstadt einiger seiner Jünger. Außergewöhnlich wie der See Genezareth nun einmal ist, unterliegt er plötzlichen Temperaturschwankungen, und infolge der Höhe der umliegenden Berge können jederzeit heftige Stürme losbrechen.

Doch andere Stürme störten das Wirken Jesu mehr, denn sein Erfolg beschwor auch große Gefahr herauf. Er sprach mit solcher Autorität, und sein Zugang zum Volk war ein so direkter und leidenschaftlicher, daß viele Leute ihm als eine Art Messias huldigten – einem wahren König. Sie wollten in ihm den Befreier sehen, nach dem sie sich sehnten, einem, der Israel aus der politischen Abhängigkeit führen und ihm eine Vorrangstellung unter den Völkern verschaffen würde. Aber sein Streben galt nicht irdischen Wünschen – seine beharrliche und entschlossene Zurückweisung des Ruhms, des Pomps und der weltlichen Macht allein hätten schon für ihn gesprochen.

Eingewoben in die Evangelien ist ein ergreifendes Kapitel im Leben Jesu: die ewige Versuchung, den leichten Weg zu nehmen, dem Ruf der Menge zu folgen und sich bereitwillig als König feiern zu lassen. In den Augen Jesu wäre das Untreue gegenüber seiner Sendung gewesen, die eine rein geistige war: Ausrufung und Einsetzung des Königreichs Gottes – die Frohe Botschaft, daß Gott wirklich im menschlichen Leben ist, die Menschen zu sich zieht und erlöst, was er geschaffen hat. Diese Befreiung und Erlösung war die Botschaft Jesu, und die Wunder, die Gott durch ihn wirkte, die nachweislichen Zeichen. Das Reich Gottes hat nichts mit weltlicher Macht oder Herrschaft zu tun. Jesus war kein weltlicher Potentat. Seit Samuel hatten die Propheten ständig gewarnt, daß Könige mit ihrer Gier und ihrem Machthunger gegen die Herrschaft Gottes verstoßen. Macht korrumpiert, das galt damals wie heute. Wo Macht ist, da ist ein guter Mensch schwer zu finden.

Immer wieder muß Jesus versucht gewesen sein, der Schmeichelei des Volkes nachzugeben, besonders da er bei den religiösen Führern auf Widerstand stieß und seine Feinde ihm Steine in den Weg warfen. In einer einzigen kurzen, aber bedeutungsvollen Episode überliefern die Evangelien der Nachwelt dieses Motiv der gefährlichen Versuchung zu Ruhm und Macht. Die Geschichte der Versuchung hat nichts mit einem Bericht zu tun; hier wird vielmehr der innere Kampf im klassischen rabbinischen Dialog brillant wiedergegeben.

Vom Beginn seines Wirkens an wurde Jesus als Gottes wahrer und getreuer Sohn bezeichnet – der Führer des erneuerten Israel. Deshalb stellt ihn Matthäus in den Versuchen, die von seiner Abstammung, Empfängnis, Geburt und Kindheit erzählen, als den Einen heraus, der das Schicksal des Volkes Gottes durchlebt, den erwählten Sohn, der das Volk aus der Sklaverei führt (»Aus Ägypten habe ich meinen Sohn gerufen.« Matthäus 2, 15) Und ebenso ist die Bedeutung der Taufszene (»Das ist mein geliebter Sohn, an dem ich Gefallen gefunden habe.« Matthäus 3, 17) zu verstehen. So wird uns zu Beginn seines Wirkens die Überlieferung einer »Versuchung« gebracht, ein Bericht, der nicht ein einmaliges seltsames Ereignis darstellt, sondern die Gefahr, die Jesus während seines gesamten Wirkens begleitete.

»Dann wurde Jesus vom Geist in die Wüste geführt; dort sollte er vom Teufel in Versuchung geführt werden. Als er vierzig Tage und vierzig Nächte gefastet hatte, bekam er Hunger. Da trat der Versucher an ihn heran und sagte: Wenn du Gottes Sohn bist, so befiehl, daß aus diesen Steinen Brot wird. Er aber antwortete: In der Schrift heißt es: der Mensch lebt nicht nur von Brot, sondern von jedem Wort, das aus Gottes Mund kommt.« (Matthäus 4, 1–4) Vierzig Tage und vierzig Nächte in der Wüste: die Anspielung auf den vierzigtägigen Marsch der Israeliten durch die Wüste (und das vierzigtägige Fasten von Moses auf dem Berg Sinai) dürfte für die jüdisch-christliche Leserschaft des Evangeliums klar gewesen sein. Als der in der vorher erwähnten Taufszene erklärte Sohn Gottes – die Erfüllung von Israels Hoffnung – beginnt Jesus, das Schicksal seines Volkes zu vollziehen.

Nun kommt die Versuchung: Mach es dir leicht, laß das Fasten und

Beten, verwandle Steine in Brot! Dahinter steht die verbreitete Vorstellung, der Messias-König würde durch ein Wunder für jedermann Nahrung in Überfluß beschaffen. Aber nein: Von den Lippen Jesu kommt der Vers der Tora: »Der Mensch lebt nicht nur von Brot« – eine Sentenz, die an den Hunger der Israeliten während des Exodus erinnert und an das Versprechen, daß Gottes lebendiges Wort allen menschlichen Hunger stillen würde.

»Daraufhin nahm ihn der Teufel mit sich in die Heilige Stadt, stellte ihn oben auf den Tempel und sagte zu ihm: Wenn du Gottes Sohn bist, so stürz dich hinab, denn es heißt in der Schrift: Seinen Engeln befiehlt er, dich auf ihren Händen zu tragen, damit dein Fuß nicht an einen Stein stößt. Jesus antwortete ihm: In der Schrift heißt es auch: Du sollst den Herrn, deinen Gott, nicht auf die Probe stellen.« (Matthäus 4, 5–7)

Der letzte Satz bezieht sich erneut auf den Auszug Israels aus Ägypten, auf eine Episode in der Wüste. Laut Darstellung im Buch Exodus haderte das Volk Israel mit dem Allmächtigen, weil es kein Wasser fand; die Juden stellten »den Herrn auf die Probe« (Exodus 17, 7) – das heißt, sie zweifelten an seiner Fürsorge und »drohten« Gott mit Abtrünnigkeit und Götzendienst. Während das Alte Testament die Juden wegen ihres Wankelmuts anklagt, behaupten die Evangelisten, diese Verfehlung sei von Jesus verziehen worden.

Den Schlußteil der Versuchung bildet das Angebot des weltlichen Herrschertums Jesu, er könne weltliche Macht zur Erreichung eines politischen Ziels erhalten.

»Wieder nahm ihn der Teufel mit sich und führte ihn auf einen sehr hohen Berg; er zeigte ihm alle Reiche der Welt mit ihrer Pracht und sagte zu ihm: Das alles will ich dir geben, wenn du dich vor mir niederwirfst und mich anbetest. Da sagte Jesus zu ihm: Weg mit dir, Satan! Denn in der Schrift steht: Vor dem Herrn, deinen Gott, sollst du dich niederwerfen und ihm allein dienen.« (Matthäus 4, 8–10)

Mit einer Anspielung, die für die ursprünglichen Zuhörer der Komik nicht entbehrt haben dürfte (Satan, der irdische Königreiche anbietet, als hätte er diese zu vergeben), endet die klassisch in drei Teilen komponierte Erzählung. Indem er zum dritten Mal Verse aus dem Buch Exodus zitiert, verkündet Jesus, daß er der Versuchung niemals nachgeben wird. Er siegt, wo andere versagen. Er giert nicht nach irdischer Macht, die eine der falschen Götter ist, denen Israel anstelle

Gottes in der Wüste huldigt. Und damit uns nicht der Gedanke kommt, daß mit dieser Erzählung die Versuchung Jesu für immer beendet sei, fügt Lukas hinzu: »Nach diesen Versuchungen ließ der Teufel für eine gewisse Zeit von ihm ab.« (Lukas 4, 13)

Die Evangelien wiederholen mehrfach, daß alles Wirken Jesu von Anreizen zur Bequemlichkeit statt zum Opfer, zur Macht anstelle der Armut begleitet war. Erst beim letzten Abendmahl gestand Jesus seinen vertrautesten Jüngern: »In allen meinen Prüfungen habt ihr bei mir ausgeharrt.« (Lukas 22, 28) Es waren nicht nur die Verlockungen der sozialpolitischen Macht, sondern auch die gelegentlichen Bemühungen seiner Freunde, Jesus von seinem schweren Weg abzubringen, ihn zu ermutigen, der Bequemlichkeit statt der Verpflichtung zu folgen.

Jesus wurde sich seiner selbst bewußt, indem er beharrlich über das Wort Gottes nachdachte. Er wollte der treue Sohn und Diener sein. Und was das letzte Supremat betrifft: Zum herrschenden Messias des Universums eingesetzt, in seiner Auferstehung kraft seiner Treue und seines Gehorsams bis zum Tod, kann Jesus beanspruchen, was Satan so anmaßend angeboten hat: » ... Mir ist alle Macht gegeben im Himmel und auf der Erde.« (Matthäus 28, 18) Dies war ihm nur nach bitterem und schließlich siegreichem Kampf gegeben, in der Erfüllung der Berufung, die Israel angeboten wurde. Satan hatte vorgeschlagen, Jesus solle das Brandmal falscher politischer Sendung billigen, denn er wußte, daß dies dem Willen Gottes widersprach. Aber Jesus schwankte nicht.

Eines muß in diesem reichhaltigen und seltsamen Bericht bedacht werden. Wie gehen wir mit der altmodischen Sprache über Satan um? Die kurze Antwort könnte sein, daß der Teufel und seine Gefolgsleute in gleicher Weise verstanden werden wie die Engel. Zur östlichen Vorstellung Gottes als eines orientalischen, von einem Hofstaat umgebenen Potentaten gehört auch die entsprechende Ausgestaltung von den Gegnern des Königs als diejenigen, die immer Unruhe und Rebellion stiften.

Satan ist im Alten Testament keine wichtige Gestalt: nur in fünf der fünfzig Bücher scheint er auf, und in vier dieser Bücher wird er nur einmal erwähnt. Er wird mit Gewißheit nicht als Inkarnation des Bösen dargestellt, er ist, wie der Name sagt, »der Ankläger«. Er ist ein

Engel am himmlischen Hof, der die Menschen der Übeltaten anklagt – eine Art »Staatsanwalt«. In der zwischentestamentlichen Literatur (den Apokryphen wie Enoch, die aus der Periode zwischen Altem und Neuem Testament stammen) erscheint der Teufel öfter, zweifellos infolge des späten dualistischen Glaubens an den kosmischen Kampf zwischen dem ewig Guten und dem ewig Bösen. Es sollte hier festgehalten werden, daß die Schlange, die Eva verführte, weder Teufel noch Dämon war. Schlangen kommen im heidnischen Kult vor, und so ist die Anstiftung zur Sünde dem gottlosen Heidentum entsprungen.

Im Neuen Testament ist es schwierig, teuflische Verderbtheit von menschlicher Sünde zu unterscheiden. Als Petrus sagt, Jesus dürfe niemals, unter keinen Umständen ein Leid widerfahren, so verdient er die Zurückweisung von Jesus: »Weg mit dir, Satan...« (Matthäus 16, 23) Die Sprache ist natürlich sinnbildlich zu verstehen, es ist, wie wenn wir einem Kind sagen: »kleiner Satan«. Doch Jesus meint es ernst: Jede Erwähnung, er solle Unbill vermeiden (weniger leiden), ist eine schreckliche Versuchung zur Ungläubigkeit. In den ersten Jahrhunderten des frühen Christentums verstand man unter »Teufeln« Häresie oder heidnischen Kult. Und bezeichnenderweise haben die Christen jener ersten Zeit den Teufel in keinem Glaubensbekenntnis erwähnt.

Natürlich gibt es den Teufel. Man braucht nicht weiter zurückgehen als zu Hitler und Hiroshima, um die besten Beispiele zu sehen. Selbst heute gibt es Beispiele im Überfluß: die Befürwortung aller Arten von Gewalt, besonders gegen Kinder, Frauen, Minoritäten und Dissidenten, von politischer Folter und Ausbeutung der Armen. Die Realität des Bösen umfängt uns in seinem krassen und wirkungsvollen Schrecken. Das Böse, das alles zerfrißt, was in dieser Welt gut, edel und anständig ist. Täglich sehen wir deutlich den furchtbaren Zoll, den die Menschen fähig sind, sich selbst abzuverlangen. Doch es wäre zu leicht, alles dem Satan anzulasten, wir können uns nicht mit dem einfachen Satz »Das hat mir der Teufel eingegeben« freisprechen. Wir sind dem Feind begegnet, und er ist in uns. Zu behaupten, in uns gebe es das Böse gar nicht, mag das sicherste Zeichen für dessen Existenz sein.

Aber was das persönliche Vorhandensein anbetrifft, eines Teufels, der die Inkarnation des ewig Bösen darstellt ... ? Wie kann man an

Gott glauben, der die allumfassende Liebe und Güte ist, und gleichzeitig glauben, daß dieser gütige Gott imstande war, das Böse zu schaffen, das den Menschen bis zur ewigen – ewigen! – Verdammnis führt? Versetzt man das ungehemmt Böse in den oder die Menschen, dann kann alles geschehen, und Gottes Hände sind gebunden. Böse Geister können sich unschuldiger kleiner Mädchen bemächtigen und sie in die Hölle führen, bevor ein entsprechendes Ritual den Dämon austreibt. Aber während Bücher und Filme wie der »Exorzist« uns als Horrorgeschichten beeindrucken mögen, versagen sie beim Meditieren über das Böse kläglich. Wir können ein solches Buch lesen, einen solchen Film sehen und uns dann sagen: »Wenn das das Böse ist, dann ist dieses Böse in meiner Welt nicht vorhanden – nichts in meiner Erfahrung ist wie *das*!« Und dann können wir befriedigt unseren Weg fortsetzen, denn mit uns ist ja alles in Ordnung, auch wenn wir uns manchmal schlecht benehmen oder unbeabsichtigt verletzend sind, das hat doch nichts mit dem Bösen zu tun – nein, denn so etwas gibt es in meinem Leben gar nicht. Die Schöpfung ist unendlicher, unüberwindlicher Liebe unterworfen. Entweder wir glauben an das Geheimnis von Gottes ewiger Liebe, oder wir glauben an einen Schöpfer, der sich zumindest einmal geirrt hat und diesen Fehler nicht korrigieren konnte. Und das macht das Ereignis Jesu unbegreiflich, denn in Jesus sehen wir das menschliche Antlitz Gottes. Unvorstellbares Mitleid kommt über eine Welt, die es so nötig hat, gerade weil wir so geizig damit sind, es anderen anzubieten.

»Er ging umher und tat Gutes.« Aber während er das Kommen Gottes predigte, Kranke heilte und versuchte, sein Menschtum zu vermitteln, hatte Jesus mit der Versuchung zu kämpfen – der Versuchung, alles aufzugeben.

Die Verlockung könnte von zu Hause kommen. Die Menge übte Druck auf Jesus aus, und dann war plötzlich seine Familie da. Jene, die Jesus nahe genug standen, um ihm eine Botschaft zu übermitteln, kamen mit der Nachricht, Mutter und Geschwister warteten draußen. Seine Predigten und seine Heilungen machten sie verlegen und so waren sie gekommen, »um ihn mit Gewalt zurückzuholen« (Markus 3, 21), denn es gab Leute, die sagten: »Er ist von Sinnen.« (Markus 3, 21) Und um die Sache noch schlimmer zu machen, »Auch seine Brüder glaubten nämlich nicht an ihn.« (Johannes 7, 5)

Jesus schien diese Art des Nichtverstehens erwartet zu haben, denn seine Antwort war, daß er den Ärger der Familie unbeachtet ließ – er hatte einfach keine Zeit dazu. »Wer ist meine Mutter und wer sind meine Brüder?« (Markus 3, 33) lautete seine rhetorische Antwort. Und damit blickte er auf all die Notleidenden, die Kranken und die Schurken, die um ihn saßen und von seiner Person wie von seinen Lehren überwältigt waren. »Das hier sind meine Mutter und meine Brüder. Wer den Willen Gottes erfüllt, der ist für mich Bruder und Schwester und Mutter.« (Markus 3, 34, 35) Nachbarn aus der Gegend von Nazareth, die Jesus und seine Familie von Jugend auf kannten, fragten manchmal mit hochgezogenen Augenbrauen, wer er denn glaube zu sein. Und Jesus fühlte das selbstgefällige Mißtrauen. Er sagte: »Nirgends hat ein Prophet so wenig Ansehen wie in seiner Heimat, bei seinen Verwandten und in seiner Familie.« (Markus 6, 4) Und erstaunt über ihren Unglauben, wandte er sich von der Heimat ab. Nicht nur Nächstenliebe kann zu Hause beginnen, auch Feindseligkeit.

Johannes der Täufer schmachtete inzwischen in dem höllischen Kerker von Machärus in Peräa, östlich des Toten Meeres. Seine Jünger berichteten ihm natürlich, welches Aufsehen sein ehemaliger Schüler inzwischen erregte, und Johannes, der das Vertrauen in sich und andere verloren hatte, sandte Jesus eine Botschaft und fragte, ob er der wahre Messias sei, auf den sie alle gewartet hatten, und wenn ja, welche Art von Messias. Oder sollten sie sich für die Erfüllung ihrer Hoffnung anderwärts umsehen?

Die Antwort Jesu war, er setze ein Zeichen, daß ein neues Zeitalter angebrochen sei. »Geht und berichtet Johannes, was ihr gesehen und gehört habt: Blinde sehen wieder, Lahme gehen, und Aussätzige werden rein; Taube hören, Tote stehen auf, und den Armen wird das Evangelium verkündet« (Lukas 7,22), trug Jesus den Boten auf. Damit waren sogar die Erwartungen des Johannes übertroffen. Heilungen und Wunder waren nicht Teil seiner Sendung gewesen. Doch schien Jesus andeuten zu wollen, Johannes habe seine eigenen Schlüsse zu ziehen, da es nicht an dem Schüler ist, seinen Meister zu belehren.

Das ist das letzte, das wir von oder über Johannes den Täufer erfahren. Es gibt keine Anzeichen, ob er daran geglaubt hat, daß Jesus wirklich der Eine war, der in noch unbekannter geheimnisvoller Weise die Sehnsucht des Volkes Gottes ein für allemal erfüllen würde. Über Johannes gibt es nur mehr das Schweigen, kein hoffnungsvolles Wort mehr zu berichten – nur weitere Leiden.

Die Geschichte des Johannes hat kein erfreuliches, kein glückliches Ende. Für Johannes gab es nicht einmal den Trost eines neu gefundenen Glaubens, der ihm das Gefühl der Sicherheit gegeben hätte, seiner Hinrichtung entgegenzublicken. Auch war ihm nicht die Befriedigung des Wissens vergönnt, daß seine Lehren mehr zur Erlösung der Welt beigetragen hatten, als er sich jemals hätte erträumen können.

Johannes blieb im Gefängnis. Er selbst fühlte sich als Versager: seine Mission beendet, des Trostes seiner Jünger beraubt, von der Welt abgeschieden, deren Geschick er zu ändern geglaubt hatte. Eingekerkert von einem nominellen jüdischen König, der eine Schande für sein Volk war, sah sich Johannes der Möglichkeit gegenüber, daß sein Leben nicht mehr lange dauern würde. Alle Selbstverleugnung, alles Fasten, alles Beten, alle Mühsal – alles schien wertlos, denn Gott hatte ihn offenbar verlassen.

Das Ende kam furchtbar plötzlich. Herodes Antipas entschied, es wäre unklug, die doppelte Gefahr, die durch die von Johannes angestiftete soziale Rebellion sowie das Säbelrasseln des Aretas an der Grenze gegeben war, auf die lange Bank zu schieben. Es schien ihm besser, sich des Rebellen ein für allemal zu entledigen. Und so, vielleicht unter dem alten Vorwand, Johannes hätte ihn und seine Frau beleidigt, befahl Herodes Antipas die Enthauptung (siehe Matthäus 14, 10). Das war eine äußerst grausame Hinrichtung, denn der Tod durch das Schwert wurde selten durch einen einzigen Schwertstreich erreicht.

Als Jesus die Nachricht erhielt, zog er sich in die Einsamkeit zurück, um zu beten und zu trauern, vielleicht begann er auch, sich über sein eigenes Schicksal Gedanken zu machen.

Die Gewohnheit, sich in die Einsamkeit zurückzuziehen, gehörte zum Leben Jesu: Immer wieder wandte er sich vom Druck der Menge, dem Kreis seiner Freunde und der Aufmerksamkeit seiner Anhänger ab, um die Stimme Gottes besser zu hören. Indem er sich von den anderen absonderte, offenbarte Jesus paradoxerweise etwas Entscheidendes über sich, denn so wurde er, in einem anderen Sinn, der Verborgene: Verbunden bis in die tiefsten Tiefen mit dem verborgenen Gott.

Die Hinrichtung des Johannes stellte für Jesus seine eigene Zukunft in Frage, denn auch er begann, den Widerstand aufzustacheln. Daß er seine Sendung auch nach der Gefangennahme des Johannes weiterführte, bedeutete, daß er selbst die Gefangenschaft riskierte. Doch seine Sendung fortzusetzen, bedeutete auch eine Verbeugung gegenüber dem Schicksal des Johannes. »Geh weg, verlaß dieses Gebiet, denn Herodes [Antipas] will dich töten.« (Lukas 13, 31) warnten die Pharisäer.

Für die Juden hatte er sich selbst in den Zustand der Unreinheit gebracht. Johannes warnte vor dem bevorstehenden Gericht. Jesus hingegen kündigte an, Gott ist nicht der schreckenerregende, weit entfernte Richter, sondern vielmehr der liebende Vater, dessen Sehnsucht es ist, seine verlorenen Kinder wieder heimzuführen. Indem er darüber Zeugnis ablegte, verband sich Jesus mit jenen, die nach jüdischem Gesetz als unrein galten. Er aß mit den Zöllnern, Ehebrechern, den Außenseitern und mit all den gottlosen armen Seelen, die gesellschaftlich deklassiert und damit zu Parias wurden.

Fromme Leute und ihre Obrigkeit, die hart daran arbeiteten, den Glauben aufrechtzuerhalten, und sich um ihre Vorbildstellung bemühten, waren entsetzt: »Wie kann euer Meister zusammen mit Zöllnern und Sündern essen? Er hörte es und sagte: Nicht die Gesunden brauchen den Arzt, sondern die Kranken. Darum lernt, was es heißt: *Barmherzigkeit will ich, nicht Opfer.* Denn ich bin gekommen, um die Sünder zu rufen, nicht die Gerechten.« (Matthäus 9, 11–13) Mit dieser Gesinnung wurde Jesus zum leidenschaftlichen Nonkonformisten, denn er bestand nicht darauf, daß Sünder sich dem üblichen Ritual der Buße und des Opfers unterzogen, um damit wieder zum religiösen Leben zugelassen zu werden.

Die ungewöhnliche Tischgesellschaft Jesu sorgte sofort für Aufregung. Er nahm jedermanns Einladung an, er hieß alle willkommen, die von anderen zurückgewiesen wurden – niemals fastete er oder enthielt sich des Weins. »Darauf sagten sie: Dieser Fresser und Säufer, dieser Freund der Zöllner und Sünder!« (Matthäus 11, 19) Johannes war kaum begraben, da hatte sich die Feindseligkeit bereits ihr nächstes Opfer gesucht. Nichts ist für das gesunde Volksempfinden so erbitternd wie die Auffassung, die Außenseiter wären die Freunde Gottes.

Man kann den Aufschrei direkt hören: Wir haben so hart gearbeitet, wir fasten, wir leisten unseren Beitrag in der Synagoge, zu den Festen pilgern wir zum Tempel in Jerusalem, wie halten uns an jeden Buchstaben des Gesetzes. Und hier ist einer, der keine Ahnung von Religion hat – ein Kerl, nicht besser als jeder andere – und er verkündet Gottes uneingeschränkte Liebe für ... für alle *Sünder*. Niemand kann sich an so etwas erinnern. Diese wahllose Mischung von Frommen und Außenseitern am Tisch von einem, der behauptet Jude zu sein – nun, *wirklich*, da mußte etwas geschehen! Und schließlich wird etwas getan werden.

Allen Einwänden zum Trotz verkündete Jesus das Königreich Gottes – nicht nur Gottes unbedingte Akzeptanz des Menschen, sondern auch sein wahres, unsichtbares Eingreifen in das menschliche Leben, wenn er die Welt zu sich zieht. Mochte auch die Erfüllung in der Zukunft liegen, so bestand Jesus doch darauf, daß er nicht wußte, wann diese Erfüllung kommen würde: er überließ sie den Händen Gottes – und Gottes Hände waren allgegenwärtig, griffen in Zeit und Geschichte ein, heilten in jeder Berührung durch Jesus. Außerordentliche Dinge geschahen, wo immer er hinging – Gott bewirkte Zeichen innerer unsichtbarer Wandlung zum Wohl der ganzen Welt.

In der Persönlichkeit und im Charakter des Jesus von Nazareth müssen ungeheure Anziehung und Kraft gelegen haben, denn er veränderte das Leben aller, die ihn trafen. Nicht lange nachdem er mit seiner Sendung ins Licht der Öffentlichkeit getreten war, zog er eine Schar von Anhängern an, einige von ihnen verließen alles und folgten ihm, wo er auch hinging, andere behielten ihre Arbeit, lebten mit ihrer Familie und bezogen die Botschaft Jesu in den Alltag ein.

Unter ihnen – und das steht im Gegensatz zum rabbinischen Brauch – befand sich eine Anzahl von Frauen, die »von bösen Geistern und Gebrechen« geheilt waren. Da gab es zum Beispiel Maria Magdalena, deren schreckliche Krankheit (»den sieben Teufeln«), die vielleicht die Folge eines ausschweifenden oder verantwortungslosen Lebens war, von Jesus geheilt wurde, Johanna, deren Mann am Hof von Herodes Antipas beschäftigt war, Susanna und Salome, von denen man nicht mehr als ihre Namen weiß, verschiedene Frauen mit dem Namen Maria und »viele andere«. Einige der Frauen (wie Johanna vielleicht) unterstützten Jesus und bemühten sich um finanzielle Unterstützung für Nahrung und Wohnung.

Sein Umgang mit Frauen war ebenso revolutionär und beispiellos wie seine Tischgesellschaften mit Außenseitern und brachte ihn sofort in einen Konflikt zu den herrschenden jüdischen Gepflogenheiten. Jesus wollte, daß alle Menschen in Gottes rettende Arme kommen. Frauen, Sklaven und Kinder gehörten zu den Unterprivilegierten Israels, daher befanden sie sich unter jenen (wie die Zöllner und Sünder), denen Jesus besonders liebevolle Aufmerksamkeit schenkte. Er sagte nicht, daß diese Leute verdienstvoller, frömmer oder besser als andere wären. Er bestand einfach auf ihren Rechten als Menschen, und er beschützte sie, weil es niemand anders tat. Für Jesus gab es nicht den romantischen Begriff des tugendhaften Sünders.

Es geht nicht zu weit, wenn man sagt, daß seine Sendung die erste in der Geschichte war, die kein Vorurteil des Geschlechtes kannte. Und es geht wohl auch nicht zu weit, wenn man hinzufügt, daß einige der überzeugtesten Kämpfer für Jesus seiner Vision nicht immer vollständig nachkommen. Es gibt zum Beispiel christliche Kirchen, in denen Frauen immer noch Menschen zweiter Klasse sind, denen – nur auf Grund ihres Geschlechtes – geistliche Aufgaben versagt sind, die Männer ausüben dürfen und die in der frühen christlichen Gemeinschaft offensichtlich den Frauen oblagen.

Was den Status und die Würde der Frau betraf, so setzte sich Jesus praktisch in jedem Punkt vom Geist des jüdischen Gesetzes ab. Frauen besaßen in Israel keinerlei zivile Rechte, und sie konnten bei einem Prozeß nicht als Zeugen auftreten. Man erwartete von ihnen, daß sie sich ihrem Ehemann in allem unterordneten; in der Synagoge waren sie von den Männern getrennt. Sie durften weder öffentlich lehren noch zu Hause laut die Gebete lesen, und selbst im Tempel von Jerusalem durften sie nicht weiter als bis zum äußeren Hof gehen.

»Sprich nie mit einer Frau auf der Straße«, war eine der üblichen rabbinischen Ermahnungen. Der Brauch betraf auch die Ehefrau, die einige Schritte hinter ihrem Mann zu gehen hatte. Nach jüdischem Gesetz war es einem Mann nicht erlaubt, allein mit einer Frau zu bleiben, es sei denn, sie war seine Ehefrau. Er durfte eine Frau nicht grüßen, und noch viel weniger sie anschauen, und eine Frau, die mit einem Fremden sprach, konnte sofort von ihrem Mann geschieden werden. Da die Frau Lust erweckte, durfte sie sich nicht in der Öffentlichkeit zeigen: Aus diesem Grund hatte sie ihr Gesicht vor anderen zu verschleiern, und ihre gesamte Gestalt war von Kopf bis Fuß mit Lagen von Stoff bedeckt. Am besten, so sagten die Rabbiner, war es, wenn eine Frau das Haus überhaupt nicht verließ.

Jesus bot eine erstaunlich andere Perspektive an.

Vor allem waren es viele Frauen, die er in der Öffentlichkeit heilte, und seine Heilung war immer mit Berührung und Zuspruch verbunden. Unter den ersten war die Schwiegermutter seines Jüngers Simon: sie litt an einem gefährlichen Fieber, aber als Jesus zu Besuch kam, nahm er sie bei der Hand. Sie war sofort geheilt, verließ glücklich ihr Krankenbett und bereitete ein herzhaftes Mahl für ihre Besucher (Lukas 4, 38–39; Matthäus 8, 14–15).

Und dann gibt es die Schwestern Martha und Maria sowie ihren Bruder Lazarus, die in Bethanien – dreieinhalb Kilometer östlich von Jerusalem – wohnten und die Jesus Unterkunft boten, wenn er die Heilige Stadt besuchte (Johannes 11, 1).

Bei einer Fremden, deren Name nicht bekannt ist und die an Blutungen litt, hatte die Berührung durch Jesus ähnliche Folgen: »Darunter war eine Frau, die schon seit zwölf Jahren an Blutungen litt und bisher von niemandem geheilt werden konnte. Sie drängte sich von hinten an ihn heran und berührte den Saum seines Gewandes. Im gleichen Augenblick kam die Blutung zum Stillstand.« (Lukas 8, 43–44) Jesus hatte sie nicht zurückgewiesen, im Gegenteil, er wandte sich zu ihr und lobte die Frau: »Meine Tochter, dein Glaube hat dir geholfen. Geh in Frieden.« (Lukas 8, 48)

Der Kontakt und die Unterhaltung mit Frauen in der Öffentlichkeit waren seinem Ruf abträglich genug, aber Jesus konnte sich noch herausfordernder verhalten: Etwa sein Dialog am Brunnen mit der Samariterin, die fünfmal geheiratet hatte und ebensooft geschieden war (Johannes 4, 6–26). Als einige seiner Jünger erschienen, waren sie über sein Verhalten erstaunt: Er sprach nicht nur mit einer Frau in der Öffentlichkeit, diese Frau war zudem noch Samariterin, Angehörige einer von den Juden als Heiden angesehenen Sekte.

Durch Freundschaft, tatkräftigen Beistand und Glauben unterstützten Frauen unermüdlich und großmütig die Sendung Jesu. Ihre Loyalität wurde von den frühen christlichen Gemeinschaften, die anscheinend keine Schwierigkeiten mit Frauen als Helfer hatten, sehr ernst genommen. Interessanterweise wurde zumindest eine von ihnen, Junias, Apostel genannt – ein weiter Begriff für jene, die mit dem Auftrag ausgesandt werden, die Auferstehung Jesu zu verkünden.

Zu Beginn des Jahres 28, kurz nachdem er seine öffentliche Tätigkeit begonnen hatte, wendete Jesus in der Nähe des Sees Genezareth. Dort sah er zwei Fischer, die ihre Netze auswarfen. Es waren die Brüder Petrus und Andreas, die, ebenso wie Jesus, bis vor kurzem Jünger von Johannes dem Täufer gewesen waren. Irgend etwas an ihnen – vielleicht ihre Energie und ihre Konzentration, vielleicht ihre Einfachheit, vielleicht ihr Optimismus, an diesem Tag einen guten Fang zu machen – ließen Jesus auf seinem Weg innehalten. »Da sagte er zu ihnen: Kommt her, folgt mir nach! Ich werde euch zu Menschenfischern machen.« (Markus 1, 17) Er mag dabei die Vorstellung der Propheten im Sinn gehabt haben: Habakuk zum Beispiel beschrieb das jüdische Volk zur Zeit der babylonischen Gefangenschaft »... wie die Fische im Meer, wie das Gewürm, das keinen Herrn hat.« (Habakuk 1, 14) Und Jeremia hatte die Wiedererstehung des Gottesvolkes erwartet: »Seht, ich hole viele Fischer – Spruch des Herrn –, die sollen sie fangen...« (Jeremia 16, 16)

Etwas an Jesus beeindruckte auch Petrus und Andreas, denn in kürzester Zeit ließen sie entweder ihre Netze fallen oder übten ihren Beruf in völlig veränderter Form aus. In jedem Fall aber schlossen sie sich Jesus an. Ihr Leben änderte sich augenblicklich – das heißt, es wurde praktisch auf den Kopf gestellt, da es durch ihren Entschluß keine Sicherheit mehr gab. Wir können uns nur vorstellen, was die Ehefrau und die Familie des Petrus, die Verwandten der anderen Berufenen über diesen plötzlichen Berufswechsel dachten. Eines können wir mit Sicherheit annehmen: es konnte für keinen von ihnen leicht gewesen sein. Es gab da zu viel Unbekanntes, zu viel Unsicherheit, um einfach sein Los dem Außenseiter Jesus zu opfern. Vieles von dem, was er gesagt hatte, schien unausgegoren, mysteriös, unklar. Und dazu kam, daß er das Leben aller jener, die er traf, dramatisch änderte – er heilte erschreckende Leiden und Krankheiten, befreite Menschen von ihren Spannungen, verkündete die ewige Gnade und verlangte die Umkehr der Herzen. Was sollte das bedeuten? Von diesen beiden Männern, die persönlich berufen wurden – zum Unterschied von den Frauen und Männern, die sich freiwillig Jesus anschlossen und ihm auf seinem Weg folgten –, war Simon eine Haupterscheinung im Neuen Testament. Gleich von Anfang an erkannte Jesus seine Persönlichkeit und änderte daher seinen Namen. Eine solche Änderung ist für Juden ein bedeutsamer Augenblick, denn er kennzeichnet eine völlige Schicksalswendung: Gott änderte Abrams Namen in Abraham, Jakobs in Israel und Mattanja in Zedekja. Als Jesus sah, daß Simon ein starker vertrauenswürdiger Mann war, änderte er dessen Namen: Simon (Shimon oder Simeon) wurde zu Kephas – aus dem Aramäischen *k'e:fas*, »Fels«. Von da war es in den Evangelien nicht mehr weit zum griechischen Wort für Fels: *petros* – Petrus.

Aber als Jesus Petrus pries – »Du bist Petrus, und auf diesen Felsen werde ich meine Kirche bauen...« (Matthäus 16, 18), fühlte er, daß dieser felsenhafte Petrus trotz seiner eindeutigen Führungsqualitäten auch Schwierigkeiten bereiten könnte. Denn der »Felsen« war auch, wie Jesus sagte, ein »Stolperstein«. Der Meister war immer Realist und wußte wahrscheinlich, daß man selbst von den offensten seiner Jünger nicht zuviel verlangen durfte. Die Erinnerung an Petrus Bruder Andreas (wie an die ganze Schar der Jünger) war zur Zeit, als die Evangelien geschrieben wurden, nicht mehr lebendig.

Und so erwählte Jesus im Verlauf einiger Monate aus der Schar seiner Anhänger zwölf Männer, die er aussandte zu predigen und zu heilen, wie er es tat. Damit erinnerte Jesus ganz bewußt jedermann daran, daß er die spirituelle Wiederherstellung des Gottesvolkes anstrebte, das sich auf die zwölf Stämme des alten Israels bezog. Er gründete ganz gewiß nicht eine neue Sekte oder Religion mit Soldaten unter seiner Oberhoheit. Seine Sendung war es, Israel zur Erneuerung aufzurufen, die Herrschaft Gottes in ihrer Mitte anzunehmen.

Simon und Andreas befanden sich unter den zwölf sowie auch zwei weitere Fischer: Jakobus und Johannes, auch Brüder, die offensichtlich sehr temperamentvoll waren: »... ihnen gab er den Beinamen Boanerges, das heißt Donnersöhne.« (Markus 3, 17) Von beiden wissen wir praktisch nichts, wie wir auch von den anderen nichts wissen, von Philippus (einem engen Freund des Andreas), Bartholomäus, Matthäus (möglicherweise einem Zöllner), Thomas, Thaddäus, einem anderen Jakob, einem anderen Simon und noch einem mehr.

Tatsächlich variieren die Namen von Evangelium zu Evangelium, denn zur Zeit, als diese geschrieben wurden, waren die Namen der Zwölf bereits verblaßt. Nur das, was an ihnen wichtig war, überlebte: ihr Wirken und ihr Glaube. Die Mission der Zwölf war buchstäblich einzigartig – eine einmalige Aufgabe, die niemals wiederholt werden kann. So sind Beschreibung und Schilderung der meisten aus der ursprünglichen Gruppe verlorengegangen. Es ist, als würde ich über einen Freund gefragt werden: »Wer waren während der Schulzeit seine besten Freunde?« Auf Grund meiner Kenntnis über ihn könnte ich vielleicht einige Namen nennen, doch meine Liste wäre verschieden von der jedes anderen Befragten. Wir sehen die Beziehungen anderer nur innerhalb unseres eigenen begrenzten Blickwinkels.

Und so war wenige Jahre nach dem Tod Jesu und seiner Jünger die Erinnerung daran, wer von ihnen dem innersten Kreis angehörte, bereits verblaßt. Doch der Name des Zwölften hat mit allen seinen schaurigen Implikationen überlebt: »... Judas Iskariot, der zum Verräter wurde« (Lukas 6, 16), wird von den Evangelisten wenige Male und dann fast schon entschuldigend erwähnt.

Die Zwölf, die sich gewöhnlich unter die große Gruppe der Anhängerschaft mischten, umgaben Jesus während seines Wirkens. Sie beobachteten, sie versuchten zu lernen, meistens verstanden sie seinen Standpunkt nicht und ersehnten die weltliche Vorherrschaft (sowohl für sich selbst wie für Israel), sie zankten untereinander, wollten eine gute Position erreichen und übertrieben ihren Schutz für Jesus – außer am Ende, als sie ihn einfach seinen Feinden überließen. Im ganzen gesehen, waren sie durchaus eine Gruppe von Menschen, die einen zum Verzweifeln bringen konnten, und weder die Evangelien glorifizieren sie noch mystifizierten sie die Apostel. Die Zwölf waren keine bemerkenswerten Männer – erst nach dem Tod Jesu ging eine erstaunliche Veränderung in ihnen vor, die sie befähigte, die Frohe Botschaft in aller Welt zu verkünden.

Als er fortfuhr umherzugehen, zu predigen und zu heilen, wurden sich die Menschen des radikalen Faktors in Jesus bewußt – daß sein Predigen und Heilen Hand in Hand ging mit seinem freien Umgang mit Frauen, daß er nicht fastete, daß er die Ausgestoßenen und Rechtlosen in seine Tischgesellschaften integrierte. Doch gleichzeitig sahen sie auch seine Güte und Freundlichkeit, und da er den Ruf hatte, Kinder willkommen zu heißen, brachten die Leute oft ihre kleinen Söhne und Töchter, um sie segnen zu lassen. Die Jünger sprachen kurzangebunden mit diesen Eltern: Die Zeit des Meisters sollte nicht mit unbedeutenden Zeremonien vergeudet werden. Obgleich Kinder das sichtbare Zeichen für das Überleben Israels waren, hatten sie in den mediterranen Gesellschaften den niedrigsten Status und keinerlei gesetzliche Rechte.

Kinder waren damals die letzten – in Ansehen und Bedeutung standen sie ganz unten. Als Jesus seine Freunde und seine Zuhörer daran erinnerte, daß einer, der Gottes Gunst ersehnte, ein »Diener aller« sein muß, umarmte er zum Zeugnis dieser Worte ein kleines Kind. »Wer ein solches Kind um meinetwillen aufnimmt« – das heißt, das unbedeutendste Mitglied der menschlichen Gesellschaft –, »der nimmt mich auf; wer aber mich aufnimmt, der nimmt nicht nur mich auf, sondern den, der mich gesandt hat.« (Markus 9, 37) Das war eine erstaunliche Bemerkung: jene, die die Botschaft Jesu willkommen hießen, sagte er, sind diese, die für Gottes Willen empfänglich sind.

Wer war das, der »mit (göttlicher) Vollmacht« (Lukas 4, 31) sprach, wie die Menschen so oft während seines Wirkens bemerkten? Es war unmöglich, die Worte und Werke Jesu zu ignorieren: Er stieß Erwartungen um, ermunterte zu Entschlüssen, erhob die Herzen und wagte Versprechungen abzugeben, die nur Gott erfüllen konnte. Als er immer häufiger in der Öffentlichkeit auftrat und seine drängende Verkündigung alle jene mit wohlerworbenen Privilegien und liebgewordener Macht von ihm abrücken ließ, konnte sich niemand weigern, Stellung zu beziehen – nicht nur für oder gegen das, was Jesus predigte und tat, sondern auch für oder gegen die Person Jesu.

Seine Sicherheit zeigt, daß Jesus sich des Auftrages, das Königreich – die Gegenwart und die Aufmerksamkeit Gottes im menschlichen Leben – zu verkünden, bewußt war und die Verpflichtung fühlte, diesem Auftrag nachzukommen. Er wankte niemals, selbst im Angesicht des Todes, als er sich von Gott verlassen fühlte.

Kinder waren ebenso willkommen wie Frauen und Sklaven, und Jesus deutete ihr natürliches Vertrauen als Zeichen des Glaubens: »Wer das Reich Gottes nicht so annimmt, wie ein Kind, der wird nicht hineinkommen.« (Markus 10, 15) Wenn Jesus von dem Königreich sprach, so meinte er nicht das nächste Leben – darum würde sich Gott kümmern. Er verwies statt dessen auf das Willkommen Gottes im Herzen derer, die er liebt, und den Einfluß, den sie Gott in ihrem Leben einräumen. Und damit nahm Jesus die Kinder in die Arme, umarmte und segnete sie.

Die Zwölf, die sich besonders eng um Jesus scharten, wurden oft mit dem Auftrag ausgesandt, »... geht zu den verlorenen Schafen des Hauses Israel.« (Lukas 10, 6) Sie aber kehrten immer wieder zu der weisen, freundlichen Belehrung ihres Meisters zurück. Jesus teilte mit ihnen seine Kraft zu heilen, seinen Auftrag, die Ankunft der Gnade Gottes zu verkünden. Wie Jesus predigten auch die Jünger nicht ein neues Gesetz, sondern eine vollkommen neue Ethik. Das Gesetz ist Liebe – nicht die leichte, nicht die poetische und noch viel weniger die erotische Liebe –, jedoch eine Liebe, so umfassend und beherrschend wie Gottes allumfassende Liebe für alle Menschen. Das bedeutet grundsätzlich tiefste Sorge für die Bedürfnisse anderer. Verzeihung von Groll. Absage an den Wunsch nach Macht, nach Rache, nach dem Beherrschen des Mitmenschen. Eine Liebe, die zu geben sucht und die im Geben ihren Lohn findet. Jesus wußte, daß diese Botschaft weder leicht anzubieten noch leicht zu empfangen war – alles ist Sache innerer Erneuerung, eine Revolution des Herzens und der Lebensführung, nicht der politischen Leistung. »Seht, ich sende euch wie Schafe mitten unter die Wölfe; seid daher klug wie die Schlangen und arglos wie die Tauben!« (Matthäus 10, 16) Das war sein Rat, und er fügte hinzu, sie müßten schlicht reisen, nur mit dem notwendigsten Gepäck.

Aber je näher ihm die Jünger kamen, desto öfter tappten sie in die Falle der Eifersucht, desto öfter beklagten sie die Versuchung, eine weltliche Stellung zu erlangen. Welcher von ihnen war dem Meister am nächsten? Wem galt als erstem seine Zuneigung? »Worüber habt ihr unterwegs gesprochen?« (Markus 9, 33) fragte Jesus einmal in Kapernaum. Ihre Verlegenheit, vielleicht auch ein paar gemurmelte Worte und einige Blicke verrieten sie. »Sie hatten auf dem Weg miteinander verhandelt, wer der Größte sei.« (Markus 9, 34) Wer handelte *jetzt* wie ein Kind? Und so setzte sich Jesus (siehe Markus 9, 35) – das Zeichen eines Rabbiners, daß er etwas Wichtiges zu sagen hatte – und winkte die Zwölf zu sich. »Wer der Erste sein will, soll der Letzte von allen und der Diener aller sein.« (Markus 9, 35) Er sprach sanft zu ihnen, berichtigend, nicht anklagend. Wenn sie sich anderen näherten, dann, um ihnen zu dienen, um ihnen zu zeigen, wie Gott sei, denn sie hätten sein Handeln durch Jesus erfahren.

Jesus war kein Autokrat, er war eher der endlos geduldige Zuhörer für alles menschliche Elend, immer bereit es zu lindern, der Heiler, ein Mann voll Wohlwollen.

»Als er die vielen Menschen sah, hatte er Mitleid mit ihnen, denn sie waren müde und erschöpft, wie Schafe, die keinen Hirten haben ... Als er ausstieg und die vielen Menschen sah, hatte er Mitleid mit ihnen und heilte die Kranken, die bei ihnen waren ... Ich habe Mitleid mit diesen Menschen; sie sind schon drei Tage bei mir und haben nichts mehr zu essen. Ich will sie nicht hungrig wegschicken, sonst brechen sie unterwegs zusammen.« (Matthäus 9, 36; 14, 14; 15, 32)

Wie oft sagen wir, daß Leute sich wie Schafe ohne Schäfer benehmen – verloren, ohne zu denken, ohne innere Sicherheit, bedürftig eines Führers, der sie nach Hause bringt und (vielleicht am wichtigsten) ahnungslos, wie dringend sie eines Hirten bedürfen. Zur Zeit von Jesus gab es wie heute ein Gefühl der Einsamkeit, das schreckliche Gefühl der Verlassenheit, ungeachtet unserer guten Anlagen. Irgend etwas ist bei uns nicht in Ordnung, irgend etwas paßt nicht, irgendwie versagen wir zu oft. Und das ist wohl die genaueste Definition der Sünde, die man geben kann.

Zu allen, die Angst hatten oder haben, sich verloren zu fühlen, kam Jesus mit der Verkündung von Gottes grenzenlosem Mitleid. Nach seinen Worten nähert sich Gott jedem ohne Ausnahme. Der Auftrag, der jenen erteilt wurde, die Jesus von Nazareth folgten, war, dieses Mitleid, Gottes unendliche Aufmerksamkeit für menschliche Not zu verkünden.

Doch gerade so wie Jesus es vorlebte, mußten seine Jünger und alle, die sich später als solche bekannten, der Gier nach Macht entsagen, wo immer sie sich zeigt und wie immer man verleitet wird.

Neue Anfänge:

Jesus der Jude

Mittelpunkt des öffentlichen Lebens in Kapernaum und Nazareth war, wie überall anderswo, die Synagoge. Die Bedeutung des Versammlungsortes rührt auch von der Zerstörung des Tempels von Jerusalem im Jahre 587 v. Chr. her und die große Zahl der meist nach Babylon aus Palästina vertriebenen Juden. Um ihren Glauben und ihr Brauchtum unter solchen Umständen zu erhalten, wählte das Volk bestimmte Orte (meistens private Wohnungen) für Gebet, Erziehung, Studium und Diskussion. Hier wurde die Bibel gelesen, hier beteten die Menschen gemeinsam, wurden die Kinder unterrichtet, Besucher willkommen geheißen.

Die Synagoge, als essentieller Teil jüdischen Lebens und jüdischer Kultur, war eine Laieninstitution, keine priesterliche Organisation: Gottesdienste wurden von Laien oder Gästen abgehalten (Opfer hingegen nur von Priestern und nur im Tempel von Jerusalem dargebracht). Der Platz selbst war üblicherweise sehr bescheiden, und es gab keine Regeln für den Bau, außer daß Männer und Frauen getrennt sein mußten.

Zur Zeit Jesu begann der Sabbat dann, wenn jemand vom Synagogenvorsteher aufgefordert wurde, das große jüdische Gebet anzustimmen – die Shema (nach dem ersten Wort im Hebräischen), die Verkündung des Moses, wie sie im Deuteronomium berichtet wird:

»Höre, Israel! Jahwe, unser Gott ist einzig. Darum sollst du den Herrn, deinen Gott, lieben mit ganzem Herzen, mit ganzer Seele und mit ganzer Kraft. Diese Worte, auf die ich dich heute verpflichte, sollen auf deinem Herzen geschrieben stehen. Du sollst sie deinen Söhnen wiederholen. Du sollst von ihnen reden, wenn du zu Hause sitzt und wenn du auf der Straße gehst, wenn du dich schlafen legst und wenn du aufstehst. Du sollst sie als Zeichen um das Handgelenk binden. Sie sollen zum Schmuck auf deiner Stirn werden. Du sollst sie auf die Türpfosten deines Hauses und in deine Stadttore schreiben.« (Deuteronomium 6, 4–9)

Dem folgte ein manchmal improvisiertes Gebet, ein Abschnitt des Gesetzes wurde auf Hebräisch gelesen und dann ins Aramäische übersetzt oder paraphrasiert. Eine Predigt oder eine Rede folgten, häufig wurden Psalmen oder andere Gebete gesungen, und wenn zufällig ein Priester anwesend war, wurde der Schlußsegen erteilt.

Die Evangelien wiederholen mehrfach, daß Jesus als praktizierender Jude regelmäßig die Synagoge besuchte, wo er sich aktiv beteiligte, die Bibel las und Kommentare dazu gab, was ihm die Gelegenheit bot, die Botschaft der bedingungslosen Akzeptanz und des göttlichen Wohlwollens zu verkünden. In dieser Art Rahmen, das heißt, in den Synagogen von Nazareth und Kapernaum las Jesus aus den heiligen Schriftrollen vor und kommentierte sie. Doch während man in der damaligen Zeit zu weitschweifigen Debatten und Auslegungen neigte, sprach Jesus präzise zur Sache.

Als er zum Beispiel eines Tages Nazareth besuchte, wurde ihm vom *hasan*, dem Vorsänger der Synagoge, die Schriftrolle des Jesaja gereicht. Voll Ehrfurcht entrollte er sie sorgfältig, bis er genau die Stelle fand, die er suchte. Wie es der Brauch war, stand er auf und las: »Der Geist des Herrn ruht auf mir, denn der Herr hat mich gesalbt. Er hat mich gesandt, damit ich den Armen eine gute Nachricht bringe; damit ich den Gefangenen die Entlassung verkünde und den Blinden das Augenlicht; damit ich die Zerschlagenen in Freiheit setze und ein Gnadenjahr des Herrn ausrufe.« (Lukas 4, 18,19) Dann rollte er die Schrift wieder auf, übergab sie dem Diener und setzte sich, um zu unterrichten, wie es Lehrer taten. Sein Kommentar war äußerst kurz: »... Heute hat sich das Schriftwort, das ihr eben gehört habt, erfüllt« (Lukas 4, 21), sagte er, als sich das Schweigen über die Menge senkte und jeder zu ihm aufschaute.

Dieser Augenblick war sowohl für Jesus wie für diejenigen, die ihn hörten und sahen, kritisch. Im Bericht über seine Taufe wurde angekündigt, daß der Geist Gottes über ihm lag. Jetzt erfahren wir, was das bedeutete: »um das Gnadenjahr des Herrn zu verkünden« (Lukas 4, 18).

Die Jahrhunderte des Wartens waren vorüber, denn die Erfüllung des Versprechens, das Gott gegeben hatte, hatte nichts mit weltlicher Macht zu tun. Jesus erläuterte diese Erfüllung – die gleichbedeutend mit seiner eigenen Sendung war – als Befreiung der Armen, deren Herzen wund waren, und der Notleidenden. Diese Botschaft galt nicht nur den materiell Benachteiligten, sondern auch allen jenen, die sich seelisch verarmt fühlten – was bedeutete, daß jeder (bewußt oder unbewußt) Gott brauchte. Die Gnade kommt zu allen, die sich in wirtschaftlichen, politischen, physischen oder moralischen Schwierigkeiten befinden.

Gott, bestand Jesus, umarme alle, die ihn ersehnen, und auf geheimnisvolle Weise auch diejenigen, die ihn nicht ersehnen. Ungeachtet der Nationalität, der Rasse, des Geschlechts, der nicht akzeptierten Unterschichten oder der physisch beziehungsweise psychisch Ausgestoßenen ist jeder Ziel der Gnade Gottes. Gnade (das, was uns mit unserem ganzen Ich an den ewigen Gott bindet) schließt jeden ein und hat nichts mit Verdienst zu tun: sie kann niemals von der Engstirnigkeit eines Landes, einer Religionsgemeinschaft oder von Frömmigkeit abhängen.

In bedeutender Form fassen die Verse des Jesaja alles über das Leben und den Tod Jesu zusammen: er predigte nicht nur Gottes Güte, sondern agierte auf so dramatisch neue Art, daß die Predigten eindeutig berechtigt waren, und zwar von Gott selbst gutgeheißen. Den Blinden wurde buchstäblich die Sehkraft gegeben, diejenigen, die von Krankheit, Sünde oder Tod befallen waren, wurden gerettet. In der Zeit seines Wirkens war das Jahr der Gnade Gottes (das traditionelle Jubiläumsjahr) ein für allemal angebrochen.

Für viele Menschen ist es beruhigend, sich selbst als makellos religiös, fromm, gottgefällig und wert, gesegnet und erlöst zu werden, anzusehen, denn sie haben immer Gesetze oder Rituale eingehalten. Umgekehrt betrachten die Rechtschaffenen die Außenseiter als klägliche Gestalten, wenn nicht überhaupt verachtenswert. Indem sie andere ausschließen, schließen sie sich selbst von der ewigen Gnade aus. Doch Gottes Liebe umfaßt alle.

Für die Selbstzufriedenen und die Unversöhnlichen, für die, die allein bei dem Gedanken, daß Barmherzigkeit für alle gilt, böse werden, ist es selbstverständlich, daß manche Menschen es nicht verdienen, Anteil an Gottes Güte zu haben. Sie lehnen es ab zu glauben, daß der

Sünder bereuen, daß der Verbrecher sich Gott zuwenden kann. Die Selbstgerechten können den Gedanken nicht ertragen, daß Gott *jedermann* Umkehr wünscht. Daher war an diesem Sabbat in der Synagoge von Nazareth eine Gruppe unter den Anwesenden bereit, Jesus hinauszujagen und auf der Stelle zu töten (siehe Lukas 4, 29). Doch für eine solche haßerfüllte Reaktion gab es noch keine Unterstützung. Mit großer Würde verließ Jesus die Synagoge und ertrug ruhig die Aversion, die ihm entgegenschlug.

Es war zu Beginn seines Wirkens – vielleicht gleich nach der Gefangennahme von Johannes dem Täufer. Jesus setzte seinen Weg fort und ließ die Feindschaft von Nazareth hinter sich, um sich in die relative Ruhe von Kapernaum zu begeben. Nun hatten sich die Prophezeiungen des Jesaja erfüllt, und bei der Aufzählung und Auslegung der außergewöhnlichen Taten Jesu sind sich die Evangelien einig: Er sah die Kranken, die Lahmen, die Paralytiker und die Geistesgestörten, und in einer schockierenden Geste, die dem Alten Testament sowie der späteren rabbinatischen Literatur unbekannt war, streckte Jesus die Hand aus und berührte sie. Indem er durch die endlosen Gezeiten menschlichen Elends, des Schmerzes, der Verwirrung, der Leiden und Qualen schritt, war Jesus als Tröster der geeignetste Mensch. Er fand nichts abstoßend, niemanden widerwärtig. In ihm und durch ihn (und schrittweise wurde er sich dessen bewußt) umarmte Gott die Welt wie niemals zuvor.

Die Geste des Berührens zeigt, daß er alles über das Menschsein wußte. Die Tuberkulösen, die Leprösen (eine Bezeichnung für alle, die an irgendeiner Art von Hautkrankheit litten), die Blinden und die Lahmen (entweder bereits von Geburt an oder durch spätere Krankheit oder Unfall gezeichnet): solche Menschen waren, das war allgemeiner Glaube zur Zeit Jesu, Sünder, die um ihrer Vergehen willen litten und der Trennung von Gott überlassen wurden. Die Ansteckung von vielen Krankheiten wurde oft als Beweis einer Schuld genommen. Parias wurden von der Öffentlichkeit gemieden und waren überall unwillkommen, außer bei denen, die noch unglücklicher waren.

Menschen mit verunstaltetem Gesicht oder solche mit seelischen Störungen (in den Evangelien häufig als vielleicht von Dämonen befallen bezeichnet) wurden besonders gemieden und waren von der

Synagoge und der Gemeinschaft ausgeschlossen. Jedoch im Gegensatz zu den Rabbinern seiner Zeit mied Jesus sie nicht. Von Mitleid bewegt, berührte er sie, um ihnen seinen Schutz zu gewähren. Damit wich er natürlich sehr stark von der jüdischen Gepflogenheit ab. Jesus wußte, daß es in der menschlichen Natur liegt, daß Krankheit Menschen isoliert. Einsam und angsterfüllt beweisen die Kranken und Leidenden die Tendenz der Menschen, die Anerkannten von den Nichtanerkannten, die Wohlerzogenen von den Unerzogenen, die Rechtschaffenen von den Außenseitern zu trennen.

Doch hier war Jesus, ein gesunder junger Mann, der innehielt, wenn er Leiden sah – der zu den Ausgestoßenen ging, die in Dunkelheit, Schwäche und Schmerz lebten, und der sie mit einer Berührung tröstete, die vermutlich die erste seit Jahren war, so daß sie das Gefühl dafür beinahe vergessen hatten. Aber ihrem Erstaunen über sein Mitgefühl folgte eine stärkere Reaktion – Ehrfurcht, Erschütterung, Bestürzung. Die Kranken waren geheilt.

Die Evangelien sind voll solcher Vorfälle, und sie stammen aus den frühesten mündlichen Überlieferungen über Jesus: Ein Mann mit einer schrecklichen Hautkrankheit näherte sich Jesus und, um den Ruf Jesu wissend, bat er ihn: »Wenn du willst, kannst du machen, daß ich rein werde.« (Markus 1, 40) Jesus beugte sich über ihn und sprach sanft: »Ich will es – werde rein.« (Markus, 1, 41) Und er war es.

Bei einer anderen Gelegenheit erblickte Jesus einen Gelähmten – vielleicht die Folge eines Schlaganfalls, von Muskelschwund oder multipler Sklerose. Der Mann war von anderen abhängig, die ihn auf einer Matte herumtrugen. Sie brachten ihn zu Jesus, der alle damit überraschte, daß er sagte: »Mein Sohn, deine Sünden sind dir vergeben.« (Markus 2, 5) Diese Redeweise war die typische jüdische Umschreibung, die das heilige Wort Gott zu vermeiden trachtete; der Sinn also war: »Gott vergibt dir deine Sünden.«

Hat Jesus im Geist der Zeit den schlechten körperlichen Zustand des Mannes mit dem seiner Seele gleichgesetzt?

Zweierlei ist darüber zu sagen. Erstens, daß Jesus nur gelegentlich der im Volk vorherrschenden Ansicht widersprach, körperliches Leiden sei die Folge von Sünde. Zweitens jedoch war dieser Zusammenhang nie das Wesentliche der Heilungen: Statt dessen zeigte Jesus bei diesem Gelähmten oder »Gichtbrüchigen« auf, daß der schreckliche Zustand des Mannes Zeichen dafür war, daß die Welt im argen lag, und Gott gekommen war, um das Unglück zu beheben. Die Heilung des Körpers befähigt, sich mit Gott zu befassen, und das ist die Bedeutung von Bekehrung und Erlassung der Sünden.

Doch bevor Jesus noch etwas sagen oder tun konnte, wurde er unterbrochen – nicht von dem Lahmen oder seinen Freunden, sondern von den Schriftgelehrten, Experten jüdischer Gesetze und Überlieferungen, die für ihre Frömmigkeit und Gelehrtheit geachtet waren.

Die meisten dieser Laien waren Pharisäer; der Name bedeutet vermutlich »Abgesonderte«, denn sie glaubten, ihre Auslegung der mosaischen Gesetze verschaffe ihnen eine besondere Beziehung zu Gott. Strenge Befolger der Überlieferung des mosaischen Kodex, waren die Pharisäer nicht Priester, sondern Laien, die in privaten Häusern beteten und studierten, sie hatten auch zum Aufstieg der rabbinatischen Bewegung im zweiten Jahrhundert v. Chr. beigetragen.

Vor allem lehnten sie jedes Zugeständnis an einen fremden heidnischen Einfluß ab. Doch die Pharisäer, oft Zielscheibe der Verleumdung in den Evangelien, waren keine rigiden, gefühllosen Gesetzeshüter: ihre Berufung war es, über dem Gesetz zu meditieren, um dann zu zeigen, wie es in jeder Generation wert war, nach dem lebendigen und kraftvollen jüdischen Glauben zu leben. Wie konnte man zum Beispiel wissen, ob jemand die befohlene Sabbatruhe einhielt? Wie weit durfte jemand am Sabbat gehen oder wie viel durfte er essen? Die Kommentare der Pharisäer waren dazu bestimmt, für alle Möglichkeiten des Lebens strikte Vorschriften zu geben.

»Wie kann dieser Mensch so reden?« fragten Gelehrte nach der Heilung. »Er lästert Gott. Wer kann Sünden vergeben außer dem einen Gott?« (Markus 2, 7) Die Evangelien stellen Jesus auch als eine Gefahr für den Einfluß der Pharisäer dar.

Jesus wandte sich an sie: »Was ist leichter, zu dem Gelähmten zu sagen: Deine Sünden sind dir vergeben, oder zu sagen: Steh auf, nimm deine Tragbahre und geh umher?« (Markus, 2, 9) Die Antwort lag auf der Hand: Es war einfacher zu sagen: »Deine Sünden sind dir vergeben«, denn es war unmöglich, nach dem äußeren Anschein zu beurteilen, ob die seelische Beeinflussung erfolgreich sein würde. Hingegen zu sagen: »Steh auf und geh!« war viel schwieriger, denn sofort nach dem Befehl konnte jedermann sehen, ob sich ein Erfolg einstellte oder nicht. Man mußte in diesem Fall einfach halten, was man versprach.

Und ohne weiteres Zögern oder eine Antwort abzuwarten, wandte sich Jesus wieder zum Lahmen: »Ich sage dir: Nimm deine Tragbahre, und geh nach Hause!« (Markus, 2, 11) Der Mann sprang auf, und die Menge war zutiefst beeindruckt. Aber die Bemerkung Jesu, bevor er den Lahmen berührt und geheilt hatte, lag in der Luft: Er tat dies, verkündete er, als Zeichen für die Vergebung der Sünden. Der Mann war nicht nur von seiner Lähmung geheilt, er war eingeladen, alle Schwächen, alle Gebrechen zu überwinden und in das Königreich der Gnade einzutreten. Seine wiedergewonnene Gesundheit war das äußere Zeichen seiner Wandlung. Schmerz und Unvollkommenheit der Welt waren gelockert worden: Gott verlangte die Schöpfung als sein Werk, und sein Werk war es, zu heilen und zu retten, sein Wille geschah durch Jesus.

Nach der Auferstehung Jesu folgte, von den frühesten Christen bis in die Gegenwart, der Heilung die Vergebung der Sünde – daher der Ausspruch bei Matthäus, Markus und Lukas, daß Jesus »*die Vollmacht auf Erden hat, Sünden zu vergeben*«, und zwar weil Gott durch ihn handelt.

Doch auch als Jesus den Neubeginn der menschlichen Beziehungen verkündete, hatte er die verschiedensten Anfeindungen durchzustehen.

In der Synagoge sah er am Sabbat einmal einen Mann mit einer verkrüppelten Hand. Die Feinde Jesu verfolgten aufmerksam, ob er, wie schon vorher bei manchen, den Mann heilen würde – was eine krasse Übertretung der Sabbatruhe wäre. Wie ein Gelehrter einmal die Regeln zusammengefaßt hatte, bedeutete der heilige Tag: »Keine weltliche Alltagsarbeit, kein Kaufen und Verkaufen, keine längeren Reisen, kein Anzünden oder Löschen des Feuers, kein Kochen, keine medizinische Behandlung, es sei denn, es geht um Leben oder Tod, keine militärischen Aktivitäten, es sei denn in Selbstverteidigung.« Heilen könnte zu Unannehmlichkeiten führen.

Nichtsdestoweniger sagte Jesus zu dem verkrüppelten Mann: »Steh auf!« (Markus 3, 3). Und dann, anstatt sich gegen die Buchstaben des Gesetzes zu vergehen oder in die fundamentalistische Falle zu gehen, wandte er sich an seine schweigenden Gegner. »Was ist am Sabbat erlaubt: Gutes zu tun oder Böses, ein Leben zu retten oder es zu vernichten?« (Markus 3, 4)

Schweigen. Die Zuseher wußten keine Antwort. Jesus trat ihnen entgegen: »Wer von euch wird seinen Sohn oder seinen Ochsen, der in den Brunnen fällt, nicht sofort herausziehen, auch am Sabbat?« (Lukas 14, 5) Mit anderen Worten, kritische Situationen verlangen neue Antworten; wahre Frömmigkeit steht nicht im Gegensatz zum gesunden Menschenverstand. »Streck deine Hand aus!« (Markus 3, 5) sagte Jesus, und jedermann konnte sehen, wie der Mann wieder gesund war.

Die mitleidige Tat brachte den »Gerechten« der eingesessenen Gesellschaft mit starrem Selbstinteresse Jesus nicht näher. Doch für den Augenblick hatte er sie zum Schweigen gebracht. Das gleiche war geschehen, als er und seine Jünger am Sabbat durch ein Feld gingen und reifes Korn pflückten, um es zu essen. »Da sagten die Pharisäer zu ihm: Sieh dir an, was sie tun! Das ist doch am Sabbat verboten. Er antwortete: Habt ihr nie gelesen«, und natürlich *hatten* es die Gelehrten gelesen, »was David getan hat, als er und seine Begleiter hungrig waren und nichts zu essen hatten? Wie er ... in das Haus Gottes ging und die heiligen Brote aß, die außer den Priestern niemand essen darf, und auch seinen Begleitern davon gab ... Der Sabbat ist für den Menschen da, nicht der Mensch für den Sabbat.« (Markus 2, 24–28) In anderen Worten, die Gesetze über die Sabbatruhe dienen den Bedürfnissen des Menschen, doch der Mensch wurde nicht von Gott erschaffen, um menschlichen Gesetzen zu dienen. Gott will die Nöte der Menschen befriedigen – am Sabbat und zu allen anderen Zeiten.

Manchmal halfen die Geheilten, die Gegner zu besiegen. Nirgends kommt das deutlicher zum Tragen als bei der Heilung des Blinden. (Johannes 9, 13–34) In Jerusalem sah Jesus einen Mann, der von Geburt an blind war. Einige seiner Jünger fragten, ob diese Tragödie die Folge einer Sünde wäre. Nein, entgegnete Jesus geheimnisvoll, dies alles sei geschehen, damit Gottes Werk sich an diesem Mann offenbaren könne.

Statt zu erklären, handelte Jesus. Er spie auf den Boden und formte den Staub zu einem schlammigen Teig. Für die mediterrane Bevölkerung dieser Zeit war das ein bedeutungsvolles Zeichen, da sie dem Speichel Heilkräfte zuschrieb. Für die Juden war es Erinnerung: »Da formte Gott, der Herr, den Menschen aus Erde vom Ackerboden.« (Genesis 2, 7)

Jesus legte den feuchten Staub auf die Augen des Blinden und sandte ihn zum nahen Teich – kurz darauf kam der Mann zurück, er sah! Seine Nachbarn, die daran gewöhnt waren, den armen Mann betteln zu sehen, waren erstaunt; einige meinten sogar, es müßte ein anderer sein. »Er selbst aber sagte: Ich bin es.«

Sie fragten ihn: »Was hat er mit dir gemacht? Wie hat er deine Augen geöffnet?«

»Der Mann, der Jesus heißt, machte einen Teig«, wiederholte er immer wieder auf die Fragen von Freunden und Fremden, »bestrich dann meine Augen und sagte zu mir: Geh zum Schiloach und wasch dich! Ich ging hin, wusch mich und konnte wieder sehen.«

Sie fragten ihn: »Wo ist er?«

Er sagte: »Ich weiß es nicht.«

Es dauerte nicht lange, da brachten die Leute Männer von großem religiösen Ansehen zu dem Geheilten, denn Jesus – würden seine Schwierigkeiten niemals enden? – hatte wieder am Sabbat geheilt. Sie wollten wissen, wie der Mann sein Augenlicht wiedererhalten hatte. Und der Mann wiederholte seine Geschichte; er war von den Fragen nicht verärgert – für ihn war es das große Wunder: »Er legte Staub auf meine Augen. Dann wusch ich sie – und nun sehe ich.«

»Dieser Mann Jesus ist nicht von Gott gesandt«, beharrten einige, »denn er hält den Sabbat nicht ein.«

Einige der Zuschauer waren bemüht, den religiösen Autoritäten zu Gefallen zu sein. »Wie kann ein Mann, der ein Sünder ist, der die Sabbatregeln mißachtet, solche Wunder vollbringen?« Ungeachtet des Wunders nahmen Menschen bereits für und gegen Jesus Partei. Er arbeitete – er bereitete Schlamm – am Sabbat. Wer glaubte er zu sein? So mögen sie wohl gefragt haben.

Die Hüter des Glaubens wandten sich wieder zu dem glücklichen Mann. »Was sagst *du* zu ihm? Es waren *deine* Augen, die er öffnete.«

Was konnte der Mann sagen? Er faßte alles in einem einzigen ehrerbietigen Satz zusammen, der alle Worte und Taten der Geschichte Israels in sich einschloß. Die Antwort über Jesus lautete: »Er ist ein Prophet – einer, der in Namen Gottes spricht und handelt.«

Nun, meinten einige der Zuschauer, der Mann sei eben nie blind gewesen: es mußte ein Schwindel sein. Um ihre Ansicht zu beweisen, suchten sie seine Eltern auf. »Ist das euer Sohn, von dem ihr sagt, er wäre blind geboren? Wie kann er plötzlich sehen?«

»Wir wissen, daß er unser Sohn ist«, sagten die Eltern, ein wenig beunruhigt, plötzlich im Mittelpunkt des allgemeinen Interesses zu stehen. »Und wir wissen, daß er blind geboren wurde. Aber wir wissen *nicht*, wie es kommt, daß er jetzt sieht noch wissen wir, wer seine Augen geöffnet hat. Fragt ihn selbst – er ist alt genug, er kann für sich selbst sprechen.« Und sie nahmen ihre Arbeit wieder auf.

Da wandten sie sich von neuem an den ehemals Blinden. »Komm endlich, sag uns die Wahrheit! Wir wissen, daß der Mann, der behauptet, dich geheilt zu haben, ein Sünder ist!«

Der Mann, der ein neues Leben beginnen wollte, um endlich das alles zu sehen, was er sich bisher nur vorstellen konnte, wurde etwas ungehalten. »Ich weiß nicht, ob er ein Sünder ist«, antwortete er verärgert. »Eines aber *weiß* ich – ich war überzeugt, blind zu sein, und jetzt sehe ich!«

Wie Anwälte in einem Prozeß bohrten sie weiter: »Was hat er mit dir gemacht?«

Der Mann blieb stehen und sah sie eindringlich und böse an – zweifellos erkannte er ihren Eigensinn ebenso deutlich wie ihre Gesichter und die Farbe ihrer Kleider. »Ich habe es euch bereits gesagt«, meinte er bedächtig, »und ihr habt mir nicht zugehört. Warum wollt ihr es nochmals hören?« Und dann zog vielleicht ein leises Lächeln über sein Gesicht. »Wollt ihr auch seine Jünger werden?«

Nun liefen die Herausforder rot vor Ärger an. »*Du* bist jetzt sein Jünger, doch *wir* sind die Jünger Moses. Wir wissen, daß Gott zu Mose gesprochen hat – doch was diesen Mann anbetrifft, so wissen wir nicht, woher er kommt!«

»Das ist aber schon seltsam!« erwiderte der Mann. »Ihr wißt nicht, woher er kommt und dennoch öffnete er mir die Augen!« Wir wissen, daß der Mann in seinem Streit fortfuhr und erklärte, daß Gott nicht auf Sünder hört, die sich nicht bekehren und ihm den Rücken zuwenden – »aber Gott hört auf den, der ihm dient und seinem Willen gehorcht. Seit die Welt besteht, hat noch niemand erlebt, daß einer kam und einem Blindgeborenen die Augen öffnete. Käme dieser Mann nicht von Gott, er hätte nichts gekonnt!«

Das war für die Gegner zuviel, die nun zugeben mußten, daß der Mann trotz allem blind gewesen sein mußte. »Du warst in Sünde geboren«, sagten sie und bestanden darauf (im Gegensatz zur Lehre des Buches Ijob), daß ein körperlicher Schaden wie Blindheit Zeichen persönlicher Verdorbenheit sei. »Versuchst du *uns* zu belehren?« Damit war der Mann aus der Gemeinschaft der Religionshüter, die von sich selbst so überzeugt waren, ausgeschlossen.

Bald darauf hörte Jesus, daß der Mann zum Ausgestoßenen geworden war, und suchte ihn auf. Auge in Auge mit dem Mann, der ihn geheilt, der Licht in seine ewige Dunkelheit gebracht hatte, fiel der Mann Jesus zu Füßen und versicherte voll tiefster Dankbarkeit seinen Glauben daran, daß Jesus tatsächlich von Gott gesandt war.

Er sei auf der Welt, sagte Jesus, und half dem Mann aufzustehen, damit Blinde sehend würden – doch in Wahrheit wären die Unruhestifter blind. »Aber wir sind doch gewiß *nicht* blind?« fragte einer der Gerechten, die sich zu Jesus und dem sehenden Mann gesellt hatten. Jesus korrigierte sie: Ihre geistige Blindheit blieb ihnen. Mit Recht konnte einer der Evangelisten Jesus sagen lassen: »Ich bin das Licht der Welt«, denn wie die Evangelisten Jahrzehnte später schrieben, blieb Jesus, wenn auch immer verborgen, so doch lebendig und gegenwärtig für alle jene, die zu ihm kamen. Er gab weiterhin den Blinden das Augenlicht, spendete Einsicht, wo Verwirrung herrschte, Hoffnung, wo nur Hoffnungslosigkeit war, und Licht, wo Finsternis regierte. Dieser großartige Bericht der Evangelien zeigt, wie einer, der in der Dunkelheit saß und bettelte, zu körperlicher und geistiger Erleuchtung gebracht wurde. Doch es wird ebenso gezeigt, wie jene, die glauben sehen zu können, sich dem unsichtbaren Licht verschließen und vorsätzlich in die geistige Nacht tauchen.

So wie der Blinde sehend wurde, so hörte der Taube und sprach der Stumme.

Jesus setzte seinen Weg während der kurzen Zeit seines Wirkens von 28 bis 30 n. Chr. fort. Er wanderte nordwärts über die galiläische Grenze in zwei phönizische Städte – in die beiden Hafenstädte Tyros (heute Suir, neunzig Kilometer südlich von Beyrut) und das fünfundvierzig Kilometer nördlich von Tyros gelegene Sidon (heute Saida). Überall trafen er und seine Jünger auf Menschenmengen, die durch Mundpropaganda von Jesus gehört hatten. Einige wollten wissen, ob das Weltende vor der Tür stehe, andere, ob Israel bald seine Rechte würde in Anspruch nehmen können. Doch Jesus hatte zu solchen Problemen nichts zu sagen. Weltliche Macht interessierte ihn nicht, und die Sehnsucht nach weltlicher Vorherrschaft beeindruckte ihn nicht. Was das Weltende betraf, »so weiß keiner darum«, sagte er ihnen, »nicht einmal der Sohn, nur der Vater.« Inzwischen jedoch müßten sie ihr Leben ändern und sich auf die Umarmung Gottes vorbereiten.

Südöstlich von Galiläa, am östlichen Ufer des See Genezareth, befand sich die Grenze zu den Dekapolis. »Da brachte man einen Taubstummen zu Jesus und bat ihn, er möge ihn berühren. Er nahm ihn beiseite, von der Menge weg, legte ihm die Finger in die Ohren und berührte dann die Zunge des Mannes mit Speichel, danach blickte er zum Himmel auf, seufzte und sagte zu dem Taubstummen *Ephphatha!*, das heißt: Öffne dich! Sogleich öffneten sich seine Ohren, seine Zunge wurde von ihrer Fessel befreit und er konnte richtig reden.« (Markus 7, 32–35)

Und damit hörte der Mann und konnte sprechen. Und die Menschen, als sich die Wunder Jesu über das Land verbreiteten, begannen zu glauben, daß nun die messianischen Hoffnungen des Jesaja erfüllt waren: »Dann werden die Augen der Blinden geöffnet, auch die Ohren der Tauben sind wieder offen. Dann springt der Lahme wie ein Hirsch, die Zunge des Stummen jauchzt auf.« (Jesaja 35, 5,6) Bei diesen bemerkenswerten Heilungen, war niemals das Wunder der Wandlung die Hauptsache, noch viel weniger die Überzeugung, daß Gläubige Krankheit vermeiden oder immer geheilt werden konnten. Die Macht Gottes war die Verkündung, die in der Welt zum Wohl der Menschheit herrschte. Diese erneuerte Welt, Jesus eingeschlossen, hatte etwas damit zu tun, alle vorhandenen Barrieren einzureißen – Rassenstolz, Primat der Religion oder Anmaßung durch scheinbare geschlechtliche Überlegenheit.

In dieser Hinsicht, so wie er die Freundschaft und Gefolgschaft von Frauen begrüßte, kannte Jesus keine Angst, die heiligen Vorschriften zu ignorieren. An einem Sabbat lehrte Jesus in einer Synagoge. »Dort saß eine Frau, die seit achtzehn Jahren krank war, weil sie von einem Dämon geplagt wurde; ihr Rücken war verkrümmt, und sie konnte nicht mehr aufrecht gehen. Als Jesus sie sah, rief er sie zu sich und sagte: Frau, du bist von deinem Leiden erlöst. Und er legte ihr die Hände auf. Im gleichen Augenblick richtete sie sich auf und pries Gott. Der Synagogenvorsteher aber war empört darüber, daß Jesus am Sabbat heilte, und sagte zu den Leuten: Sechs Tage sind zum Arbeiten da. Kommt also an diesen Tagen und laßt euch heilen, aber nicht am Sabbat! Der Herr erwiderte ihm: Ihr Heuchler! Bindet nicht jeder von euch seinen Ochsen oder Esel von der Krippe los und führt ihn zur Tränke? Diese Tochter Abrahams aber, die der Satan schon seit achtzehn Jahren hielt, sollte am Sabbat nicht davon befreit werden dürfen?« (Lukas 13, 11–16) Einmal mehr betonte er, daß ein Leiden nicht die Folge der Sünde wäre noch daß Dämonen die Verkrümmung verursacht hätten, sondern Jesus sagte, Gott sei immer bereit, die ärgsten Lasten der Menschen aufzuheben.

Auch hierin lag wieder die gleiche Bedeutung: die Befreiung von menschlichem Leid hatte vor den Sabbatregeln Vorrang. Und diese Frau hier hatte gewiß mehr Wert als das Haustier, sie war die Tochter Abrahams. Das Königreich – und welch ein Schock war das für die Traditionalisten – wurde den Frauen geboten, den Frauen, denen der ihnen gebührende Status verwehrt war und die von frommen Restriktionen »gebeugt« gehalten wurden.

Die Geschichte der gebeugten Frau ist die Geschichte der Frauen, und ihr Sinn war eindeutig. Jesus befreite die Unterdrückten und erhob damit die Kinder Abrahams. Wir können uns die Reaktion der Familie und der Freunde der Frau nur vorstellen, als diese an jenem Tag nach Hause kam. Wahrlich, Jesus setzte seinen Weg fort und »tat Gutes und heilte die Unterdrückten, denn Gott war mit ihm«.

In nahezu allen Berichten über die Heilungen findet sich ein seltsames Detail. Es war anscheinend für die Gegner und die Neugierigen durchaus möglich, von dem, was vor ihren Augen geschah, unbeeindruckt zu bleiben. Waren solche Ereignisse alltäglich? Oder waren sie nur literarische Erfindung?

Ist es nicht unmöglich, solche Berichte nur angesichts ihrer Wirkung zu akzeptieren? Wie also sollen wir diese Geschichten über Wunder lesen? Als fromme Legenden, um den Glauben an Jesus zu wecken? Als Symbol der abstrakten Realität, die nicht als wörtlicher Bericht der Vorgänge angesehen werden kann?

Wie können Menschen des ausgehenden 20. Jahrhunderts die Möglichkeit von Wundern akzeptieren? Haben nicht die naturwissenschaftliche Revolution, die Entdeckung der Naturgesetze und die Lächerlichkeit von Magie und Aberglauben mit dem Wunderglauben endgültig aufgeräumt?

Um die Frage schonungslos zu stellen: Sind diese Dinge geschehen? *Können* sie geschehen?

Wir müssen uns ohne Wimpernzucken diesen Fragen stellen, denn die Ereignisse von Wundern bilden einen wichtigen Teil der Erzählungen vom Wirken Jesu.

Dieser Aufgabe wenden wir uns jetzt zu.

Zeichen der Wunder:

Die Wunder Jesu

Jairus, ein Synagogenvorsteher, ging eines Tages zu Jesus und bat ihn, in sein Haus zu kommen, da seine Tochter im Sterben lag. Jesus war sofort bereit, dem Mann zu helfen, und als er weiterging, drängte sich wie üblich die Menge um ihn. Darunter befand sich eine Frau, die seit zwölf Jahren an einem beunruhigendem Phänomen litt: Kein Arzt konnte ihre Anlage zu heftigen Blutungen heilen. Sie glaubte, sie könnte von ihrem Übel erlöst werden, wenn sie das Gewand Jesu nur berührte.

»Wer hat mein Kleid angefaßt?« fragte Jesus und wandte sich um. Petrus, nie um ein Wort verlegen, war über diese Frage teils belustigt, teils erstaunt. »Meister, die Menge umringt dich und drängt sich um dich, wie kannst du da fragen, wer dich berührt hat?«

In diesem Augenblick fürchtete die Frau, ein anderer könnte sich an ihrer Stelle vordrängen, also ging sie zitternd nach vorn und erklärte, warum sie so gehandelt hatte – und daß sie wüßte, sie sei geheilt. »Dein Glaube hat dich gesund gemacht«, sagte Jesus – und wie üblich lenkte er von seiner Person ab, um die Frau an die Macht Gottes zu erinnern. »Gehe hin in Frieden.«

Da kam gerade jemand aus dem Haushalt des Jairus und erklärte: »Deine Tochter ist tot. Bemühe den Lehrer nicht länger.«

»Fürchte dich nicht«, sagte Jesus und nahm das Wort von der soeben geheilten Frau auf, »glaube nur, dann wird sie gerettet werden.«

Bei dem Haus angekommen, befahl Jesus der Menge, draußen zu warten, und nahm nur die Eltern des Kindes und drei Jünger mit. »Weint nicht«, sagte er zu den Trauernden, die um die Tote herumstanden, »denn sie ist nicht tot, sie schläft nur.« Ihre Trauer wurde zu spöttischer Heiterkeit, denn jeder wußte sehr gut, daß das Mädchen tot und ihr Leib schon kalt war.

Jesus ignorierte das Gelächter und trat an das Bett. »Kind, steh auf!« befahl er. Sie tat es, und Jesus forderte die Eltern auf, dem Mädchen etwas zu essen zu geben. (Markus 5, 21–43)

Das Wort *Mirakel* ist in den Schriften nirgends zu finden. Dort gibt es viele Hinweise auf »Machtbeweis«, »Zeichen« und »Werke«, die deutlich auf Gottes Wirken in der Welt hinweisen, doch die Schriften wissen nichts von einer Philosophie der Wissenschaft, der Natur oder von Naturgesetzen, die säuberlich »natürlich« von »übernatürlich« trennen. Unser übliches Verständnis des Wortes *Mirakel* bedeutet einen Begriff, der mit der Bibel unvereinbar ist.

Es gibt keine Übereinstimmung mit dem eher irreführenden englischen Wort *miracle* (vom lateinischen Verbum *mirari*, »sich über etwas wundern«). Das Wort weist im heutigen Sprachgebrauch gewöhnlich auf etwas Erstaunliches hin, das jenseits unserer Sphäre vor sich geht – ein Ereignis oder ein Wandel natürlicher Umstände, der vernünftiger Erklärung spottet und die Tatsache göttlichen Eingreifens dramatisch demonstriert. Aber Juden und Christen haben in biblischer Zeit auf Gott als dem Herrn über alles Geschaffene vertraut; nichts war außerhalb seiner Macht.

In diesem Denken liegt eine gewisse Lauterkeit, denn zum Glauben an Gott gehört auch der Glaube an Wunder. Es ist ein interessantes Paradoxon, wie bekennende Gläubige die Wahrscheinlichkeit oder sogar die Möglichkeit von Wundern leugnen und damit die göttliche Freiheit einschränken, indem sie für sich das Wissen in Anspruch nehmen, was für Gott angemessen oder nicht angemessen ist. Aber kann Gott nicht in seine Schöpfung eintreten? Kann er nicht die übliche Ordnung der Realität ändern? Ist Gott nicht eben deshalb Gott, weil er uns in Erstaunen versetzt? An der Wurzel dieser Dinge liegt eine einfache Frage – für uns selbst: Können wir Gott nicht erlauben, Gott zu sein?

Genauer gesagt: Im Licht der modernen Physik ist es nicht mehr möglich, das Universum so zu betrachten, wie es seit Ende des 18. Jahrhunderts beschrieben wurde – als quantifizierbare Realität, die nach dem festgesetzten System der »Naturgesetze« operiert. Die Wissenschaft des 20. Jahrhunderts mußte sich von der geordneten mechanischen Betrachtung dieser Welt verabschieden, und jetzt ist es schwierig, Physiker und Astronomen zu finden, die darauf beharren, daß die Bewegung des Universums und die darin stattfindenden Bewegungen in *absoluter Folgerichtigkeit* bestimmte Wirkungen nach sich ziehen. Wenn auch in der Natur eine gewisse Konsequenz beobachtet werden kann (Wechsel der Jahreszeiten, biologische Fortpflanzung), setzt die moderne Wissenschaft Zufälligkeiten innerhalb der Ereignisse voraus. Ungewißheit und Unvorhersehbarkeit gehören zu unserer Welt, und einzelne Ereignisse in ihr widersprechen oft den sogenannten normalen Fähigkeiten der Natur.

Aber Zufälligkeit muß nicht Zwecklosigkeit bedeuten. Was wir Chaos nennen, muß nicht ungeordnetes Durcheinander sein, sondern eher Zeugnis für die Begrenztheit unseres Verständnisses. Unsere Auffassung von dem, was zu geschehen, nach welchem Muster sich die Welt zu verhalten hat, muß nicht die einzig richtige sein. Ein zufälliger Augenblick – eine Ausnahme in der erwarteten Ordnung der Dinge – kann zum Auslöser weit größerer Wirkungen werden als die vorgegebene Ordnung.

Diese Einstellung wird von der menschlichen Erfahrung häufig bestätigt.

In unserem persönlichen Leben führt oft ein Unglücksfall oder ein Ereignis, das uns als Zufall erscheint, zu bedeutsamer Erkenntnis oder sogar zu einem neuen Lebensabschnitt: Hätte ich nicht, zum Beispiel, zu dieser Zeit diese Schule besucht, so hätte ich niemals diesen anfeuernden Lehrer gehabt, diese wichtige Studienrichtung ergriffen oder diese lebenslange Freundschaft gewonnen. Hätten sich deine Eltern nicht in diesem oder jenem Moment getroffen, sie wären nie deine Eltern geworden. Hättest du nicht an dieser oder jener Veranstaltung teilgenommen, du hättest niemals die Liebe deines Lebens gefunden oder eine bedeutende Karriere begonnen. Es ist keine Übertreibung zu behaupten, daß die wichtigsten Dinge im menschlichen Leben und in der Liebe ebensosehr von dem abhängen, was wir zweckmäßigen Zufall nennen, wie von Überlegungen und beabsichtigtem, zielgerichtetem Tun. Der französische Romancier und Bühnenautor Georges Bernanos hat das gut ausgedrückt: »*Ce que nous appelons hasard, c'est peut-être la logique de Dieu*« – was wir Zufall nennen, mag die Logik Gottes sein.

In unserer Zeit sind wir oft versucht zu glauben, wir hätten den Gipfel des menschlichen Geistes erreicht, doch könnten uns spätere Generationen mit der gleichen belustigten Herablassung betrachten, die wir für jene haben, die einst glaubten, die Erde sei eine Scheibe.

Wie *konnten* sie einem solchen Irrtum zum Opfer fallen? Aber welche Irrtümer werden unsere Nachkommen bei *uns* finden? Vielleicht nur, daß wir glauben, alles zu wissen, alles zu verstehen, alle Geheimnisse gelüftet zu haben.

Physik und Psychologie haben für uns viele Fenster zu den sichtbaren und unsichtbaren Welten geöffnet: Vielleicht ist es unser Unglück nicht zu sehen, daß auch diese Wissensgebiete Teil unserer metaphorischen und mystischen Sprache sind.

Es ist noch nicht so lange her, da sprachen einige Astronomen und Astrophysiker von der Urknall-Theorie, mit der sie den Anfangszustand des Unviversums erklärten. Aber wie die Theorie der Elektrizität ist auch das nur eine Theorie, ein gangbarer Weg, etwas zu erörtern, was im Grunde geheimnisvoll und in wichtigen Aspekten unbeweisbar ist. Einige Astronomen haben in letzter Zeit den Urknall gänzlich ad acta gelegt zugunsten von Theorien, die bemerkenswert nach altmodischer philosophischer Theologie klingen. Daß das Universum dem Nichts entspringt (durch wen oder wodurch es aktiviert wurde, vermag die Wissenschaft nicht zu sagen), ist heute nicht mehr eine Erkenntnis, die den Gläubigen vorbehalten ist. Viele respektable Wissenschaftler sind der Ansicht, dies wäre der einzige Weg, physikalische Kausalität zu diskutieren.

Unsere innere Welt ist ebenso kompliziert und stemmt sich gegen unzweideutige Erklärungen; jede Zeit findet einen Weg, das Geheimnisvolle zu erklären. Früher einmal haben wir Geisteskranke als von Dämonen Besessene bezeichnet. Später betrachtete man sie als Opfer von in Unordnung gekommenen Körpersäften. In beiden Fällen wurden die unglücklichen Opfer gemieden, in Kerkern angekettet, den verschiedensten Torturen unterzogen, als Sünder angesehen oder überhaupt dem Tod preisgegeben. Heute bezeichnen wir diesen oder jenen als mitleiderregenden Menschen, weil er zum Beispiel selbstmordgefährdet ist und an paranoider Schizophrenie leidet, oder wir studieren die genetische Geschichte und Konstitution oder wir suchen nach chemischen oder emotionalen Gründen für die Krankheit.

Aber ermöglicht uns dieses Kategorisieren die Erkenntnis des Wahnsinns? Wie ist es möglich, daß ein vollkommen gesunder Mensch dem Wahnsinn und Tod ausgeliefert sein kann? Die Unfähigkeit zum echten Verstehen bleibt, selbst wenn wir Begriffe verbinden, die es uns ermöglichen, mit dem vollendeten Schrecken umzugehen. Wissenschaft und Psychologie geben uns die Möglichkeit, damit fertigzuwerden; doch sie machen weder die Welt noch die menschliche Psyche weniger geheimnisvoll. Was immer wir im Universum unter unserer Kontrolle haben, zeigt uns sofort, wieviel mehr über uns ist.

Wenige Themen in der Konversation sind besser geeignet, Menschen auseinanderzubringen als der Glaube an die Möglichkeit von Wundern und an die Existenz des Weiterlebens nach dem Tod. Bei beiden Themen gehen die Diskussionen hoch her, und das ist verständlich, da es sich um Dinge außerhalb der alltäglichen Erfahrung handelt. Ein solches Gespräch, das nur zu oft zur hitzigen Diskussion wird, ist von jeder Art Vermutung begleitet.

Die einen bestehen darauf, daß sich alle in der Bibel berichteten Wunder genauso abgespielt haben, wie sie beschrieben sind. Andere hingegen leugnen von Anfang an, daß derartige Dinge überhaupt geschehen können, da sie den Naturgesetzen widersprechen. Andere wieder finden geistreiche (manchmal unlogische) Wege, sich dem Problem zu nähern. Ob Wunder geschehen oder nicht geschehen sind, ist unwichtig, behaupten sie: Worauf es ankommt, ist die *Bedeutung* des Ereignisses. Das ist eine merkwürdige Art, sich dem Problem zu stellen, denn es ist schwer zu verstehen, wie etwas, das nie geschehen ist, Bedeutung haben kann.

Ein anderes oft mißverstandenes Argument, das aber den Samen einiger sehr wichtiger Ideen in sich trägt, geht von der Überzeugung aus, daß Gott natürlich weder an Zeit noch an Raum gebunden ist. Er ist als erstes Prinzip des Seins überall – als Grund für das Sein –, und somit ist alles, was sich ereignet, von seiner unendlichen Güte abhängig und geschieht letztendlich zum Wohl der Schöpfung und damit der Menschen. Diesen Gedankengängen entsprechend ist alles, was *ist*, ein Wunder, die Folge göttlichen Wirkens in der Welt. Aber auf diesen dürftigen, wenn auch tröstlichen Nenner gebracht, fordert dieses Argument eine Frage heraus. »Nun dann«, so erhebt der Gegenredner die Stimme, »wenn *alles* ein Wunder ist, dann ist *nichts* ein Wunder. Ist nicht die Definition des Wunders, daß es sich um etwas Außerordentliches handelt?«

Unsere Vorfahren hätten diese ganze Argumentation nur ermüdend und langweilig gefunden. Die Verfasser der hebräischen Schriften schrieben von Wundern, Vorzeichen und Werken der Macht – Taten, durch die Gott sein Volk aus der Sklaverei befreite und zu seinen Wurzeln geleitete. Das Wunderbare dieser Gesten waren Zeitpunkt und Auswirkung auf das Volk. Der durch die Ereignisse vertiefte und später nach vollendeter Tat ausgesprochene Glaube, offenbarte dem Volk von Israel, daß Gott wirklich zu seinen Gunsten gewirkt hatte. Beim Exodus zum Beispiel führte er die Israeliten als flüchtige Sklaven bei Ebbe sicher durch die Meerenge und hinderte, indem er das Wasser ansteigen ließ, ihre Feinde daran, sich ihrer wieder zu bemächtigen – das heißt, die Flut kam gerade in dem Augenblick, als die Israeliten sie benötigten, um den Männern des ägyptischen Pharao zu entkommen. Und während der langen Wanderung durch die Wüste wurde das Volk von Früchten ausreichend ernährt, die zum rechten Zeitpunkt vorhanden waren.

Erst nach dieser Erfahrung, als die verwahrloste Schar in Israel zum erwählten Volk wurde, begriff es die vorausschauende Führung seines Gottes. Naturphänomene wurden somit als sichtbare Taten Gottes zu Gunsten seines Volkes erkannt, und die Überlieferung zeigt nicht so sehr den Glauben an das Übernatürliche als an Gott – der Herr, der die geschaffene Ordnung für seine Zwecke ändert. Die Sprache fand eine angemessene Form, die Größe des Erlebnisses auszudrücken.

Weder das Alte noch das Neue Testament betonen die wunderbare Tat selbst, sie betonen viel mehr die *dahinter* stehende Macht Gottes. Entgegen dem, der um jeden Preis die Eindeutigkeit will und der, sobald er mit etwas Unerklärlichem konfrontiert wird, nach Erklärungen sucht, sah die ursprüngliche jüdische und christliche Überlieferung auch in den gewöhnlichen Naturereignissen das direkte Wirken Gottes. Die Welt ist, in anderen Worten, das Forum, wo Gott zum Wohle der Menschheit tätig ist. Die Welt und alles Sein gehören ihm, und er beansprucht sie für sich.

Die Wundererzählungen gehören in den Evangelien zu den Hauptthemen des Wirkens Jesu, und sie werden in den mündlichen und schriftlichen Überlieferungen auf vielfältige Weise variiert. Von Jesus kann mit Überzeugung gesagt werden, daß er von den Verfassern der Berichte sowohl während seines Lebens als auch später als Exorzist und Heiler gesehen wurde. Wer auch immer er war, Jesus war nicht nur Lehrer ethischer Maximen oder Prediger religiöser Wahrheiten. Die einfachste Erklärung ist: »Jesus von Nazareth, den Gott vor euch beglaubigt hat durch machtvolle Taten, Wunder und Zeichen, die er durch ihn in eurer Mitte getan hat...« (Apostelgeschichte 2, 22) Das ist auch die Aussage der vier Evangelien. Die erste Hälfte des Markus-Evangeliums zum Beispiel ist im Grunde eine Aufzählung der Wunder; mehrere Kapitel bei Matthäus befassen sich gleichfalls mit einer Reihe von Wundern; Lukas mischt Berichte von Lehren mit solchen von Wundern; und Johannes schließlich bietet sieben große »Zeichen« für die Bedeutung Jesu.

Selbst die Feinde Jesu leugneten niemals, daß er erstaunliche Taten vollbrachte; ihre Ablehnung geht darauf zurück, daß diese Taten häufig am Sabbat geschahen und daß sie das Volk dazu brachten, ihm zu folgen. Dadurch sahen sie die Herrschaft der führenden Klasse gefährdet. Auch die spätere jüdische Literatur bestritt nicht die Rolle, die Jesus als Wundertäter hatte: man fand ihn eher der Zauberei oder der Fürsprache des Bösen schuldig, wodurch er fromme Juden auf Irrwege führte (wie zum Beispiel im Babylonischen Talmud gesagt wird).

Bei dem Versuch, Jesus durch jüdische und heidnische Parallelen zu erklären, müssen sich Historiker zuerst mit dem Problem der Quellenlage auseinandersetzen, und das muß man in aller Deutlichkeit hervorheben. Die Vorstellung, daß Wundertäter wie Jesus in der damaligen Zeit alltäglich waren, wird durch keine geschichtliche Forschung bestätigt. Betrachten wir Onias und Hanina, zwei berühmte jüdische Wundertäter in den zwei Jahrhunderten vor und nach Jesus, so zeigt sich, daß alle Zeugnisse und Aussagen aus späteren jüdischen Quellen stammen, die bemüht waren, ein Gegengewicht zu den christlichen Berichten über Jesus zu bilden. Die Berichte des Neuen Testament wurden dadurch nicht beeinflußt.

Von den heidnischen Zeitgenossen wird der aus Kappadokien stammende Philosoph Apollonius von Tyana häufig als Parallele zu Jesus (vielleicht auch als literarische Inspiration für Jesus) genannt, doch sind wir hinsichtlich seiner Aktivitäten auf Schriften des 3. Jahrhunderts angewiesen. Irgendwann nach 202 n. Chr. befahl die römische Kaiserin Julia Domna (eine Syrerin), ängstlich darauf bedacht, den immer stärker werdenden christlichen Einfluß zurückzudrängen, dem griechischen Schriftsteller Flaviüs Philostratos, eine Lebensgeschichte von Apollonius zu schreiben. Philostratos, der seiner Phantasie freien Lauf ließ und möglicherweise die Evangelien als Vorlage benützte, spann die Geschichte eines viel mächtigeren Wunderwirkers als Jesus. Seine Arbeit hatte den gewünschten Erfolg, und bald wurde Apollonius im ganzen römischen Reich verehrt. Wie bei Onias und Hanina war es das Leben Jesu, das Philostratos zur Geschichte des Apollonius inspirierte.

Jedenfalls sind die Unterschiede zwischen den Wundern Jesu und der Schaubuden-Atmosphäre der heidnischen Zauberer der Legende offensichtlich. Die Taten Jesu werden nüchtern, knapp und einfach erzählt: Er handelte in ruhiger Würde, er lehnte Aufmerksamkeit für seine Person ab, viel mehr stellte er den Empfänger und Gott in den Vordergrund. Nirgends gibt es hier so etwas wie Trance oder faule Tricks, die Phantome oder Betrügereien traditioneller Zauberer fehlen. Nichts in den Evangelien wirkt trivial oder kapriziös. Es werden keine Strafen verhängt, es wird keine Furcht erweckt.

Ganz im Gegenteil. Die großen Taten waren Zeichen der erlösenden Gegenwart Gottes, der allgegenwärtig war und ist, um die Herrschaft der Sünde und der Finsternis in der Welt zu brechen und der Menschheit in ihren tiefsten Nöten seine barmherzige Umarmung zu gewähren. Die Taten sind nicht als freundliche Geste zu sehen, die dem Menschen Hilfe bietet: Sie kündigten Gottes unabänderlichen Anspruch auf die Schöpfung an und den Wandel, den seine Gegenwart bewirkte. Tatsächlich waren sie der Anfang der Umwandlung der Welt, die in dem Ereignis Jesus vollendet wurde.

Wunder können nicht von dem getrennt werden, was der Glaube als die Gesamtheit von Gottes Werken in Christus annimmt; mit anderen Worten, sie sind kein Beweis! Sie sind vielmehr Zeichen dafür, daß Krankheit, Schmerz und Tod nicht den letzten Sieg haben; alle Wunder deuten voran auf die Auferstehung Jesu oder nehmen ihren Sinn von dort.

Den Sturm beruhigen, gefährliche Fluten unter Kontrolle zu halten, auf den Wellen »wandeln«: das sind Taten, die im Alten Testament Gott allein zugeschrieben werden, denn die Israeliten waren kein Seefahrervolk, sondern Nomaden, das Meer war für sie voller Schrecken. »Mit deiner Macht hast du das Meer gespalten, die Häupter der Drachen über den Wassern zerschmettert.« (Psalmen 74, 13)

Das verkündet der Psalmist, indem er sich auf die Schöpfungsgeschichte der Genesis bezieht, welche davon berichtet, daß Gott die Seeungeheuer des Chaos unterwarf, bevor er sein Werk der Schöpfung begann. »Du hast die Köpfe des Leviatan zermalmt, ihn zum Fraß gegeben den Ungeheuern der See.« (Psalmen 74,14) »... Du beherrschst die Empörung des Meeres; wenn seine Wogen toben, du glättest sie.« (Psalmen 89, 10)

Kein Wunder, daß die Evangelien Jesus sowie einige seiner Anhänger beschreiben, wie sie von einem plötzlich aufkommenden Sturm auf dem See überrascht werden. Ihr kleines Boot füllte sich mit Wasser, Wellen schlugen über die Bootswände, Jesus stand auf, wies Wind und Wellen zurecht und sagte zu dem See: »Schweig, sei still! Und der Wind legte sich und es trat völlige Stille ein. Er sagte zu ihnen: Warum habt ihr solche Angst? Habt ihr keinen Glauben? Da ergriff sie große Furcht, und sie sagten zueinander: Was ist das für ein Mensch, daß ihm sogar der Wind und der See gehorchen?« (Markus 4, 39–41) Ein andermal waren die Jünger fischen, doch Jesus war nicht bei ihnen. Ein Sturm kam auf und sie waren in Gefahr, doch Jesus kam zu ihnen – über den See schreitend. »Habt Vertrauen, ich bin es; fürchtet euch nicht. Dann stieg er zu ihnen ins Boot, und der Wind legte sich.« (Markus 6, 51) Der See wurde ruhig.

Außergewöhnliche Ereignisse wie diese, von denen in den Evangelien berichtet wird, sollten vielleicht nicht in gleicher Weise gelesen werden wie die Berichte über die zahllosen Heilungen und Besprechungen. Die »Naturwunder« bekräftigen etwas vom Osterglauben über Jesus, seine Beziehung zu Gott und seine Herrschaft über das Universum durch seine Auferstehung. Die wunderbaren Heilungen hingegen – viel öfter bestätigt und mit ziemlicher Sicherheit historisch – vermitteln etwas über die Empfänger, darüber, was Gott für jene tut, die ihm näherkommen.

Auch die Exorzismen verlangen eine sorgfältige Lektüre. »In ihrer Synagoge saß ein Mann, der von einem unreinen Geist besessen war ... Da befahl ihm Jesus: Schweig und verlaß ihn! ... Da erschraken alle ... Sogar die unreinen Geister gehorchten seinem Befehl.« (Markus 1, 23,25,27) Von solchen Begebenheiten erzählt das Neue Testament des öfteren: Menschen schreien und fluchen mit Schaum vor dem Mund, stoßen Verwünschungen aus, erschrecken die Menschen – bis Jesus kommt, und sofort sind sie geheilt. Was haben wir von Berichten zu halten, die Jesus als Zauberer oder als Gestalt aus einer Gruselgeschichte erscheinen lassen?

Psychologie, in unserer Zeit ein hilfreicher Führer und eine faszinierende Form der mythischen Sprache, hat es für uns fast unmöglich gemacht, die Berichte der Evangelien über unreine Geister und Besessenheit zu lesen. Kommen wir zu Beschreibungen, wie Jesus Geister aus Menschen austreibt und diese wieder in die Normalität führt, so zukken wir instinktiv zurück. Lesen oder hören Menschen diese Episoden, so wenden sie sich häufig einfach ab, unangenehm berührt oder sich überlegen fühlend. Die Leute waren nicht »vom Teufel besessen«, heißt die stereotype Antwort: Die moderne Medizin und die Psychologie sagen uns, sie waren einfach (einfach?) geistig instabil, möglicherweise Epileptiker.

Selbst wenn wir einräumen, daß psychische oder physische Krankheiten (aus psychogenetischen oder organogenetischen Gründen) Ausgangspunkt einer solchen Situation sein können, verlieren die Evangelien nichts an ihrer Kraft. Als Mann seiner Zeit teilte Jesus sowohl das Menschenbild wie die religiöse Sprache mit seinen Zeitgenossen – in anderen Worten, er war eingegrenzt in Mythen und Metaphern, die damals die Realität ausdrückten. Wenn also Jesus dem bösen Geist befahl, den Körper des Befallenen zu verlassen, so wandte er sich dem zu, was *hinter* den Symptomen stand – die gestörte Persönlichkeit. Dem trat er entgegen, dort umarmte er, das heilte Gott durch ihn.

So wie manche religiöse Betrachtungen im Bild einer jungfräulichen Empfängnis ausgedrückt werden, so sagt uns das Neue Testament auch hier, daß Glaube größer als alle historischen Wahrheiten ist. Fundamentalisten pflegen zu vergessen, daß biblische Erzählungen weder Augenzeugenberichte noch medizinisch-psychologische Befunde sind. Sie sind im Gegenteil volkstümliche Berichte, geschrieben, um den Glauben an die Herrschaft Jesu zu verkünden. In diesen Erzählungen finden wir eine reiche Anzahl von Episoden – einige gründen sich tatsächlich auf geschichtliche Tatsachen, andere sind nach den geheiligten Texten des Alten Testaments geformt, und wieder andere basieren auf Geschichten, die heutigen oder vergangenen jüdischen wie heidnischen Kulturen vertraut waren.

Wie zu Zeiten Jesu sind die Straßen unserer Städte von viel zu vielen Wahnsinnigen bevölkert – einige harmlos, andere am Rand der Gewalttätigkeit und manche in drogenbedingter Dementia. Welche Not, welche genetischen Anlagen, welche Krankheit oder welche – oft freiwillig angenommene – Lebensumstände diesen unglückseligen geistigen Zustand hervorgerufen haben, ist gegenüber dem Grauen dieses Zustandes sekundär.

Wir können vorziehen zu sagen, das altertümliche Gerede von »Besessenen« wäre naiv gewesen, und die armen Seelen hätten in Wahrheit an Meningitis oder Mangelerscheinungen gelitten, vielleicht auch an einer ererbten Geisteskrankheit oder einer Psychose. Doch wie immer man es auch betrachten will, entspricht nicht auch der heutige Patient einer in Unordnung geratenen Welt oder eines aus den Fugen geratenen Lebens, so wie der »Besessene« vor zweitausend Jahren? Wichtig in den Evangelien ist Gottes Umarmung aller – der Kranken, der sozial Entrechteten, der Drogensüchtigen, der geistig Vergifteten, der Geisteskranken. Jesus schreckt vor nichts zurück. Seine Nachfolger dürften das auch nicht tun!

Sicher ist, daß das Neue Testament und die modernen Wissenschaften eine verschiedene Betrachtungsweise der Welt haben. Der Weg zum Verständnis der Berichte über Besessenheit und die Heilung Jesu durch Exorzismus darf niemals eine Wahl in der Erklärung erzwingen: entweder böse Geister oder Medizin. Jesus sieht in dieser furchtbaren Art des Leidens den Beweis der Macht des Bösen in der Welt, und er breitet die Arme aus, um zu heilen. Kann irgendein moderner Mensch gegen diese Auslegung etwas einwenden? Wir sprechen von der Tragödie der Geisteskrankheit wie von einer Krebserkrankung, einem Wirbelsturm oder einer anderen Katastrophe – und sind uns doch darüber im klaren, daß diese Dinge die gute Ordnung unserer Welt stören, daß das Vorhandensein von Schmerz und Leid deren Unvollkommenheit zeigt.

Bis heute drückt unsere Sprache diesen Zusammenhang aus: Katastrophen werden als »höhere Gewalt« bezeichnet, obwohl es vielleicht nicht ganz einsehbar ist, warum Gott für Katastrophen verantwortlich gemacht, nicht aber für Segnungen gepriesen wird. Wenn ein junger Mensch erfährt, daß er hoffnungslos an Krebs erkrankt ist, wenn ein Tornado einer Familie das Haus über dem Kopf zerstört hat, so hören wir die bittere Klage: »Wie konnte Gott das zulassen?« In jeder verzweifelten Situation, vom Holocaust bis zu verheerenden Sturzfluten, sprechen die Menschen mehr von gut und böse als von sozialen oder wissenschaftlich begründbaren Ursachen, und – wie Hiob – fragen sie sich fassungslos, wie Gott derartig schreckliche Dinge verursachen oder zulassen konnte.

Wenn über Jesus irgend etwas gesagt werden kann, dann das: Er ist es, der fortfährt, den *Prozeß* zu ermöglichen, der die Welt zu Gott führt. In seinem irdischen Wirken prophezeite er, daß Gottes endgültiges Erscheinen in der Welt das Ende von Krankheit, Katastrophen und Tod mit sich bringen werde. Das war das Versprechen. Unsere Aufgabe ist es nicht, die jüdische Weltanschauung zu wiederholen, die Jesus vor so langer Zeit geteilt hatte. Wir können sie schwerlich wiedererlangen – und würden sie vermutlich falsch auslegen. Wir müssen dagegen das sehen, was Jesus angekündigt hat – die von Gott eingeforderte und gerettete Welt – und passende Worte finden, die dieser Ankündigung in unserer Zeit Sinn geben.

Die frühesten mündlichen und schriftlichen Überlieferungen über Jesus von Nazareth sind durchwoben von Berichten über außergewöhnliche Taten, die seine Bedeutung und Wichtigkeit klar umreißen. Irgend etwas muß diese unglaubliche Reaktion der Menschen auf Jesus ausgelöst haben – nicht nur auf seine Lehren, sondern auch auf sein Tun. Wenn die Erzählungen von Wundern nur spätere Ausschmückung waren (und dieses Argument wird sogar von heutigen Christen angeführt), was also verlieh diesen Predigten solchen Nachdruck? Jesus hatte in der Geschichte keinen Vorgänger, warum sollten ihn nicht noch nie dagewesene Zeichen begleiten?

Der Gläubige empfindet das alles als sinnlose Wiederholung. Gott ist der Herr der Schöpfung, und er wirkt in Jesus. Und das ist es...

Die Wunder ergänzen und zeigen somit die Ankündigung Jesu über die Herrschaft Gottes, seine Lehren über die innere Wandlung der Menschen und den Vorrang der Nächstenliebe sowie das Kommen des Reiches Gottes auf Erden. Machtbeweise, durch die er einst Kranke heilte, Blinden die Sehkraft verlieh und Tote zum Leben erweckte, waren Zeichen für den Beginn der neuen Beziehung Gottes zu dieser Welt.

Daß Jesus sich die Feindschaft der religiösen und weltlichen Führer zuzog, zeigt, daß er nicht irgendein vages Programm für religiöse Erneuerung oder tröstliche Lebensphilosophie verkündete. Seine Person, seine Taten, seine Ankündigungen waren für viele, die nach Vorherrschaft strebten, einfach unannehmbar. Jesus wurde nicht, um es anders zu sagen, auf so furchtbare Weise hingerichtet, nur weil er grob unhöflich war. Alles an ihm verunsicherte die liebgewordenen Überzeugungen der mächtigen politischen Gruppierungen.

Mit der Fortführung seines Wirkens wurden diese Gegenwart und ihre erstaunlichen Auswirkungen weit und breit verspürt.

Ungefähr fünfundvierzig Kilometer von Kapernaum, von wo aus er seine Tätigkeit ausübte, lag das Dorf Naïn. Als Jesus dort ankam, sah er einen Leichenzug, und man sagte ihm, daß der Trauerzug für einen jungen Mann, den einzigen Sohn einer armen Witwe, abgehalten wurde. Voll Mitleid für die Frau kam Jesus näher und sagte zu ihr: »Weine nicht! Dann ging er zu der Bahre und faßte sie an. Die Träger blieben stehen, und er sagte: Ich befehle dir, junger Mann: Steh auf! Da richtete sich der Tote auf und begann zu sprechen, und Jesus gab ihn seiner Mutter zurück.« (Lukas 7, 13,14)

Bei einer anderen Gelegenheit sandten zwei gute Freunde Jesu, die Schwestern Martha und Maria, die ihn immer, wenn er das nahe Jerusalem besuchte, in ihrem Haus in Bethanien willkommen hießen, einen verzweifelten Hilferuf. Ihr Bruder Lazarus war schwer krank – tatsächlich war Lazarus, als Jesus aus Galiläa kam, bereits vier Tage begraben.

»Marta sagte zu Jesus: Herr, wärest du hier gewesen, dann wäre mein Bruder nicht gestorben ... Als Maria dorthin kam, ... sagte sie zu ihm: Herr, wärest du hier gewesen, dann wäre mein Bruder nicht gestorben. Als Jesus sah, wie sie weinte und wie auch die Juden weinten, die mit ihr gekommen waren, war er im Innersten erregt und erschüttert ... Da weinte Jesus. Die Juden sagten: Seht, wie lieb er ihn hatte! ... er [Jesus] ging zum Grab. Es war eine Höhle, die mit einem Stein verschlossen war. Jesus sagte: Nehmt den Stein weg! Marta, die Schwester des Verstorbenen, entgegnete ihm: Herr, er riecht aber schon, denn es ist bereits der vierte Tag.« Doch der Befehl wurde ausgeführt, der schwere Stein weggerollt. Stille lag über allem. Und dann rief Jesus: »Lazarus, komm heraus! Da kam der Verstorbene heraus; seine Füße und Hände waren mit Binden umwickelt, und sein Gesicht war mit einem Schweißtuch verhüllt. Jesus sagte zu ihnen: Löst die Binden und laßt ihn weggehen ... Da beriefen die Hohen Priester und die Pharisäer eine Versammlung des Hohen Rates ein.

Sie sagten: Was sollen wir tun? Dieser Mensch tut viele Zeichen. Wenn wir ihn gewähren lassen, werden alle an ihn glauben...

Kaiphas, der Hohepriester jenes Jahres, sagte zu ihnen: Ihr versteht überhaupt nichts. Ihr bedenkt nicht, daß es besser für euch ist, wenn ein einziger Mensch für das Volk stirbt, als wenn das ganze Volk zugrunde geht ... Von diesem Tag an waren sie entschlossen, ihn zu töten.« (Johannes 1, 17–50)

Einige der selbstgerechten, eifersüchtigen Verwaltungsbeamten begannen, sich mit den römischen Besatzern gegen Jesus zu verschwören.

Es gibt viele gute Menschen, die überzeugt sind, daß es die in den Evangelien beschriebenen Wunder niemals gegeben hat, weil solche Dinge eben nicht geschehen – oder, um die Sache auf den Punkt zu bringen, daß sie unmöglich sind, weil sie den Naturgesetzen widersprechen. Jeder, der sich den Glauben an Wunder bewahrt, wird mitleidig als zurückgeblieben betrachtet wie ein Kind, das an Geister, Hexen oder Kobolde glaubt. Die Ablehnung von Wundern ist, so hört man, ein Gebot der Vernunft: Jesus vollbrachte keine Wunder, weil Wunder nicht möglich sind. Doch diese Art einer Beweisführung würde sogar von Wissenschaftlern und Historikern bezweifelt werden.

Seit dem Aufkommen von dem, was heute noch als Zeitalter der Aufklärung bezeichnet wird, wurde angenommen, daß der Primat der Vernunft den Glauben an Wunder unmöglich macht, weil Wunder den Naturgesetzen, die die Welt regieren, widersprechen.

Locke, Hobbes und Bentham in England, Rousseau, Montesquieu und Voltaire in Frankreich formulierten neue Ideen nicht nur zur Religion, sondern lösten auch Debatten über soziale Veränderungen aus.

Die damit entstandenen Diskussionen über Menschenrecht und politische Demokratie waren Wegbereiter der Revolutionen in Frankreich, England, Deutschland und Amerika. Viele dieser Gedanken hatten segensreichen Einfluß auf die soziale Ordnung; Gewaltherrschaft und eine Reihe von absoluten Monarchien wurden in der Folge hinweggeschwemmt.

Doch die Aufklärung wurde schließlich zum Opfer der eigenen Taten. Je akademisch präziser und genauer die Rationalisten wurden, desto weniger hatten sie einer immer komplexer und unverständlicher werdenden Welt zu bieten. Die Französische Revolution mit ihrer Schreckensherrschaft und den Strömen von Blut, die buchstäblich durch die Straßen von Paris flossen, stellte den neuen Glauben, daß ein Volk sich immer selbst gut regieren kann, in Zweifel. Bald darauf tauchten Fragen (bis dato in ihrer Existenz geleugnet) über die Welt des Geistes, der Vorstellung und der Mutmaßung in den Kulturen des 19. Jahrhunderts auf, die als Transzendentalismus und Romantik bekannt wurden. Geistergeschichten und in der angelsächsischen Welt die Gothics mit ihren übernatürlichen, furchteinflößenden Überraschungen waren vor allem die Ablehnung der rationalistischen Ideologie.

Doch die Rationalisten behaupteten sich auch dann noch, als das Zeitalter der Aufklärung zu verblassen begann. Thomas Jefferson zum Beispiel war einer der brillantesten Köpfe seiner Zeit, der, soweit es die Philosophie des Regierens und die Perspektive der Staatskunst betrafen, von der Aufklärung beeinflußt war. Aber um mit dem Schritt zu halten, was damals als die naturwissenschaftliche Vernunft angesehen wurde, brachte er 1820 ein Buch, »Leben und Lehren Jesu«, heraus, das dem Standard des Rationalismus Rechnung trug. Jefferson eliminierte ohne Skrupel alle in den Evangelien erzählten Wunder, da er sie für den aufgeklärten Menschen unannehmbar fand. Für Jefferson war Jesus ein papierner blasser Moralist.

Bis heute versuchen wohlmeinende, aber irregeleitete Menschen, Jesus für aufgeklärte Leser und moderne Kirchgänger zugänglich zu machen, die paradoxerweise mit der Möglichkeit des Göttlichen nicht zurechtkommen – das heißt, sie können mit dem, was geheimnisvoll, nicht greifbar und ehrfurchtgebietend ist, nichts anfangen. Man fragt sich, was eigentlich der Glaube an das Überirdische ist, wenn es nichts Über- oder Unterirdisches gibt – womit natürlich nicht geographische Begriffe gemeint sind, sondern eine bestimmte Sphäre der Realität. Daher ist es die erste Handlung des Rationalisten, Wunder als literarische Symbole oder fromme Fabeln »weg«zuerklären. Der Jesus, der dann herauskommt, ist ein freundlicher unumstrittener Mann, der nichts Bemerkenswertes tut, aber vage beruhigende Dinge über Güte und Milde sagt, und der sich allen unseren kleinlichen Erwartungen, von dem, was möglich und annehmbar scheint, anpaßt. So wird aus Jesus von Nazareth der Jesus einer amerikanischen Kleinstadt, ein netter, anspruchsloser Bauer, der eine simple ländliche Botschaft zu den aalglatten Städtern bringt und uns – um eines der bösesten Klischees unserer Zeit zu gebrauchen – das Gefühl gibt, wir sind doch wirklich gute Menschen! Für manche von uns klingt die Beschreibung eines solchen Mannes verdächtig nach gewissen Sängern einer »leichten« Radiostation. Das ist nicht jemand, der meine Vorstellungskraft entzündet, meine Hingabe weckt (viel weniger kann er mir helfen, die Lasten des Lebens zu tragen, Verzweiflung zu überwinden); er ist einer wie alle anderen auch. Wenn man Jesus im Bild der Rationalisten darstellt, dann würde ich dieses Bild als reinen Kitsch bezeichnen und sagen, zur Hölle damit!

Rationalisten haben, in anderen Worten, gewisse verworrene Annahmen sowohl von den Naturwissenschaften wie von der Geschichte, denen kein ernsthafter Gelehrter zustimmen kann. Hätten die heutigen Rationalisten Mitte des 18. Jahrhunderts gelebt, und einer wäre fähig gewesen, ihnen über Luftfahrt, Narkose und Laser zu erzählen, sie hätten gesagt: »Unmöglich – die Dinge, die du beschreibst, sind nicht möglich, das wären ja Wunder, und Wunder gibt es nicht!« Welche Überraschung!

Doch das scheint zu implizieren, daß alles, das bisher noch nicht wissenschaftlich erklärt werden kann, ein Wunder ist. Was wunderbar erscheint, fahren Rationalisten fort, dafür müssen wir nur die richtige Erklärung finden: individuelle oder Massenpsychose, Hysterie, Leichtgläubigkeit oder Aberglauben oder überhaupt Umstände, die zwar unbekannte, aber letztlich feststellbare medizinische oder naturwissenschaftliche Gründe haben. Seit Boyle und Spinoza im 17. und Hume im 18. Jahrhundert werden Wunder als unmögliche Widersprüche zu den Naturgesetzen angesehen. Die Welt ist unveränderlich, festgelegt. »Wie soll ich das wissen? Die Wissenschaft hat es mir gesagt.« Diese Art des Denkens setzt voraus, daß es für alles Wunderbare eine wissenschaftliche Erklärung gibt.

Aber etwas Wunderbares kann in der *Sprache* liegen, die eine neue Erfahrung beschreibt – und das ist etwas anderes. Physiker des späten 20. Jahrhunderts haben neue Begriffe gefunden, um das, was sich in der Welt Bedeutungsvolles abspielt, zu beschreiben, doch es wäre gefährlich zu denken, daß die im Mittelalter gebräuchlichen Begriffe *falsch* waren. Sie drückten die Dinge mit denen ihnen zur Verfügung stehenden Mitteln aus. Und so ist es auch heute: Wir müssen sehr vorsichtig sein, nicht in den Fehler zu verfallen, unsere Worte (oder die der Physiker) hätten Ewigkeitswert. Ausdrucksweisen verschieben und ändern sich, so wie sich unser Verständnis der Wirklichkeit verschiebt und verändert.

Ja, die Sprache verschiebt und verändert sich – Ideale unterliegen der Veränderung von Zeit und Kultur. Sprache ist vielsagend, metaphorisch: Sie weist über sich selbst hinaus. Sie ist Zeichen, Emblem, Symbol von etwas, das größer als Worte ist. Man fragt sich, ob die Theorie des Urknalls erfunden oder so benannt worden wäre, hätte es nicht eine Kernspaltung und eine Atomexplosion gegeben: Hängt nicht die Art und Weise des Denkens und Benennens des Geheimnisvollen ganz allein von unserer gegenwärtigen, begrenzten Erfahrung ab?

Seit über einem Jahrhundert ist klar, daß die poetischen Erzähler der ersten zwei Kapitel der Genesis zum Beispiel weder Kenntnis noch Interesse an dem Wie oder Wann der Entstehung der Welt hatten. Sie waren an dem Warum dieser Welt und ihrer Beziehung zu Gott interessiert. In anderen Worten, ihre Anliegen waren religiöse, weder wissenschaftliche noch historische. Wir sollten den hebräischen Poeten erlauben, hebräische Poeten zu bleiben und nicht darauf bestehen, daß sie Fernsehreporter werden.

Aber Fundamentalisten pochen darauf, daß die sieben »Tage« der Schöpfung genau das waren – sieben Zeiträume von je vierundzwanzig Stunden. Beim Lesen wird natürlich dieses Bestehen auf den sieben Tagen für sie selbst zu einer Peinlichkeit, denn obwohl im ersten Kapitel der Genesis sieben »Tage« der Erschaffung genannt werden und der Mensch als letztes dazukam, scheint im zweiten Kapitel der Genesis nur ein einziger Tag der Erschaffung auf, wobei der Mensch den Vorrang hat. Welcher Bericht ist wahr? Beide: Jeder enthält eine religiöse Wahrheit über die Beziehung der Welt und der Menschheit zu Gott; es gibt keinen Bezug zur Naturgeschichte, denn diese war den alten Völkern unbekannt.

Darauf zu beharren, die Genesis wörtlich zu lesen, ist nicht ein Akt des Glaubens, sondern krasser Mangel an Glauben. Wer sich an das Wort klammert, glaubt, er hätte alle Antworten auf Karteikarten, und manchmal machen die Wissenschaftler den gleichen Fehler. Keiner hat mehr etwas zu lernen, niemals mehr. Gott (oder Einstein) hat gesprochen, und man weiß, was Gott (oder Einstein) gesprochen hat. Gott spricht daher natürlich in der Sprache der Fundamentalisten, vermutlich sind das auch Gottes Grenzen. Gott ist damit alles andere als Gott.

Das ist natürlich krasser Atheismus, denn nur ein Gott, der auch Sinn ergibt, ist Gott, der ständig alle Erwartungen übertrifft, der sich allmählich und beständig enthüllt. »Wenn Gott zu mir sprechen wollte, warum sprach er dann zu Abraham?« fragt der Skeptiker. Nun, mag er sich darüber beschweren, denn Gott ist wahrlich nichts außer Gott. Er fährt fort zu sprechen, sich zu enthüllen, die unergründlichen Grenzen unseres Verständnisses in jeder Zeit zu offenbaren. Mit Recht spricht die Bibel von dem *lebendigen* Gott. Merkwürdigerweise sind das schlechte Nachrichten für den Fundamentalisten, der, wenn man aufhört darüber nachzudenken, Gott nicht Gott sein lassen will. Er wünscht sich einen Gott, der ebenso begrenzt ist wie er selbst.

Und genau in dieser Beziehung ist an die Zweifler der Wunder die harte Frage zu stellen: Ist das Universum *weniger* geheimnisvoll geworden seit es Düsenantrieb, schmerzstillende Mittel und Laserstrahlen gibt? Oder zeigt nicht jeder Schritt nach vorn, jede Entdeckung die *Möglichkeit* einer neuen Reihe von (sagen wir) *Wundern* im Herzen unserer Welt? Ohne den Glauben in die Überlegungen einzubeziehen, müssen wir fragen, ob wir wirklich alles das, was es zu verstehen gibt, verstanden haben. Weder ein Wissenschaftler noch ein Historiker würde diese Frage bejahen.

Die Argumente dieser vernünftigen, verständigen Leute enthüllen im Grunde ein armseliges Gefühl für Geschichte wie für Wissenschaft, das immer auf der Hut vor dem philosophischen Gespräch über die »Naturgesetze« sein muß. Sind diese »Gesetze« in Stein gemeißelt? Wann wurden sie erfunden oder gefunden? Von wem? Stellen sie nicht in Wahrheit gewisse Mutmaßungen über die physikalische und chemische Zusammensetzung des Universums auf? Anerkennen diese »Gesetze« die erstaunlichen Entdeckungen der einzelnen Generationen im Wandel der Zeit? Können wir in einer abschließenden Analyse Naturgesetze mit zivilen Gesetzen vergleichen?

Tun wir das, so halten wir uns selbst zum Narren, indem wir uns zumindest potentiell über sie erhaben fühlen. Weder Geschichte noch Wissenschaft gehen an ein Ereignis mit dem Urteil heran, das *konnte nicht geschehen, weil solche Dinge *nicht geschehen*. Ganz im Gegenteil: Historiker und Wissenschaftler sehen sich pausenlos mit Ereignissen konfrontiert, die außergewöhnlich – sogar abnorm – sind, und niemand fällt *a priori* ein Urteil, was in jeder vorstellbaren Situation möglich sein könnte. Ja, man könnte sogar darüber hinaus auf den Einwand, daß derartiges »nicht geschieht«, entgegnen: »*Wem* geschieht es nicht – absolut niemandem in dieser Welt?«

Es ist nicht unwichtig, in einer solchen Diskussion einen negativen Vergleich anzubieten. In der modernen Medizin ist bekannt, daß schwerkranke Patienten mit Hilfe wirkungsvoller Medikation geheilt werden, während andere unter den völlig gleichen Bedingungen sterben. Normalerweise werden menschliche Föten im Mutterleib nach einem erkennbaren Muster ausgetragen – aber manchmal tun sie das nicht. Seit wir jetzt die Möglichkeit der DNA und der genetischen Entschlüsselung haben, läßt sich kaum mehr von einem »Muster« sprechen, da wir um die Einzigartigkeit jedes Individuums wissen. Menschen können schwerlich für unwichtiger als Schneeflocken angesehen werden, von denen wir wissen, das nicht eine der anderen gleicht.

Wie also haben die sogenannten Naturgesetze funktioniert? Sprechen wir über Krankheit und Behandlung, so müssen wir eingestehen, daß die Konstitution mancher Menschen für bestimmte chemische Verbindungen empfänglich ist. Bei anderen Patienten bringt die gleiche Zusammensetzung keinen Heilerfolg. Jeder Arzt, der sein Geld wert ist, wird sagen, daß manchmal etwas hilft, manchmal nicht. Die medizinische Kunst sollte durch die Kunst des Zuhörens erweitert werden, um dann nach dem Gefühl zu handeln, indem man dieses versucht und jenes verwirft. Wie können wir überhaupt über »Naturgesetze« als etwas anderes diskutieren als über eine Reihe von *Möglichkeiten*? Und wenn es nur Möglichkeiten und Wahrscheinlichkeiten sind, was ist dann mit anderen Möglichkeiten und Wahrscheinlichkeiten?

Und so sollten wir vielleicht öfter von einem offenen Universum sprechen – im Gegensatz zum geschlossenen Universum, zu dem das moderne Denken häufig neigt. Selbst religiöse Menschen lassen sich dazu verleiten, die Welt in klar teilbaren, natürlichen und übernatürlichen Elementen zu sehen – und wir denken, wir hätten genau verstanden, was das ist. Doch könnte diese Dichotomie nicht mehr tragbar und noch viel weniger hilfreich sein. Einerseits leben wir in einer Welt voller Wunder. Mikro-Chirurgie, Computer, elektronische Zaubereien: pausenlos wird das Universum entdeckt und enthüllt neue Möglichkeiten. Andererseits aber wird diese Welt mit jedem Schritt nach vorn mysteriöser und undurchsichtiger.

Die Wissenschaft selbst hat begonnen, an den mechanistischen Determinationen zu rütteln – die Totalität der »Naturgesetze«, die früher untrennbar mit erworbener Kenntnis und praktizierter Methode zusammenhingen. Die klassischen physikalischen »Gesetze«, von denen wir früher annahmen, daß sie ausdrückten, was anders nicht zu sagen war, werden heute mehr als begriffliche *Möglichkeiten* denn als absolute Sicherheit verstanden. Und statistische »Gesetze« werden mehr und mehr als Zeichen realer Zufälle gesehen – oder vielleicht sollten wir sagen als sichtbare Wahrscheinlichkeit, deren tiefere Muster wir bis heute nicht erkannt haben. Doch damit haben wir die konstante Möglichkeit der phantastischen Neuigkeit im Universum, wie es ist. Alles ist einzigartig.

Somit dürfte es nicht nur unklug, sondern auch ungenau sein, das Wunder als zeitweiliges Aussetzen der Naturgesetze, als Ausnahme der Natur zu definieren. Diese Art des Denkens führt uns dazu, die Realität als festgefügt und eindimensional zu sehen – das heißt, als geschlossen. Tatsächlich sind viele der sogenannten Naturgesetze, wie ich bereits erwähnte, nichts als Statistik: Sie beschreiben, was *normalerweise* geschieht. Ein Wunder dagegen zerstört weder die Natur noch handelt es ihr zuwider: Es erhöht die Natur, bietet ein Versprechen und gibt ein konkretes Unterpfand für die Erfüllung. Hin und wieder erinnert es uns nicht nur daran, wer wir sind, sondern wem wir gehören.

Relevant ist in dieser Hinsicht die kürzlich von Astronomen und Physikern gemachte Entdeckung, daß sich Atome lebender Organismen bereits in früher existierenden Sonnen oder Sternen befunden haben. Für die moderne Kosmologie sind also die Menschen miteingewoben in das gesamte kosmische Netzwerk. Somit könnten wir von einer Art funktionalen Vollständigkeit oder Einheit im Universum sprechen, durch welche alles mit allem verbunden ist. Diese Theorie muß verfolgt werden, sie ist auch mit aufregenden, vielleicht sogar törichten Wahrnehmungsmöglichkeiten belastet, und doch kann man am Ende sagen, daß dieses Postulat ein der Ordnung und Stabilität unterliegendes Prinzip erfordert, von dem ein Anzeichen die Schwerkraft ist. Wäre die Schwerkraft auch nur um ein Minimum stärker oder schwächer, könnten sich die Planeten nicht in fixe Umlaufbahnen um das Sternensystem formieren, und das Leben (zumindest das menschliche Leben, wie wir es kennen) würde nicht existieren.

Das ist faszinierend, denn es weist dem persönlichen Leben einen sehr hohen Stellenwert zu – und zwar dem *persönlichen* – und hilft zu begreifen, daß das Universum doch nicht eine Reflexion von kalten unpersönlichen Kräften ist. Wir haben unser begrenztes Verständnis dem Kosmos aufgebürdet, und diesem Verständnis entsprechend ist das Leben etwas Wertloses – alles ist gewöhnlich und vorhersehbar, ein vollkommen logisches Gewebe von Trieben und Materie, nichts ist persönlich. Alles ist bestimmt, und die Anerkennung einer persönlichen Autorität hinter allem »Natürlichen« bleibt der Dichtung vorbehalten. Wenn diese zur gedankenvollen Prosa wird, nennt man sie antiquiertes Denken oder blanken Aberglauben, dem »modernen denkenden Menschen« unangemessen. Das sind die Momente, in denen wir in die Falle unserer eigenen Klugheit tappen. Wir erwarten nicht viel, und so sehen wir sehr wenig.

Eine weitere Begründung, das Konzept der fixen Gesetze für die Realität außer acht zu lassen, ist, daß sie sich nur an die *materielle* Welt halten. Die Welt des Gedankens und der Kunst, des Geistes und der Kreativität und, vielleicht sogar das wichtigste, das Gesetz des moralischen, ästhetischen und geistigen Lebens wird nicht miteinbezogen, wenn man Systeme oder unflexible, determinierte Prinzipien anwendet. Hier zeigt sich die Freiheit in ihrem ganzen sublimen Mysterium. In einem offenen Universum hingegen können wir begreifen, was hinter den gewöhnlichen, alltäglichen, gewohnten Anschauungen der Dinge liegt. Nur im offenen Universum – niemals im geschlossenen – grübelt Archimedes, sinnt Aristoteles, meditiert Plato, denkt Planck, kritzelt Mozart Noten, experimentiert Mendel mit Pflanzen und Samen. Beginnt man einmal, über feststehende Gesetze zu reden und gibt die Diskussion über Wahrscheinlichkeiten und Möglichkeiten auf, dann kommen sie alle zu einem Stillstand, stocken und nichts geschieht mehr.

Ein geschlossenes Universum spiegelt unsere Tendenz am Ende dieses Jahrtausends, über fast alles gering zu denken. Selbst wenn wir die neuesten medizinischen Fortschritte bewundern, so nehmen wir sie bald als selbstverständlich wahr. Liebe (wobei die Gesellschaft leider nur romantisch-erotische Liebe versteht) hat eine biochemische Basis oder entspringt einfachen Bedürfnissen. Vogelgezwitscher? Winzige Nerven vibrieren in kleinen Kehlen, vibrieren zur Paarungs- oder Futterzeit. Kleine weiße Wölkchen am blauen Himmel? Kondensiertes Wasser und gebrochenes Licht. Heldentum oder Heiligkeit? Illusionen: jeder hat seine Beschäftigung. Wie gering schätzen wir uns und unsere Welt ein. Doch selbst in unserer Selbstgefälligkeit sehnen wir uns nach etwas Wunderbarem, um das zu heilen, was in und um uns noch in Unordnung ist, zu heilen, was noch schmerzt. Und selbst in unserer Tendenz alles herunterzumachen, offenbart sich die Sehnsucht nach Transzendenz.

Aber laßt uns soviel eingestehen: Wunder, wie sie Jesus zugeschrieben werden, gehören üblicherweise nicht zu unserem Erfahrungsbereich. Hat also Gott die Augenzeugen vor zweitausend Jahren bevorzugt? (»Warum hat er zu Abraham gesprochen?«)

Man könnte erwidern, daß die Zeit Jesu der Rahmen für die grundlegenden Zeichen war, ihn, der immer unter uns ist, zu bezeugen. In einer Hinsicht brauchen wir sie heute nicht in einem solchen Überfluß, denn Glaube und Versprechen sind klarer (wenn nicht ganz klar) im Licht der Auferstehung Jesu, das ultimative Wunder, das für alle Ewigkeit das menschliche Leben und die menschliche Bestimmung verändert hat, ja sogar das gesamte Universum. In anderer Hinsicht werden uns vielleicht ganz *andere* Arten von Wundern geschenkt, solche, die für uns in unseren Tagen die besten sind. Es mag nicht falsch sein zu sagen, Gott gibt jedem Zeitalter die Art des »Außergewöhnlichen«, das es braucht.

Zur Zeit Jesu konnten die Menschen sicherlich den Sinn seiner Wunder ablehnen: ihre Ansicht der Welt befähigte sie dazu. Auch heute spielt sich das gleiche ab – Gott handelt, ohne uns unter Druck zu setzen. Wir können das Wunderbare sehen, und wir können es minimieren. Wenn Gott wirklich in Jesu am Werk war, und man annimmt,

Jesus ist verborgen, aber lebendig, wie kann es schwierig sein, Wunder zu akzeptieren? Es ist beinahe »logisch« auf das Wunderbare zu warten.

Wir sollten nicht voraussetzen, daß die Welt immer so war wie heute oder daß sie immer so bleiben wird. Das ewige Geheimnis, das wir Gott nennen, frei entsprechend seiner unergründlichen Leitung der Schöpfung zu agieren, handelte »dann« nach den Erfordernissen anderer Menschen in anderen Zeiten. Damals wie heute wird der beständige Griff der Sünde – manchmal stufenweise, manchmal dramatisch, immer wesentlich – durch die Berührung der Gnade ins Gegenteil verkehrt.

Während seines ganzen Lebens berührte Jesus andere sowohl körperlich wie seelisch, denn er war es, der zuerst von ihrer verzweifelten Lage berührt wurde. Die Blinden, die Gemütskranken, die Epileptiker, die Trauernden – alle kamen zu ihm oder wurden von ihm erkannt, weil sie das Stigma der Entwurzelung oder des unergründlichen Geheimnisses von Leid und Tod trugen. Für jene im dunklen Kerker des Schmerzes schien das Leben wahrlich sehr armselig und bedeutungslos: es hatte keine Zukunft. In jedem einzelnen Fall war Jesus zutiefst ergriffen – und indem ihm plötzlich klar wurde, daß Gott durch ihn den Leidenden erreichen konnte, handelte er. Ohne Zögern.

Das ist, was Gott ist.

Die Einsamkeit, die Isolation, der Schmerz des menschlichen Herzens: Die Güte Gottes mildert alles, tröstet alles.

Das ist, was Gott über menschlichen Verlust denkt: Er gleicht ihn wieder aus.

Das ist, was Gott schließlich in der Auferstehung Jesu tut: Die Sicherheit, daß alles Leben am Ende gerettet wird. Gott bannt den Tod, verdammt ihn. Gott läßt den Tod für immer sterben, vernichtet ihn und seine Auswirkungen. In Jesus sehen wir, wie ernst Gott uns und unsere Leiden nimmt.

Er ist nicht nur Gott des Universums, sondern Gott, der Liebende der Menschen. Hier versagt die Sprache der Philosophie, denn du und ich, wir sind nicht fähig, den unwandelbaren Einen, den allmächtigen Schöpfer, den absoluten Herrscher, den, der alles bewegt, zu lieben. Nein, wir werden durch ihn, der uns nahe ist, gewärmt. Und der uns immer näher kommt.

Noch sehen wir es üblicherweise nicht, daß der Blinde plötzlich sehend, der Taube hörend wird. Tote setzen sich nicht im Sarg auf und gehen zum Essen. Wie können uns diese vielen Episoden aus den Evangelien berühren? Wie kommt es, daß – wie damals, als Jesus seine Hand ausstreckte, um zu heilen und segnen – Kinder immer noch sterben, Eltern weinen, Schwestern durch den Tod des Bruders verlassen sind, Blinde, ohne sehen zu können, ins Grab steigen, warum kehren sie nicht in Fleisch und Blut für ein glücklicheres Leben hier auf Erden zurück? Es gibt bisher, wie T. S. Eliot schrieb, nur Fingerzeige und Mutmaßungen – Fingerzeige gefolgt von Mutmaßungen. Im Wunder Jesus wird der Vorhang einen Moment beiseite gezogen und die endgültige Bestimmung enthüllt. Gott, der handeln *kann*, ist Gott, der *handelt*.

Und Jesus, der einmal gehandelt hat, handelt jetzt.

In jeder konkreten physischen, psychischen und geistigen Veränderung im menschlichen Leben kann die Kraft des verborgenen Jesus erkannt werden. Die Geschichten der Wunder in den Evangelien sind daher eine Tatsache, heute wie damals.

Und so gibt es eine direkte logische Linie von der Schöpfung zur Fleischwerdung bis zur Erlösung: Gott schafft, er ruft, er offenbart sich, wird Teil der Menschheit und erlöst schließlich das, was er geschaffen hat. In diesem Zusammenhang betrachtet, sind Wunder eine Zusammenballung von Mitteln, die Zeugen von Gottes unvorstellbarer Güte sind, die in unserer Mitte wirkt. Seine Gaben sind unvorhersehbar und unerschöpflich.

Wir können wirklich so weit gehen zu sagen, daß jemand ein Narr sein muß, wenn er nicht sieht, daß Wundern eine Logik innewohnt. Der Philosoph Maurice Blondel hat dies so ausgedrückt: »Gott offenbart seine übernatürliche Güte durch übernatürliche Zeichen.« Und die Zeichen sind überall.

Die neue Ethik:

Die Gleichnisse Jesu

Eines Tages fragte ein jüdischer Gesetzeslehrer, der von den Taten und Lehren Jesu zutiefst beeindruckt war: »Was muß ich tun, um das ewige Leben zu gewinnen?«

»Was schreibt das Gesetz?« entgegnete Jesus und zögerte seine Antwort hinaus, um den Mann zu fragen, was er aus der mosaischen Überlieferung gelernt hatte. »Was liest du dort?«

Der Mann kannte seine Schriften und wiederholte die Shema aus dem Buch Deuteronomium (6,5): »Darum sollst du den Herrn, deinen Gott, lieben mit ganzem Herzen, mit ganzer Seele und mit ganzer Kraft – und deinen Nachbarn wie dich selbst.«

»Du hast die richtige Antwort gegeben«, sagte Jesus.

Doch der Mann war nicht befriedigt. »Und wer *ist* mein Nachbar?« Was in anderen Worten heißen soll: Wo liegen die Grenzen meiner Verantwortung? Wer hat einen solchen Anspruch auf meine Liebe, daß meine Zuwendung zu ihm ein Sinnbild meiner Liebe zu Gott ist?

Und so erzählte Jesus eine Geschichte, die seine gesamte Verkündigung enthielt. Doch indem er sie erzählte, gab er keine direkte Antwort auf die ihm gestellte Frage, »Wer soll das *Objekt* der Liebe sein?« Jesus richtete das Augenmerk hingegen auf das *Subjekt* der Liebe. Jeder muß für den Bedürftigen der Nächste sein. Wie üblich bot Jesus in der Form einer Parabel eine Antwort von tiefer Bedeutung – eine Antwort auf die Frage nach dem wichtigsten Gebot.

»Ein Mann ging von Jerusalem nach Jericho hinab und wurde von Räubern überfallen. Sie plünderten ihn aus und schlugen ihn nieder; dann gingen sie weg und ließen ihn halbtot liegen. Zufällig kam ein Priester denselben Weg herab; er sah ihn und ging weiter. Auch ein Levit kam zu der Stelle; er sah ihn und ging weiter. Dann kam ein Mann aus Samarien, der auf der Reise war.« (Lukas 10, 30–33) Ausgerechnet ein Samariter, einer aus dem Volk, das von den gläubigen Juden als Ketzer betrachtet wurde. Sogar im 20. Jahrhundert gibt es noch Reste jener unversöhnlichen Feindschaft zwischen Juden und Samaritern.

Samariter, die als Fremde betrachtet und als Heiden behandelt wurden, lebten in dem Bezirk Samaria. Sie waren streng konservativ und teilten das Erbe der Juden, beanspruchten aber, die wahren Träger des alten Glaubens des Moses zu sein. Dennoch pflegten sie Ungläubige zu heiraten, und das allein machte sie schon den Juden verächtlich. Als unannehmbar betrachtet und niemals willkommen, brachte der Samariter allein durch seine Anwesenheit dem Juden rituelle Unreinheit. Die Samariter ihrerseits sahen in den Juden die Ketzer. Sie selbst anerkannten nur die ersten fünf Bücher der Bibel und hielten ihren Gottesdienst lieber am Berg Gerizim (nahe dem heutigen Nablus) ab als im Tempel von Jerusalem. Die Erbitterung über diese Riten erreichte ihren Höhepunkt, als der jüdische König Johannes Hyrkanus im späten 2. Jahrhundert v. Chr. den samaritischen Tempel zerstörte. Von diesem Augenblick an war die Feindschaft endgültig, und keiner der einen Gruppe hätte einem der anderen Unterkunft gewährt. Ungefähr zwanzig Jahre vor dem Wirken Jesu entweihte eine Gruppe Samariter, immer noch aus der Rache für die Zerstörungen durch Johannes Hyrkanus, den Tempel von Jerusalem, indem sie ihn mit den Gebeinen Toter überhäuften. Die Zuhörer Jesu waren von der Wendung, die die Geschichte nahm, überrascht, denn der reisende Samariter – der geschworene Feind alles Jüdischen (wie die Samariterin am Brunnen, mit der Jesus so unerschrocken ein Gespräch begonnen hatte) – wurde zum Helden der Parabel.

»Als er ihn sah, hatte er Mitleid, ging zu ihm hin, goß Öl und Wein auf seine Wunden und verband sie. Dann hob er ihn auf sein Reittier, brachte ihn zu einer Herberge und sorgte für ihn. Am anderen Morgen holte er zwei Denare hervor, gab sie dem Wirt und sagte: Sorge für ihn, und wenn du mehr für ihn brauchst, werde ich es dir bezahlen, wenn ich wieder komme.

Was meinst du: Wer von den dreien hat sich als der Nächste dessen erwiesen, der von den Räubern überfallen wurde? Der Gesetzeslehrer antwortete: Der, der barmherzig an ihm gehandelt hat. Da sagte Jesus zu ihm: Dann geh und handle genauso.« (Lukas 10, 33–37)

Der Gleichnis war unerhört – sicher eines der erschreckendsten unter den Verkündigungen Jesu. Nur mit dem Hintergrund der langen Geschichte der Feindschaft zwischen Juden und Samaritern kann das ganze Ausmaß der Herausforderung erfaßt und die Kraft der Worte Jesu ermessen werden. Der Samariter als Vorbild für frommes Verhalten sowie tiefe und liebende Anteilnahme, die sich gegen alte Vorurteile durchsetzten, war so erstaunlich, wie wenn in einer modernen Geschichte ein Verbrecher Held einer Geschichte wäre.

Und man beachte: Die Unterhaltung, die dem Gleichnis vorausging, sprach von Liebe, aber wann immer das Alte Testament zitiert wird, scheint das Wort niemals wieder auf. Und Jesus verwendete das Wort *Liebe* nahezu immer in Zusammenhang mit Gott. Statt dieses Wort allzuoft zu beanspruchen und damit zur leeren Phrase werden zu lassen, beschrieb er die wahre Liebe im menschlichen Bereich: Er sprach von Vergebung, Zuneigung, Versöhnung, von dem Verzicht auf Rache. Liebe ist keine romantische Idylle, sondern ein weites Land, eine Atmosphäre, die uns umgibt, in der Wunden geheilt werden, zerbrochene Freundschaften wieder aufleben. »Die Grenzen der Liebe können niemals theoretisch umrissen werden«, hat einmal ein Exeget des Neuen Testaments bemerkt. »Das Gebot der Liebe kennt keine Begrenzung durch Nationalität, Status oder ob der potentielle ›Nachbar‹ der Liebe würdig ist.« In anderen Worten: Jeder, den ich erreichen und auf den ich eingehen kann, ist mein Nachbar.

Die Erzählung vom barmherzigen Samariter ist nichts anderes als das zentrale Anliegen des Jesus von Nazareth. Der gläubige Mann, der zu ihm kommt, denkt von sich selbst: Wie weit bin ich verpflichtet, hier den anderen als Nächsten zu sehen? Wer *ist* überhaupt mein Nächster? Jesus rückt die Frage ins rechte Licht: Denke an die Leiden des Mannes. Versetze dich in seine Lage, dann wirst du wissen, daß die wahre Frage lautet: »Wer braucht meine Hilfe?« Jeder in meiner Nähe, der bedürftig ist, hat ein Anrecht auf mein aktives Mitgefühl, auf meine wirksame Hilfe. Ja, selbst das verachtete Halbblut, der Ketzer, der Mörder, der eingeschworene Feind meines Volkes.

Über all dem liegt die Vergebung, die man von Gott erbittet – eine Vergebung, die wir von Gott erflehen, damit er sie uns in gleichem Maß gewährt, wie wir sie anderen gewähren. »Und erlaß uns unsere Schulden, wie auch wir sie unseren Schuldnern erlassen haben.« (Matthäus

6, 12) In dieser Beziehung war Jesus sehr deutlich: »Denn wenn ihr den Menschen ihre Verfehlungen vergebt, dann wird euer himmlischer Vater auch euch vergeben.« (Matthäus 6, 14) Und wie oft müssen wir vergeben? »Nicht siebenmal, sondern siebzigmal siebenmal.« (Matthäus 18, 22) Damit bediente sich Jesus der hebräischen Tradition, eine unendliche Zahl zu nennen.

Vergebung bedeutet natürlich nicht, daß die Beleidigung belanglos wird oder alles wieder in Ordnung ist – viel weniger bedeutet sie, daß der »Täter« (man selbst oder ein anderer) nicht eine Wiedergutmachung anbieten müßte. Jesus wandte sich in seinen Worten dem Grund zu, die seelische Reaktion auf die Verletzung. Vergebung bedeutet, daß man keine Vergeltung sucht, dem Täter keine Strafe wünscht – im Gegenteil, man sollte seine Bekehrung wünschen und darum beten, genau wie wir selbst immer der Bekehrung bedürfen. Was die Wiedergutmachung von seiten des Täters und die Wandlung seines Lebens betrifft, so ist dies eine andere Sache. Auf jeden Fall aber kommt für Jesus und diejenigen, die ihm folgen, rachsüchtige Strafe nicht in Frage.

Das einzige Vorbild für jene, die Jesus folgen, ist das Vorbild Gottes, den Jesus mit dem Besitzer des Weingartens vergleicht. Die Welt, so sagt er, besteht aus Gut und Böse – was tun? Und Jesus fährt mit der Parabel fort:

»Mit dem Himmelreich ist es wie mit einem Mann, der guten Samen auf seinen Acker säte. Während nun die Leute schliefen, kam sein Feind, säte Unkraut unter den Weizen und ging wieder weg. Als die Saat aufging und sich die Ähren bildeten, kam auch das Unkraut zum Vorschein. Da gingen die Knechte zu dem Gutsherrn und sagten: Herr hast du nicht guten Samen auf deinen Acker gesät? Woher kommt dann das Unkraut? Er antwortete: Das hat ein Feind von mir getan. Da sagten die Knechte zu ihm: Sollen wir gehen und es ausreißen? Er entgegnete: Nein, sonst reißt ihr zusammen mit dem Unkraut auch den Weizen aus. Laßt beides wachsen bis zur Ernte...« (Matthäus 13, 24–30)

Menschen verstehen nicht zu trennen, sagt Jesus. Erst Gott wird die Zeit des letzten Gerichtes und der Trennung bestimmen, und er allein wird darüber urteilen. Wir wagen nicht, ein letztes Urteil zu fällen.

Niemand, beharrt Jesus, kann sich der Liebe entziehen, so wie kein

Mensch, wie böse und verdorben er den anderen auch erscheinen mag, jemals außerhalb der liebenden Umarmung Gottes ist. Immer besteht die Möglichkeit der Reue und immer die Möglichkeit für die in Dunkelheit befangene Seele, das Geheimnis der Gnade, wie still und unsichtbar es auch ist, zu ergreifen.

Diese Gleichnisse verstärkten den Eindruck, den Jesus bei seinen Zuhörern hervorrief. Jesus verlor bei den religiösen und politischen Machthabern weiterhin an Ansehen. Schließlich war es eine Sache, grenzenlose Nächstenliebe zu verkünden, aber eine andere, Feinde in diese Nächstenliebe einzuschließen. Und noch schlimmer, wie konnte dieser Mann aus Nazareth einen geschworenen Feind der Juden – einen Samariter von allen Menschen! – zum Helden einer Parabel machen? Durch eine solche Verspottung aller traditionellen Werte droht alles außer Kontrolle zu geraten.

Es spielte keine Rolle, daß Jesus konkrete Beispiele für Gottes Sein gab – den, wenn wir wollen, »Blick« auf Gott, wie wir ihn in den alten jüdischen Schriften finden: »Jahwe ist ein barmherziger und gnädiger Gott, langmütig, reich an Huld und Treue: Er bewahrt Tausenden Huld, nimmt Schuld, Frevel und Sünde weg.« (Exodus 34, 6,7)

Jesus mangelte es niemals an Bildern für diese Einstellung – in der Tat, alles was in seinem Verständnis Gottes und in seinen Lehren Bedeutung hatte, lag in diesen beeindruckenden, phantasievollen Beschreibungen des Reiches von Gottes unermeßlicher Liebe. Eine andere Parabel hat seither die Welt verfolgt – die Geschichte über einen verantwortungslosen Sohn und die erstaunliche Lösung, die die Familie für dieses Problem fand.

»Ein Mann hatte zwei Söhne. Der jüngere von ihnen sagte zu seinem Vater: Vater, gib mir das Erbteil, das mir zusteht. Da teilte der Vater das Vermögen auf. Nach wenigen Tagen packte der jüngere Sohn alles zusammen und zog in ein fernes Land. Dort führte er ein zügelloses Leben und verschleuderte sein Vermögen. Als er alles durchgebracht hatte, kam eine große Hungersnot über das Land, und es ging ihm sehr schlecht. Da ging er zu einem Bürger des Landes und drängte sich ihm auf; der schickte ihn aufs Feld zum Schweinehüten.« Das ist natürlich die letzte Erniedrigung für einen Juden: die Berührung mit den verbotenen, unreinen Schweinen. »Verflucht sei der Mann, der Schweine züchtet«, warnt der Talmud.

»Er hätte gerne seinen Hunger mit den Futterschoten gestillt, die die Schweine fraßen, aber niemand gab ihm davon ab. Da ging er in sich und sagte: Wie viele Tagelöhner meines Vaters haben mehr als genug zu essen, und ich komme hier vor Hunger um. Ich will aufbrechen und zu meinem Vater gehen und zu ihm sagen: Vater, ich habe mich gegen den Himmel und gegen dich versündigt. Ich bin nicht mehr wert, dein Sohn zu sein, mach mich zu einem deiner Tagelöhner. Dann brach er auf und ging zu seinem Vater. Der Vater sah ihn schon von weitem kommen, und er hatte Mitleid mit ihm. Er lief dem Sohn entgegen...« (eine ungewöhnliche und unwürdige Geste für einen betagten Orientalen, wie einmal ein Gelehrter bemerkt hat) »...fiel ihm um den Hals und küßte ihn. Das eindeutige Zeichen für einen jüdischen Sohn, daß ihm sein Vater vergeben hatte. Da sagte der Sohn: Vater ich habe mich gegen den Himmel und gegen dich versündigt, ich bin nicht mehr wert, dein Sohn zu sein. Der Vater aber sagte zu seinen Knechten: Holt schnell das beste Gewand und zieht es ihm an, steckt ihm einen Ring an die Hand und zieht ihm Schuhe an. Bringt das Mastkalb her und schlachtet es, wir wollen essen und fröhlich sein. Denn mein Sohn war tot und lebt wieder; er war verloren und ist wiedergefunden worden. Und sie begannen ein fröhliches Fest zu feiern.« (Lukas, 14, 11–24)

Aber die Geschichte war nicht beendet. Sie begann von einem Vater, der *zwei* Söhne hatte, und nun wendet sich die Erzählung dem anderen zu.

»Sein älterer Sohn war unterdessen auf dem Feld. Als er heimging und in die Nähe des Hauses kam, hörte er Musik und Tanz. Da rief er einen der Knechte und fragte, was das bedeuten solle. Der Knecht antwortete: Dein Bruder ist gekommen und dein Vater hat das Mastkalb schlachten lassen, weil er ihn heil und gesund wiederbekommen hat. Da wurde er zornig und wollte nicht hineingehen. Sein Vater aber kam heraus und redete ihm gut zu. Doch er erwiderte dem Vater: So viele Jahre diene ich dir, und nie habe ich gegen deinen Willen gehandelt, mir aber hast du nie auch nur einen Ziegenbock geschenkt, damit ich mit meinen Freunden ein Fest feiern konnte. Kaum aber ist der hier gekommen, dein Sohn, der sein Vermögen mit Dirnen durchgebracht hat, da hast du für ihn das Mastkalb geschlachtet. Der Vater antwortete: Mein Kind, du bist immer bei mir, und alles, was mein ist, ist auch dein. Aber jetzt müssen wir uns doch freuen, denn dein Bruder war tot und lebt wieder, er war verloren und ist wiedergefunden worden.« (Lukas 15, 25–32)

Auch diese Parabel wirkte schockierend. Gott, so wird gesagt, ist ein Elternteil, das uns irrende, selbstsüchtige Wanderer als Gott der heilenden, wilkommenheißenden Liebe empfängt. Er ist nicht der Kraftmensch, der mächtige Herr des Gesetzes, nicht der Kriegsherr, der Schrecken verbreitet und Geiseln nimmt, nicht der strenge Lehrer oder der genaue Buchhalter. »Er ist der gute Gott, und es ist schwer, einen weniger trivialen Ausdruck zu finden«, hat Hans Küng geschrieben. »Er identifiziert sich mit [uns], mit [unseren] Nöten und Hoffnungen. Er fordert nicht, sondern gibt, unterdrückt nicht, sondern richtet auf, verwundet nicht, sondern heilt ... Er vergibt, statt zu verdammen, befreit, statt zu strafen, gewährt die uneingeschränkte Gnade an Stelle des Gesetzes.«

Nichts über Jesus entspricht dem, was wir heute als Akademismus bezeichnen könnten: Weder wandte er sich im besonderen an Intellektuelle, noch mied er sie. Er war statt dessen ein begnadeter Erzähler von Geschichten der Alltagserfahrung.

Die liebenswerte Geschichte des Vaters und seiner Söhne zum Beispiel war an seine Zuhörer nicht verschwendet, und die Botschaft war eindeutig. Das, was er über den liebenden Vater in der Parabel sagte, ist Gott und seine Liebe: Gott liebt auch diejenigen, die nicht nur verloren sind, sondern die sich vorsätzlich von ihm entfernt haben. Seine Liebe ist beständig, seine Gnade, wenn auch unverdient, immer verschwenderisch. Im Gegensatz zu jenen, die glauben, Gottes Billigung gepachtet zu haben, schien Jesus zu sagen: Seid nicht freudlos, unfreundlich und selbstgerecht. Jene, deren Seelenleben nahe dem Erlöschen ist, kommen zu neuem Leben; freut euch mit ihnen. Doch diese Erzählung war mehr als die Mahnung zur Vergebung: sie war auch eine Antwort für jene, die es empörend fanden, wenn Sünder liebevoll behandelt werden.

Müßte man eine Eigenschaft charakterisieren, die für Jesus nicht annehmbar war, dann ist es das, was er als geistige Selbstzufriedenheit bezeichnete und in einem anderen Beispiel aufzeigte. Für Menschen, die sich in ihrer eigenen Rechtschaffenheit sonnten und andere mit Verachtung betrachteten, erzählte er die folgende Geschichte: »Zwei Männer gingen zum Tempel hinauf, um zu beten; der eine war ein Pharisäer, der andere ein Zöllner. Der Pharisäer stellte sich hin und sprach leise dieses Gebet: Gott, ich danke dir, daß ich nicht wie die anderen Menschen bin, die Räuber, Betrüger, Ehebrecher oder auch wie dieser Zöllner dort. Ich faste zweimal in der Woche und gebe dem Tempel den zehnten Teil meines ganzen Einkommens. Der Zöllner aber blieb ganz hinten stehen und wagte nicht einmal seine Augen zum Himmel zu erheben, sondern schlug sich auf die Brust« (ein Zeichen der Reue, der Sehnsucht nach einem reinen Herzen) »und betete: Gott sei mir Sünder gnädig! Ich sage euch: Dieser kehrt als Gerechter nach Hause zurück, der andere nicht. Denn wer sich selbst erhöht, wird erniedrigt, wer sich aber selbst erniedrigt, wird erhöht werden.« (Lukas 18, 10–14)

Die Geschichte des großzügigen Vaters (der die eigentliche Hauptfigur des Gleichnisses ist, nicht der »verlorene Sohn«) war die Antwort Jesu an diejenigen, die ihm vorwarfen, daß er Sünder und Außenseiter in seine Tischgemeinschaft einbezog. »Dieser Mensch heißt die Sünder willkommen und ißt mit ihnen«, murrten die Feinde Jesu, die Selbstgerechten, die es als abwegig mißbilligten, sich zu jenen zu gesellen, die sie als gering ansahen: Ehebrecher, Schwindler, Zöllner und Steuereinnehmer, Schäfer – für Jesus waren sie alle willkommen, sie sollten seine Gesellschaft suchen und mit ihm sprechen.

War Jesus leichtfertig gegenüber Dieben und Sinnenfreudigen? Gewiß hat er ihren Lebensstil, der die Ausbeutung und Täuschung anderer miteinschloß, nicht gebilligt. Nein, überall in den Evangelien wies Jesus jedermann zu Wahrheit und Ehrlichkeit an, und immer wieder beklagte er die Verzweiflung, die aus dem billigen Verkauf des Ichs kam. Andererseits, was waren *diese* Sünden schon verglichen mit denen der Heuchelei und der ungezügelten Gier nach Macht?

Um die moralische Kraft Jesu zu verstehen, ist es entscheidend zu erkennen, daß es in jenen Jahren in Galiläa wirklich sehr schwierig war, sein Auskommen zu finden. Das politische System ließ der Bevölkerung keinen Lebensraum. So gab es Frauen und Männer, die zu einem Beruf gezwungen waren – Schafehüten zum Beispiel oder sogar Prostitution –, den sie freiwillig nie gewählt hätten, und diese unglücklichen Menschen konnte Jesus nicht verdammen. Statt dessen hinterfragte er das zivile und religiöse System, das den Menschen so große Steuern auferlegte und sie in die Kriminalität trieb.

Wahrscheinlich würde Jesus von Nazareth zweitausend Jahre später als »flammender Liberaler« bezeichnet werden, ein Mann ohne Sinn für Realität, ein Mann ohne Mitleid für die Opfer, ein Mann, der wagte, die Verbrecher zu verteidigen. Das allerdings hieße, die Wahrheit nicht zu erkennen, denn Jesus sah in jedem ein Opfer. Doch er bot keine Belohnung für diesen Umstand, noch hatten für ihn die Opfer ein Recht auf Wiedergutmachung (wie heute so oft gefordert wird). Statt dessen zeigte er ihnen den Weg, aus dem Teufelskreis von Opfer und Täter auszubrechen.

Die sozialen Verhältnisse in Galiäa bewegten Jesus dazu, das barmherzige Mitleid eines gnädigen Gottes über die Forderungen eines starren Gesetzes zu stellen. Über Religionsgelehrte und Autoritäten, die allzu leicht verdammen, sagte Jesus einmal zu einer Menschenmenge: »Sie schnüren schwere Lasten zusammen und legen sie den Menschen auf die Schultern, wollen selbst aber keinen Finger rühren, um die Lasten zu tragen.« (Matthäus 23, 4)

Das Bild war den Zuhörern sofort klar. Bauern legten oft schwere Joche, hölzerne Stangen und Balken auf den Nacken der Tiere, die den Pflug zogen und den Boden lockerten. Dabei sanken die armen Tiere oft zu Boden, brachen jämmerlich zusammen. Jesus wandte sich an jene, die durch das Gesetz zusammenbrachen: »Kommt alle zu mir, die ihr euch plagt und schwere Lasten zu tragen habt. Ich werde euch Ruhe verschaffen. Nehmt mein Joch auf euch und lernt von mir; denn ich bin gütig und von Herzen demütig; so werdet ihr Ruhe finden für eure Seele. Denn mein Joch drückt nicht, und meine Last ist leicht.« (Matthäus 11, 29–30)

Er brachte keine neuen Gesetze, doch das Versprechen eines neuen Lebens, in dem die einzige Forderung in der inneren Selbstaufgabe für Gott liegt. Und alles das konnte nur geschehen, weil Jesus selbst gegenüber Gott offen genug war, daß er so sprechen und handeln konnte. Das war seine Kraft und der Sinn seiner Offenheit gegenüber Sündern, Frauen und Kindern – eine Geisteshaltung, die seiner Zeit fremd war.

Jesus bestand darauf, daß Gott mehr als einen Finger rührte, um den Beladenen zu helfen. Und er sah das Entsetzen auf den Gesichtern seiner Zuhörer, wenn er so einen Vergleich zog: Gott selbst ist der Schäfer.

»Wird die Blasphemie dieses Mannes nie ein Ende finden?« protestierten seine Feinde. Wäre dieser Mann von Gott gesandt, er würde niemals wagen, den Allerhöchsten ausgerechnet mit einem *Schäfer* zu vergleichen.

Doch Jesus fuhr fort – und diesmal wurde er nicht unterbrochen. Seine Parabel drückte nicht nur eine ethische Forderung aus, sondern verhieß auch Mitleid.

»Wenn einer von euch hundert Schafe hat und eines davon verliert, läßt er dann nicht die neunundneunzig in der Steppe zurück und geht dem verlorenen nach, bis er es findet? Und wenn er es gefunden hat, nimmt er es voll Freude auf die Schultern, und wenn er nach Hause kommt, ruft er seine Freunde und Nachbarn zusammen und sagt zu ihnen: Freut euch mit mir; ich habe mein Schaf wiedergefunden, das verloren war.« (Lukas 15, 4–6) Es war nicht der Wert des Tieres, der die Suche des Schäfers rechtfertigte, sondern nur die Tatsache, daß es sein Schaf war, das ohne seine Fürsorge den Heimweg nicht finden konnte.

Das gleiche galt auch für eine Hausfrau, fuhr Jesus fort und stellte eine Frau in den Mittelpunkt seiner Parabel. Zur Zeit Jesu (und in diesem Teil der Welt noch heute) bestand der Kopfschmuck der verheirateten Frau aus Münzen, die aus ihrer Mitgift stammten. Die Münzen waren ihr kostbarstes Besitztum, denn sie hatten sowohl ideellen wie materiellen Wert und durften nicht einmal im Schlaf abgelegt werden. Stellt euch eine Frau vor, sprach Jesus zu seinen Zuhörern, deren Kopfschmuck so schlicht ist, daß er nur aus Silbermünzen besteht. »Wenn eine Frau zehn Drachmen hat und eine davon verliert«, Jesus blickte bei diesen Worten seinen Widersachern direkt in die Augen, »zündet sie dann nicht eine Lampe an, fegt das ganze Haus und sucht unermüdlich, bis sie das Geldstück findet?« (Lukas 15, 8) Mit der gleichen Hartnäckigkeit bemüht sich auch der Schäfer um jedes verlorene Schaf seiner Herde. Und wenn er das Verlorene wiedergefunden hat, teilt er seine Freude mit Nachbarn und Freunden.

Diese Gleichnisse sollten Gottes ewige Barmherzigkeit verkünden. Es handelte sich hier nicht um nette erbauliche Geschichten, sondern um solche, die den Zuhörer zwangen, sich für Jesus und seine Sendung zu entscheiden. Die Parabeln enthielten die Bestätigung der

Person Jesu: Wenn in einer von ihnen zum Beispiel die Güte Gottes beschrieben wurde, so konnte diese Güte in Jesus gesehen und erfahren werden. Wenn in einer Parabel vom himmlischen Königreich (der semitische Ausdruck, der damit den Name Gottes vermied) gesprochen wurde, so kündigte Jesus die Ankunft dieses Königreiches an. Die Parabeln waren aber auch die Antwort Jesu an jene, die ihn des antireligiösen Auftretens anklagten, da er sich mit unpassenden Personen umgab. Was Jesus sagte, was er verkündete, was er tat, entsprach dem Wesen und dem Willen Gottes. Auf eine Weise, die sich von allen ihm vorangegangenen Propheten unterschied, beanspruchte Jesus, der einzig wahre Vertreter Gottes zu sein – daß in ihm und durch ihn Gott handelte. Die Parabeln erzählten, wie Gott ist, Jesus selbst zeigte, wer Gott ist.

Mehr als fünfzigmal wird Jesus in den Evangelien als »Lehrer« bezeichnet oder angesprochen, und das zeigt vielleicht mehr als jede andere Bezeichnung die Einstellung seiner Zeitgenossen. Viele der bekanntesten Aussprüche Jesu wurden nach Themen geordnet und uns in der Bergpredigt nach dem Matthäus-Evangelium überliefert (Matthäus 5, 1–7, 29). Es handelt sich hier um eine Schlüsselaussage, und ihr Inhalt ist absolut revolutionär. Jedes Vorurteil wird umgekehrt, jede Erwartung erschüttert, alle üblichen und allgemein anerkannten Lebensregeln auf den Kopf gestellt. »Meine Gedanken sind nicht eure Gedanken, und eure Wege sind nicht meine Wege«, hatte einst die Offenbarung des Herrn an Jesaja gelautet (Jesaja 55,8).

Wie ein neuer Moses steigt der Mann aus Nazareth auf einen Berg und setzt sich nieder – die traditionelle Haltung des jüdischen Lehrers. Er beginnt damit, die wahren Freuden des Menschen aufzuzeigen; daher die Verwendung von Makarismen (Seligpreisungen) oder Aussagen, die mit dem griechischen Wort für gesegnet (*makarioi*) beginnen, um Menschen im Zustand der Glückseligkeit zu beschreiben. »Selig, die arm sind vor Gott, denn ihnen gehört das Himmelreich.« (Matthäus 5, 3).

Ein Anteil am wahren Leben Gottes (das Leben im »himmlischen Königreich«) ist allgegenwärtige Wirklichkeit für jene, die »arm sind vor Gott« – jene, die wissen, daß Gott ihre einzige Hoffnung, ihr einziger Zufluchtsort ist, jene, die um ihr Bedürfnis nach Gott wissen, jene, die Freude an ihrer Abhängigkeit von ihm haben. Sogar stärker als zur Zeit Jesu dürften diese Aussagen einen der irritierendsten Aspekte des echten geistigen Lebens darstellen.

Mag sein, daß diese Erklärungen nicht befriedigend sind: die Erinnerung daran, daß ich allein nichts erreichen kann – egal, ob ich auf Begabung, Intuition, Ausdauer, Intelligenz, Willensstärke oder vererbte Anlagen vertraue. Im Grunde meines Ichs bin ich abhängig! An dieser Demut ist nichts Passives oder Erniedrigendes: Um den Mangel an Selbstkontrolle und um seine Abhängigkeit zu wissen, heißt, jeden Tag voll Vertrauen auf Gott zu leben, der immer in Liebe zu uns handelt.

Man kann unzählige Einwände getrost vorwegnehmen. »Es ist gut und schön über göttliche Liebe zu sprechen, doch welchen Sinn kann das für jemanden haben, der zum Beispiel an einer physischen oder psychischen Krankheit leidet?« Die Antwort ist nicht leicht, doch kann man sagen, daß gerade der Leidende den ihm gebotenen religiösen Möglichkeiten zugänglicher ist.

Und das war Jesu eigene Erfahrung von Gott – daß er nicht nur für eine unabänderliche Berufung in der Menschheitsgeschichte bestimmt war, sondern daß ihm von Gott, der Quelle allen Glücks, die Kraft dazu verliehen wurde. »Glück« ist in diesem Zusammenhang nicht mit einem Lachen oder der völligen Zufriedenheit gleichzusetzen. Von Gott unterstützt zu werden, löst weder die Herausforderungen noch die Schmerzen des Lebens: Jesus am Kreuz war ausgestoßen, er starb den Tod eines Verbrechers, er war vollkommen verlassen und vom Standpunkt des weltlichen Erfolges aus ein vollkommener Versager.

Jesus fährt fort: »Selig sind die Trauernden ... die keine Gewalt anwenden ... die Barmherzigen« (Matthäus 5), sie werden sich freuen, sie werden frohlocken und ihnen wird Barmherzigkeit zuteil werden. Wie erstaunlich muß das doch damals geklungen haben – sowie auch heute, diese Versicherung, daß die Betrübten, die vor Gott Demütigen und zu den Mitmenschen Gütigen getröstet und seiner immerwährenden Herrschaft sicher sein werden, gerade deshalb, weil sie nicht nach irdischer Überlegenheit gieren. Gott schließlich tröstet jene, die wie Jesus nicht nach weltlicher Macht streben. Das einzige Königreich, das für jene ist, die ihm folgen, ist sein Reich: »Ein Königreich der Wahrheit und des Lebens«, wie in einem katholischen liturgischen Vorwort beharrlich festgestellt wird – »ein Königreich der Heiligkeit und der Gnade, ein Königreich der Gerechtigkeit, der Liebe und des Friedens«. Nicht, mit anderen Worten, das, was wir unter Königreich verstehen – vielmehr ein Reich, in dem nur Gott verehrt wird.

Der christliche Glaube manifestiert sich im Gebet sehr deutlich nach den Lehren Jesu – zum Beispiel im Abendgebet, einer Bitte, die in das *Book of Common Prayer* seinen Einzug gehalten hat: »Wache O Herr mit jenen, die heute Nacht arbeiten, nicht schlafen oder weinen ... Behüte die Kranken, schenke den Ermüdeten Ruhe, segne die Sterbenden, besänftige die Leidenden, habe Mitleid mit den Heimgesuchten, schütze die Fröhlichen – und das alles um deiner Liebe willen.« Mit einer solchen Zuversicht, die in geistiger Schlichtheit verwurzelt ist, vertrauen wir auf die Barmherzigkeit Gottes und empfehlen einander seiner Gnade. Wie so vieles andere nimmt das Gebet seine Richtschnur aus den Seligpreisungen.

Diese Seligpreisungen behandeln die tiefsten menschlichen Nöte mit absolutem Ernst. »Selig, die hungern und dürsten nach der Gerechtigkeit, denn sie werden satt werden ... Selig, die um der Gerechtigkeit willen verfolgt werden, denn ihnen gehört das Himmelreich.« (Matthäus 5, 6,10) Gerechtigkeit hat nichts mit moralischer Arroganz zu tun: Hunger und Durst um der Gerechtigkeit willen heißt vielmehr, die Sehnsucht nach der richtigen Beziehung, nach der Freundschaft mit Gott.

Diese Art Verpflichtung führt in dieser Welt beunruhigend oft zu Leid und Verfolgung. Doch nach dem Ethos Jesu heißt das, der Gewalt mit Sanftmut zu begegnen – somit ein »gesegneter Friedensstifter« zu werden, einer, der Gott gehört. »Gott ist ein Gott des Friedens, weil er der Gott der Kraft und der Güte ist«, sagt Romano Guardini. In der neuen, von Jesus eingeleiteten Ordnung – nicht nur durch das Wort, sondern auch durch die Tat und dadurch, was Gott in ihm tut – wird alles, was die Welt als groß bezeichnet, ins rechte Licht gerückt, so daß sich echte Größe durchsetzt.

Dann gibt es die, die »reinen Herzens« sind. Sie werden Gott schauen, und nicht erst in der Zukunft: jene, die Gott geweiht sind, sehen seine Taten in der Welt und in dem Nächsten, so wie der arme beraubte Reisende auf dem Weg nach Jericho. Glückseligkeit bezieht sich nicht, wie so häufig angeommen wird, in erster Linie auf sexuelles Verlangen (obwohl dieses gewiß zu den Wünschen zählt, die maßlos und zerstörerisch werden können). Wer reinen Herzens ist, gehört somit zu den Ehrlichen und Aufrichtigen, zu jenen, die sich Gott weihen und danach streben, Gottes Barmherzigkeit widerzuspiegeln. Was immer auch über das Gesegnetsein gesagt wird, so spricht Jesus im wesentlichen nicht von unserem Schicksal in einer künftigen Welt; zu Gott gehören, ist etwas Gegenwärtiges. Die Erfüllung dieser Zugehörigkeit liegt bei Gott.

Jesus spricht nicht von der Verurteilung durch das Jüngste Gericht, sondern verkündet etwas noch nie Dagewesenes im menschlichen Leben, und in dieser Beziehung ist er wirklich revolutionär. Jeder bisherige Anspruch, jeder als sicher angesehene Wert – daß diese Welt sich selbst genügt und ihre eigene Realität ist – muß neu überdacht werden. Nach Lukas sind es die Reichen, die Zufriedenen, die in dieser Welt Geehrten, die in größter Gefahr sind. Die Armen, die Unglücklichen, die Hungernden, die Verfolgten sind gesegnet – nicht deshalb, weil ihr Zustand an sich erstrebenswert oder gesegnet ist, sondern weil die Not lehrt, wie unzulänglich das irdische Dasein ist. Und Matthäus erinnert uns in seiner vergeistigten Fassung der Glückseligkeit daran, daß wenn wir auch nicht im wörtlichen Sinn arm oder hungrig sind, wir dennoch den geistigen Hunger, unsere tiefe Armut vor Gott, unsere tiefe Abhängigkeit von ihm erkennen müssen.

Natürlich kann Hunger stumpf und Armut gieriger als Überfluß machen. Aber mit der Bequemlichkeit, mit jeder befriedigten Laune geht häufig Trägheit Hand in Hand. Schon aus diesem Grund hat jede religiöse Tradition immer auf der Notwendigkeit bestanden, unser Verlangen und unsere Instinkte zu beherrschen. Die Annehmlichkeiten des Lebens sollen uns dienen, nicht wir ihnen.

Die Bergpredigt enthält nicht fromme Platitüden oder interessante Aphorismen, noch weniger befaßt sie sich mit philosophischen oder poetischen Gedankenspielereien. Die Aussagen sind viel härter: Jesus zitiert aus dem Exodus und dem Deuteronomium: »Ihr habt gehört, daß gesagt worden ist: Auge für Auge und Zahn für Zahn.« (Matthäus 5, 38) Eine jüdische Vorschrift, um übermäßige Vergeltung zu *zügeln*, nicht um sie zu rechtfertigen. »Ich aber sage euch: Leistet dem, der euch etwas Böses antut, keinen Widerstand, sondern wenn dich einer auf die rechte Wange schlägt, dann halte ihm auch die andere hin. Und wenn dich einer vor Gericht bringen will, um dir das Hemd wegzunehmen, dann laß ihm auch den Mantel. Und wenn dich einer zwingen will, eine Meile mit ihm zu gehen, dann geh zwei mit ihm. Wer dich bittet, dem gib, und wer von dir borgen will, den weise nicht ab ... Liebt eure Feinde und betet für die, die euch verfolgen.« (Matthäus 5, 39–44) Schon vorher hieß es: »Wenn dich dein rechtes Auge zum Bösen verführt, dann reiß es aus und wirf es weg! ... Und wenn dich deine rechte Hand zum Bösen verführt, da hau sie ab und wirf sie weg!« (Matthäus, 5, 29–30)

Was soll das? Sind diese Worte nicht reiner Unsinn?

Wenn Jesus von uns verlangt, ein Auge auszureißen oder eine Hand abzuhauen, so ist das eindeutig eine Form semitischer Ironie. Der Zuhörer erwidert etwas in der Richtung von: »Nun, *so* weit sollte es doch nicht gehen, um eine Sünde zu vermeiden!« Die Erwiderung lautet dann: »Wie weit *soll* man gehen?« Und diese Frage kann nur von jedem einzelnen in seiner speziellen Situation beantwortet werden. »Vor allem aber liebt einander, denn die Liebe ist das Band, das alles zusammenhält und vollkommen macht«, (Kolosser 3, 14) drängt Paulus die Kolosser in einem noch vor den Evangelien geschriebenen Brief, in dem die höchsten Ideale des menschlichen Zusammenlebens ausgeführt werden – die Essenz aller christlicher Ethik, der wahre Kern der Jüngerschaft.

Weder verteidigt Jesus schwächliche Ergebenheit gegenüber der Gewalt, noch unterstützt er – der so oft Lahme geheilt hat – die Selbstverstümmelung. Du allein hast dich zu entscheiden, lautet seine Forderung – selbst wenn deine Entscheidung eine harte ist. Liebevolle Verpflichtung gegenüber dem anderen verlangt Vertrauen, wird dieses Vertrauen gebrochen, so sieht man die Wunden, die die Sünde schlägt, am Schmerz, an der Bitterkeit und sogar an der Gegenbeschuldigung, die häufig folgt. Und so ist sich Jesus auch bewußt, daß jene, die »im Herzen gieren« – die nur selbstsüchtige Befriedigung suchen –, letztlich nur selbst die Verlierer sind. In ihren Handlungen wird nie ein tieferer Sinn liegen als die Suche nach Genuß. Wenn Alkohol oder Essen, Sex oder Manipulation zur Sucht werden, wenn wir davon beherrscht werden, dann ist die Radikaloperation notwendig, so wie das brandige Glied amputiert und der Körper dem Skalpell ausgeliefert werden muß, damit die Krankheit nicht zur Zerstörung führt. Auch infizierte Hamburger müssen tonnenweise vernichtet werden, damit Menschen nicht erkranken. Wenn es um unser körperliches Wohlbefinden geht, sind wir bereit, notfalls extreme Maßnahmen für erforderlich zu halten – ist das geistige Leben weniger wichtig?

Wir sorgen uns heute geradezu manisch um die Reinheit der Lebensmittel, um unser Gewicht, achten auf Cholesterin, Natrium, Vitamine, körperliche Bewegung – alles sehr berechtigte Forderungen. Während wir ein beachtliches Maß an Energien verbrauchen, um zu kontrollieren, was wir in den Mund nehmen, stellt sich aber die Frage, wo ist die Sorge, was unsere Augen und Ohren aufnehmen, womit wird unser Geist genährt? Es gibt so viel Wunderbares zu sehen, zu hören, zu lesen: Warum sind wir so häufig indifferent gegenüber Gewalt und Häßlichkeit, die uns beleidigen und erniedrigen, und das häufig unter dem Motto der Nachrichten oder der Unterhaltung? Im Namen der Freiheit verlieren wir vielleicht einiges an Menschlichkeit, wenn wir stolz behaupten, nichts könnte uns schockieren. Vieles sollte es aber!

Doch der revolutionärste Aspekt in den Lehren Jesu liegt in dem Beharren, daß uneingeschränkte, altruistische Liebe – die eine Sache des Willens, nicht des Gefühls ist – die Grundlage menschlicher Beziehungen sein muß. Verteidigung darf nie mit Aggression, Angriff nicht mit Vergeltung begegnet werden. »Liebt eure Feinde und betet für die, die euch verfolgen ... Seid barmherzig, wie auch euer Vater barmherzig ist, vergebet und es wird euch vergeben werden.« (Matthäus 5, 44) Wir sollten in diesen Lehren nicht die lieblichen, unrealistischen Ratschläge eines idealistischen Dichterphilosophen sehen, sie sind ganz im Gegenteil höchster Pragmatismus, der einzige Weg, der zu Frieden zwischen Individuen, Gruppen, Rassen, Nationen führt. Natürlich ist es ein Ideal – ein Ideal, das, wenn es jegliche Überlegung leitet, die menschliche Natur in ihrem Kern berühren kann.

Solange wir eine Änderung des Lebens durch uneingeschränkte Güte als unrealistisch oder nur als zu hohes, unerreichbares Ideal ansehen, wird die Harmonie niemals erreicht werden. Solange wir antworten, daß dies alles unmöglich ist, Gnade nicht Erfahrung erfüllen kann, solange bleibt die Welt in ihrer Unvollkommenheit versunken. Der Glaube an die Nähe Gottes und seiner Fähigkeit, sich uns zu offenbaren und sein Heilsleben mit uns zu teilen, liegt außerhalb jeder

Erfahrung – oder ist überhaupt kein Glaube, sondern ein schöner Traum, eine Art des Mit-sich-selbst-eins zu fühlen – und eine Obsession mit »Selbstachtung« –, die keinerlei Bezug oder Widerhall haben, wenn uns die Realität einholt und die Geigen schweigen.

Wenn das Gebot der Liebe eine grundlegend neue *Ethik* ist, hat Jesus dann tatsächlich einen neuen *Moralkodex* vorgeschrieben? Oder ist es sogar berechtigt, von einem Moralkodex zu sprechen – Regeln, die andere ersetzen oder verbessern?

Über die Morallehre hinaus:

Jesus lehrt über Sünde und Vergebung

Die Verkündigung der allumfassenden Gnade und das Versprechen der göttlichen Güte – deutlich in den Gleichnissen herauszulesen – haben in den Lehren Jesu direkte Parallelen zu Sünde und Vergebung. Jesus fühlte sich sicher, diese Dinge ansprechen zu können, denn er war überzeugt, daß schwierige Zeiten heraufzogen: Gottes Selbstenthüllung stünde nahe bevor, obwohl der Mann aus Nazareth nicht wußte, welche Form sie annehmen und wie sie offenbart werden würde.

Jesus war, und darauf besteht der orthodoxe christliche Glaube, letztlich voll und ganz Mensch. Ein angesehener katholischer Bibelforscher des 20. Jahrhunderts schreibt:

»Die Ungewißheit über die Zukunft und darüber, wie sich einige der wichtigsten Probleme des Lebens gestalten werden, gehört zu den schlimmsten Alpträumen des Menschseins. Der Jesus, der genau wußte, was geschehen würde, wird beinahe zum Schauspieler auf der Bühne der Zeit, unberührt von den Wechselfällen. Er ist ein Jesus, der keine Angst vor dem Tod hätte haben müssen, da er genau wußte, daß er triumphieren würde, und er hätte es nicht notwendig gehabt zu beten (um von einer so furchtbaren Hinrichtung bewahrt zu werden).«

Mit anderen Worten, Jesus teilte mit Sicherheit die normale Unwissenheit jedes Menschen; doch daß er von Gott in einzigartiger Weise mit prophetischer Sendung und Stimme begnadet und in Natur, Person und Weisheit Gottes Ebenbild auf Erden war – in jeder Weise verschieden von allen anderen Menschen –, bildet einen der grundlegenden Glaubenssätze des Christentums.

Doch sich das Baby Jesus vorzustellen, wie es zur Mutter aufblickt und dabei die Einsteinsche Relativitätstheorie kannte, ist schierer Unsinn. Er wäre nicht Gottes verlängerter Arm, der sich dem *menschlichen* Leben entgegenstreckt, hätte er alles gewußt, was es zu wissen gibt. Er war natürlich ein Mann seiner Zeit, und er erkannte die Realität dieser Zeit. Er drückte sich nicht in der Sprache der Psychologie, die den alten Völkern unbekannt war, oder der sich entwickelnden Soziallehre aus, sondern er verwendete Worte, die auf eine schwierige Zeit der jüdischen Geschichte paßten, einer Zeit, in der in bezug auf Gott Entscheidungen zu treffen waren. Alle Entschlüsse sollten ihre Wurzeln und ihre Basis in der mitfühlenden, vergebenden Liebe haben. Und in dieser Hinsicht war Jesus wirklich revolutionär.

Mitgefühl und Liebe sind Worte, die durch zu häufige Verwendung schal geworden und damit vielen Menschen nur mehr lästig sind. Viele Menschen verwechseln Mitleid mit Anerkennung. Und es ist auch eine Begriffsverwirrung, wenn man argwöhnt, wer von Mitleid mit Verbrechern, Sündern, Drogenabhängigen oder Kinderschändern spreche, halte dieses Mitleid den Opfern der Verbrechen vor oder vergebe automatisch dem Verbrecher. Doch wer von uns, ob Opfer oder Täter, hätte nicht Mitleid nötig? Jesus dachte offensichtlich, daß selbst die Schlimmsten, denen er begegnete, Mitleid verdienten. Dafür spricht schon die Tatsache, wie er die Verworfensten seiner Umgebung behandelte – notorische Erpresser, Prostituierte, Diebe, Betrüger, Heuchler. Er liebte, er vergab, er umarmte sie ebenso bereitwillig wie ihre Opfer. Wer das nicht gutheißt, kann sich nicht zu Jesus bekennen.

Doch hier darf man nicht in einen Fehler verfallen: Jesus verlangte von den Missetätern, daß sie nicht mehr sündigten, daß sie nach der Vergebung den tief empfundenen Entschluß faßten, ein neues Leben zu führen. Es ist fast erschreckend, daß Jesus niemals jemanden den Behörden auslieferte. Das rechtfertigt aber nicht die Annahme, er hätte frei umherziehende Verbrecher begünstigt: Jesus hatte das Wohl der Armen, der Alten, der Schutzlosen im Sinn, und das bedeutete auch, sie zu beschützen. Für ihn galt, daß Bestrafung niemals Rache sein durfte. »Ihr habt gehört, daß gesagt worden ist: Auge für Auge und Zahn für Zahn. Ich aber sage euch: ... Liebt eure Feinde und betet für die, die euch verfolgen.« (Matthäus 5, 38, 44)

Doch wie *können* wir das? Es scheint unmöglich zu sein.

Die Aussprüche Jesu sollten nicht (wie der mosaische Kodex oder die anwachsende Zahl der Gesetze zur Zeit Jesu) als spezielle Lebensregeln für seine Jünger gelesen werden, in denen ihnen gesagt wird, was sie in jeder Lebenslage zu tun hätten. Was Jesus uns im Licht der kritischen Zeit vor Augen hält, in der uns Gott bewußt wird, ist eine Art Szenario, das Zeichen und Beispiele über die Bedeutung des Eintritts des Königreichs Gottes in diese Welt bietet: Das neue Leben hat seine Wurzeln in der außerordentlichen, einmaligen Liebe. Der eigentliche Sinn der Bergpredigt liegt somit – abgesehen von jeder neuen sittlichen Vorschrift, die uns Jesus gibt – nicht in einem neuen Gesetz, welches das alte ersetzen, vereinfachen oder wiedererwecken soll. Was er statt dessen ankündigt, ist die Liebe Gottes, welche die Menschheit auffordert, Gott zur Grundlage allen Lebens zu machen. Wenn das geschieht, sagt Jesus, werdet ihr die Liebe als sichtbares Feuer sehen, das den Erdball umschließt, die Wunden der Sünde ausbrennt und die gesamte Schöpfung verändert.

Die Bergpredigt – mit dem strikten Gesetz der Liebe und den Vorschriften gegen Haß, Vergeltung, Ausbeutung, Begierde und Untreue – enthüllt die Wirkung der Gnade in den menschlichen Beziehungen. Das sind die Zeichen von Gottes Wirken in der Welt. Ihr gehört zum göttlichen Reich des Lichtes, sagt Jesus; aus dieser Erfahrung erwächst neues Leben – eine grundlegende Änderung aller Erwartungen der Menschen.

Dieses Gesetz der Liebe ist von der Gesetzgebungswut, von der die Kirche seit der Zeit Jesu oft befallen wurde, sehr verschieden. Immer neue Vorschriften wurden ausgedacht, Verhaltensregeln wurden in Formen gegossen, eine verengte Sicht kam dazu, Sünder wurden ausgestoßen. Jesus war, wie bereits gesagt, in den Augen vieler Kirchenlehrer ein neuer Gesetzgeber. »Jesus sagt dies« oder »Jesus sagt das« wird so häufig behauptet, als wären die Evangelien eindeutige, unabdingbare Handbücher, von dem, was zu tun oder nicht zu tun ist. Doch Jesus von Nazareth war alles andere als ein Gesetzgeber.

Wenn er von einem neuen Gesetz sprach, dann verstand er darunter nur eine einzige Wahrheit. Er sagte: »Das ist mein Gebot: Liebt einander, so wie ich euch geliebt habe.« (Johannes 15, 12) Und seine Liebe war allumschließend, befreiend, niemals verdammend, immer mit der Möglichkeit der Reue. Von allen Menschen werden gerade die Vertreter der Kirche nicht gern daran erinnert, noch schätzen sie Predigten darüber: Es scheint vor allem gegenüber dem menschlichen Verhalten zu optimistisch zu sein. Und schüfe man *Religionsgesetze* – so wie man Verkehrsgesetze schafft –, was *täten* die Menschen? Die Schranken fielen, wir würden jede Kontrolle verlieren, und alles würde sich zum Schlechten wenden. Mit anderen Worten: Gott wäre gegen menschliches Unverständnis hilflos, es sei denn, er erließe ein Aufgebot von Sanktionen. Religion ist für viele der modernen Kirchen gleichbedeutend mit einem System von Gesetzen und Doktrinen: Das entspricht dem allgemeinen Denken, doch letztlich ist eine solche Einstellung nicht mit dem lebendigen, mündigen Glauben zu vereinbaren.

Diese Einstellung zur moralischen Wachsamkeit – als wären Glaube und Moral Synonyme – ist einer Polizeimentalität näher als die Einstellung von Jesus, der von einer neuen inneren Haltung spricht, die uns von der sklavischen Gesetzesangst befreit; er hebt im Gegenteil die Notwendigkeit der beständigen Bekehrung hervor und erinnert uns an die Freude Gottes über einen reuigen Sünder. Niemand weiß besser als Gott, daß der Sünder Zeit zur Reue benötigt, und das ist nur ein Grund, warum ein Nachfolger Jesu niemals, unter keinen Umständen, die Todesstrafe befürworten kann.

Diese Haltung ist für den christlichen Glauben und die christliche Praxis unabdingbar. Seit den frühen Tagen des Glaubens an Jesus war es jenen, die sich zur Taufe entschlossen, verboten, eine Hinrichtung durchzuführen, wie sehr sie auch immer gesetzlich untermauert sein mochte. »Ein Soldat, der über Autorität verfügt, darf niemanden dem Tod ausliefern; wird es ihm befohlen, so hat er es nicht zu tun.« Das stellt die *Apostolische Tradition* des Hippolyt (215 n. Chr.) fest, deren Titel bereits ihre konservative Einstellung und den Rückblick auf früheres Geschehen zeigt. Nichts in diesem Werk ist revolutionär: Es gab den zum Christentum Bekehrten im Römischen Reich nur eine eindeutige Erklärung, was Jesus gelehrt und die Apostel geglaubt hatten.

Zu behaupten, es gebe Verbrecher, die die Grenze für Gnade und Vergebung überschritten hätten und daher hingerichtet werden müßten, anstatt ihnen lebenslange Zeit zur Buße zu gewähren, heißt einfach, Gottes befreiende, vergebende und verändernde Mühe in den Herzen der Menschen durch das eigene präsumtive Urteil zu ersetzen.

Die Todesstrafe also gutheißen, bedeutet, in mehr als einer Weise Gott zu spielen – nicht nur ein Leben zu nehmen, sondern damit auch zu entscheiden, wer durch die Gnade Gottes geläutert werden kann und wer nicht. »Sag zu ihnen: So wahr ich lebe, spricht Gott der Herr: Ich habe keinen Gefallen am Tod des Schuldigen, sondern daran, daß er auf seinem Weg umkehrt und am Leben bleibt.« (Ezechiel 33, 11) Und dafür besitzt Gott auch göttliche Geduld.

Das Angebot der Vergebung, das nicht bedeutet, daß die Sünde oder das Verbrechen in Ordnung sind oder vergessen werden können, ist ein unanfechtbarer Teil des christlichen Lebens: Vergebung ist eine der Wurzeln des Glaubens. Der Christ vergibt und sucht nicht nach Vergeltung mit gleicher Münze – Strafe nach Art des Vergehens –, gerade weil er selbst Vergebung von Gott kennt; weil er weiß, daß Gott wieder und wieder die Möglichkeit der Reue anbietet. Wie Jesus seinen Henkern verziehen hat, so müssen seine Nachfolger den ihren vergeben (um nicht jene zu erwähnen, die weniger zu vergeben haben). Vergebung ist nicht etwas, das man nehmen oder lassen kann, nicht etwas, das manchmal gegeben werden kann und manchmal nicht. Vergebung unterbricht den Kreislauf von Haß und Rache, unterläuft also die Einstellung, die in erster Linie zum Verbrechen geführt hat.

Eines der eindrucksvollsten Beispiele der Vergebung kommt aus einem so schrecklichen Vorkommnis, daß es für uns schwer vorstellbar ist. Während des Holocaust wurden zahllose Kinder im Konzentrationslager Ravensbrück vernichtet. Nachdem der Platz endlich befreit war, fand man bei einem toten Kind ein Stück Papier, auf das eine unbekannte Gefangene folgende Worte geschrieben hatte: »O Herr, erinnere dich nicht nur der Männer und Frauen, die guten Willens, sondern auch jener, die bösen Willens sind. Aber erinnere dich nicht der Leiden, die sie über uns gebracht haben, erinnere dich statt dessen der Früchte, die wir durch diese Leiden geerntet haben: unsere Kameradschaft, unsere Loyalität, unsere Demut, unseren Mut, unsere Großzügigkeit, die Größe des Herzens, die uns aus alledem erwachsen ist. Und wenn jene, die Leid über uns gebracht haben, vor Gericht stehen, laß alle die Früchte, die wir geerntet haben, ihre Vergebung sein.«

Vergebung, Verzicht auf die alte »Aug-um-Aug«-Mentalität, ist in der

Tat ein pragmatischer Weg, die Welt neu zu ordnen. Sie setzt der Vergeltung, dem Zorn, dem endgültigen Urteilsspruch ein Ende. »Aber manche Leute *verdienen* nicht zu leben«, ist oft zu hören. Das klingt verdächtig nach Hitler oder einem frei umherlaufenden Serienmörder. Und was die Gefahr eines unschuldig Verurteilten betrifft, so heißt es: »Was bedeuten schon ein oder zwei Leben? Manche Leute sind tot besser dran!« Die Worte spricht ein soziopathologischer Killer in einem Hitchcock-Film aus; er dachte, sein Leben wäre viel besser ohne seinen ungeliebten Vater, und das Leben eines anderen Mannes viel besser, würde er von seiner einfachen, treulosen Frau befreit. Das entspricht der gleichen Logik wie: »Wir müssen dieses Dorf niederbrennen, um es zu retten.«

Die Verweigerung des Tötens verhindert das Töten und gibt damit Gott allein das endgültige Urteil über den Wert eines Menschenlebens – was heißen soll, daß man niemals sagen darf, ein Mensch habe das »Recht zu leben« verwirkt. Nur wenn wir Gott das Urteil überlassen, wird der Lauf des Kriminellen unterbrochen, während wir uns niemals anmaßen dürfen, das von Gott geschenkte Leben zu zerstören.

Der kaltblütige Mörder erklärt, jemand verdiene es zu sterben, der Grund kann Gier, Eigennutz, Begierde, Rache oder Leidenschaft sein. Doch wird dieser Wahnsinn der kaltblütigen, vorsätzlichen Hinrichtung im Namen des Staates wiederholt – dann sagen die Gerichtsakte wie der Mörder, daß jemand zu sterben verdient.

Gott schenkt seine Liebe den Guten wie den Bösen; er schreibt die Schuld ab, sucht nach der Kälte des Herzens und bringt das am weitesten auf Abwege geratene Schaf zu sich zurück. Können jene, die behaupten, im Namen seines Sohnes zu leben, so anders handeln? »Vergib uns unsere Schuld, wie auch wir vergeben unseren Schuldigern«, beten wir im Vaterunser. Diese Bitte stammt aus einem Spruch Jesu: »Wenn ihr anderen nicht vergebt, dann wird euch euer Vater auch nicht vergeben.« Vergeben, und das muß betont werden, heißt nicht, daß eine Beleidigung nicht zu beachten und zu vergessen ist oder daß sie keiner Entschuldigung bedürfe. Vergebung verbietet jedoch, aus Rache zu handeln. Und sie sucht nicht den Tod des Schuldigen, sondern nie endenwollende Gelegenheit für seine Reue und seine Umkehr – eine Voraussetzung, die kein Mensch für unmöglich erklären darf.

Nicht zufällig liegt eine furchtbare Ironie in der Vergeltungsmaschinerie der Kapitalverbrechen. Wenn es tatsächlich eine berechtigte und vorbildliche Aktion ist, das Gesellschaftsgefüge in Ordnung zu halten, Kriminalität zu verhindern und Verbrecher abzuschrecken (scheinbar richtige Argumente, doch nicht durch Tatsachen untermauert), warum wird dann die Identität des Henkers geheimgehalten? Warum ist nur ein Gewehr des Erschießungskommandos scharf geladen, warum enthält nur eine der Todesspritzen das tödliche Gift? Warum wird es als wünschenswert erachtet, daß der Todesschütze auch sich selbst unbekannt bleibt, nur einer des Kommandos ist, daß die Handlung eines einzigen (ihnen allen unbekannt) die tödliche Geste ausführt? Und warum geht der Henker nicht stolz erhobenen Hauptes umher und erzählt, er hätte mehr Kriminelle exekutiert als andere und daher das Recht, zu hohen öffentlichen Ehren zu kommen? Darauf gibt es nur eine Antwort: Jeder weiß um das beschämende Tun, daher darf die Identität nicht gelüftet werden.

Der erklärte Christ kann niemals ein Befürworter der Todesstrafe sein, denn er glaubt und verehrt nur einen, der von eh und je Gewalt und Rache verdammt – und der der allerunschuldigste Mann war, der fälschlich hingerichtet wurde. Jesus rächte sich nicht an seinen Feinden, er schalt nicht einmal Petrus, der ihn verleugnete, als Jesus, der gerade da Freunde so notwendig gebraucht hätte, zu einem Scheintribunal und einer umgehenden Hinrichtung geschleppt wurde.

Die neue Einstellung zu unbedingtem Verzeihen, das dem Missetäter die Möglichkeit der Reue gewährt, wurde niemals als etwas Unmittelbares, als die Tat eines Augenblicks oder eines Tages verkündet. »Liebe Brüder, wenn Gott uns so geliebt hat, müssen auch wir einander lieben.« (1 Johannes 4, 11) So ist es in dem ersten Johannesbrief an die frühen Christen zu lesen. Wirklich zu lieben, wie Christus uns geliebt und sich uns geschenkt hat, bedeutet notwendigerweise, auf Vergebung hinzuarbeiten, auch wenn wir sie nicht *fühlen*. Denn Liebe ist auch eine Sache des Willens, nicht nur des Gefühls. Kein Nachfolger Jesu darf seinen schlechten Instinkten der Rache nachgeben.

Die strikten moralischen Forderungen der Bergpredigt einzuhalten – kein Haß, nicht einmal ein lüsterner Gedanke noch die Andeutung eines bösen Willens, keine Scheidung und Wiederverheiratung, keine

Vergeltung, passiver Widerstand gegen das Böse, kein Ansammeln von Reichtümern – mag uns am Ende des zweiten Jahrtausends unmöglich erscheinen. Tatsächlich haben Gelehrte über Generationen versucht, die überlieferten Lehren Jesu zu verwässern. Diese Lehren formulieren bloß ein Ideal, sagen einige wohlmeinende Prediger – ein Ideal, das nicht erreicht werden kann und das nur die Erkenntnis unserer menschlichen Schwäche weckt und unser Selbstvertrauen erschüttert. Andere Kommentatoren haben darauf bestanden, daß die kompromißlosen Lehren Jesu aus einer Krisenzeit stammen, die eine neue Ordnung der Welt ankündigt, für die diese Verhaltensnormen Zeichen setzen. Das Problem all dieser Versuche, uns die Bergpredigt schmackhaft zu machen, liegt auf der Hand: Sie sehen ihre Lehren als ein neues Gesetz.

Wenn wir jedoch unvoreingenommen diese Aussprüche lesen, die sich an die neu bekehrten Christen nach der Taufe wenden, dann verschwinden die Schwierigkeiten im Nichts. Die sogenannten neuen Gesetze Jesu sind somit nicht ein Handbuch der Lebensregeln für die Jünger, noch enthalten sie Vorschriften, was ein Jünger in jeder Situation zu tun hätte: Sie beschreiben vielmehr die Zeichen einer neuen Ordnung, die durch den einmaligen Einbruch der Gnade verursacht wurde.

Die Aufforderung, Liebe von ganzem Herzen durch Vergebung und Verzicht auf Vergeltung zu geben, ist wichtiger Bestandteil der befreienden Botschaft Jesu, die weit mehr als ein reiner Sittenkodex ist. Häufig wird die Verpflichtung zum Glauben mit Moral gleichgesetzt – statt sie als Haltung gegenüber der Realität zu begreifen, die mit dem Versuch beginnt, alles in Ordnung zu bringen. Und so werden Aussprüche und Gestalt Jesu von Predigern um der Moral willen häufig aus dem Zusammenhang gerissen: Die Sünde gegen Tugend gilt als Prüfstein des ehrsamen Lebens, und in dieser Auffassung liegt die falsche Auslegung des den Aussprüchen Jesu zugrunde liegenden Geistes.

Ein trauriges Beispiel für die fixe Idee neuer Gesetze, genau das, was von Jesus nicht gemeint war, ist die von einigen Kirchen übernommene Überlieferung seiner hohen Einschätzung von Ehe und der mit ihr verbundenen Pflicht sowie seine gleichzeitige Ablehnung von Scheidung und Wiederverheiratung. Die Lehre ist in den Evangelien offenbar nicht eindeutig. Die Worte Jesu, wobei er das mosaische Gesetz zitiert, das eine Scheidung erlaubte, lauten:

»Wer seine Frau aus der Ehe entläßt und eine andere heiratet, begeht ihr gegenüber Ehebruch. Auch eine Frau begeht Ehebruch, wenn sie ihren Mann aus der Ehe entläßt und einen anderen heiratet.« (Markus 10, 11–12) Damit ist deutlich bewiesen, daß Jesus Scheidung und Wiederverheiratung als Fehlverhalten in menschlichen Beziehungen ansah.

Doch ist es entscheidend, den Hintergrund zu kennen, vor dem das Verbot der Scheidung erteilt wurde – sowohl das jüdische Brauchtum der Zeit wie die damalige Auffassung von der Ehe. In beiden Fällen besteht zwischen dem Leben damals und heute ein abgrundtiefer Unterschied.

Die jüdische Frau mußte, sobald sie ihr Haus verließ, vollkommen unkenntlich sein: Ihr Gesicht war von einer Reihe sorgfältig angeordneter Schleier verdeckt, dazu trug sie ein Stirnband, Bänder am Kinn und ein Haarnetz mit komplizierten Knoten und Bändern. Die Jüdin, die ihr Heim mit bloßem Gesicht verließ, mußte damit rechnen, noch vor Sonnenuntergang von ihrem Mann den Scheidungsbrief zu erhalten, und manche Frauen hatten so unbeschreibliche Angst, unverhüllt gesehen zu werden, daß sie sogar zu Hause verschleiert blieben, damit weder ein Besucher noch ein Vorübergehender sie sehen konnten. Eine rabbinatische Geschichte berichtet von einem Priester in Jerusalem, der nicht einmal seine eigene Mutter erkennen konnte, als diese fälschlich des Ehebruchs angeklagt wurde – ein Verbrechen, auf das Todesstrafe stand.

»Es ist für Frauen angemessen, im Haus zu bleiben und in Zurückgezogenheit zu leben«, schrieb der jüdische Staatsmann und Philosoph Philo, ein Zeitgenosse von Jesus – der, wie wir gesehen haben, den Brauch und die Tradition, mit Frauen nicht zu sprechen, ignorierte. Obwohl Philo über Alexandria und die dortigen Bräuche schrieb, war das Leben in Judäa nicht weniger streng. Vor ihrer Heirat blieben Mädchen, die nie jemand um ihre Meinung fragte, zu Hause, und auch nach ihrer Heirat gaben sie in der Öffentlichkeit niemals ihre Identität preis. In der Synagoge waren die Frauen von den Männern getrennt und durften auch nicht lehren. Sie konnten nicht als Zeugen auftreten, keinen Prozeß anstrengen, und die Geburt von Mädchen wurde häufig mit Gleichgültigkeit, wenn nicht sogar mit

Kummer gesehen, während die Ankunft eines Knaben Grund zum Feiern war.

Nur vor diesem kulturellen Hintergrund können die Taten und Lehren Jesu verstanden werden. Jesus hatte nicht nur weibliche Jünger und enge Freundinnen, er sprach sie nicht nur in der Öffentlichkeit an, er berührte, heilte, umarmte sie und betrachtete sie als gleichberechtigt. In seiner Verkündigung über die Frauen war sein vermutlich revolutionärster Ausspruch der hinsichtlich der Scheidung. Er verdammte Vielweiberei, die unter den Juden dieser Zeit durchaus üblich war, denn sie führte nur zu Ausbeutung und Unterwerfung der Frau. Um genauer zu sein, er verdammte den jüdischen Scheidungsbrauch, der die Männer stark bevorteilte, die jederzeit ihren Launen nachgeben und eine Frau wegen der trivialsten Gründe verstoßen konnte. Mit anderen Worten, er verfemte die Scheidung aus Achtung für die Frau.

Das bringt uns zum Kern der Sache.

Jesus lehnte Scheidung und Wiederverheiratung eindeutig ab. Ihr sollt Ehen nicht brechen, sagte er. Dagegen zu handeln ist Sünde, ein Bruch in menschlichen Beziehungen. Er verkündete gleichfalls, daß wir nicht stehlen, Arme nicht betrügen, nicht töten und unsere Mitmenschen nicht mißbrauchen sollen.

Aber weiter ist Jesus nicht gegangen. An keiner Stelle behauptet er, daß Ehen nicht gebrochen werden *können*: Er sagt, sie *sollen* nicht gebrochen werden, und es zu tun, wäre verboten. Und er formuliert in aller Schärfe die Folgen, die ein Verstoß gegen dieses Verbot nach sich zieht. »Wer seine Frau aus der Ehe entläßt und eine andere heiratet, begeht ihr gegenüber Ehebruch.« (Markus 10, 11)

Die Frage ist, ob die Nachfolger Jesu strenger sein sollten als er, weniger verzeihend, als er es jemals war. Besonders die römisch-katholische Kirche hat gegenüber der Wiederverheiratung eine erstaunlich strenge Stellung eingenommen: Wer das wagt, darf am Glaubensleben nicht teilnehmen und wird von den Gläubigen als Außenseiter der Kirche betrachtet. Keine andere christliche Gemeinschaft nimmt eine so unbeugsame Haltung ein.

Andererseits aber hat die katholische Kirche ein legales Schlupfloch entdeckt: Der Vorgang, der als Annullierung bekannt ist, stellt fest, daß die Ehe von Anfang an (zum Beispiel infolge von Zwang, mangelnder Ehewilligkeit, geistiger Vorbehalte, Impotenz, unbegründeter Verweigerung Kinder zu haben) ungültig war; dann kann das Paar sich zivil scheiden lassen und mit dem Segen der Kirche wieder heiraten. Eine raffinierte Form der Legalisierung, in der viele Menschen eine gewisse Heuchelei sehen.

Natürlich gehen Ehen manchmal schlecht aus und natürlich heiraten Menschen nicht immer aus den besten Gründen: aus Leidenschaft, als Statussymbol, aus Sicherheit, aus Stolz. Wenn Jesus sein Verbot der Scheidung festlegt, so erinnert er uns daran, daß Menschen mehr von einander erwarten können, als daß sie einander aus einer Laune heraus verlassen. Doch nirgends in seiner Lehre wird eine Situation gezeigt, in der der Mensch für immer an seine Sünde gekettet ist. Jesus versucht, Menschen zu befreien, nicht sie durch Gesetze zu fesseln. Um es zu wiederholen: Er hat nicht gesagt, daß eine Ehe nicht gelöst werden *kann*, noch sagt er etwas darüber, was geschehen soll, wenn die Ehe zerbricht. Das betrifft das Gewissen und das Mitleid der Betroffenen.

Die Frage bleibt: Darf der Nachfolger Jesu strenger sein als dieser und entscheiden, daß gerade diese eine Sünde im Unterschied zu allen anderen unverzeihlich ist und die Exkommunikation nach sich zieht? Sollen Menschen wegen dieser einen Sünde für immer aus der christlichen Nachfolgeschaft ausgeschlossen sein? Menschen machen Fehler, sie verletzen einander, sie kommen ihren Verpflichtungen nicht nach – und niemand, in und außerhalb der Kirche, würde sagen, daß dies in Ordnung ist, und mit herzlichem Dank!

Wahrscheinlich lassen sich wenige Leute leichtfertig scheiden, unbeleckt von Zweifeln oder Gewissensbissen. Doch wenn es geschieht und Menschen die Wunden heilen und damit Erfolg haben, ist es dann im Geiste Jesu, nicht zu verzeihen – zu bestimmen, daß ein Fehler den Menschen auf immer zu gewissen Konsequenzen verurteilt? Es ist selbstverständlich, daß tatsächlich manche Ehen einfach zerbrechen, daß Verpflichtungen nicht eingehalten, Versprechen gebrochen werden, Liebe betrogen wird. »Keine Scheidungsurkunde löst eine Ehe vor Gott«, schreibt kein geringerer als der heilige Cyril von Alexandria, der große christliche Theologe im 5. Jahrhundert. »Es sind die bösen Taten, die eine Ehe lösen.«

Würde jemand eine Ehefrau zwingen, bei einem notorischen Trinker auszuharren oder bei einem Frauenhelden, der ständig Affären beginnt? Sicher haben die Nachfolger Jesu kein Recht, Gesetzgeber zu sein, wenn er es nicht war, oder an Gesetzen festzuhalten, wenn er es vermied. Jesus verbietet Grausamkeit, ungehemmte Sinnlichkeit, Rache und vorsätzlichen Bruch menschlicher Beziehungen. Aber er sagte niemals, daß sie unverzeihlich wären.

Es handelt sich hier um zwei komplizierte Grundsätze – Grundsätze, die beide Standpunkte verstehen lassen sollten, den Sinn der Bergpredigt, in der die Bedeutung der Ehe vor zweitausend Jahren deutlich gemacht wird, und auf der anderen Seite die Bedeutung der Ehe heute. Ziel dieser Gedanken ist für den Gläubigen die tiefe Verbundenheit mit dem verborgenen Jesus.

Die Reaktion der ersten, die von Jesus das Verbot der Scheidung und seine Gleichstellung der Wiederverheiratung mit Ehebruch hörten, war eine ebenso entsetzte wie zynische: »Wenn das die Stellung des Mannes in der Ehe ist, dann ist es nicht gut zu heiraten.« (Matthäus 19, 10)

Aber sie konnten nicht weniger darüber entsetzt sein, die anderen grundlegenden Forderungen Jesu zu hören: (1) Sein Verbot von Zorn und Mord, (2) von Begierde und Ehebruch, (3) nicht nur keinen falschen Eid, sondern gar keinen Eid abzulegen, (4) das Verbot jeder Rache und (5) das Gebot, seine Feinde zu lieben. Von den Zeiten des Neuen Testaments an hatten die Jünger Jesu zu wissen, daß sie verpflichtet waren, seine Lehren auch unter geänderten Umständen anzuwenden.

Es ist zum Beispiel zweifelhaft, ob jemand seine Aussage wörtlich nahm, daß man dem Feuer der Hölle verfallen ist, »wenn einen Zorn überkommt« oder wenn man »du Narr« sagt. Mit anderen Worten, Zorn kann nicht mit Mord verglichen werden. Auch würde niemand einen lüsternen Blick mit Ehebruch gleichsetzen – ebenso wie wir gesehen haben, daß man die Aufforderung Jesu, ein Glied, mit dem man Gefahr läuft zu sündigen, abzuschneiden, nicht wörtlich nehmen kann. Und wer denkt wirklich, daß man, wie Jesus fordert, die andere Wange hinhalten soll, wenn man auf die eine geschlagen wird? Ist Selbstverteidigung unchristlich? Und was das Ablegen von Eiden anbetrifft, das haben Christen mit kirchlicher Billigung seit Jahrhunderten getan.

Warum also glaubt mancher, daß es unumgänglich notwendig sei, das Prinzip der Unauflöslichkeit der Ehe mit Buchstabengenauigkeit einhalten zu müssen? Ist es nicht vielmehr der Fall, daß Jesus uns, wie immer, mit einem vollkommen geänderten Leben, das die Herrschaft Gottes begleitet, beschenkt? Diese »schockierenden« und sichtlich unmöglichen Charakteristika, deutet er an, sind das, was ein nur von der Liebe regiertes Leben zur Folge hat.

Umgekehrt sagt Jesus nicht, ein solches Ideal einzuhalten wäre immer möglich. Seit dem frühen Christentum gaben einige Frauen und Männer Gott ein Versprechen – im Mittelalter Gelübde genannt. Mit der Zeit wurden diese Gelübde legalisiert und feierlich abgelegt: man bezeichnete sie als »ewig«, und damit war die Seele an Gott gebunden. Aber aus einer Reihe von Gründen konnte man der Gelübde entbunden oder von ihnen befreit werden.

Jesus, und das sei mit Nachdruck wiederholt, sagt nicht, daß Ehen nicht gebrochen werden *können*: er sagt vielmehr, sie *sollen nicht* gebrochen werden. »Menschen *sollten* nicht zerstören, was Gott erbaut hat«, wie der italienische katholische Priester und Theologe J. P. Jossua geschrieben hat, »doch das hindert sie trotzdem nicht daran.« Die schweigende Mehrheit derer, die guten Willens sind, kann allerdings nicht übersehen werden.

Um es kurz zu machen: Jesus hatte über menschliche Beziehungen (und noch viel weniger von den Beziehungen Mensch – Gott) nicht so festgefahrene Ideen, daß er ein magisches ewiges Band gesehen hätte, das zwei Menschen aneinander kettet – ein Band, das sie freiwillig gebunden haben, das sie aber niemals, auch nicht in völliger Übereinstimmung, lösen können. Hier liegt die große Gefahr, rechtliche oder gesetzliche Begriffe anstelle der geistigen Wirklichkeit zu setzen. Vielleicht ist es nicht ganz unwichtig zu fragen, ob das zivile oder religiöse *Ritual* der Hochzeit notwendigerweise ein echtes Band zwischen Menschen spannt. Das Gesetz hat immer anerkannt, daß Ehen, die unter Zwang, Bestechung oder Umständen, die den freien Willen eines Partners beeinträchtigen, geschlossen wurden, automatisch ungültig sind.

Sogar die katholische Kirche hat das zugestanden, denn Ehen können für nichtig und ungültig erklärt werden, wenn (unter anderem) die oben angeführten Gründe von Beginn an gegeben sind – und das ungeachtet dessen, ob die Zeremonie vorschriftsmäßig erfolgte oder nicht. So wie die Taufe den Prozeß der Christwerdung einleitet, so könnte vielleicht auch die Trauung als Beginn eines Vorganges angesehen werden, bei welchem zwei Menschen beschließen, ein geistiges Band zu knüpfen, das allein durch die täglichen Verpflichtungen in der Zeit und dem Willen der beiden gestärkt oder geschwächt, größer oder kleiner wird.

Eine andere, gleichermaßen starre Auffassung scheint in unserer Zeit ebenso untragbar, daß eine Ehe nur durch den sexuellen Vorgang vollzogen wird – was bedeutet: besiegelt, vervollkommnet, bestätigt wurde. Es gibt eine lange und verwickelte Geschichte über Gesellschaften, in denen eine solche Festlegung aus gesetzlichen oder sozialen Gründen erfolgt. Aber ist es nicht abstoßend zu glauben, daß Gott gemäß menschlicher Launen entscheidet, erfüllt oder gutheißt?

Das bringt uns zu der zweiten Überlegung: den Sinn der Ehe in früheren Jahrhunderten und heute.

Gebräuche und Gesetze, Riten und Sanktionen können nicht auf der Basis der Vergangenheit erzwungen werden. Es ist im Gegenteil das gegenwärtige soziale Phänomen, in dem sich Gott weiterhin enthüllt. Von der Zeit des alten Israel bis in das 19. Jahrhundert wurden aus dynastischen, wirtschaftlichen, territorialen oder religiösen Gründen Ehen arrangiert; romantische Liebe wurde kaum in Erwägung gezogen. Falls mit der Zeit ein Mann und eine Frau einander zu lieben begannen, so war das sehr erfreulich (und meist eine Überraschung). Eine solche Liebe aber wurde weder gefordert noch erwartet. Wichtigere Überlegungen hatten den Vorrang. Bis vor kurzer Zeit zum Beispiel sah die nachmittelalterliche europäische Tradition in der Ehe eine Verbindung von zwei Menschen hauptsächlich zum Zweck, Arbeitskräfte für den Bauernhof zur Welt zu bringen: Kinder wurden mehr als Erzeuger denn als Verbraucher gesehen. Später schuf das Aufkommen der romantischen Literatur (und des amerikanischen Films) vollkommen veränderte Erwartungen in Ehe und Familie. Ob diese Erwartungen für jemanden, der weder in Büchern vorkam noch auf der Filmleinwand agierte, erfüllt wurden, darf bezweifelt werden.

In der hebräischen Tradition zum Beispiel galt die Ehe in erster Linie als Institution zur Erhaltung der Sippe des Ehemanns – somit gründete der junge Mann, der heiratete, nicht eine neue Familie, sondern setzte die bereits bestehende fort. Kinder, die wiederum seine Stammeslinie weiterführten, wurden als Segen und Gabe Gottes angesehen; Unfruchtbarkeit galt als Schande und Strafe. In der hebräischen Gesellschaft waren die Unverheirateten ein Zeichen sozialer Dekadenz, und sich der Jungfräulichkeit zu weihen, war unbekannt. Die Abhängigkeit der Frauen war vollkommen, da sie keinerlei Rechte hatten.

Doch Ehe ist heute in weiten Teilen der westlichen Welt eine andere Sache: Männer und Frauen sehen sich nicht mehr als Träger eines Erbes, einer Familie oder einer rassischen Tradition und noch viel weniger betrachteten sie es als ihre Pflicht, Arbeiter für dynastische Hoheitsgebiete zu produzieren. Heute leben im Westen sehr oft Menschen zusammen, die von der Sehnsucht des gegenseitigen Verschmelzens und der selbstverschenkenden Liebe motiviert werden. »Wenn das aufhört, hört die Ehe auf«, hat ein katholischer Theologe einsichtig (und streitsüchtig) bemerkt.

Die einzigen Menschen, die mit einer solchen Aussage des gesunden Menschenverstandes nicht einverstanden wären, sind diejenigen, die zutiefst in der angelsächsischen Tradition verwurzelt sind, wo das Gesetz als alleinseligmachender Maßstab für das Zulässige angesehen wird. Wenn diese Verehrung des Gesetzes mit der rechtlichen Auffassung von Religion und kirchlicher Autorität verbunden ist, kann das Ergebnis nur der seltsame Glaube sein, daß Religionsgesetze die Antwort auf alles sind. Es sollte vermerkt werden, daß in solchen Fällen von Vorschrift und Ächtung sowie von Warnung vor Verdammnis kaum eine Erwähnung der Freiheit der Seele vor Gott zu finden ist oder eine Anleitung, wie der Mensch den letzten Werten am besten genügen kann: dem Vorrecht, auf Gottes unendliche Liebe antworten zu dürfen. Und das, laß es uns betonen, hat nichts mit Gesetzestreue zu tun.

Wir sollten uns über diese verdrehte Sicht, was »Moral« bedeutet, klar sein. In der anglo-puritanischen Tradition wird vorausgesetzt, daß man dem Menschen nicht zutrauen kann, das Rechte zu tun, wenn man ihm seine Freiheit läßt. Niemand wird sich gegen Selbstsucht und Verdorbenheit wehren, Humanität wird schnell vergessen sein und die Religion wird ihren Einfluß auf die Menschen verlieren. Aber ist es die Aufgabe der Religion, die Menschen im »Griff« zu behalten? Ist es nicht vielmehr Aufgabe der Religion, Menschen zu führen, zu versuchen, Geheimnisse, die über dem Begriffsvermögen liegen, zu deuten? Ist es nicht an der Religion, uns dorthin zu bringen, wo wir Gott, nicht aber die menschlichen Gesetze treffen? Sicher, es ist leicht, das Ziel zu verfehlen und ein solches Treffen in träger Selbstbezogenheit ein »Treffen mit Gott« zu nennen. Aber an den Früchten des Gartens sind die gesunden Pflanzen zu erkennen.

Wie verschieden ist die freimütige Antwort, die Gott von denen fordert, die den verborgenen Jesus erspüren. Auch während seines Lebens im Fleisch gab es keinen Zwang; es war möglich, die Bedeutung seiner Wunder zu leugnen, und seine Lehren stießen oft auf taube Ohren. Die entscheidende Aufforderung, die Gabe der unendlichen Liebe anzunehmen, geschah – »geschieht« ist das bessere Wort, denn Gott würde nichts bedeuten, wäre er nicht allgegenwärtig – in der Glorifizierung Jesu nach dem Tod. Wenn unsere Beziehung zu Gott so verschieden von unseren Beziehungen zu den Steuerbehörden ist, warum bringen wir sie dann in unserem Leben so oft durcheinander?

Um die Sache anders darzustellen: Wenn ich meine Freunde aufrichtig liebe, lebe ich mit meinen Handlungen in einer Atmosphäre der Treue und des Vertrauens. Ich suche nicht nach Wegen, um zu betrügen, wegzusehen, meine Liebe zu beschneiden – aber ich bezweifele auch ihre Liebe zu mir nicht. Und bin ich gleichgültig, kurzangebunden, ungeduldig, so bin ich mir meiner Fehler bewußt und versuche, die Sache in Ordnung zu bringen. Ich erwarte von meinen Freunden nicht, daß sie die Freundschaft plötzlich beenden. Aus mir nicht erklärlichen Gründen lieben sie mich.

Ist Gott geringer? Gibt es irgendeine Art von Fehlverhalten, das seinen Zorn erweckt? Seine ewige Strafe? Macht nicht eine solche Sprache aus ihm den beleidigten Verehrer, den beschränkten Nachbarn – nicht einmal einen Freund? Ist es nicht, wie einmal ein hochgeachteter katholischer Theologe gemeint hat, eine Notwendigkeit »jene zu akzeptieren und ihnen Verzeihung zu gewähren, die es unmöglich gefunden haben, den Forderungen dieses [Ehe]bandes nachzukommen«?

Was ist also mit der Bergpredigt, die in diesen und anderen Belangen so kompromißlos zu sein scheint? Ist der begehrliche Gedanke dem Ehebruch gleichzusetzen? Ist ein Wutanfall Mord? Wie können wir von Jesus als der ultimativen Offenbarung von Gottes Willen und Wunsch sprechen, wenn Jesus so unnachgiebig in bezug auf Vollkommenheit klingt? Scheint es nicht so, als wären seine Lehren die Frage nach allem oder nichts? Was soll ich, schwach bis ins Mark, angesichts eines solchen Ultimatums tun?

Die Bergpredigt, eine Botschaft der Herausforderung und der Barmherzigkeit, verlangt nicht in allem und jedem Erfolg, aber den Willen, wann immer man gefallen ist, sich wieder aufzurichten, vorwärts zu streben. »Ich bin nicht berufen, vollkommen zu sein«, sagte Mutter Teresa, der »Engel der Armen« in Kalkutta, als sie gefragt wurde, wie sie mit ihrer Mission, den Leidenden und Verlassenen zu helfen, Erfolg haben konnte. »Ich bin berufen zu glauben.«

Die »Befehle« Jesu – sollten sie nicht besser »Einladungen« heißen? – sind keine starren Vorschriften, sondern Hilfestellungen zu immer tieferer Vertrautheit mit der Endlichkeit. Es geht um die Tat, nicht um Philosophie – und die Taten Jesu beschreiben, wie wichtig für das Reich Gottes Handlungen sind, da ein dramatisches Kommen dieses Königreiches vor der Tür stand.

Aber wie soll man beschreiben, wie es ist, wenn Gott eingeladen ist, von uns Besitz zu ergreifen? Wie kann man das ausdrücken? »Dann wohnt der Wolf beim Lamm, der Panther liegt beim Böcklein … Kuh und Bärin freunden sich an … Der Säugling spielt vor dem Schlupfloch der Natter,…« (Jesaja 11, 6–8) Wagten die Zuhörer damals (oder heute) zu denken: »Sicher hast du noch etwas Gutes zu berichten»? Nein, die Botschaft ist klar: Wo Gott regiert, ist alles anders. Eine völlige Erneuerung findet statt.

Jede Forderung Jesu muß in diesem Licht gesehen werden. Es ist nicht unsere Aufgabe, erfolgreich, wohl aber im Glauben zu leben: Wir müssen uns erlauben, durch die unendliche Liebe verändert zu werden. Der Glaube an diese unvorstellbare Liebe – der Glaube, daß wir für immer angenommen sind – heißt nicht, daß wir von heute auf morgen verändert werden, sondern daß wir am Beginn einer Erneuerung stehen. Die ewige Schwäche hemmt den Willen, die ewige Selbstsucht bleibt ebenso wie Ungeduld und pausenlose Verdächtigungen bleiben. Doch es gibt einen Neubeginn!

Ein Nachfolger Christi zu sein, schrieb Romano Guardini, heiße nicht, ihn buchstäblich nachzuahmen, sondern ihm durch die eigene Lebensführung Gestalt zu geben. Ein Christ sei keinesfalls ein unnatürliches Abbild Christi … Die Aufgabe des Christen bestehe vielmehr darin, Christus immer von neuem in das eigene Ich zu übertragen.

Vielleicht kommt nur der unvorstellbare Glanz der Auferstehung Jesu dem revolutionären Aufruf der Bergpredigt gleich, die sowohl Herausforderung wie Programm ist. Die Predigt verlangt von uns, auf die Forderung unserer Rechte, auf unsere Macht, auf die uns gebotenen Möglichkeiten zu verzichten, uns mit Verzeihung gegen Gewalt zu wehren.

Mit jedem Ausspruch bekräftigt Jesus die Offenbarung Gottes an Israel.

Wir dürfen ihm nicht nur keine anderen Götter überordnen – nicht den Gott des eigenen Ichs, des Geldes, des Genusses –, sondern wir müssen Gott mit ganzem Herzen und ganzer Kraft lieben. Maßstab der Liebe zu Gott ist das Wohlwollen gegenüber unserem Nächsten wie gegenüber unserem Feind. Uns ist nicht nur zu töten verboten, sondern auch böse Gedanken zu hegen und böse Worte zu sprechen, die zu bösem Tun führen. Wir sollen nicht nur den Ehebruch und sexuelle Ausschweifung vermeiden, sondern wir dürfen weder treulos noch habgierig sein, noch andere Menschen als Mittel für die eigene Bequemlichkeit benützen.

So also sind Moral und Ethik letztlich nicht akademische Fragen, über die man argumentieren und die man gesetzlich festlegen kann. Sie sind in Verbindung zu einem neuen Leben zu sehen, einem verborgenen Leben (wie das von Jesus einst und jetzt). Der Jünger ist dazu aufgerufen, das Mitleid Jesu, sein Heilen, seine guten Taten, seine Großzügigkeit gegenüber jedermann – den Sinn der Morallehre – an alle weiterzugeben und mit den Mitmenschen in Aufrichtigkeit zu leben.

10

Das wahre Land:

Von Glaube und Gebet

Glaube ist das Verhalten gegenüber der Realität – es ist die Weigerung, die Sinnlosigkeit oder Undurchsichtigkeit des Universums zuzugeben. Und das Gebet lebt nicht so sehr von dem, was wir Gott hinsichtlich der Realität zu sagen haben, als vielmehr von der Bereitschaft, ihm zuzuhören. Glaube ist primär nicht eine intellektuelle Zustimmung zu Lehren und Instruktionen. Glaube ist vor allem ein Vorgang, in welchem ich den Versuch unternehme, zu hören, was Gott – Gott durch Jesus – sagt, und zu sehen, was Gott tut, hier und jetzt, immer bereit, in mein Leben einzugreifen. Wie interessant es auch sein mag, die Vergangenheit – was Gott einst getan hat – ist ein fremdes Land. Wie ein Philosoph der französischen Aufklärung klagte, ist es schwer zu verstehen, warum die Menschen ihr Vertrauen in einen Gott setzen, der einst zu irgend jemand anderem gesprochen, einem selbst aber in der Gegenwart nichts zu sagen hat. Gott macht nur dann einen Sinn, wenn er mir in meinen Erfahrungen, in allem, was meine Person ausmacht, beisteht. Das ist mein Land!

Aber wie kann man in der Gegenwart über dieses Hören und Sehen, dieses Warten auf ein Offenbaren des verborgenen Gottes oder der geheimnisvollen Gestalt des verborgenen Jesus sprechen? Wie kann ich wissen, ob es der lebendige Gott ist, der spricht, oder der gegenwärtige Jesus, der damals handelte und fortfährt sich zu offenbaren?

Es scheint, als gebe es so viele Jesusgestalten wie es Bücher gibt, die über ihn geschrieben wurden. Einige von ihnen verkaufen einen süßen, sanften Jesus, der in schlichten Worten jedermann befahl, lieb und gut und brav zu sein. Doch eine solche Gestalt hätte wohl kaum Emotionen geweckt, hätte nicht zu so heftigen Reaktionen für und gegen ihn geführt. Andere Bücher beschreiben einen feurigen Hexenmeister, eine furchterregende Gestalt, die vor der nahen und späteren

Verdammung warnt. Andere wieder bringen einen sozialen Revolutionär für die Entrechteten – oder einen heldenhaften Heerführer, der die Truppen gegen den moralischen Teufel antreten läßt. Und dann gibt es noch solche, die in unserer Zeit, in der Ruhm das ultimative Aufputschmittel ist, Jesus Christus als den Superstar ausrufen.

Läßt er sich am besten als wohlwollender Magier verstehen? Als kühler selbstbewußter Lehrer des richtigen Lebens? Ein strenger Gesetzgeber? Ein liebenswürdiger großzügig Gebender all dessen, was für ein gutes Leben erforderlich ist? Der Volkstribun? Der tröstende ältere Bruder? Schlag in den Bibliotheken nach, und jede dieser Annahmen kann ihre Bestätigung finden. Da das Neue Testament so wenige Tatsachen über Jesus berichtet, sind Prediger und Schreiber in die Bresche gesprungen und haben uns mit einer Unzahl von Porträts versorgt, die ihre Grenzen nur in allen Farben der Spekulation und Phantasie finden.

Wer immer über Jesus spricht oder schreibt, vertritt einen – oder »seinen« – Standpunkt. Wie gelehrt oder schlicht die Präsentation oder über Jesus mit Phrasen der konventionellen Kirchendoktrin diskutiert oder aber auch in warmherzige, fromme Verehrung gehüllt wird, die niemanden verletzen kann, uns bleibt immer das Dilemma: Wenn wir uns durch dieses ganze Gestrüpp durchgearbeitet haben, dann finden wir immer erst »jemandes anderen Jesus«, der uns da gezeigt wird. Doch es hängt nur von dem Menschen selbst ab, den wahren Jesus zu sich zu ziehen. Und wenn das auch hoffnungslos subjektiv klingt, so ist das doch nicht der Fall, denn er ist der Jesus des *Glaubens* – nicht nur meines Glaubens, sondern der Jesus des Glaubens, für den Scharen von Zeugen über zweitausend Jahre ausgesagt haben.

»Höre! Ich stehe an der Tür und klopfe.«

Von den letzten Seiten des Neuen Testaments an, die ungefähr siebzig Jahre nach seinem Tod und seiner Auferstehung geschrieben wurden, tönen diese Worte – dem auferstandenen und glorifizierten Jesus in den Mund gelegt – über die Jahrhunderte hinweg, konfrontieren uns in jedem Augenblick des Seins mit seiner immerwährenden Gegenwart.

Doch diese ist nicht spannungsfrei. So wie ich genetisch mit der

Vergangenheit verbunden bin, so bin ich es auch mit dem geistigen Vermächtnis. Die Versicherungen derer, die vor mir waren, bestimmen oder entscheiden mit Sicherheit nicht mein Schicksal, doch ihre Erfahrungen und ihre Reflexionen auf diese Erfahrungen wirken nach. Wir stehen in der Tradition – was ein anderer Ausdruck dafür ist, daß wir geistige Töchter und Söhne sind – von denen, die glaubten, die in den ersten Jahrzehnten nach Jesus und in allen darauffolgenden Jahrhunderten predigten und schrieben, und manchmal in all den Jahren schimmerte ein Licht in der Finsternis in Zeugen des Geschehens, die wir Heilige nennen.

Die Schriften, aus denen sich das Neue Testament zusammensetzt, geben Hinweise und Fingerzeige, Richtlinien und eine Art Norm: Sie sind die Träger der alten Überlieferungen über ihn, die ich einfach nicht ignorieren kann. Zweitausend Jahre lang haben diese Schriften und diese Forderungen in jeder Generation Kaiser und Könige, Mystiker und Sünder, die Großen und die Unbedeutenden, Genies und einfache Menschen beeinflußt.

Aber wie wichtig und grundsätzlich die biblischen Erklärungen und Meditationen über Jesus auch für alle Zeiten bleiben, eine Tatsache muß hervorgehoben werden:

Ich glaube nicht an jemanden – ich klammere mein Leben und meinen Tod nicht an den Sinn und die Auswirkung von jemandes Liebe zu mir – nur deshalb, weil andere von ihm etwas behaupten und über ihn geschrieben haben, egal ob früher oder später. Noch halte ich an der Ewigkeit der Treue fest, die eine grundsätzliche Beziehung zu einer Person ist, und nichts mit intellektuellen Überlegungen zu tun hat, weil irgend jemand den Rat gab, daß Treue eine gute Sache sei, etwa als handle es sich um einen akademischen Grad, einen Besitz oder eine Fertigkeit wie eine zweite Sprache. Vielmehr traue ich, vertraue ich mir selbst. Ich lebe in der vertrauensvollen Hoffnung in eine Verbindung, nur weil auf irgendeine Weise eine Person an mich herangetreten ist und sich mir anvertraut hat. Die Gegenwart (nicht die Vergangenheit, wie dankbar man sich ihrer auch erinnern mag) ist das Forum meines Engagements. Heute mehr als je zuvor, zu Ende des zweiten Jahrtausends, wünschen viele Menschen zu hören, Jesus stünde vor ihrer Tür und klopfe an; viel mehr noch, sie würden gerne öffnen und einen Menschen finden.

Die frühsten Schriften des Neuen Testaments, jene, die den Evangelien vorausgehen, haben im Grunde genommen kein Interesse an einem Jesus der Vergangenheit.

Die Paulusbriefe zum Beispiel, ungefähr zwischen zwanzig und fünfunddreißig Jahre nach dem Tod Jesu an verschiedene konvertierte christliche Gemeinden gerichtet, weisen auf einige Aussprüche hin, die dem Meister zugeschrieben werden, und beziehen sich, abgesehen von der dürftigen Erwähnung seiner Geburt und seines Todes, nur auf das letzte Abendmahl mit seinen Jüngern. In jeder anderen Beziehung befaßt sich Paulus nicht mit einem Mann der Vergangenheit, sondern mit einem, der die Gegenwart beherrscht.

Doch nachdem schließlich alle Augenzeugen des Lebens und des Werkes Jesu sowie der nachösterlichen Apostel wie Paulus gestorben waren, wurden im letzten Drittel des 1. Jahrhunderts vier anonyme Dokumente geschrieben. Erst viel später wurden diese Schriften Männern namens Matthäus, Markus, Lukas und Johannes zugeschrieben. Die Beschreibungen gehen weder mit einem chronologischen Standard oder einer Kausalität konform, noch liefern sie einen kompletten Bericht der Worte und Werke Jesu. Wie Paulus, wenn auch mit völlig verschiedenem Inhalt, waren die Autoren nicht an der Geschichte der Vergangenheit oder der Erstellung einer genauen Biographie interessiert. Ihre Überlegungen waren nur religiöser Natur.

Daher faßten die Evangelisten mündliche oder fragmentarisch niedergeschriebene tradierte Berichte in literarische Form und in Erzählungen zusammen, die den Menschen in den völlig veränderten Umständen des späten ersten Jahrhunderts eine Begegnung mit dem lebendigen Jesus ermöglichen sollten. Was sie berichteten, hatte nichts mit Unwahrheit zu tun: Manchmal fanden sie innerhalb der Grenzen ihrer Ausdrucksmöglichkeit erstaunlich neue Wege, um die Wahrheit zu reflektieren. Alles war durch das Prisma des Glaubens gesehen: Das Gesagte ist das, was dem neuen Zeitgeist entspricht.

Die Evangelien also repräsentieren das, was die frühen Christen von Jesus glaubten. Die Freiheit, die sie sich nahmen, über die Bedeutung seines Lebens zu meditieren, Dinge auszuweiten oder zu erfinden, waren keine Fälschungen, vielmehr wollten sie Wirkung und Bedeutung des Lebens Jesu entdecken – ein Leben, das weder mit seinem Tod noch seiner Auferstehung beendet, sondern nun von örtlichen und zeitlichen Grenzen befreit war. Der Jesus der Geschichte und der Christus des Glaubens waren eine Person. So wie das ganze Ausmaß seiner Realität während seines leiblichen Lebens verborgen blieb, so war das auch nach seiner Glorifizierung der Fall: Jesus blieb gleichzeitig verborgen und real.

Dennoch sind die vier Evangelien keineswegs eine Art Biographie. Können wir mit Wissen um diese Tatsache dann irgend etwas mit Sicherheit über Jesus vom historischen Standpunkt sagen?

Zieht man die Paulusbriefe und andere im Neuen Testament enthaltene Schriften in Betracht, so kann man daraus eindeutig nur herauslesen: Jesus war Jude vom Stamme Juda, er faszinierte eine Schar von Jüngern, predigte seinem eigenen Volk und litt während seines etwas über zweijährigen Wirkens unter dem Mißverstehen vieler; er verband sein letztes Mahl mit seinen Freunden mit einer Interpretation seines bevorstehenden Todes; wurde – mit Beteiligung einiger (und wirklich nicht aller) politisch motivierter Juden – unter falscher Anklage festgenommen, vor ein römisches Gericht gestellt, hingerichtet und begraben. Er dürfte mit etwa sechsunddreißig oder siebenunddreißig Jahren gestorben sein.

Doch hier endet die Geschichte nicht. Die erstaunliche und einmalige Behauptung wurde aufgestellt, er sei nach seinem Tod einer großen Anzahl von Zeugen erschienen, die überzeugt waren, daß er für alle Ewigkeit in ein neues Leben gewechselt hatte. Es ist interessant, daß Paulus von Jesus nicht als Wundertäter während seines irdischen Waltens berichtet: Im Gegenteil, Paulus konzentrierte sich auf den lebendigen, auferstandenen Jesus, gegenwärtig und tätig unter den Gläubigen. Es gab kein größeres Wunder als dieses, und Paulus erinnerte die Gläubigen mit fester, überzeugender Stimme daran.

Wie bei jedem Begriff und jedem Wort versuchen wir, in Erklärungen oder Diskussionen unsere Beziehung zu Gott auszudrücken, wobei das Wort *Glaube* bereits so oft verwendet wurde, daß es Gefahr läuft, zum Klischee zu werden.

»Da fragten sie ihn: Was müssen wir tun, um die Werke Gottes zu vollbringen? Jesus antwortete ihnen: Das ist das Werk Gottes, daß ihr an den glaubt, den er gesandt hat.« (Johannes 6, 28–29) Das ist das Versprechen des Zugangs zu Gott, der durch Jesus erstrahlt. Jesus war von der grenzenlosen Liebe, die er von Gott erhielt, so überzeugt und ebenso sicher, daß dieses Geschenk allen Menschen angeboten wurde, daß er um das Vertrauen der anderen bat. Das Wissen Jesu um die eigene Persönlichkeit und Identität wurzelte in seiner tiefen Kenntnis von Gott.

Was bedeuteten die Worte *Glaube, Vertrauen, Überzeugung* für Jesus, und wie verstanden die Evangelien die Rolle, die Jesus in der Geschichte gespielt hat und die er weiterhin im Leben der Gläubigen spielt?

»Wenn euer Glaube auch nur so groß ist wie ein Senfkorn, dann werdet ihr zu diesem Berg sagen: Rück von hier nach dort!, und er wird wegrücken. Nichts wird euch unmöglich sein.« (Matthäus 17, 20) So sprach Jesus zu seinen Jüngern und bezog sich auf den Glauben als Körnchen von Vertrauen zu Gottes unendlichen Möglichkeiten. Der Sinn ist klar: Gott zu akzeptieren, auf seine grenzenlose und bedingungslose Liebe als einziges Fundament der Sicherheit im Leben zu vertrauen, heißt, sich seiner Allmacht zu überantworten. Schauen wir etwas tiefer als mit unseren physischen Augen – schauen mit unserem inneren Auge, so wie wir durch die Klarheit unserer inneren Sicht wissen, daß wir von einem anderen geliebt werden –, dann wissen wir aus Erfahrung, daß wir in alle Ewigkeit akzeptiert sind. Das ist die Bedeutung von dem ausdrücklichen Befehl Jesu: »Die Zeit ist erfüllt, das Reich Gottes ist nahe.« (Markus 1, 15) Wir dürfen akzeptieren, daß wir akzeptiert sind. Hier ist nichts von einem intellektuellen Bemühen, einer Denkübung: »Das ist nicht eine Sache des Verstandes«, sagte Thomas More, seinen Glauben verteidigend. »Das ist letztlich nur eine Sache der Liebe.«

Und was ist die Folge dieses Vertrauens, dieses Glaubens? »Dein Glaube hat dir geholfen.« (Lukas 7, 50) Das sagt Jesus immer wieder zu den Kranken, den Schwachen im Körper und im Geist. Irgend etwas ist bereits geschehen: im Prinzip ist jemand gerettet – allerdings hier in diesem Leben, nicht für die Ewigkeit (das ist die Sache Gottes und das bleibt ihm vorbehalten). »Seid nicht beunruhigt. Glaubt an Gott, glaubt auch an mich.« – also: Vertraue Gott, glaube ihm ohne Grenzen – und nimm das Leben und die Bedeutung Jesu mit allem dir zu Gebote stehendem Ernst. In dieser Beziehung hatte der englische Romancier C. S. Lewis recht: »Das Vertrauen zu Gott hat immer wieder und jeden Tag von neuem zu beginnen, so, als wäre bisher noch nichts getan worden.« Es ist die Arbeit eines Lebens, eine Haltung gegenüber der Realität, die täglich neu zu beginnen hat, denn der Glaube ist, wie der Schreiber des Hebräerbriefes sagte: »... Überzeugtsein von Dingen, die man nicht sieht.« (Hebräer 11, 1) – von den unvergänglichen Dingen, jenseits von Verfall und Tod.

»Selig sind, die nicht sehen und doch glauben« (Johannes 20, 29), sagte Jesus zu seinem Jünger Thomas, der einen sichtbaren Beweis für den Triumph seines Meisters über den Tod verlangte. Das ist eine Herausforderung, die wie eine Hymne über alle Jahrhunderte hinweg klingt. Aber sobald wir beginnen, Glaube, Mysterium und Finsternis zu diskutieren – da scheinen wir uns außerhalb der Sphäre der üblichen menschlichen Erfahrung zu befinden. Das bedarf dringend der Korrektur, denn Glaube ist ein fundamentaler menschlicher Akt.

Gehen wir zu einem Arzt, so unterziehen wir uns damit einem Akt des Glaubens in seine Kompetenz und seinen guten Willen – daß er uns heilen und nicht Schmerzen zufügen wird. Der Glaube mag manchmal etwas schwach sein, und ist vielleicht von Ängsten und Zweifeln durchsetzt, aber dennoch bleibt der Glaube – und wir handeln nach diesem Glauben in der Erwartung, daß das, was wir hoffen, auch eintreffen wird. Dieser Glaube in einen anderen mag seinen Ursprung in einer Empfehlung dieses Arztes haben, aber er wird nicht enttäuscht, die Beziehung bleibt infolge unserer eigenen Erfahrung aufrecht. Das gleiche gilt für den Berater oder den Lehrer: Wir müssen die seltsamsten Umwege machen, Beweise des Vertrauens erbringen.

Um auf den Punkt zu kommen, Glaube – das selbsterworbene Vertrauen – ist die Basis jeder echten Liebe. Ich kann Anzeichen und Beweise der Ergebenheit eines anderen sehen und ich wäre wahrlich sehr unklug, sie nicht anzunehmen. Aber ich kann nicht sich ewig steigernde, tägliche *Beweise* einer solchen Hochachtung erwarten: Sie besteht als freundliche Realität, die sich durch Zeichen, Gesten, Hinweise mitteilt – durch Erfahrung. In beiden Fällen, dem des Arztes und dem des Freundes, beginnt eine Beziehung durch Zufall oder Empfehlung, ein Zusammenspiel von Zeit und Ort.

Seit der Zeit der Apostel, haben jene, die zur Erkenntnis der Wahrheit über Jesus Christus gekommen sind, ihr Vertrauen in Riten und Formeln ausgedrückt, wie es alle tun, die Gemeinschaften auf der Basis einer gemeinsamen Überzeugung bilden. In Enid Bagnolds Stück

The Chalk Garden zeigt eine große alte Dame auf ihren Speisetisch, der für ein formelles Mittagessen gedeckt ist. Indem sie über den Ursprung der Gedecke, das Arrangement der Gläser und ihr nun still gewordenes Leben nachdenkt, bemerkt sie gedankenvoll: »Sogar der Tisch ist mit den Resten eines vergessenen Rituals gedeckt.«

»So wird auch der Glaube weitergegeben«, antwortet ihr alter Freund, ein weiser Richter.

»... denn ich vertraue auf dich.« (Psalmen 143, 8) Das singt der hebräische Psalmist wieder und wieder. Es ist das einzige widerhallende Thema, das Ergebnis aus der Reflexion der Erfahrung – über die Erkenntnis, daß es wirklich Muster der Bedeutung in meinem Leben gab, die es mir ermöglichten eine geheimnisvolle, unter der Oberfläche liegende Ordnung und Richtung zu erkennen, trotz des augenscheinlichen Chaos und Durcheinanders dessen, was ich geerbt und was ich getan habe. Und üblicherweise haben diese Bedeutungsmuster etwas mit Beziehungen zu tun, denn es geschieht immer wieder, daß durch Beziehungen Richtung, Entwicklung und Sinn meines Lebens klar werden.

Jesus spricht niemals abstrakt oder philosophisch über die Natur des Glaubens; das sollte die Aufgabe späterer Generationen werden. Für ihn ist Glaube das Vertrauen in die Kraft Gottes zu heilen und zu retten – in anderen Worten, Vertrauen in die Gegenwart und Kraft der Gnade: »Wer das Reich Gottes nicht so annimmt, wie ein Kind, der wird nicht hineinkommen.« (Markus 10, 15) Wenige seiner Worte wurden so sentimental und ihrer Kraft beraubt ausgelegt wie diese, denn geistiges Kindsein – das Stadium der völligen, demütigen Abhängigkeit – ist fraglos nicht zu vergleichen mit geistigem Infantilismus, der potentiell starke, erwachsene Christen zu wehleidigen, jammernden Kreaturen macht, die glauben, daß Einfachheit Dummheit bedeutet und Bescheidenheit mit Schüchternheit gleichzusetzen ist.

Die Evangelien zeigen Glauben als eine Haltung der Offenheit: Glaube ist vorhanden, wenn die Menschen bereit sind, den Handlungen Gottes in ihrem Leben Eintritt zu gewähren – sich nicht der Überraschung der Gnade zu versperren. Praktisch heißt das, was gewohnheitsmäßig als »nicht den Geist abtöten« bezeichnet wird oder sich dagegen zu stemmen, daß Gott aus seiner absoluten Freiheit handelt, um sich in unendlicher Verschiedenheit der Wege zu manifestieren. In dieser Beziehung findet sich eine herausfordernde Beobachtung in den Evangelien: Jesus, so wird uns gesagt, konnte für Menschen in einer bestimmten Gegend keine Wunder vollbringen »wegen ihres Mangels an Glauben«. Es fehlte die Bereitschaft, die Gegenwart und das Werk Gottes aufzunehmen – eine Bereitschaft, die in sich selbst die Bedingung für sein Wirken ist.

Glaube ist somit ein Prozeß, in welchem man wächst, in dem man mehr und mehr die Eigenschaften eines Kindes annimmt – voll unerschütterlichen Vertrauens in das Wohlwollen des anderen. Das Kind nimmt die Realität, wie sie ist, ohne Vorurteile, ohne Erwartungen, in Schlichtheit. Aber die wahre geistige Kindlichkeit nimmt es sehr ernst, daß man vollkommen von Gott abhängt und ihm absolut vertraut.

Glaube ist ein Prozeß, ein täglicher Fortschritt. »Alles kann, wer glaubt. Da rief der Vater des Jungen: Ich glaube; hilf meinem Unglauben!« (Markus 9, 23, 24)

Es gibt natürlich Fragen hinsichtlich der Realität und ganz gewiß Zweifel, die notwendigerweise den Glauben begleiten, ihn aber nicht negieren; Zweifel ist symbolisch für die unendliche Sehnsucht, die Unendlichkeit besser zu verstehen. Mit anderen Worten, die Welt hat sich uns noch nicht völlig enthüllt.

Glaube ist somit wie ein Linse, durch die ich nach außen in die Realität, nach innen in das Leben Gottes blicke, das ruhig in mir atmet. Er ist die essentielle Perspektive, die eine Negation des allerhöchsten Sinns ablehnt. Sinn, Ordnung und Zweck mögen oft unklar sein; sie scheinen zu schwanken und sich zu verändern und sie mögen verschiedentlich ausgelegt werden. Geht man den Dingen jedoch auf den Grund, dann ist Glaube eine Haltung gegenüber der Realität, die tiefer und wirklichkeitsnäher ist als seine Ablehnung, denn er zeigt mit absolutem Ernst die wechselhafte Natur alles menschlichen Wissens. Wer die Existenz des Transzendenten leugnet, ist in der Armut der eigenen engen Empfindung eingekerkert; jene, die sich gegenüber der Transzendenz offen verhalten, sind von den Spannungen einer solchen Armut frei. Sie sind für Überraschungen empfänglich. Sie sind fähig zu finden, und daher finden sie auch.

Wenn wir allerdings eine Spur von Ehrlichkeit besitzen, müssen wir eingestehen, daß wir von Fragen und Zweifeln gequält werden und in unserem Inneren zutiefst rastlos und unzufrieden sind. Unser

Bedürfnis nach Liebe und Sicherheit ist immer größer als unsere Möglichkeiten, sie zu erringen. Der heilige Augustinus hatte recht: »Unsere Herzen wurden für dich, O Herr, geschaffen, und sie sollten nicht ruhen, bevor sie nicht in dir ruhen.« Jene, für die das dennoch Idiotie ist, sollte man fragen – wenn es wirklich nur Phantasie und Illusion ist, das letzte Vertrauen in die Wirklichkeit Gottes zu setzen –, ob es weniger dumm ist, dem Reichtum, der Liebschaft oder noch etwas Geringerem zu vertrauen? Oder sollte es überhaupt nichts geben, dem wir vertrauen können?

Nehmen wir unsere Armut ernst, so verlangt dies das unangenehme Eingeständnis, daß es kaum andere Antworten gibt als dieses restlose Vertrauen in Gott. In dieser Hinsicht ist es verführerisch, sich in die falsche Sicherheit des Gesetzes zu flüchten, das uns letztlich nur der eigenen Fehler überführt. Doch Glaube beinhaltet die bewußte Akzeptanz unserer Möglichkeiten – daher vertrauen wir bedingungslos der unendlichen Weisheit und Güte, die alle Vorstellung oder Erwartung übertrifft. Abhängig, wie wir sind, lernen wir, uns dieser unvorstellbaren Güte zu überlassen; sind wir uns unserer Grenzen bewußt, so sind wir deshalb noch nicht innerhalb dieser Grenzen versklavt.

Der Christ schenkt sein Vertrauen daher nicht verschiedenen »Wahrheiten«, Dogmen oder Doktrinen: sein Vertrauen gilt einem, der zuerst gesprochen, immer seine Einladung wiederholt, seine Botschaft gesendet hat. Daher bin ich als »Glaubender« mehr oder weniger immer in einen Dialog verstrickt: Ich höre, ich antworte – ich *bin* im Dialog, der in sich selbst, in Tat und Rede, außerhalb der Worte, besteht.

Und mit wem wird dieser Dialog geführt?

Mit dem, der die Welt erfüllt und dennoch nicht zu ihr gehört: Vielmehr gehört ihm die gesamte Welt, ihm, der sich selbst in dem auferstandenen und gegenwärtigen Gott manifestiert hat. »Alle Zeit und alle Jahreszeiten gehören ihm«, sagt eine alte Osterliturgie.

In keinem anderen Fall wird die Sprache so sehr in die Metapher gedrängt.

Ziel des Glaubens ist ein Ort, den man betreten, ein Zimmer in das man eintreten, eine Kraft, an die man sich lehnen, eine Liebe, der man sich ergeben kann. Und Glaube selbst? Ist der Akt, sich der Wirklichkeit zu stellen, das eigene Leben darum herum zu bauen. In dieser Beziehung ist es nicht der Glaube in die Bibel, sondern in Gott, der sie bestätigt. Es ist nicht der Glaube in die Überlieferung, sondern in Gott, dessen unendliche Liebe sie bestätigt. Es ist nicht der Glaube in die Kirche, aber in Gott, den die Kirche verkündet. Daher die biblischen Texte; die Schriften der Heiligen, Mystiker und Theologen; die Glaubenssätze und Doktrinen der Kirche – sie alle drücken in der Sprache der Menschen das Streben nach der letzten Wahrheit aus, worunter, in einfachsten Worten, die Erfahrung mit und die gleichzeitige Sehnsucht nach Gott zu verstehen ist. Trotz aller Ungewißheiten, Unsicherheiten und Fragen klammert sich der Glaubende an Gott.

Der Prozeß des Glaubens schließt natürlich den Weg des Gebetes ein. Das Leben Jesu selbst war ein Gebet – nicht nur eine Reihe von Taten und eine Sammlung von Lehren, gelegentlich von einem Zwiegespräch mit Gott unterbrochen, sondern eine einsame, unaufhörliche Preisgabe seiner selbst.

Alles in den Lehren und Taten des Jesus von Nazareth wurzelte in ihm, in seiner unerschütterlichen Verbindung mit Gott. Aus dieser Innerlichkeit kam seine unvorstellbare Menschlichkeit, die Unterwerfung unter seine Bestimmung, die er klarer und klarer als den Willen Gottes für ihn sah. Von daher kam auch die Liebe Gottes, die durch ihn auf alle strahlte, die er traf und die ihre unglaubliche Wirkung in seinen Worten und Taten hatte. In ihm wird die volle Bedeutung des Gebetes klar: Aus seinem Wissen um Gott kam die unerschütterliche Verpflichtung zur Liebe; aus der Liebe kam die Bindung. In Jesus sehen wir den Punkt, an dem die Liebe zu Gott und die Liebe zum Nächsten einander berühren. Alles das hat eindeutig mit dem Verständnis zu tun, daß sein ganzes Leben Gebet war – denn das Gebet bedeutet nicht Worte allein, sondern einen Zustand des Seins, wie auch der Glaube ein Zustand des Seins ist.

Sein Leben war voller Beispiele davon.

»In aller Früh, als es noch dunkel war, stand er auf und ging an einen einsamen Ort, um zu beten.« (Markus 1, 35)

»Als Jesus das hörte [die Hinrichtung von Johannes dem Täufer], fuhr er mit dem Boot in eine einsame Gegend, um allein zu sein.« (Matthäus 14, 13)

»Sein Ruf verbreitete sich immer mehr, so daß die Menschen von überall herbeiströmten. Sie alle wollten ihn hören und von ihren Krankheiten geheilt werden. Doch er zog sich an einen einsamen Ort zurück, um zu beten.« (Lukas 5, 15,16)

»Nachdem er sich von ihnen verabschiedet hatte, ging er auf einen Berg, um zu beten.« (Markus 6, 46)

»In diesen Tagen ging er auf einen Berg, um zu beten.« (Lukas 6, 12)

Nacht und Einsamkeit laufen wie ein roter Faden durch die Bibel, sie erinnern uns daran, daß Gott nur in der Stille zu finden ist. Wie wir gesehen haben, liegt über den Berichten von Geburt und Kindheit tiefe Stille, und ebenso liegt diese Stille darin, wenn sich Jesus von der Welt zurückzieht; sein Schweigen bei seinem Prozeß – und die Stille, die seinem Aufschrei im Moment des Todes folgte.

Nachdem Jesus allein eine der vielen endlosen Nächte hindurch gebetet hatte, kehrte er zu seinen Jüngern zurück, die offensichtlich über sein häufiges Bedürfnis nach Einsamkeit und Gebet gesprochen hatten. Einer seiner Jünger sagte zu ihm »Herr lehre uns beten, wie schon Johannes [der Täufer] seine Jünger beten gelehrt hat.« (Lukas 11, 1) Jesus antwortete, daß die Essenz des Gebetes der Empfang und das Angebot der Vergebung sei: »Und wenn ihr beten wollt und ihr habt einem anderen etwas vorzuwerfen, dann vergebt ihm, damit auch euer Vater im Himmel euch eure Verfehlungen vergibt.« (Markus 11, 25)

Diese Zusammenfassung des Gebets, wie sie bei Markus, dem frühesten der Evangelisten zu finden ist, zeigt wahrscheinlich die erste Form des Vaterunsers. Denn die mündliche Wiedergabe von den Aussprüchen Jesu war sehr wörtlich, wenn auch die neuen, lokalen und speziellen Anwendungen dieser Aussprüche dem täglichen Leben der Gläubigen entgegenkamen, doch findet sich eine erweiterte Version des Vaterunsers bei Lukas:

»Wenn ihr betet, so sprecht: Vater, dein Name werde geheiligt. Dein Reich komme. Gib uns täglich das Brot, das wir brauchen. Und erlaß uns unsere Sünden; denn auch wir erlassen jedem, was er uns schuldig ist. Und führe uns nicht in Versuchung.« (Lukas 11, 2–4)

Während des Wirkens Jesu waren die jüdischen Gebete – sicher inoffizielle Reden, außerhalb des formellen Gottesdienstes – nicht genau festgelegt, sondern wurden frei gesprochen, wobei von denen, die die Gebete wiederholten, Zusätze und Veränderungen gebetet wurden. Und so kam es zum Vaterunser nach Matthäus, das zum weitverbreitetsten Gebet wurde:

>*Unser Vater im Himmel, dein Name werde geheiligt,*
dein Reich komme, dein Wille geschehe wie im Himmel,
   so auf der Erde.
Gib uns heute das Brot, das wir brauchen,
Und erlaß uns unsere Schulden, wie auch wir sie vergeben
   unseren Schuldigern.
Und führe uns nicht in Versuchung,
sondern rette uns von dem Bösen.<

(Matthäus 6, 9–13)

Und dieser Fassung fügt Jesus, indem er auf die vorletzte Strophe des Gebetes hinweist, deutlich hinzu: >Denn wenn ihr den Menschen ihre Verfehlungen vergebt, dann wird euer himmlischer Vater auch euch vergeben. Wenn ihr aber den Menschen nicht vergebt, dann wird euch euer Vater eure Verfehlungen auch nicht vergeben.< (Mattthäus 6, 14–15)

Es gibt auch eine Stelle, an der dieser Befehl einen anderen Aspekt aufzeigt: >Liebt eure Feinde und betet für die, die euch verfolgen.< (Matthäus 5, 44) Das sagt Jesus und die Bedeutung ist klar: >... denn er läßt seine Sonne aufgehen über Bösen und Guten, und er läßt regnen über Gerechte und Ungerechten.< (Matthäus 5, 45) Mit anderen Worten, auch unsere Feinde sind in den Plan Gottes einbezogen – eine Erkenntnis, mit der Jesus den bittersten Moment seines Lebens ertrug, als er für jene betete, die ihm die entsetzlichsten Qualen zufügten und seinen Tod verschuldeten. Wie verschieden ist das doch von der Geisteshaltung der heutigen Gesellschaft, die so streitsüchtig, so bedacht auf Rache und auf Wiedergutmachung ihrer verletzten Rechte ist.

Das Vaterunser beginnt mit der Erinnerung des bekannten aramäischen Gebetes, dem Kaddisch, das am Ende der Synagogenfeier gesprochen wird: >Verehrt und geheiligt werde sein großer Name in der Welt, die er nach seinem Willen geschaffen hat ... Möge er sein Königreich schaffen ... schnell und bald.« Jesus veränderte das Gebet nur wenig: Das Königreich wird nun zum Ereignis, wenn Gottes Wille auf Erden wie im Himmel geschieht – das heißt, das Königreich hier auf Erden (die Annahme der Gnade Gottes durch den Menschen) zeigt sich und macht das Königreich im Himmel sichtbar. Das Königreich ist gekommen und breitet sich in unserer Mitte aus, doch noch ist es nicht zur vollen Entfaltung gelangt.

Von dieser Basis aus hat Jesus dann ein Gebet eingesetzt, das den Juden von ihrem Gottesdienst bekannt war: das Neue zeigt sich in einer Reihe der folgenden Bitten – für den Lebensunterhalt (das tägliche Brot) und für die Vergebung der Schulden oder Vergehen (die griechischen Wörter für diese beiden Begriffe, die wechselweise bei Matthäus und Lukas verwendet werden, gehen auf das aramäische Wort *hoba* zurück). Wann immer wir beten, begeben wir uns in das Reich der Vergebung, der Festigung unserer Freundschaft mit Gott – und Zeuge sowie unser Zeichen dafür ist unsere vergebende Bindung gegenüber anderen.

Und was die letzte Bitte anbelangt – »Führe uns nicht in Versuchung, sondern rette uns von dem Bösen.« –, so hat dies vielen Rechtschaffenen Schwierigkeiten bereitet. Wie kann uns Gott in seiner allumfassenden Güte in Versuchung führen? Der Sinn des griechischen Textes (und dahinter steht fraglos der original aramäische) bedeutet einfach: »Verschone uns von einer solchen Versuchung«, und dieser Sinn wird wiederholt: »Rette uns von dem Bösen.«

»Dein Reich komme.«

Dieses schlichte und eindrucksvolle Gebet Jesu inspirierte das früheste Gebet der Christen. In den Jahren unmittelbar nach dem Tod Jesu erwarteten sie das baldige Ende der Welt; wenn auch das Reich Gottes durch das Werk Jesu auf die Erde gekommen war, so konnte die Erfüllung, davon waren sie überzeugt, erst in der Zukunft liegen. Bald würde Jesus (als glorifizierte Gestalt des Gerichtes, der apokalyptische Menschensohn) wiederkehren, um die Welt zu erlösen und für immer das Reich Gottes einzusetzen – so weit steht es durch die ältesten erhaltenen christlichen Dokumente fest, nämlich den ersten Paulusbrief an die Thessaloniker (ungefähr 50 n. Chr. datiert). Die gleiche Erwartung zeigt sich einige Jahre später, wenn Paulus seinen ersten Brief an die Korinther mit einem diesen bekannten kurzen Gebet schließt, das er im aramäischen Original zitiert: *Marana, thà! –* Unser Herr komme!

Der gleiche Wortlaut findet sich auch in der *Didache*, dieser ehrwürdigen frühen Sammlung christlicher Gebete und Überlieferungen; ja, diese beiden aramäischen Worte hätten, nach Meinung einiger moderner Gelehrter, die Eucharistiefeier in der frühen Kirche beenden können. Die Nachfolger Jesu, die sich im Gedenken an ihn versammelten, glaubten, dadurch das himmlische Mahl zu versinnbildlichen, das sie herbeisehnten – die Erfüllung des Reiches Gottes im ewigen Leben. Daher auch ihre fromme Ungeduld: »Unser Herr, komme!« Die Christen beteten zu Gott, er möge in der Eucharistiefeier endgültig zu ihnen kommen.

Dieses schlichte, tiefempfundene Gebet ist für die Haltung der ersten Christen bezeichnend, die über mehrere Jahrzehnte hinweg das unmittelbare Ende der Welt und die dramatische sichtbare Wiederkehr Gottes erwarteten. Da dies sichtlich nicht in Gottes Plan lag, wurde dieser offensichtliche Aufschub zu einem der Anliegen, welches die Evangelisten leitete, als sie das vorhandene Material selektierten, edierten und veränderten, so daß das Leben Jesu der Geschichte für jene Bedeutung bekam, die ihn als den Christus des Glaubens sahen. Der klare Aufschub der zweiten Wiederkehr verlangte für das wahre christliche Leben in der Gegenwart nach bestimmten Regeln.

Wie war es möglich, daß die erste Generation von Christen so mutig zu Jesus stand, daß sie bereit war, in seinem Namen zu sterben? Wie konnte sie so sehnsüchtig beten, er möge zu ihnen kommen?

Natürlich beteten sie, weil der Feind so sichtbar war und weil die Erinnerung an Jesus und an seine Lehren ihnen dazu den Mut verlieh. Doch hinzu kam, und das dürfte noch wichtiger sein, daß er ihnen anscheinend als einmalig außergewöhnlicher Mann gezeigt worden war, der mehr Eindruck als jeder andere machte – und der unsagbar liebenswert war, da er selbst die anderen so sehr geliebt hatte. Die Liebe Jesu für alle und die Liebe, die er selbst in anderen weckte, wurden als die Basis christlichen Lebens angesehen.

Hier gibt es eindeutig eine logische Abfolge. Jesus zeigte der Welt in jeder Phase seines Lebens das Antlitz innigster Liebe. Die beispiellose Erfahrung des Auferstandenen und Glorifizierten – vollkommen verwandelt, nicht länger der Tote, sondern der für immer in Gott Lebende – weckte in denen, die an ihn glaubten, lebendige Hoffnung und das Geschenk der Liebe.

Wir sprechen oft lächelnd von Glaube, Hoffnung und Liebe, als wären dies drei unterschiedliche »Waren« oder zumindest spirituelle Wahrheiten. Doch sollten sie vielleicht tatsächlich als drei Aspekte einer einzigen Wahrheit, unserer Erfahrung mit dem anderen, einer entscheidenden Verbindung gesehen werden. Glaube schließt unendliche Liebe ein, und diese erhält die Hoffnung für das Fortleben (nein, für die Ewigkeit) der Liebe. Und wenn Glaube auf Liebe basiert und aus Liebe kommt, dann sehnt sich die Liebe nach Vereinigung. Wenn unser Leben in Gott und unser Verhältnis zu ihm abzubrechen droht, beten wir für diese Vereinigung.

Wie Glaube ist auch das Gebet keine intellektuelle Übung: es ist die Voraussetzung in der Gegenwart jemandes zu sein, den man kennt und liebt. Gebet ist auch kein Können, das zur Meisterschaft gebracht werden kann, obwohl fraglos Disziplin und Ausschalten des inneren und äußeren Lärms helfen, daran zu erinnern, daß wir uns immer in der Gegenwart Gottes befinden.

Gebet – das bedeutet, Gott zu hören und uns ihm darzubringen – ist nur möglich, wenn wir uns zu unseren Möglichkeiten, zu unserer vollkommenen Abhängigkeit bekennen. Und wenn wir lange genug still sind, können wir vielleicht hören, was Juliana von Norwich gehört hat, nämlich, daß »alles schließlich in Ordnung kommen wird« – daß wir weit über unsere Vorstellung hinaus akzeptiert und geliebt sein werden, und daß, egal unter welchen Umständen auch immer wir uns befinden, egal wie zerrüttet unser Leben sein mag, Gott da ist, um uns zu halten und zu heilen.

Das echte Gebet sollte vielleicht wieder wie der Glaube gesehen werden, als Prozeß, eine Haltung, die wir dem Leben gegenüber einnehmen – immer wach zu sein, um Gott empfangen zu können.

Wenn Jesus uns drängt »allzeit [zu] beten und darin nicht nach[zu]lassen« (Lukas 18,1), so spricht er daher nicht von leeren Phrasen und »viele Worte machen« (Matthäus 6,7), sondern von der Voraussetzung immer gleich bleibender Wachheit und Offenheit vor Gott. Das ist die Aufgabe eines ganzen Lebens – wie es in dieser Welt auch mit der Liebe für andere ist: Gott zählt nicht weniger als seine Schöpfung. Paradoxerweise sollten uns gerade unsere Verletzlichkeit und unsere armseligen Bemühungen in dieser Hinsicht nicht entmutigen, denn erst wenn wir realisieren, wie verwirrt und arm wir sind, wissen wir, daß wir Ziele der Gnade sind. Paulus war dieses Paradoxon bewußt: » ... denn wenn ich schwach bin, dann bin ich stark.« (2 Korinther 12, 10)

Und was die Zeit des frommen Gebets betrifft, so faßt die heilige Teresa von Avila – die mutige und kluge Dame, die im 16. Jahrhundert das religiöse Leben in Spanien reformierte – ein allgemeines Mißverständnis zusammen. Wenn sie mit frommen Menschen sprach, die seufzten und sagten, wäre es mit ihren Verpflichtungen vereinbar, sie würden öfter und länger beten, so entgegnete sie: »Bildet euch ja nicht ein, daß ihr, hättet ihr sehr viel Zeit, mehr davon im Gebet verbringen würdet. Löst euch von *dieser* Idee! Gott gibt in einem Moment mehr als in langen Zeiträumen, denn sein Handeln wird nicht in Zeit gemessen.«

Es ist verführerisch, den Geist unserer zynischen Zeit zu akzeptieren: Es ist nicht Gott, der zu dir spricht, wird uns gesagt, es ist nur die eigene Einbildung – es ist nur die Sehnsucht nach psychologischem Trost, der ewige Wunsch nach dem elterlichen Schutz, nur eine Projektion. Falls das stimmt, so ist es doch erstaunlich, daß nach so vielen Jahren der Lauheit gegenüber Gott, man doch niemals erfolgreich die Sehnsucht, mit ihm zu sprechen, löschen konnte. Wenn das so ist, warum würgt die äußerste geistige Indolenz die Einladung nicht ab?

Unsere Aufgabe ist es, mit Gott zu sein, seinem Geist einen Augenblick hier, ein oder zwei Sekunden dort, dann vielleicht eine Viertelstunde zu antworten. Die Zeit des ausdrücklichen Gebets, die Zeit des »mit ihm«, mehr als des »zu ihm« sprechen fokussiert einfach die Richtung unseres Seins, die außer diesen Momenten existiert; daher ist unser Sein ein Akt der Abhängigkeit, des Opfers, der Anbetung, und damit verstehen wir die Einladung Jesu, immer zu beten. Wenn wir unsere Freiheit mehr und mehr so leben, daß wir den Hauch Gottes verspüren, werden wir die Worte des Propheten: »Herr, da bin ich!« ohne Angst selbst sprechen können.

Heute ist es schwieriger denn je auf die Gegenwart Gottes zu hören. Wir haben den Segen der Ruhe verloren. Es scheint, daß wir vor allem Lärm machen. Wir sprechen nicht, wir unterhalten uns nicht miteinander, wir schreien statt dessen. Überall ist Lärm, jeder Platz scheint davon erfüllt zu sein, als wenn allein die Möglichkeit, unseren eigenen Puls zu hören, schreckliche Gedanken zur Folge haben könnte. »Komm, wende dich zur Seite«, verlangte der große mittelalterliche Philosoph Anselm von Canterbury im 11. Jahrhundert – und er sprach dabei vor allem zu sich selbst. »Wende dich für eine Weile von deinen täglichen Obliegenheiten ab, entkomme für einen Augenblick dem Wirrwarr deiner Gedanken. Schiebe deine gewichtigen Sorgen beiseite, laß deine beunruhigende Verwirrungen warten, mach dich für eine Weile für Gott frei und ruhe eine Weile in ihm. Betritt die innerste Kammer deiner Seele, schließe alles außer Gott und dem aus, was dir helfen kann, ihn zu finden. Sprich zu Gott: ›Ich suche dein Antlitz – Herr, es ist dein Antlitz, das ich suche.‹« Anselm verstand nur zu gut den Befehl Jesu: »Du aber geh in deine Kammer, wenn du betest, und schließ die Tür zu; dann bete zu deinem Vater, der im Verborgenen ist. Dein Vater, der auch das Verborgene sieht, wird es dir vergelten.« (Matthäus 6, 6)

Gott vergilt es uns wirklich, wenn wir nur seine Gabe zu sehen lernen. Er spricht wirklich zu uns – oder besser sollten wir sagen, er wendet sich uns zu –, ob wir zuhören oder nicht. Die Welt und alles in ihr ruft uns die Gegenwart oder auch die Abwesenheit Gottes zu. Was immer es an reiner Schönheit in der Welt gibt, sei es Natur oder Kunst, alles verkündet die Anwesenheit Gottes; andererseits aber auch die Macht des Bösen, die Ausbeutung und Grausamkeit des Menschen gegenüber dem Mitmenschen, eines Volkes gegenüber einem anderen Volk sprechen zu uns von der Abwesenheit Gottes – von jedem Bereich, in dem Gottes Gnade fehlt.

Doch sollten wir ehrlich sein. Auch unsere besten religiösen Bemühungen wie unsere Sprache sind nachlässig und voll Eitelkeit, Prätention und verschiedenster Motive. »Alles Böse im Menschen zeigt sich auch (und dort am stärksten) in seiner Religion«, bemerkte kein anderer als der große katholische Philosoph und Theologe Romano Guardini, der von den Hütern der Orthodoxie während des Pontifikats Pius XII. (1939–1958) so hoch geschätzt wurde, daß man ihn aufforderte, Beichtvater und geistiger Vater des Papstes zu werden. Wie Guardini und andere behaupten, trennt eine tiefe Kluft den grenzenlosen Gott von unseren begrenzten Ausdrucksmöglichkeiten sowie unserem Bemühen, ihn zu erreichen, und das ist es, was wahre Religion bedeutet.

Aber hier zeigt sich das Paradoxon wieder mit aller Macht: Das ist auch für sich selbst eine ermutigende Ankündigung, denn was können wir letzten Endes anderes tun, als uns diesem Meer unendlichen Mitleids zu überantworten? Was anderes können wir tun, als uns Gottes Armen anzuvertrauen? Ich habe keinen Grund, mich in irgend etwas sicher zu fühlen, das ich mein nenne – nicht mein Schicksal, nicht mein Gebet. »Wer also zu stehen meint, der gebe acht, daß er nicht fällt.« (1 Korinther 10, 12) Das ist die Mahnung des heiligen Paulus an die Christen von Korinth. Der Prozeß des Glaubens hängt daher unmittelbar mit dem Lernprozeß, das Gebet zu beachten, zusammen – und das alles wurzelt in dem Prozeß des tiefsten und ursprünglichsten Menschseins. Christ zu sein, bedeutet auch, immer auf dem Weg zu sein. Glaube ist niemals Besitz; doch noch viel weniger ist er die Kanzel, von der aus andere verurteilt oder verdammt werden. Glaube in Jesus Christus ist ein Prozeß, ist Bewegung und Reise; er ist Zustand unentwegter Klärung, dem Bemühen, mehr zu lieben.

In dieser Beziehung liegt die große Gefahr zu glauben, man »sei christlich«. Und üblicherweise blicken jene, die diesen Anspruch erheben, auf andere herab, die sie als *nicht* christlich betrachten. In unserer Zeit tun sie mehr, als nur herabblicken: nur allzuoft schreien sie laut über die Verderbtheit und Finsternis des Geistes jener, die sie verachten. Wie schade, daß vielleicht in Amerika mehr als anderswo die Bezeichnung »christlich« mit Ideologien verbunden wird, deren Agenda auf falschen »Prinzipien« basieren, die exklusiv, gesetzestreu, lieblos und verurteilend sind – und damit eindeutig unchristlich.

Diese Leute scheinen immer zu wissen, »was Gott denkt« und »was Gott will«, vor allem aber, »was Gott haßt«. Dieses sogenannte Christentum ist nichts als eine fromme Form der Selbstbestätigung – ein Weg, die eigene, eingebildete, moralische Überlegenheit zu beweisen. Es empfiehlt sich, in Erinnerung zu rufen, was der Herr durch den Propheten Jesaja sagte: »Meine Gedanken sind nicht eure Gedanken, meine Wege sind nicht eure Wege.«

Den Glauben zu leben und die Verpflichtung zum Gebet mögen manchen wie spirituelle Limonade klingen – eine Haltung, die heraufbeschworen oder selbstsuggeriert wird, um eine Konfrontation mit den Härten des Lebens zu vermeiden. Doch der Glaube kann das Leid weder auslöschen noch mindern. Allerdings kann er die Kraft verleihen, das Leid zu ertragen oder zu besiegen. Der Gläubige wird vom Leid weder vernichtet, noch zerstört noch verzweifelt er. Gefahr, Leere und Einsamkeit liegen alle in Gottes liebender Umarmung.

Sich an Gott als der einen und einzigen Gewißheit festzuhalten – festhalten nicht wegen der Gewißheit oder der Worte über ihn, sondern an Gott selbst, der über Worten und Kategorien steht –, das ist die Basis der dunklen Wege des Schicksals. »Alle Hoffnung ruht in Gott«, heißt es in einer Hymne. Trotz meiner Schwäche, meines Unglaubens, meiner geistigen Lauheit und Furcht – und welchem Mißgeschick auch immer – habe ich keinen Grund zur Verzweiflung.

Selbst wenn ich mit meiner geistigen Trägheit, mit meinen Fehlern, mit der Armseligkeit meiner Bemühungen und meinem verwirrten Herzen konfrontiert bin, so werde ich durch die Treue Gottes festgehalten. »Die Qual der Sünde reinigt uns und gibt uns Selbsterkenntnis, so daß wir um Gnade bitten«, schrieb Juliana von Norwich. »Unser gütiger Herr tröstet uns sofort, so als wollte er sagen: ›Es ist wahr, daß die Sünde Ursache allen Schmerzes ist. Aber es wird wieder gut, es wird wieder gut, alles wird wieder gut.‹ Diese Worte [werden] ganz sanft, ohne die Spur eines Vorwurfs gesagt ... Daher wäre es sehr unpassend von mir, Gott für meine Sünde zu tadeln oder zu kritisieren, denn er tadelt mich auch nicht dafür.«

Im Zweifel, in Angst und im Versagen, in seelischer Qual oder physischem Schmerz versuche ich daher, mich an Gott zu klammern, vor allem dann, wenn ich mich leer, verloren, ausgebrannt fühle, wenn mir die Kraft des Geistes oder des Herzens für ein Gebet fehlt. Nur wenn wir »Amen« sagen, sind wir fähig, Leiden zu ertragen, denn »Amen« ist die alte hebräische Versicherung, daß etwas gesagt, getan oder bestätigt wird – ein Ausdruck der Bestätigung des Glaubens. Mag sein, daß es das kürzeste und inbrünstigste Gebet ist, die Überzeugung, daß trotz allen Elends in der Welt und in uns selbst Gott letztlich in Liebe zu uns allen handelt.

Mit all seinem Geheimnis, seinem Bösen und Leid, seinem Verlust und seiner Unvollkommenheit kann das Leben in dieser Welt durch Gott ertragen werden – und nur durch Gott. Wer glaubt, der versteht, daß die Verweigerung noch keine Lösung für das Problem des Bösen ist. Als Stellung gegenüber dem Leben, als Orientierung der tiefsten Sehnsüchte und als Haltung des sich immer mehr vertiefenden Vertrauens in Gott, kann Glaube allein dort Ordnung schaffen, wo Chaos herrscht. Glaube ist das, wofür wir geboren sind, das, womit wir täglich im Leben agieren.

Natürlich können Unruhe und Angst immer Zugang zu uns finden, aber sie können durch den Glauben bekämpft und durch das Gebet ertragen werden, welche – wenn sie tiefer sinken und uns fester halten – Schritt für Schritt Furcht beiseite schieben und zu bleibender Gelassenheit führen. Ja, Glaube ist das wahre Land der Seele, und Gebet ist ihre Sprache.

11

Der Anfang vom Ende:

Die Preisgabe Jesu

Nach zwei Jahren des Predigens und Heilens, der Verbreitung der grundlegenden Botschaft von der Liebe Gottes zu den Menschen, erfreute sich Jesus keineswegs allgemeiner Beliebtheit, denn sein nicht enden wollendes Erbarmen und seine strenge Selbsterkenntnis stießen viele seiner Landsleute ab. Ende des Jahres 29 und zu Beginn des Jahres 30 war er tatsächlich ein Außenseiter, der, wo immer er hinkam, Argwohn, ja sogar Feindschaft weckte. Und was sein Junggesellentum betraf: Warum trug er nicht zu der Vermehrung der Israeliten bei? Was für eine Art grotesker Weigerung war *das*?

Nur wenige Menschen standen ihm wirklich nahe. Dieser einfache Mann aus Galiläa, der nie mit berühmten Gelehrten oder frommen Lehrern studiert hatte, der einst mit diesem seltsamen Johannes dem Täufer zusammen gewesen und dann für sich allein losgezogen war; dieser Mann, der so wenig vom allgemeinen Fasten hielt, der den Status quo der Dinge in Frage stellte und sich der etablierten Gesellschaft nicht anzupassen bereit war; dieser Mann ohne irgendeine Empfehlung, der kein Priester war und mit der wohlhabenden und aristokratischen urbanen Priesterschaft im Streit lag – war er nicht beinahe zwangsläufig bestimmt, zur Seite geräumt zu werden, wenn er seine Herausforderungen konsequent verfolgte, Versprechungen machte und in jedem einzelnen Fall behauptete, daß Gott selbst in seinen Taten und Worten handelte?

Ich denke, es ist nicht so sicher, daß sich Jesus zweitausend Jahre später einer besseren Aufnahme erfreut hätte, denn wir leben in einer den geistigen Dingen erstaunlich wenig zugewandten Zeit. Irgend jemand würde einen Weg finden, der Öffentlichkeit genau das zu bieten, was sie haben will – Gründe zu glauben, daß ein Mann, der umherzieht und Gutes tut, nichts als ein unbedeutender Heuchler ist, ein geldhungriger Narr mit suspekter Vergangenheit oder ein hochgradig ehrsüchtiger Egomane. Und wenn diese Charakteristika nicht bewiesen werden können, würde eine Liste von Greueltaten erfunden werden, um seinen defekten Charakter zu beweisen – und ein solcher Bericht würde von einer Reihe von Leuten sofort und beglückt akzeptiert werden, die die Möglichkeit echter Güte sowie die daraus resultierenden Herausforderungen nicht ertragen könnten.

Doch selbst das flüchtige Lesen der Evangelien zeigt ein dorniges Problem, denn nur zu oft macht Jesus seltsame Dinge, die sich gegen ihn und seine Mission zu wenden scheinen.

Nachdem er einen Leprakranken von seiner schrecklichen Krankheit geheilt hatte, schickte er, so lesen wir, den dem Leben wiedergegebenen Mann mit der seltsamen Erklärung fort: »Nimm dich in acht! Erzähle niemandem davon...« (Matthäus 8, 4) Die Heilung erfolgte nicht am Sabbat, so wäre kaum ein Aufschrei der Schriftgelehrten zu erwarten gewesen. Warum also wollte Jesus anscheinend genau diese Art von Bericht, die Menschen zu ihm gebracht und seine Verkündung Gottes glaubhaft gemacht hätten, nicht an die Öffentlichkeit kommen lassen?

Momente dieser Art gab es während seines ganzen Lebens. Nachdem er die Tochter des Jairus von den Toten auferweckt hatte, wandte er sich an die überglücklichen Eltern: »Doch er schärfte ihnen ein, niemand dürfe etwas davon erfahren.« (Markus 5, 43) Nach der Heilung eines Taubstummen wies Jesus alle an, strengstes Stillschweigen über dieses wunderbare Ereignis zu bewahren – ein Befehl, den sie begreiflicherweise nicht beachteten. Und als die wunderbaren Taten und die erstaunlichen Predigten des Meisters Petrus dazu inspirierten, ihn als den lang ersehnten Messias (»Du bist Christus«) anzukündigen, verbot Jesus ihm und den anderen Jüngern, das irgend jemandem zu sagen.

Die Bedeutung dieses Motivs, das als »messianisches Geheimnis« bezeichnet wurde, ist über Jahrhunderte hinweg von Gelehrten diskutiert worden. Dieses messianische Geheimnis, wie es von den Evangelien geschildert wird, ist mit den Taten und Verkündigungen Jesu so eng verbunden, daß es nur als Teil des ältesten verfügbaren Materials über Jesus gesehen werden kann. Die Natur des Messianischen, *wie Jesus sie verstand*, stimmte mit den Erwartungen des Judentums von einer solchen Gestalt nicht überein.

Weit entfernt, sich selbst als politischen Menschen oder sozialen Befreier darzustellen, gründete Jesu Ablehnung, als Messias bezeichnet zu werden, in seiner Einsicht, daß in der Geschichte Israels, von Jesaja bis zu Johannes dem Täufer, Gottes wahre Propheten immer mißverstanden wurden, was manchmal ihre Verbannung oder sogar ihren Tod bedeutete.

In der Zeit, da Jesus lebte, war es nicht üblich, daß die Menschen viel über ihre Identität sprachen oder darüber nachdachten. Psychologische Selbstartikulation, metaphysische Grübeleien, philosophische Gespräche über die Natur des Menschen, Bewußtwerdung von Gefühlen – alles das blieb der Zukunft vorbehalten. Semiten dachten in Begriffen eindeutiger Handlung, und so war für den Juden Jesus seine Rolle nicht Sache des sozialen Standes oder der persönlichen Theorie, sondern eine der Tat. Er fand seine Identität und seine Bestimmung in dem, was er tat, und in dem, was mit ihm geschah. Doch gibt es noch eine andere Überlegung, die mit dem Mißtrauen zu tun hat, dem Jesus begegnete, wenn er jenen Schweigen gebot, die am meisten zu seinem Ruhm hätten beitragen können – seinen Freunden und jenen, die er heilte. Dieses Mißtrauen war in allen Fällen mit der Intuition Jesu verbunden, daß er zum Leiden ausersehen war. Was seine Jünger während seines Lebens nicht verstanden, und was auch wir heute oft nicht richtig zu würdigen wissen.

Nachdem Petrus ihn als Messias bezeichnet hatte, befahl Jesus seinen Jüngern, niemandem davon zu erzählen. Er begann, von den Leiden zu sprechen, die ihm bevorstünden, ja, von seinem nahen Tod. Er sagte vorher, daß er von den religiösen Autoritäten zurückgewiesen und den Heiden ausgeliefert werde, die ihn verspotten, anspucken, geißeln und töten würden – aber nach drei Tagen würde er vom Tod auferstehen.

Auch diese Offenbarung wurde mißverstanden: Petrus sagte, er würde niemals zulassen, daß sein geliebter Meister Qual und Tod erleiden müßte – und darauf antwortete Jesus leidenschaftlich: »Weg mit dir, Satan! ... Denn du hast nicht das im Sinn, was Gott will, sondern, was die Menschen wollen!« (Markus 8, 33) Mit anderen Worten, wenn Petrus den Gedanken an Leiden zurückwies, war er noch nicht völlig auf seiten Jesu, der sagte: »Wer mein Jünger sein will, der verleugne sich selbst, nehme sein Kreuz auf sich und folge

mir nach.« (Markus 8, 34) Und so haben die scharfsinnigsten Bibelforscher in bezug auf die Vorhersage des Leidensweges gesehen, daß
die Voraussage der Passion und der Auferstehung so wie der Gedanke
des messianischen Geheimnisses nahtlos in die Gesamtkonzeption der
Evangelien passen.

Die vier Evangelien sind mit ihren Beschreibungen vom Prozeß, der
Hinrichtung und dem Begräbnis Jesu sehr genau – denn die mündliche
Überlieferung, die den Schriften vorausging, war sorgfältig weitergegeben worden. Lesen wir die vier Berichte aufmerksam, so erkennen
wir eine gerade Linie, eine Art zwingender Logik. Jesus lehnte es ab, in
eine der üblichen Kategorien, vor allem die des Messias-Königs, eingeordnet zu werden, weil er der Überzeugung war, daß Gott mit ihm
eine letzte Tat setzen wollte – die Erneuerung und Wiederversöhnung,
die vollendete Besiegelung der Freundschaft zwischen Gott und
Mensch nach Gottes ureigenstem Willen. Daraus ergibt sich, daß die
von ihm erbrachten Wunder Zeichen waren, wie auch sein Lehren die
frömmste Erwartung übertrafen, und damit wurde das Denken der
Menschen revolutioniert und Maßstäbe für das allumfassende Mitleid
und die Vergebung gesetzt.
  Wie wir gesehen haben, stießen seine Taten und Worte schon sehr
früh auf Ärger und Ablehnung in der etablierten Gesellschaft. Jesus
brach die religiösen Gesetze, indem er am Sabbat heilte; er sprach in
aller Öffentlichkeit mit Frauen, Heiden und Samaritern; er umarmte
Kinder und sah in ihnen Menschen mit menschlichen Rechten; er aß
und verkehrte mit Sündern, mit Ausgestoßenen und rituell Unreinen.
Er haßte Selbstzufriedenheit und scheinbare moralische Überlegenheit
und jene Art der Befriedigung des eigenen Ichs, die sich in übertrie-
bener Sorge um die Gesetze um ihrer selbst willen, nicht aber um ihren
Sinn manifestiert.
  Für Jesus gründete die Beziehung des Menschen zu Gott nicht in
der Befolgung von Gesetzen, sondern darin, sich Gott gegenüber zu
öffnen und auf die Nöte des Mitmenschen zu achten – *das* war der
eigentliche Sinn des Gesetzes. Daher waren Sabbatvorschriften, fromme Überlieferungen und rituelle Handlungen leer und bedeutungslos,
wenn durch sie menschliches Leid verschleiert und jemand davon abgehalten wurde, auf Leid zu reagieren. Da Jesus immer wieder den
Geist vor das Gesetz stellte – und auch danach handelte –, kam es dazu,

daß fromme Leute und religiöse Führer um ihre Positionen und Vorrechte besorgt waren. »Da wurden sie von sinnloser Wut erfüllt und
berieten, was sie gegen Jesus unternehmen könnten.« (Lukas 6, 11) Das
schien Tag für Tag ein leichter zu erreichendes Ziel zu werden: In
Gegenwart von Augenzeugen verwarnt, konnte ein Jude für einen
zweiten Verstoß gegen die Sabbatruhe zum Tode verurteilt werden.
Und Jesus war sich dessen bewußt: »Warum wollt ihr mich töten?«
(Johannes 7, 19) fragte er eine Gruppe von Übelwollenden eines Tages.
Natürlich ließen sie sich nichts anmerken, lächelten und sagten, er sei
von Sinnen, sie hätten keinerlei Absichten dieser Art. Doch er wußte es
besser. Aber der Mann aus Nazareth vermied es, in der Öffentlichkeit
melodramatisch zu leiden oder sich als Opfer eines Mißverständnisses
zu stilisieren. Er war Gott gegenüber verantwortlich; alles um ihn
strahlte mutige Direktheit aus. Seine Identität war für ihn und andere
durch das, was er tat, offensichtlich: mit anderen und für andere zu
leben. Er gab nicht tröstliche Aphorismen von sich, die ein leichteres
Leben versprachen. Er verkündete nicht die Liebe, er lebte sie.

Aber klare Aussagen über Jesus sollten nicht den Eindruck erwek-
ken, daß er leicht zu verstehen war oder ist: Tatsache bleibt, daß er in
keine Kategorie eingeordnet werden kann. Weder Souverän noch An-
archist, weder Priester noch Revolutionär forderte er sowohl die Lau-
en wie die Strengen heraus; weder politischer Reformer noch Gelehrter, weder Königssohn noch liberaler Sozialarbeiter ist er radikaler als
beide. Freunde wie Feinde verkennen und mißverstehen ihn, und noch
viel weniger begreifen sie die Komplexität seiner Persönlichkeit.

Jesus von Nazareth ist ein ewiges Erstaunen. Er bietet alle Arten
von Überraschungen: Sein Leben begann in bescheidensten Verhält-
nissen, und so wuchs er auch auf, er hatte außergewöhnliche Freunde,
er zog die Gesellschaft der Armen und Ausgestoßenen der der Mächtigen und Einflußreichen vor, er verband sich mit den Rüpeln und Außenseitern; alles verblüffend, erstaunlich und nicht zum eigenen Vorteil. Jesus war in keiner Weise ein dem Zeitgeist gehorchender Mann,
er suchte nicht die Billigung anderer zu gewinnen. Ihn zog es zu den
Unerwünschten, sozial Untragbaren, zu denen, die nicht zählten.
Niemals lehnte er die Gesellschaft von Sündern ab.

Obwohl er kein Rebell war und der religiöseste der Juden blieb, hatte
Jesus keine Geduld mit tyrannischen Gesetzen – und wurde damit

zur Gefahr für die Unantastbarkeit des mosaischen Gesetzes, das für Schriftgelehrte, Pharisäer und andere Hüter der Orthodoxie das Herz des Judentums war. Ein Gelehrter hat dies knapp und prägnant erklärt: »Nur wenn man ihre Gesetzestreue erkennt, kann man die Intensität ihrer Feindseligkeit gegenüber Jesus und ihre Weigerung, die Gültigkeit seiner Forderungen anzuerkennen, verstehen.«

Alle diese Forderungen – mit Wendungen wie »Ich sage euch!« oder dem wiederholten und gebieterischen »Amen, Amen« geäußert – richtete Jesus, der Mann von bescheidener Herkunft, ohne Geld, ohne Einfluß, ohne politische Macht, ohne Unterstützung einer Gruppierung und ohne Segen einer politischen Gruppe, an die Menschen. Begleitet von einer Schar Männer und Frauen, die bestürzend gewöhnlich waren, uninteressant für jeden intellektuellen Anspruch, sozialen Anstand, Witz oder jede geistige Beweglichkeit, hatte Jesus nichts von einem erfolgreichen Mann irgendeiner Zeit. Vom Standpunkt der weltlichen Werte schien er alles falsch gemacht zu haben, und was die Wahl seiner Freunde und Bekannten betraf, so war die der wohl größte Mißgriff.

So viel aber kann mit Sicherheit über die Selbsterkenntnis Jesu gesagt werden: Er sah immer deutlicher, besonders aus der Reaktion der Behörden in den letzten Wochen und Monaten seines Lebens, daß sein Schicksal dem des Jesaja, Ezechiel, Amos, Micha oder Sacharja gleichen würde, den Propheten, die anfangs unbeachtet blieben, dann verstoßen und schließlich zu Märtyrern wurden.

Als er und eine Gruppe von Jüngern Vorbereitungen trafen, um zum Passahfest nach Jerusalem zu reisen, war sich Jesus der Möglichkeit des Leidens und des Todes bewußt, denn seine Botschaft in die Heilige Stadt zu bringen, hieß, die höchste Strafe zu riskieren, und er sagte reuevoll: »Jerusalem, Jerusalem, du tötest die Propheten und steinigst die Boten, die zu dir gesandt sind. Wie oft wollte ich deine Kinder um dich sammeln, so wie eine Henne ihre Küken unter ihre Flügel nimmt, aber ihr habt nicht gewollt.« (Matthäus 23, 37) Gewaltsame Konfrontation und Gefahr suchte er zu vermeiden, doch wollte er nur um der Sicherheit willen seiner Bestimmung nicht entgehen. Sein Schicksal könnte denjenigen gleichen, die in Jerusalem getötet worden waren – wie zum Beispiel der Prophet Sacharja, der zur Strafe für sein unpopuläres Predigen noch im Tempel getötet worden war.

214

Daß Jesus seinen eigenen Tod als Lösegeld für viele verstanden haben dürfte (hatte er doch sein ganzes Leben Gott als Opfer angeboten), ist zum Verständnis seiner Mission von entscheidender Wichtigkeit und kann ohne Hinweis auf das, was Jesus inspiriert hatte, erkannt werden – es ist der Angelpunkt des hebräischen Glaubens und Gottesdienstes, den das Passahfest darstellt. Das Tieropfer im Alten Testament (das »Blut der Verheißung«) bewirkte die Befreiung des Menschen von Sünde und Urteilsspruch, man sah darin ein Band zwischen Gott und seinem Volk, das jedes Jahr erneuert wurde.

Die Folgerung der Evangelien ist, daß Jesus die Hingabe seines Lebens und seinen Opfertod als Selbstaufopferung für Gott und im Namen der Menschheit und um deren Heil willen ansah – um für immer die Wunden der Sünde zu heilen und die Freundschaft des Menschen zu Gott für ewig zu besiegeln. Es steht nichts über die Besänftigung eines zornigen Gottes geschrieben. Jesus nimmt im Gegenteil die Liebe Gottes als erwiesen an: »Denn Gott hat die Welt so sehr geliebt, daß er seinen einzigen Sohn hingab...« (Johannes 3, 16) Die Vorstellung eines Lösegeldes, von einem verbindlichen und stellvertretenden Angebot für die Erlösung anderer, ist für den jüdischen Glauben charakteristisch. Wie wir sehen werden, wird dieses Merkmal im Licht der Auferstehung vertieft – und radikal verändert.

Der Verlauf seines Wirkens hatte Jesus daher gezeigt, daß ein gewaltsamer Tod fraglos eine Möglichkeit, wenn nicht eine vorhersehbare Wahrscheinlichkeit war. Er kündigte die Vergebung der Sünden an, ein göttliches Vorrecht: was einige der Frommen zu dem Einwand veranlaßte: »Er lästert Gott.« (Markus 2, 7) Er trieb böse Geister aus, gab Kranken Verstand und Gesundheit zurück, was bedeutete, daß er Magie betrieb – des Teufels schwarze Kunst – und verdiente daher als Strafe, zu Tode gesteinigt zu werden. Andererseits erschien er manchen Anführern als falscher Prophet – und konnte daher nach dem Gesetz gehängt werden. Und dann unternahm Jesus etwas, was noch gefährlicher war: Da er hoffte, daß ein Aufruf an eine größtmögliche Zuhörerschaft – und besonders an seine Gegner – mit der Ankündigung, daß Gottes Reich komme, Erfolg haben würde, reiste Jesus mit seinen Jüngern Ende März des Jahres 30 zum Passahfest nach Jerusalem.

Gemeinsam mit frommen Juden von nah und fern begab er sich natürlich zum Tempel; die ansässige Bevölkerung betrug damals ungefähr fünfundzwanzigtausend, doch zu Festtagen waren viermal soviel Menschen versammelt. Als er den Tempelbezirk betrat, sah Jesus einen Basar mit tobendem Handel. Der Platz war ein überfüllter Markt und nicht ein geheiligter Ort für feierliches Beten. Da gab es lärmende Händler, die Vögel, Vieh und Schafe für das rituelle Opfer kauften und verkauften, und da gab es Geldwechsler, die über Kurse feilschten. Da die Heilige Stadt das Münzrecht besaß und ihr eigenes Geld prägte, mußten die Pilgermassen die Buden der Geldwechsler aufsuchen, wenn sie Geschenke für die Tempelzeremonien kaufen wollten. Diese Notwendigkeit war für Spekulanten und Kaufleute ein einmaliger Glücksfall, doch die dem heiligen Bereich zu zollende Ehrerbietung wurde damit herabgewürdigt. Jesus war empört.

»Mein Haus soll ein Haus des Gebetes sein. Ihr aber macht daraus eine Räuberhöhle« (Matthäus 21, 13), rief Jesus, indem er die Worte Gottes zu Jesaja und Jeremias aus dem Alten Testament (Jeremia 7, 11) zitierte, während er die Tische umkippte, die Tiere freiließ, das Geld verstreute, die Tauben befreite und dafür die zornigen Schreie der Händler und Geldwechsler zu hören bekam. In dramatischer Weise verkündete Jesus, daß die Reue und Erneuerung, die er im ländlichen Galiläa gepredigt hatte, auch für Jerusalem, für den heiligen Tempel und die Priesterschaft galt.

Für seine Feinde, von denen einige zu den wohlhabendsten und einflußreichsten der Religionsgemeinschaft gehörten, war diese Tempelreinigung das brennende Streichholz im Pulverfaß: » ... und [sie] suchten nach einer Möglichkeit, ihn umzubringen. Denn sie fürchteten ihn, weil alle Leute von seiner Lehre sehr beeindruckt waren.« (Markus 11, 18) Die Führungsschicht und der Einfluß dieser Selbstgerechten wurden vor ihren Augen bedroht, und so wurde binnen weniger Tage eine unheilige Verbindung zwischen jüdischen Anführern und römischer Besatzungsmacht geschlossen. In Jerusalem hatte Ordnung eingehalten zu werden; ein Aufsteiger wie dieser Jesus mit seinen neuen Wegen und den unkonventionellen Predigten könnte das Volk zu Aufstand und Rebellion aufstacheln. Schließlich könnte er zur allgemeinen religiösen Revolution aufrufen, genauso wie er die Sabbatruhe gestört und bestimmte fromme Traditionen mißachtet hatte. Was würde *dann* mit der führenden Schicht passieren?

Nein. Mit diesem Jesus von Nazareth mußte wie mit Johannes dem Täufer etwas geschehen, und zwar ein für allemal. Doch schien es seinen Feinden ratsamer, ihn aus dem Hinterhalt zu überfallen, vielleicht mit einer kleinen Gruppe von Freunden, am besten bei Nacht. Sie durften nicht riskieren, daß die Massen seinen Tod zum Anlaß für einen Aufstand nähmen. Sie mußten seine persönlichen Pläne in Erfahrung bringen – wo konnte er zum Beispiel während des Passahfestes im Dunkel der Nacht angetroffen werden? Inmitten dieses Trubels in Jerusalem sollte es eine Kleinigkeit sein, mit Jesus dem Galiläer fertig zu werden.

Wie das Leben schon so spielt, mußten die Feinde Jesu nicht weit nach Hilfe suchen.

Judas Iskariot, einer aus dem innersten Kreis der zwölf Apostel, die Jesus besonders nahestanden, war mit dem geringen Betrag betraut worden, den Jesus und seine Jünger benötigten, wenn sie von Dorf zu Dorf zogen. Mehr als einmal war Judas mit der Hand im Geldbeutel ertappt worden, und mit der Zeit war er immer gieriger geworden – wie auch anscheinend immer kritischer gegenüber seinen Kameraden und seinem Meister.

Sehr bald nach dem Handgemenge im Tempel machte sich Judas an eine Gruppe von Hohenpriestern heran und fragte heimlich: »Was wollt ihr mir geben, wenn ich euch Jesus ausliefere? Und sie zahlten ihm dreißig Silberstücke.« (Matthäus 26, 15) Das war ein beachtlich niedriger Betrag, genau die Summe, die ein Mann zu bezahlen hatte, wenn eines seiner Tiere zufällig den Sklaven eines anderen Mannes tötete. »Und von da an suchte er nach einer Gelegenheit, ihn auszuliefern.« (Matthäus 26, 16) Eine Art stilles Entsetzen prägt diesen Verrat im Evangelium.

Es gibt keinerlei Hinweis darauf, daß Judas aus persönlicher Animosität gegen Jesus handelte; er erwartete nicht, daß Jesus, wenn er den religiösen Führern ausliefert wäre, kurzerhand hingerichtet werden würde. Uns wird nur gesagt, daß er habgierig war – gerade kleinlich genug, um sich in einem unbesonnenen Augenblick gegen einen Freund zu wenden. Nun, solche Dinge geschehen jeden Tag und üblicherweise gibt es einen Ausweg – *wenn* man gefangen wird. Schließlich tat Judas nichts anderes, als Jesus einer feindlichen Gruppe zu zeigen: Was diese Gruppe dann mit Jesus machte, hatte nichts mehr mit Judas zu tun, der niemals behauptet hatte, er wünsche Jesus den Tod. Am Ende würde schon alles gut ausgehen; die anderen Jünger würden schon dafür sorgen. Es war wahrlich kein großer Handel.

Judas gehört leider nicht allein der Vergangenheit an, und somit haben wir wenig Grund, selbstzufrieden über seine Sünde zu urteilen. Er zeigt die Kleinlichkeit und Illoyalität, die wir alle in uns tragen, er repräsentiert den leichten Weg der Treulosigkeit; schließlich ist es so einfach, Entschuldigungen für Verrat zu finden.

Durch diese Geste unfaßbarer Nachlässigkeit – durch eine, man könnte sagen, momentane Laune eines Mannes, der zwar keinen besonders bösartigen Zug gezeigt hatte –, durch diesen letztlich nichtssagenden Akt, ausgeführt und verfolgt in der Stille der Nacht, wurde die Geschichte der Welt für immer verändert.

Das Abendmahl:

Jesus und die Eucharistie

Am Donnerstag, dem 6. April des Jahres 30, versammelte Jesus von Nazareth ein Dutzend Freunde zum Abendmahl. Er war damals ungefähr 36 Jahre alt und hatte eine Zeit des Predigens und Lehrens von etwas mehr als zwei Jahren hinter sich. Am Freitag sollte mit Sonnenuntergang die große Feier des Passahfestes beginnen, die dieses Jahr auch auf den Sabbat (Samstag) fiel. Freitag nachmittag würden die Pascha- oder Passah-Lämmer als Opfer und für das rituelle Mahl geschlachtet werden; mit Einbruch der Dämmerung mußte alles bereit sein.

Mit dem Passah-Abendmahl von gebratenem Lamm und ungesäuertem Brot feierte Israel die Befreiung aus der ägyptischen Knechtschaft. Das jüdische Volk rief sich einmal im Jahr in Erinnerung, daß Gott während der Seuche, die Ägyptens Erstgeborene heimsuchte, ihre Häuser verschont hatte, »vorbeigegangen war«, und es gedachte ebenso der erfolgreichen Flucht aus der ägyptischen Sklaverei. Der Bund oder das Abkommen zwischen Gott und seinem Volk wurde in einem blutigen Ritual besiegelt – in der antiken Welt immer ein Zeichen des Lebens. Haben Mensch oder Tier letztlich ihr Blut ganz verloren, erlischt das Leben. Wurde Tierblut in einem rituellen Opfer dargebracht, indem man den Altar damit besprengte, so erinnerte man sich daran, daß Gott allein der Schöpfer des Lebens war, und der Bund zwischen Gott und seinem Volk die Teilhaftigkeit am göttlichen Leben bedeutete.

»Er schickte die jungen Männer Israels aus. Sie brachten Brandopfer dar und schlachteten junge Stiere als Heilsopfer für den Herrn. Mose nahm die Hälfte des Blutes und goß es in eine Schüssel, mit der anderen Hälfte besprengte er den Altar. Darauf nahm er die Urkunde des Bundes und verlas sie vor dem Volk ... Da nahm Mose das Blut, besprengte damit das Volk und sagte: Das ist das Blut des Bundes, den der

Herr aufgrund all dieser Worte mit euch geschlossen hat.« (Exodus 24, 5–8)

Seit seiner Ankunft in Jerusalem Ende März oder Anfang April, vielleicht auch eine Woche früher, hatte Jesus ohne Unterlaß im Tempelbereich gepredigt. Da ihm klar war, daß sich seine Feinde ernstlich gegen ihn formierten, und er abgehalten werden könnte, das Passahmahl mit seinen Freunden zu teilen, bereitete er ein Abendmahl mit seinen engsten Jüngern vor. Der Abend war nicht als Passahfest oder dessen Vorausnahme gedacht, doch war es auch keineswegs ein gewöhnliches Abendmahl. Die Vorbereitungen – ein geheimer Ort (ein nur für den Abend geliehener Raum), die Teilung von Brot und Wein, der Gesang von Hymnen und Psalmen – zeigen, daß Jesus entschlossen war, diesen Abend feierlich zu gestalten, was mit der Bedeutung seines bevorstehenden Todes zusammenhing.

Vor dem Essen machte Jesus etwas, das bei seinen Freunden Unbehagen hervorrief. In jener Zeit waren Gäste nach dem Weg zum Haus des Gastgebers ermüdet, staubbedeckt (weil jeder Sandalen trug), und sie hatten wunde Füße; daher war es Brauch, daß ein Haussklave vor dem Gast niederkniete, ihm die Füße wusch und sie trocknete. Das war verständlicherweise Aufgabe der Sklaven. An diesem Abend nahm Jesus (nach dem Evangelium des Johannes) Becken und Handtuch, kniete vor den Freunden nieder und wusch ihre Füße.

»Als er zu Simon Petrus kam, sagte dieser zu ihm: Du, Herr, willst mir die Füße waschen? Jesus antwortete ihm: Was ich tue, verstehst du jetzt noch nicht, doch später wirst du es begreifen. Petrus entgegnete ihm: Niemals sollst du mir die Füße waschen! Jesus erwiderte ihm: Wenn ich dich nicht wasche, hast du keinen Anteil an mir.« (Johannes 13, 6–8)

Petrus war sich bewußt, daß ihre Rollen vertauscht wurden. Doch Jesus setzte sich mit einem Blick voll Liebe durch, und Petrus – der erst später verstand, wie tief die Nachfolge Jesu mit demütigen Diensten gleichzusetzen war – stimmte der Fußwaschung zu.

Diese symbolische Geste wird bis zum heutigen Tag fortgesetzt. Bei jeder Abendmahlsfeier am Abend des Gründonnerstags legt der Zelebrant – auch der Papst in Rom – die kostbaren Kleider beiseite, kniet nieder und wäscht die Füße anderer. Dieser Ritus darf nicht einfach als Gedenken verstanden werden, und er ist viel mehr als eine moralische Vorbildhandlung. Er stellt den Kern der Botschaft dar:

Die Ablehnung zu ertragen, Macht auszuüben, die Bereitschaft, sich selbst zu schenken, die eigenen Gaben und Talente zum Wohl anderer zu nutzen – das ist der Geist Jesu und seiner Freunde, jetzt wie damals.

Paulus hinterließ uns in einem Brief an die Korinther den frühesten Bericht über das letzte Abendmahl. »Jesus, der Herr, nahm in der Nacht, in der er ausgeliefert wurde, Brot, sprach das Dankgebet, brach das Brot und sagte: Das ist mein Leib für euch. Tut dies zu meinem Gedächtnis! Ebenso nahm er nach dem Mahl den Kelch und sprach: Dieser Kelch ist der *Neue Bund* in meinem Blut. Tut dies, sooft ihr daraus trinkt, zu meinem Gedächtnis!« (1 Korinther 11, 23–25)

Obwohl sie sich in Kleinigkeiten unterscheiden, sind die Ausführungen von Matthäus und Lukas dem ersten Evangelienbericht von Markus (der etwa ein Dutzend Jahre später als der Brief des Paulus an die Korinther geschrieben wurde) erstaunlich ähnlich.

»Während des Mahls nahm er das Brot und sprach den Lobpreis; dann brach er das Brot, reichte es ihnen und sagte: Nehmt, das ist mein Leib. Dann nahm er den Kelch, sprach das Dankgebet, reichte ihn den Jüngern, und sie tranken alle daraus. Und er sagte zu ihnen: Das ist mein Blut, das Blut des Bundes, das für viele vergossen wird.« (Markus 14, 22–24)

Als gläubiger Jude, vom bevorstehenden Passahfest und den Sühneritualen beeinflußt, wies Jesus deutlich auf deren Anfangsgründe hin – doch ihren tiefen Sinn versetzte er in die Gegenwart. Er zog auch das reiche jüdische Erbe an Gebeten und Lobpreisungen heran. Brot und Kelch wurden bei religiösen Mahlen der Juden von einer *berakah* begleitet, dem Dank an Gott für seine Segnungen. Umgekehrt bedeutet »Gott zu segnen« und »Gott zu preisen«, etwas Gott zu weihen, es zu heiligen, indem man es für ihn hingibt.

Das Mahl als Zeichen der Einigkeit ist ein archetypisches Symbol: Mit oder ohne Religion teilen Menschen ein Mahl, um große oder kleine Ereignisse ihrer gemeinsamen Geschichte zu kennzeichnen. Vom Hochzeitsbankett zum Leichenschmaus, vom Geburtstagsessen zum zwanglosen Buffet drücken wir unsere Solidarität und unsere Einigkeit durch gemeinsames Essen aus. Die Bedeutung, auch ohne daß wir darüber nachdenken, ist für alle klar: Teilen wir ein Mahl, sind wir buchstäblich vereint, eine Einheit, die sozusagen aus den gleichen Grundstoffen besteht. So ist es auch mit jenen, die einen Glauben teilen. Zu den höchsten Ritualen der Juden gehören die religiösen Mahlzeiten, und sie bilden die Grundstruktur der christlichen Eucharistie: Gebete, Lesungen, Hymnen, Weihung der Gemeinschaft in Gott.

Diesen einfachen Gesten – Brechen und Teilen eines Stücks Brot, Einschenken und Weitergeben des Weinkelchs – verlieh Jesus eine ungeheure Bedeutung. Indem er das gebrochene Brot und den eingeschenkten Wein mit seinem drohenden Tod verband, setzte er sichtbare Symbole seiner Selbstaufopferung für die Welt (»für viele« ist der semitische Begriff »für alle«) und indem er von dem »Neuen Bund« sprach, bezog er sich deutlich auf das, was allgemeines jüdisches Gedankengut war.

In dieser letzten Nacht seines Lebens sah Jesus seinen bevorstehenden Tod im Zusammenhang mit dem Bund, den Gott mit seinem Volk auf dem Berg Sinai geschlossen hatte, doch würde an Stelle des Stierbluts das Blut Jesu die Erfüllung der Verbindung zwischen Gott und den Menschen bringen. Der lange Weg von Ägypten durch die Wüste fand nun sein Ende. Ihm würde das Opfer zufallen, das Lösegeld für die Welt – wie die geheimnisvolle Gestalt des leidenden Dieners in den Prophezeiungen des Jesaja war jetzt einer, dessen Schmerz und Tod die Rechtfertigung Israels erringen würde.

Jesus erfand daher keineswegs neue Riten, sondern gab den Gesten, den Formen der alten Riten neuen Wert. Sein Körper würde wie das Brot vor ihnen gebrochen werden; sein Blut würde fließen wie dieser rote Wein. »Das ist mein Leib ... das ist mein Blut« bezieht sich somit nicht auf Muskeln oder Fleisch noch hat es etwas mit der Hämatologie zu tun: Sowohl die hebräischen wie die aramäischen Worte beziehen sich auf das Substantielle der ganzen Person und den Sinn ihres Lebens – unter Blut ist das ganze Sein Jesu zu verstehen.

Sein Freundeskreis wußte um diese Bedeutung, denn bald nach seinem Tod begannen sie das zu ritualisieren, was er in dieser Nacht getan hatte, und so geschieht es auch noch heute – die Gläubigen versammeln sich in Erinnerung an ihn, der seine Freunde liebte, sie brechen das Brot und teilen den Kelch. Mit dieser Handlung ehren sie das Gedenken an ihn, feiern seine immerwährende Anwesenheit unter ihnen, danken dafür, daß Jesus sich selbst hingab – alles gegeben hat, sein Ich, sein Leben und seinen Tod – als Nahrung für sein Volk. Gleichzeitig erkennen die Gläubigen, daß sich in Zukunft, in der Zeit Gottes, alles in einem ewigen Festmahl, dem ewigen Leben, erfüllen wird. Alle diese Gedanken sind in der christlichen Eucharistie enthalten, die eine »Danksagung« ist und ihren Ursprung im letzten Abendmahl hat.

Wenige Dinge im christlichen Leben und in der Liturgie wurden so häufig diskutiert und mißverstanden wie die christliche Eucharistie. Die Betonung der tatsächlichen Anwesenheit des auferstandenen Herrn im gemeinsamen Mahl mit seinem Volk und jedem einzelnen wurde oft in einem Wortlaut gepredigt, der Christen und Nichtchristen zu der Ansicht verleitet hat, es wäre etwas Kannibalisches, »den Leib und das Blut« des Herrn zu sich zu nehmen, mit anderen Worten: Die Kommunion zu empfangen, bedeutet, Gewebe, Muskeln und Fleisch des Herrn zu sich zu nehmen und aus dem Kelch menschliches Blut zu trinken. Das ist ein erschütterndes Mißverständnis der erhabenen Wirklichkeit.

Über Jahrhunderte klammerte sich die römisch-katholische Kirche an eine sowohl Jesus wie den Jüngern und der gesamten Kirche bis ins Mittelalter fremden Terminologie. Demzufolge wurde die Eucharistie in der Terminologie des Aristoteles präsentiert: die »Eigenschaften« von Brot und Wein – wie sie aussehen, sich anfühlen und schmecken – bleiben; aber die »Substanz« – die tatsächliche unsichtbare Wahrheit unter den »Eigenschaften« – wird auf geheimnisvolle Weise in die Person Jesu Christi verwandelt. Unglücklicherweise haben allgemein verbreitete Lehren und Predigten ein tieferes Verständnis dieser Anwendung philosophischer Gedanken auf die Religion weitgehend verzerrt.

Authentische katholische Lehren erklären andererseits, daß unter »Leib und Blut«, mit welchen Jesus während der Eucharistie anwesend ist, die glorreiche auferstandene Gegenwart Jesu unter den Gläubigen gemeint ist – *nicht* der organische Leib, in dem sich Jesus während seines Erdenlebens gezeigt hat. Es ist die Realität des auferstandenen, glorreichen Herrn – in verwandelter Form –, die unter uns weilt. Es ist keine Rede davon, daß wir Fleisch und Blut verzehren, wie wir es in unserer Welt unter menschlichem Leben verstehen. Es ist die *Gegenwart* einer Person, um die es hier geht. Von der »wahren Gegenwart«

Jesu in der Eucharistie zu sprechen, ist daher notwendig, um zu verstehen, was »Gegenwart« bedeutet.

Das Wort *Gegenwart* kann in den verschiedensten Bedeutungen verwendet werden. Meine Bücher können mir gegenwärtig sein: sie sind mir nahe und hilfreich. Ich kann bei einer Tagung gegenwärtig sein, kann Einfluß ausüben. Ich kann bei einer Party gegenwärtig sein als Zeichen meiner Solidarität mit einer Gruppe. Ich kann bei einem Kranken gegenwärtig und hilfreich sein. Ich kann bei einem Freund gegenwärtig sein, was gegenseitige Aufmerksamkeit bedeutet und, auch bevor wir einander näher gekommen sind, eine bereits bestehende Verbindung und Verpflichtung einschließt.

Diese Aspekte verschiedener Arten der Gegenwart können eindeutig und unmißverständlich begriffen werden, wenn wir das Gegenteil betrachten. Mein abwesender Blick bei einer Tagung zeigt, daß mein Wille, meine Gedanken und mein Interesse anderswo sind: Ich bin also nicht wirklich gegenwärtig – oder, um es anders zu sagen, ich bin *nur* physisch gegenwärtig. Wenn wir uns das vor Augen halten, so verstehen wir, daß die fleischliche beziehungsweise physische Gegenwart nicht notwendigerweise überhaupt eine Gegenwart ist – oder genauer: es ist *keine* tatsächliche Gegenwart, sie *erkennt* nichts. Mit anderen Worten, meine Gegenwart ist mehr eine Abwesenheit.

In einer Weise ist es einfach, jemanden, der nur körperlich anwesend ist, als »gegenwärtig« zu bezeichnen – das ist nichts anderes als eine *örtliche* Feststellung, das heißt, ich bin für einen Fremden gegenwärtig, der in einem Bus, einem Flugzeug oder in einer Menge in meiner Nähe ist. Aber hierbei handelt es sich nur um räumliche Nähe – es ist keine tatsächliche oder echte Gegenwart, und zwar vor allem deshalb, weil die Bedeutung, die der andere für mich hat, durch die persönliche Gegenwart weder Tatsache noch Realität ist. Somit ist diese Art von Nähe nur ein körperliches Nahesein, das mit einer Abwesenheit gleichzusetzen ist. Entdecke ich aber in einem von Fremden überfüllten Raum jemanden, den ich liebe, so ergeben sich plötzlich ein Bewußtwerden und eine Gegenwart, die sozusagen durch alle Anwesenden dringt, die plötzlich »verschwinden« – sie sind für mich nicht mehr gegenwärtig. Auch in der normalen Konversation sprechen wir oft zu oder von jemandem, daß er »ganz woanders« ist.

In seinem neuen Leben in Gott macht sich Jesus nicht in der Art gegenwärtig, die uns befähigt, ihn einzugrenzen oder zu objektivieren, so daß wir ihn als Objekt unter Objekten oder als Individuum unter Individuen erkennen können. So wie der ewige Gott als Ursprung, Beweggrund und Stütze der Mittelpunkt unsere Seins ist, so ist der auferstandene Jesus im Geist gegenwärtig. Wir haben nicht örtlich nach ihm zu suchen.

Ebensowenig gibt körperliche Nähe Garantie für persönliche Gegenwart. In dieser Hinsicht ist eines der Symptome der sozialen Pathologie unserer Zeit, daß Menschen unter zunehmend bedrängten und verhärteten Bedingungen in den großen Städten der Welt leben, arbeiten und sie als Reiseziel wählen, und trotzdem wachsende Einsamkeit verspüren, die zu Ängsten und Panik führt.

Es gibt eine andere Art von Gegenwart – von Studenten mit einem Lehrer, von einem Patienten bei seinem Arzt. Da wird eine Information gegeben und empfangen, Weisungen werden übermittelt, Vorsorge wird getroffen und angenommen. Das ist die tiefere Form der Gegenwart als nur Nähe allein, denn in dieser Art Beziehung sind bis zu einem gewissen Grad Aufmerksamkeit und Vertrauen notwendig – das heißt also, eine tiefergreifende Gegenwart als die rein körperliche Nähe von Fremden, die nebeneinander im Bus sitzen, aber kein Wort wechseln und kein Interesse aneinander haben.

Viele Menschen sehen im Geschlechtsakt die höchste und intensivste Form, die physische Gegenwart eines anderen Menschen zu erfahren. Natürlich *kann* das eine tiefe Vereinigung zweier Menschen, die einander lieben, bedeuten und auch zeigen. Doch ebenso einsichtig ist, daß es *nicht* die Sexualität ist, die zu Intimität und Bindung führt – wäre das der Fall, so würde jede Art des Geschlechtsverkehrs einschließlich von Vergewaltigung, Nötigung, Erpressung, Gleichgültigkeit oder einfach Bequemlichkeit automatisch die Verschmelzung zweier Seelen darstellen.

Ausmaß und Wirklichkeit der Gegenwart werden also nicht allein von leiblicher Nähe hergestellt. Ein erzwungener sexueller Verkehr (Vergewaltigung, Mißbrauch eines Abhängigkeitsverhältnisses), der gegen den Willen eines Menschen erfolgt, wird von uns als schändlich und verbrecherisch angesehen: Der überwältigte Mensch ist natürlich für den Angreifenden körperlich anwesend, persönlich ist er jedoch abwesend – das heißt, das Opfer ist nicht *als Person* für den anderen gegenwärtig. Das Opfer existiert als Objekt, als Sache, die manipuliert und mißbraucht wird.

Ich kann einem anderen gegenüber, mit oder für einen anderen nur gegenwärtig sein, wenn ich mit ihm in eine wechselseitige Verbindung trete. Wenn die physische Gegenwart nicht eindeutig *tiefere Bedeutung* hat, dann fühlen wir uns nach dem sexuellen Verkehr einsamer und verlassener als vorher. Nur durch den Geist oder die Seele können wir wirklich ineinander verschmelzen und trotzdem wir selbst bleiben. »›In‹ ist der Superlativ von ›mit‹«, hat der holländische philosophische Theologe Piet Schoonenberg lakonisch geschrieben.

Ob wir mit einem Kameraden zusammensitzen, mit einem Mentor unseres Vertrauens studieren, einen Freund umarmen oder einander lieben, es ist eindeutig nicht die körperliche Nähe, die Tiefe und Wahrheit einer Beziehung bestimmt, es ist die innige Verbindung einer *Person* – was wir die *Seele* nennen mögen –, die wahre Gegenwart möglich macht.

Sehr richtig bemerkte der verstorbene französische Philosoph Gabriel Marcel als Gastprofessor in Seattle, daß seine Frau, obgleich im Pariser Heim tausend Meilen *entfernt*, ihm *gegenwärtiger* sei als die Studenten vor ihm im Hörsaal in Seattle. Das richtete sich nicht gegen die Studenten, viel mehr wollte er auf die vorrangige Bindung, auf die Liebe hinweisen, die eine Beziehung vertieft, unabhängig von Zeit und Ort. Die anonyme Zuhörerschaft war infolge ihres guten Willens, ihrer Aufmerksamkeit und Höflichkeit, ihrer Achtung und ihres Wunsches zu lernen, für ihn auf andere Weise sicherlich gegenwärtig, jedoch nicht in der Art, in der seine geliebte Frau für ihn immer und alle Zeit *gegenwärtig* war, und zwar auf viel intensivere Weise als die Studenten, die da waren, um zu lernen, vielleicht sogar den Funken für Höheres mitbekamen.

Daß es sich hier um allgemeine Weisheit, nicht aber um Haarspalterei oder dichterische Phantasie handelt, wird durch die Worte, die Freunde beim Abschied zueinander sagen, bestätigt: »Ich werde dich nie vergessen!« oder etwas dieser Art. Weder Zeit noch physische Entfernung können eine Beziehung zerstören. Treue trotz Entfernung bezeugt wahre Liebe. Wir sind für einander gegenwärtig, wenn wir uns unsere Liebe schenken und an der Beziehung des gegenseitigen Vertrauens festhalten.

Auch über örtliche Distanz kann persönliche Gegenwart präsent sein – ein Brief, ein Andenken, eine Erinnerung, ein Geschenk. Diese Dinge bekommen tiefere Bedeutung, sie werden zu Symbolen des *Verstehens* und der *Verwirklichung*, die persönliche Gegenwart verbindet.

Bei Erörterung der Eucharistie ist es entscheidend zu bedenken, daß jede menschliche Sprache eine Metapher ist – ein Kämpfen und Ringen mit unzulänglichen Worten und Auffassungen, um eine das Irdische übersteigende Erfahrung auszudrücken. Die Worte und Glaubensformeln, wie notwendig und gut sie sein mögen, sind immer durch Kultur, Zeit und Ort, an dem sie gesprochen werden, bedingt und begrenzt. Das ist selbstverständlich.

Nicht die Formel, welcher Art auch immer, ist wichtig, sondern der Akt, in dem wir uns vertrauensvoll Gott überantworten: Das allein zählt, wenn wir die Worte sprechen, die wir selbst erdacht haben, um unsere Erfahrung des Transzendenten auszudrücken. In diesem Zusammenhang ist besonders für die Eucharistie zu sagen, daß nicht zählt, was wir mit unseren vielleicht sogar philosophischen Worten drehen und wenden (Worte wie *Substanz* und *Zufälle*, die weder für Jesus noch seine Jünger Sinn ergeben hätten). Wir wollen ausdrücken, daß Gott sich selbst uns geschenkt hat – doch gibt es *irgendwelche* Worte, die dem gerecht werden könnten?

Nein, was zählt ist die Akzeptanz, daß man sich auf der langen Reise des Glaubens, wenn man das Brot empfängt und den Kelch mit den mit uns Pilgernden teilt, in seiner Gegenwart befindet, die unsere Erlösung bedeutet. Doch darin liegt auch eine Gefahr: Da der auferstandene Jesus nicht länger von Zeit und Raum begrenzt ist, und niemand behaupten kann, er wäre gerade *hier* (zum Beispiel in Brot und Wein) oder *dort* (wenige Meter weiter auf dem Altar oder in der Kirchenbank), müssen wir mit der magischen Auslegung der geheiligten Realität sehr vorsichtig sein. Und wir müssen noch in anderer Beziehung vorsichtig sein: Wir dürfen uns nicht vorstellen, daß der auferstandene Jesus »kraft« eines kultischen Priesters unter uns ist, eines Priesters, der ihn auf Kommando, einfach durch einige gemurmelte Worte, gegenwärtig »macht«. Auch das ist Magie, nicht göttliches freies Walten, in dem er sich selbst nach seinem Willen in der Person Jesu manifestiert.

Natürlich, wenn wir von der Gegenwart Gottes sprechen, können wir nicht von einer räumlichen oder physischen Gegenwart sprechen. Wir können Gott nicht einen Körper geben, wie wir ihn haben – unser Körper, der klar umrissen ist und der unseren Platz in Zeit und Raum bestimmt. Gott ist allgegenwärtig – doch weder in räumlicher noch physischer Weise. Wenn wir sagen, daß Gott allgegenwärtig ist, so meinen wir damit nicht, daß er den Raum füllt, aber daß die Welt und alles in ihr nicht ohne seine allzeit vorhandene Gegenwart existieren könnte.

Die Gegenwart Gottes zu erkennen, ist für manche ein sehr schwieriger Weg. Oft wenden Leute ein, daß das »Bewußtsein der Gegenwart Gottes« nur Phantasie, Autosuggestion oder Selbsthypnose ist. Aber es ist nichts dergleichen, noch bedeutet Glaube romantische Gefühle oder den Wunsch, es möge doch wahr sein. Hier geht es um etwas viel Tieferes. In der Stille und in dem Sichzurückziehen von Lärm und Sorgen – soweit das möglich ist – kann sich jeder von uns der Wirklichkeit im tiefsten Inneren bewußt werden, einer Wirklichkeit, von der unsere ganze Existenz abhängt.

»Manchmal ist Gott da – ganz schnell!« flüstert die gequälte, schuldbeladene Blanche DuBois in Tennessee Williams Schauspiel »*Endstation Sehnsucht*«. Es könnte das sein, was wir alle die meiste Zeit erhoffen: das plötzliche Bewußtsein von Gottes Gegenwart, die sich selbst vor allem darin manifestiert, daß er uns die Aufmerksamkeit schenkt, die uns zeigt, daß wir akzeptiert, geliebt werden – daß unser Dasein Sinn und Zweck hat, auch wenn es über unseren Möglichkeiten liegt, diesen Sinn und Zweck zu erkennen.

Manchen Menschen kann diese Erkenntnis in der unüberbietbaren Schönheit der Natur geschenkt werden: die stille Majestät der Berge zum Beispiel oder der Augenblick, wenn Purpur und Gold noch einmal in der Dämmerung aufleuchten und man in atemloser Bewunderung spürt, daß kein Gemälde diesem Anblick gerecht werden kann. Andere mögen in der Literatur oder der Poesie einen Augenblick finden, der sie das Überirdische erblicken läßt – in der Reinheit eines Sonetts oder der wunderbaren Vielfalt der Bedeutung eines Werkes von Shakespeare oder Milton, Blake oder James.

Die Werke sagen mehr als der Künstler selbst. Der berauschende Glanz eines van Gogh zum Beispiel hat Millionen in höhere Sphären versetzt. Viele werden stumm vor Ehrfurcht, wenn sie die wunderbaren Farbzusammenstellungen sehen, die Monet für seine geliebten

Gärten gewählt hat. Ein unerwarteter Ton in einer Chopin-Etüde kann atemberaubend sein, und die schmerzhafte Schönheit in der Musik eines Schumann oder Mahler kann dem Überirdischen neuen Sinn verleihen.

Es führen so viele verschiedene Wege zu Gott, wie es Menschen auf der Welt gibt. Auf jeden Fall aber gibt es einen Sinn der *Ekstase*, jenes Zustandes, in dem wir außerhalb des eigenen Ichs stehen, in dem wir *überwältigt werden* von etwas, das weit über unseren Grenzen liegt.

»So wird Christus kommen«, sagt ein alter Priester in einer Kurzgeschichte von Flannery O'Connor, wenn er die Schönheit eines Pfaues sieht, der sein Rad schlägt, »mit einem flimmernden, klingenden Geräusch, so als zögen kleine schwangere Sonnen in dem grün-goldenen Nebel über seinem Kopf.« Es ist der reine, plötzliche, strahlende Liebreiz, der den Atem raubt – das ist der Weg, auf dem sich uns Gott oft enthüllt, ein Gefühl wie in den Momenten, da wir in Demut erkennen, daß unsere Freunde uns trotz unserer Fehler und ihrer Kenntnis unseres Charakters lieben und uns niemals verlassen werden. Wie ist das möglich? Vielleicht weil solche Güte zuerst Gott zukommt, der uns besser kennt, uns trotzdem festhält und sein eigen nennt. Es erschiene unmöglich, wüßten wir nicht in manchen flüchtigen geheimnisvollen Momenten, daß es wahr ist.

In der Auferstehung vom Tod zu einem gänzlich neuen und veränderten Leben – ein Leben in Gott, wie Paulus es nennt – wurde die räumliche, körperliche, die unmittelbar greifbare Gegenwart Jesu vollkommen aufgehoben. Der glorifizierte Jesus wird in der Auferstehung von den Fesseln des Raums und der Zeit befreit. Nicht mehr von den Notwendigkeiten des physischen Lebens eingeengt, ist er in der Gegenwart seiner unendlichen Liebe allgegenwärtig. Aber die *Auswirkungen* seiner Gegenwart und seiner Liebe hängen einzig davon ab, ob sich ihm das Herz des Menschen öffnet, worunter ich den Willen zum Glauben verstehe. Nichts an Jesus ist fern oder weit weg in einem räumlich vorgestellten Himmel – der in jedem Fall nicht der Ort ist, an den wir einmal gehen, sondern ein Zustand, in den wir eintreten.

Was bedeutet das alles für den Glauben, daß Jesus in der Eucharistie gegenwärtig ist?

Es bedeutet vor allem, daß Jesus natürlich auch außerhalb der eucharistischen Feier, das heißt der heiligen Messe, immer gegenwärtig ist. In Wahrheit ist er, wo immer wir sind, gegenwärtig – in einer Gegenwart *réelle parce que réalisante*, wie der französische Theologe Henri de Lubac sagt: wirklich, weil verwirklicht, weil tatsächlich! Die Elemente von Brot und Wein sowie die Abhaltung der formellen Liturgie sind weder belanglos noch können wir auf die Dauer auf sie verzichten.

Sehr bald nach dem Tod Jesu bis in die heutige Zeit versammeln sich diejenigen, die an ihn glauben, um das Brot zu brechen und den Kelch zu teilen. Über zwanzig Jahrhunderte hat sich das Ritual verändert, zu manchen Zeiten pompöser, dann wieder schlichter. Doch ob die Eucharistie in einer Kathedrale mit einem tausendstimmigen Chor und der prächtigsten Ausstattung abgehalten wird oder in der ärmlichsten Hütte, wo sich ein paar Barfüßige voller Hoffnung treffen, daß die vom christlichen Glauben verkündete Wahrheit auch ihnen gilt – wie das Neugeborene, das phantasievoll als in einer »Krippe« liegend beschrieben wird, so kommt Jesus als geistige Nahrung für sein Volk, seine Gegenwart stillt den Hunger und gibt Kraft. Wenn wir wagen, uns dieser Tradition, die sowohl für unsere Sehnsucht nach Gott wie für seine Kraft sich für uns hinzugeben, von zentraler Bedeutung ist, zu entledigen oder sie auch nur zu minimieren, dann sind wir von allen Generationen die am meisten zu bedauernde.

Eine Reihe von Riten und Gebeten, von Verehrungsformen und Kulten sind im Laufe dieser zweitausend Jahre gekommen und gegangen. Aber die Eucharistie aufzugeben, hätte für das Christentum die gleiche Wirkung wie die Aufgabe des Passahfestes für das Judentum. Denn die Eucharistie hebt die Zwänge auf, denen Christen in allen Generationen unterworfen waren – sie werden von den Grenzen der eigenen Person, von den engen Wegen ihres Tuns befreit. Das geheiligte Mahl bezeugt und verbindet uns mit dem Glauben der Apostel. Das lenkt unseren Blick über uns hinaus. Die Schlichtheit der Gesten, des Gebets, die Lesung des Evangeliums, das Brechen des Brotes und das Teilen des Kelches – das alles überdauert jede Kultur und jede Epoche.

Vieles davon hängt mit unserem Wunsch nach Anbetung zusammen. Zu knien, den Kopf zu beugen, einander den Friedensgruß zu geben, sich in der Gegenwart des Allerheiligsten still zu verhalten – all das scheint für die heutige Generation fremder zu sein als in irgendeinem vergangenen Jahrhundert. Doch die schlichten ruhigen Gesten, die Unterwerfung des Körpers, das Anhören der uralten Worte, sich zurückzuziehen von allem, was sich in unserer bewegten Welt abspielt und von allen unseren Sorgen – ist das nicht die Voraussetzung dafür, die Gegenwart Gottes zu erkennen und ihm zu erlauben, in unser Leben einzutreten und uns als Eigentum zu beanspruchen?

Durch die Liturgie wird der auferstandene Jesus nicht auf räumliche Weise aus einer anderen Welt herbeigerufen, und es gibt auch keine physikalische oder chemische Veränderung in Brot und Wein. Was geschieht, ist eine Wandlung zu dem, was die Dinge *bedeuten*. Brot und Wein werden zu Zeichen, die das Selbstverschenken Christi an uns verwirklichen. Der Herr gibt sich uns als Nahrung, und das ist die Wahrheit, von der die machtvollen Zeichen sprechen. Somit ist es absolut unpassend, das Brot und den Wein »nur« oder als »bloße« Symbole zu bezeichnen, denn in dem Mysterium von Gottes Gegenwart in und um uns können uns die gegebenen Symbole die Wirklichkeit zeigen. Im Reich des Betens sind Symbole niemals »nur Symbole«. Sie sind Träger der Wirklichkeit.

Verbunden mit dem Ereignis des letzten Abendmahls ist natürlich der Gedanke, daß es zu dieser Zeit war, in der Jesus eine rituelle oder kultische Priesterschaft einsetzte. Offensichtlich hat sich eine solche Klasse in den christlichen Kirchen entwickelt. Doch geht aus dem Neuen Testament nicht hervor, daß Jesus beabsichtigte, eine »geweihte« Priesterschaft zu etablieren – noch viel weniger kam ihm der Gedanke, eine neue Religion zu gründen. Jesus selbst war weder Priester noch Levit; unter seinen Jüngern waren keine Priester; und man sucht im Neuen Testament vergeblich nach einer durchstrukturierten hierarchischen Organisation, wie sie sich später entwickelte.

Das soll nicht heißen, daß die nachfolgende Organisation dem Geist Jesu widerspricht, obwohl es in ihr Elemente gibt, die sicher mit Jesus und seinen Lehren nicht vereinbar sind: zum Beispiel das Ausüben der Macht, und damit die Unfähigkeit zu dienen. Menschen, die Glaubenslehren teilen und praktizieren, organisieren sich sicher selbst, doch durch die große Zahl jener, die sich zu Jesus zu bekehren begannen, wurde es notwendig, Verantwortung aufzuteilen.

Doch diese Verantwortlichkeiten, das muß gesagt werden, richteten sich in der Nachfolge von Jesus vor allem auf das *Dienen*, »Denn auch der Menschensohn ist nicht gekommen, um sich dienen zu lassen, sondern um zu dienen...« (Markus 10, 45)

Die frühe Kirche entwickelte ein *Episkopalsystem* – was einfach bedeutet, daß die Gläubigen »Aufseher« (die Bedeutung des griechischen *episkopoi* oder Bischofs) wählten, die dazu berufen waren, den liebenden Dienst am Mitmenschen zu lenken und zu erhalten. In jeder christlichen Gemeinschaft waren zuerst diese *episkopoi*, gefolgt von den Älteren (*presbyteroi*) sowie den Diakonen und Diakoninnen (*diakonoi* und *diakonai*). Lange Zeit hindurch unterschieden sich die Rollen der verschiedenen Gruppen wenig voneinander.

Entscheidend ist, daß im Neuen Testament sich keiner der Apostel so benahm, wie es nicht auch Jesus getan hatte. Sie waren keine Menschen, die *Macht* ausübten, sie waren keine kultischen Priester – und es ist nicht ersichtlich, daß einer der Jünger Jesu beim Abendmahl oder bei der Eucharistie den Vorsitz gehabt hätte. In dem Moment, da Petrus (der oft fälschlich als erster Papst gesehen wird, einer erst später eingeführten Würde, mit der Petrus absolut nichts zu tun hatte) berufen wird, Vorsitz und Führung in Liebe zu übernehmen, sagt ihm Jesus: »Weide meine Lämmer ... Weide meine Schafe!« (Johannes 21, 15, 16) Nur Jesus konnte die Gläubigen als *meine* bezeichnen.

Es ist entscheidend, im Gedächtnis zu behalten, daß souveränes Priestertum dem auferstandenen Jesus Christus gehört und nur ihm allein. »Einer ist Gott, einer auch Mittler zwischen Gott und den Menschen: der Mensch Jesus Christus, der sich als Lösegeld hingegeben hat für alle...« (2 Timotheus 2, 5–6) Darin ist das Neue Testament unerbittlich.

In dieser Beziehung ist der Brief an die Hebräer das einzige höchst wichtige Dokument, das die Beziehung von Jesus zu Gott und seinen Nachfolgern bescheinigt. Die Priester des Alten Bundes, sagt der Autor, waren zahlreich und sie wiederholten jedes Jahr ihre Opfer. Doch Jesus ist der einzige Hohenpriester des Neuen Bundes. Durch seine Selbstaufopferung im Leben und im Tod und durch die Kraft seines immerwährenden Seins in einem ewigen Augenblick vor Gott *als* Gott und Mensch bleibt er der zeitlose Hohenpriester, der ein für allemal das Opfer gebracht hat:

232

»Christus aber ist gekommen als Hoherpriester der künftigen Güter; und durch das erhabenere und vollkommenere Zelt, das nicht
von Menschenhand gemacht, das heißt, nicht von dieser Welt ist, ist er
ein für allemal in das Heiligtum hineingegangen [Gottes Ewigkeit],
nicht mit dem Blut von Böcken und jungen Stieren [wie im Alten
Testament], sondern mit seinem eigenen Blut [das heißt, mit seinem
Leben, mit seinem Ich], und so hat er eine ewige Erlösung bewirkt ...
Und darum ist er der Mittler eines neuen Bundes; sein Tod hat die
Erlösung von den im ersten Bund begangenen Übertretungen bewirkt
... Denn Christus ist nicht in ein von Menschenhand errichtetes
Heiligtum hineingegangen, in ein Abbild des wirklichen, sondern in
den Himmel selbst, um jetzt für uns vor Gottes Angesicht zu er-
scheinen ... Jetzt aber ist er am Ende der Zeiten ein einziges Mal er-
schienen, um durch sein Opfer die Sünde zu tilgen.« (Hebräer 9, 11–12,
15, 24, 26)

Besonders für römische Katholiken ist es leicht, den Ausdruck
»Messopfer« in der Weise zu übersetzen, daß es so viele Opfer wie
Messen gibt, was wirklich sehr schlechte Theologie ist. Es gibt nur ein
Opfer, den Tod und die Auferstehung Jesu, das eine neue Beziehung
zwischen Gott und der Welt, zwischen Gott und der Menschheit
schafft. Die völlig verwandelte, glorifizierte Menschlichkeit Jesu, aufgenommen in das Leben Gottes in einem ewigen Jetzt, ist einziges, einmaliges Opfer, das unsere Freundschaft mit Gott begründet, das unsere
Erlösung möglich macht – erlöst im Sinne unserer Welt und erlöst auf
immer vom Tod. Und mit diesem Opfer ist Jesus der einzige, einmalige
Priester. Wir haben keinen anderen Mittler.

Doch gib es auch eine andere Ebene oder einen anderen Grad der Priesterschaft – und das ist die Priesterschaft aller, die Christen sind, aller,
die getauft sind. »Ihr aber seid ein auserwähltes Geschlecht, eine
königliche Priesterschaft, ein heiliger Stamm, ein Volk, das sein besonderes Eigentum wurde, damit ihr die großen Taten dessen verkündet, der euch aus der Finsternis in sein wunderbares Licht gerufen
hat.« (1 Petrus, 2, 9) Diese Priesterschaft hat die Pflicht, Leben, Arbeit
und *sich selbst* zu opfern – daher drängt Paulus in einem Brief an die
Römer seine Brüder und Schwestern im Glauben: »Angesichts des
Erbarmen Gottes ermahne ich euch, meine Brüder, euch selbst [euer
Leben] als lebendiges und heiliges Opfer darzubringen, das Gott ge-

fällt; das ist für euch der wahre und angemessene Gottesdienst.«
(Römer 12, 1) Die Priesterschaft aller Gläubigen erfordert ihren Dienst
am anderen, das »lebendige Opfer« des eigenen Ichs an Gott, die tägliche Bemühung, die Kluft zwischen den Worten des Gebets und einem
Leben, das ein nahtloses Gebet ist, zu schließen. In diesem Zusammenhang ist es gut, sich zu erinnern, daß der Christ in der Taufe
Christus, dem Priester, dem Propheten, dem König gegeben wird.

Ebensowenig bedeutet die repräsentative kultische Priesterschaft,
die sich über die Jahrhunderte entwickelt hat – das, was wir geweihte
Priester nennen –, ein Amt der Macht; im Gegenteil, es bedeutet, Menschen auszusenden, den Bedürfnissen anderer zu dienen. Lange Zeit
dachte man, daß designierte Diener im Glauben (geweihte Priester) die
»Macht« für die spirituellen Dinge hätten. Ein Priester war »ermächtigt«, Brot und Wein zu konsekrieren; ein Priester hatte die »Macht«,
Sünden zu vergeben, dieses oder jenes zu tun. Man setzte voraus, daß
Gott auf einen Fingerzeig des Priesters aufsprang; tatsächlich degradierte die »Macht« des Priesters Gott zum Diener.

Das kommt Schwarzer Magie gefährlich nahe; auf jeden Fall aber
ist es eine schreckliche Verdrehung christlichen Lebens und Glaubens.

Vor allem muß eindeutig verstanden werden, daß Gott allein Macht
hat. Nur Gott kann die Verwandlung des Menschen bewirken. Gott ist
weder von menschlichem Einfallsreichtum noch von menschlichem
Willen abhängig, um uns in seine Arme zu schließen. Geheimnisvoll
und weit über unserem Begriffsvermögen ist Gott gegenwärtig für
und unter denen, die ihn suchen, wie halbherzig auch immer. Gott
braucht keine Helfer.

Natürlich ist es absolut legal, daß eine Gemeinschaft Verantwortung für den Gottesdienst delegiert – und damit kommen wir zu der
bis zu einem gewissen Grad eingeschränkten Aufgabe der Priester, der
geistlichen Tätigkeit, für die bestimmte Christen von der Gemeinschaft bestimmt werden. Ihnen wird keine »Macht« übertragen, sondern der Auftrag zu dienen, und damit repräsentieren diese Priester
die gesamte Priesterschaft der Gläubigen. Die sich daraus ergebenden
Folgen sind bedenklich, denn in Abwesenheit eines institutionalisierten Priesters sollte es nichts geben, das nicht ein »gewöhnlicher« christliche Laie tun könnte, denn jeder Christ ist auch Priester. Es ist daher
keineswegs undenkbar, daß unter außergewöhnlichen Umständen je-

der Christ, der guten Willens ist, taufen, predigen, die Gläubigen um den Tisch des Herrn versammeln, das Wort Gottes verkünden, die Eucharistie leiten kann. So war das Leben zur Zeit des Neuen Testaments.

Obwohl es in Israel eine hochentwickelte, vielschichtige kultische Priesterschaft gab, läßt sich keine parallele christliche Entwicklung im Neuen Testament finden. Tatsache ist, daß das Neue Testament darüber schweigt, wer die Eucharistie zelebriert. Das wurde von niemand geringerem als Raymond E. Brown (der römisch-katholische und in den letzten beiden Jahrzehnten hochgeachtete Gelehrte des Neuen Testaments) festgestellt: eine »unwahrscheinliche These, daß nur jene, die von den Zwölf oder einer größeren Gruppe von Aposteln durch Handauflegung geweiht wurden, die Eucharistie zelebrierten.« Brown fährt fort, daß es tatsächlich im Neuen Testament »relativ wenige Hinweise auf eine Weihe oder Handauflegung für bestimmte Dienste gibt, und unter denen weiß ich kein Beispiel einer Weihe mit dem Zweck, Menschen zu befähigen, Sakramente auszuteilen.«

Bis Ende des zweiten Jahrhunderts war es tatsächlich nicht Aufgabe dazu bestimmter Kultusmitglieder der Gemeinde, die Eucharistie zu zelebrieren. Zu dieser Zeit wurde die Bezeichnung »Priester« für den Bischof verwendet – und erst später für den Älteren oder den Presbyter. Vor dieser Zeit konnte jeder geeignete Führer der Gemeinschaft die Eucharistie feiern. Die allmähliche Einschränkung dieses Vorrechts ergab sich aus der Notwendigkeit, die Würde der Abendmahlsfeier zu wahren, Mißbräuche zu verhindern und sicherzugehen, daß den geistigen Bedürfnissen der Gläubigen in den sich immer weiter verbreitenden christlichen Gemeinschaften in einer institutionalisierten Form Rechnung getragen wurde.

Aber selbst dann, als die Eucharistiefeier Vorrecht des Priesters war, ersetzte das niemals die Priesterschaft aller Gläubigen.

In der Vergangenheit wurde oft der Priestermangel beklagt (gemeint waren geweihte Priester); das Gegenteil könnte der Fall sein, und das mag auch stimmen: Es könnte sein, daß wir nicht zu wenig, sondern zu viele Priester haben. Mag sein, daß es in Wahrheit der Wille Gottes ist, aus seinem Volk mehr und mehr Priester zu rufen – allerdings keine Zölibatäre, sondern Männer und Frauen, deren Leben ganz dem Dienst an anderen geweiht ist, und zwar nicht nur als pastorale

Fahnenträger, sondern als Sozialarbeiter, Lehrer, Prediger, Krankenpfleger – wo immer es menschliche Not und menschlichen Kampf gibt. Das geweihte Amt der Bischöfe, Priester und Diakone mag der Organisation und dem Funktionieren komplexer Gemeinschaften von Nutzen sein, doch sind die offiziell Geweihten weder »höher« noch »näher zu Gott«, als sie es bereits kraft ihrer Taufe sind. Und sie haben, um das nochmals zu wiederholen, keine Macht, außer der Aufgabe des Dienens und der Verkündigung der Liebe, des Mitleids und der Vergebung.

In dieser Hinsicht ist es schwer aufrechtzuerhalten, daß Frauen nicht zum Priestertum berufen sind. Richtig ist, daß im Kreis Jesu unter den zwölf Auserwählten keine Frau war: Doch muß ich hier anmerken, es gab weder Italiener noch Polen unter ihnen. Die Zwölf wurden, wie wir gesehen haben, auserwählt (in einer Gesellschaft, die der Frau jede offizielle Rolle vorenthielt), um ihre symbolische Funktion als neue Patriarchen im neuen Israel zu übernehmen. Aber es gab in der frühen Kirche offensichtlich Frauen in gehobenen Positionen des geistlichen Dienstes, wie Paulus in seinen Briefen bestätigt.

Jedenfalls ist es ein unglückseliges kulturelles Erbe, an der Meinung festzuhalten, daß Frauen den Männern existentiell unterlegen und daher vom Priestertum ausgeschlossen sind – tatsächlich *sind* sie durch die Taufe bereits Priester. Den Frauen den Zugang zum Priestertum zu gestatten, bedeutet einfach, das zu erkennen und zu dem zu stehen, was bereits durch die christliche Weihe Realität ist. Daß sie durchaus fähig wären, als geweihte Priester zu dienen, sollte kein schockierender Gedanke sein. Wenn wir Taufe und Priestertum mit allen Konsequenzen ernst nehmen, sind Frauen – nicht weniger als Männer – bereits der Priesterschaft Jesu teilhaftig.

»Ich habe euch ein Beispiel gegeben, damit auch ihr so handelt, wie ich an euch gehandelt habe« (Johannes 13, 15), sagte Jesus, nachdem er die Füße seiner Freunde gewaschen hatte. Der Auftrag »Tut dies zu meinem Gedächtnis!« (Lukas 22, 19) steht ebenso für diesen demütigen Dienst wie für das Privileg, eine kultische Stellung einzunehmen oder dem Ritual einer Gemeinde vorzustehen. Tatsächlich ist es genau der Dienst und die Weihe, die Zweck, Bedeutung und Wirkung des Abendmahls klarmachen. Die völlige Hingabe Christi für das Wohlergehen der Menschen – selbst bis zum Opfer des eigenen Lebens – ist Maßstab für alle, die in Hoffnung auf ihn blicken.

Verlassenheit:

Der Tod Jesu

Die vier Evangelien werden oft als Geschichte der Gefangennahme, des Prozesses und der Hinrichtung Jesu beschrieben, von langen Einführungen eingeleitet, die alles über sein Leben erzählen. Ungeachtet dieser allzu krassen Vereinfachung ist an der Feststellung etwas Wahres, denn wenn wir – sogar im Überfliegen – die Dokumente lesen, sind wir über die ungewöhnliche Beschreibung der Details von Zeit, Ort, Identität und sogar Gesten in Berichten über die letzten Stunden Jesu erstaunt. Die Passionsgeschichte erweckt den Eindruck der Authentizität.

Tatsächlich enthüllen alte Erzählungen über Leben und Bedeutung einer Person erst im Rückblick, mit Hilfe von Erinnerungen und Überlieferungen die Umstände des Todes eines bedeutenden Menschen. Im fünften Jahrhundert v. Chr. schrieb Ion von Chios kurze Erzählungen über bedeutende Zeitgenossen wie Perikles und Sophokles. Zum Großteil sind diese fragmentarischen Biographien sehr schmeichelhaft, sie idealisieren Persönlichkeiten mit großem rhetorischen Aufwand – im Grunde genommen Variationen einer Elegie.

Chronisten begannen schließlich damit, vermehrt Überlegungen über die letzte Periode im Leben eines Menschen anzustellen – wodurch sich der Schwerpunkt der Erzählung auf das Lebensende zubewegt. Die ersten Lebensabschnitte werden dann ganz vom Ende, von der Erfüllung und dem Tod her, interpretiert. Das Ergebnis war oft bemerkenswert heroisch und voll des Lobes: Platos Porträt des Sokrates (in *Die Verteidigung des Sokrates* und *Phaidon*) ist dafür ein gutes Beispiel, doch ist es gleichzeitig die ausgezeichnete plastische Schilderung eines Mannes und seiner Zeit, während die strengen, in stoischer Manier abgefaßten Biographien von Cato und Brutus den entgegengesetzten Typus darstellen. *Agricola* von Tacitus (geschrieben 98 n. Chr., ungefähr zu der Zeit, als das letzte Evangelium zusammengestellt wurde) ist ein weiteres Beispiel – der biographische Bericht über den Schwiegervater des Historikers mit der Beurteilung von dessen politischer Karriere. Auf jeden Fall werden die letzten Tage eines Menschen immer mystifiziert, sie wirken heroisch. Auch Sueton und Plutarch betonen in ihren Lebensdarstellungen berühmter Männer jeweils die letzten Tage, wobei ihre Perspektive oft tendenziös war.

Und hier liegt der grundlegende Unterschied zu den Evangelien. Der erste Karfreitag (der die Kunst wie kein anderes Ereignis in der Geschichte der Menschheit inspiriert hat) wird von Matthäus, Markus, Lukas und Johannes mit einer Ruhe, einer Nüchternheit und einem Mangel an Hysterie beschrieben, die beachtlich sind. Da gibt es keine erzählerischen Tricks, den Kampf zu übertreiben, das Gefühl auf die Spitze zu treiben oder die physischen Details des Leidens und des Todes aufzuzählen. Das Ergebnis ist von entwaffnender Ehrlichkeit.

Gleichzeitig führt die Klarheit und die nahezu auf die Minute genaue Chronologie der Evangelien, wenn sie zu den letzten Stunden Jesu kommen, moderne Leser oft in die Irre: Es ist verführerisch, die Berichte als reine Lokalberichte anzusehen. Aber sie sind so reich und komplex wie die früheren Erzählungen (bei Matthäus und Lukas, wie wir gesehen haben) über Empfängnis, Geburt und Kindheit Jesu. Als die Evangelisten ihre Berichte niederschrieben – etwa vierzig bis siebzig Jahre nach dem Tod Jesu –, konnten sie bereits auf einige Jahrzehnte christlicher Erfahrung zurückblicken. Aus Bibelstudien des vergangenen Jahrhunderts geht klar hervor, daß diese Erfahrungen und die Bedürfnisse der verschiedenen Gemeinschaften Inhalt, Anordnung, Stil und Tendenz prägten. Der Glaube war Voraussetzung.

Zudem war es zwischen dem Judentum und der Sekte, die später das Christentum werden sollte, zu einem echten Bruch gekommen. Und damit begann – im Jahr 64 unter Kaiser Nero – die grausame Christenverfolgung, von der uns kein geringerer als der römische Historiker Tacitus berichtet. »Daher schob Nero, um dem Gerede [daß der Brand von Rom auf einen kaiserlichen Befehl zurückgehe] ein Ende zu machen, andere als Schuldige vor und belegte sie mit den ausgesuchtesten Strafen, die, wegen ihrer Schandtaten verhaßt, Christen genannt wurden. Der Mann von dem sich dieser Name herleitet, Christus, war unter der Herrschaft des Tiberius auf Veranlassung des Prokurators Pontius Pilatus hingerichtet worden.« (P. Cornelius Tacitus: Annalen, hrsg. von Erich Heller, München/Zürich 1982, Seite

749) So breitete sich nun die drei Jahrzehnte vorher erfolgte Verurteilung Jesu aus und wurde in viel höherem Maß gegenüber der jungen Gemeinschaft exekutiert.

Dann wurden in Rom »die bekennenden Mitglieder der Sekte festgenommen; eine große Anzahl wurde verurteilt und ihr Ende von Hohn begleitet. Man bedeckte sie mit der Haut wilder Tiere und ließ sie von Hunden zerfleischen; oder man band sie an Kreuze, die man mit Einbruch der Dämmerung anzündete, um sie während der Nacht als Fackeln zu verwenden. Nero bot seine eigenen Gärten für dieses Spektakel an und gab eine Schaustellung davon in seinem eigenen Circus. Damit allerdings erwachte ein Gefühl des Mitleids, denn das Volk fühlte, daß die Christen nicht dem Wohl des Staates, sondern der Grausamkeit eines einzelnen Mannes geopfert wurden.« (Unter denen, die bei der ersten Christenverfolgung in Rom abgeschlachtet wurden, waren Petrus und Paulus, ersterer durch Kreuzigung, letzterer durch das Schwert.)

Im Licht des endgültigen Bruchs mit dem Judentum, der grausamen Verfolgung der an Jesus Glaubenden und der gleichzeitigen Frohen Botschaft der Erlösung nahmen die Evangelien Gestalt an. In ihrem Glauben an Jesus und das Osterereignis überarbeiteten die Evangelisten, wie wir gesehen haben, das vorhandene Material nicht nur im Sinn der Erfordernisse der neuen Gemeinschaften, sondern auch in der Überzeugung, daß Jesus lebendig und gegenwärtig war, nicht eine Gestalt der verstaubten Geschichte. Es ist wesentlich, jede Betrachtung der Qualen und des Todes Jesu (traditionell als Passion bezeichnet, aus dem Lateinischen *passio*, Leiden) mit diesen Gedanken vor Augen anzustellen.

Ein mehrere Jahrzehnte dauernder komplizierter Prozeß trug zu der endgültigen Fassung der Überlieferung bei. Das wichtigste in diesem Prozeß war die einmalige Gabe, die jeder der Schreibenden besaß, das Leben Jesu je nach den Erfordernissen und der Art des Glaubens seiner Gemeinde wiederzugeben. Verständnis der mündlichen und vielleicht bruchstückhaft geschriebenen Überlieferungen, die im Umlauf waren, gaben dem Schreibenden einen besonderen »Bezug« zu seinem Thema, wie es natürlich auch seine religiösen Anliegen, sein literarischer Stil und seine persönliche Technik waren. Jede Einzelheit ist vom Glauben an die Bedeutung der Geschehnisse erfüllt. Die Passionserzählungen sind, wie auch alles andere in den Evangelien, nicht nur genaue Dokumentationen über das Geschehen: Diese Art des Berichtes wäre damals niemandem in den Sinn gekommen. Statt dessen sind die Evangelien tiefgründige Betrachtungen über den Sinn des Geschehens.

Leser, die an einer wissenschaftlichen Untersuchung der einzelnen Evangelien sowie an einem sorgfältigen Vergleich der vier Passionsgeschichten interessiert sind, sollten sich in exegetischen, sprachlichen und wissenschaftlichen Kommentaren informieren. Für unseren weniger akademischen Zweck werde ich aus jeder der vier Evangelien Stellen aussuchen, die nach meinem Dafürhalten eine Schlüsselstellung für den frühen christlichen Glauben an den verborgenen Jesus so beleuchten, daß sie für uns Heutige, die wir ihm näherkommen wollen, spezifische Bedeutung haben.

Als sie mit dem Abendmahl fertig waren, war es in Jerusalem Nacht geworden. Jesus führte seine Jünger von dem geliehenen Raum zu einem nahegelegenen Hain, nicht weit vom Tempelbezirk entfernt. »Setzt euch und wartet hier, während ich bete. Und er nahm Petrus, Jakobus und Johannes [die drei, die ihm am nächsten standen] mit sich. Da ergriff ihn Furcht und Angst, und er sagte zu ihnen: Meine Seele ist zu Tode betrübt. Bleibt hier und wacht! Dann ging er ein Stück weiter, warf sich auf die Erde nieder und betete, daß die Stunde, wenn möglich, an ihm vorübergehe. Er sprach: Abba, Vater, alles ist dir möglich. Nimm diesen Kelch von mir! Aber nicht, was ich will, sondern was du willst, soll geschehen.« (Markus 14, 32–36) Seine Beziehung zu Gott bleibt unbeugsam: sie wurzelt in absolutem Vertrauen und Gehorsam. Das nimmt ihm aber nicht die verzweifelte Angst, denn die ist real.

An diesem Punkt ist man versucht zu vergessen, daß Jesus von Nazareth voll und ganz Mensch war und alles Menschliche von ihm gefordert wird – außer der vorsätzlichen Zurückweisung der Gnade, der Selbstsucht, die wir Sünde nennen. Wenn wir uns dessen genau besinnen, so können wir die Art seiner Todesangst in dem Hain besser verstehen, denn Jesus ist ein nur auf den anderen konzentrierter Mensch, dem Wohl der Menschheit und dem Willen Gottes verpflichtet. Daß all seine Bemühungen und all sein Engagement zu diesem Augenblick führen sollten, da alles verloren schien, mußte unaussprechlich gewesen sein.

240

»Als er auf Erden lebte, hat er mit lautem Schreien und unter Tränen Gebete und Bitten vor den gebracht, der ihn aus dem Tod retten konnte.« (Hebräer 5, 7) Die Evangelien bestätigen diesen Kampf in der Szene, die üblicherweise als die Verzweiflung im Garten Getsemani bezeichnet wird. »Aber nicht, was ich will, sondern was du willst, soll geschehen.« (Markus 14, 36) Sein Flehen spiegelt vollkommen die Bitte im Vaterunser wider: »Dein Wille geschehe...«

Doch wird dieses Gebet wahrlich unter »Schreien und Tränen« vorgebracht, und genau wegen seiner Furcht vor Qualen und Tod – wie so viele Propheten vor ihm – kehrt er zu seinen Freunden zurück, um Trost zu finden. Doch er konnte kaum mehr enttäuscht werden. »Da sagte er zu Petrus: Simon, du schläfst? Konntest du nicht einmal eine Stunde wach bleiben?« (Markus 14, 37) »Und er betete in seiner Angst noch inständiger, und sein Schweiß war wie Blut, das auf die Erde tropft. Nach dem Gebet stand er auf und ging zu den Jüngern zurück und fand sie schlafend, denn sie waren vor Kummer erschöpft.« (Lukas 22, 44, 45) »Und er kam zum drittenmal und sagte zu ihnen: Schlaft ihr immer noch und ruht euch aus? Es ist genug. Die Stunde ist gekommen.« (Matthäus 26, 45) In der Ferne waren Fackeln zu sehen.

Und dann taucht eine Horde von Tempelhütern, Abgeordneten der Oberpriester, Schreibern und Ältesten mit Schwertern und Keulen auf. Sie alle werden von Judas angeführt, der zu Jesus tritt, ihn »Meister« nennt und umarmt. Das ist das Zeichen, und damit nimmt die Schar Jesus fest.

Bezeichnenderweise gibt Jesus dem Judas keine Antwort. Statt dessen wendet er sich an die, die ihn gefangennehmen. »Wie gegen einen Räuber seid ihr mit Schwertern und Knüppeln ausgezogen, um mich festzunehmen. Tag für Tag saß ich im Tempel und lehrte, und ihr habt mich nicht verhaftet.« (Matthäus 26, 55) Darauf haben sie keine Antwort, vielleicht, weil viele von ihnen auf Befehl handeln und wirklich nicht die geringste Ahnung haben, was sie tun. Jesus wird gefesselt und abgeführt.

Und dann geschieht etwas Schreckliches – ein so schreckliches Ereignis, daß es nur mit dem Angriff auf den menschlichen Geist verglichen werden kann, mit all den folgenden furchtbaren körperlichen Leiden.

Alle Begleiter Jesu verlassen ihn, fliehen irgendwohin, um sich in Sicherheit zu bringen – irgendwohin, wo er nicht ist.

Von diesem Augenblick an erleidet er Ablehnung, Qual und Exekution ohne die Anwesenheit oder die Nähe auch nur eines Freundes oder Verwandten. Für einen Mann, dem Freunde so wichtig sind, Männer, denen er Hoffnung, Furcht und Vertrauen geschenkt hat – die mit ihm mehr als zwei Jahre gelebt und alles geteilt haben, was unter Freunden geteilt werden kann –, bedeutet das eine Einsamkeit, die sich unserer Vorstellungskraft entzieht. Jesus beobachtet die Flucht derer, die ihm versprachen, ihn niemals zu verraten, ihn niemals allein seinen Feinden gegenübertreten zu lassen. Diejenigen, die behauptet hatten, alles verlassen zu wollen und ihm überallhin zu folgen, verlassen nun alles, um nur von ihm wegzukommen. Die Evangelien schrecken nicht davor zurück, das zu berichten, noch versuchen sie, das Verhalten der engsten Freunde Jesu zu entschuldigen – das Verhalten jener Menschen also, die bis heute das Fundament der Kirche bilden.

Das ist ein Augenblick einmaligen Entsetzens für jemanden, der sein ganzes Leben nur Gutes getan hat. Überzeugt davon, daß seine Lehren und Werke Gottes Wohlwollen finden – ja, daß Gott sein liebender Vater ist –, hat Jesus den Erfolg sowohl seiner Worte wie seiner Heilungen gesehen. Aber jetzt ... wie konnte es dazu kommen, zu diesem Fehlschlag?

Die Angst, die ihm den Atem nimmt, ist das Entsetzen darüber, das alles nur deshalb geschieht, weil er falsch gehandelt hat – daß er Gott verfehlt hat –, daß er den liebenden Gott im Stich gelassen und enttäuscht hat. Schließlich ist nun niemand mehr – kein einziger Mensch – an seiner Seite. Wie sonst könnte er dieses einsame Schicksal deuten?

Jesus wird sofort dem amtierenden Hohenpriester vorgeführt – sicher in dessen Haus und nicht in den Tempel, denn es ist tiefe Nacht –, und bald finden sich die aristokratischen Priesterfamilien, die Ältesten und die Schreiber ein. Eine solche Versammlung wird das Synedrium genannt, ein jüdischer Gerichtshof, dem die Römer gewisse Rechts- und Regierungskraft erteilen. In dem Bemühen, Gründe zu finden, Jesus rasch loszuwerden, versucht das Synedrium, falsche »Zeugen« zu finden, die bereit sind zu schwören, Jesus habe sich der

Blasphemie schuldig gemacht und verdiene den Tod. Einige der Mein-
eidigen schwören, daß Jesus gedroht hatte, den Tempel zu zerstören,
aber trotz allen Nachdrucks, mit dem sie diese Anschuldigung vor-
bringen, gibt es ein Problem: Die Lügner waren nicht sorgfältig genug
ausgesucht worden, und weil ihre Geschichten nicht übereinstimmen,
muß dieser Teil der Anklage fallengelassen werden.

Jesus schweigt weiterhin.

»Hast du keine Antwort auf diese Beschuldigung?« schreit der
Hohenpriester und springt von seinem Stuhl auf. »Was ist es, dessen sie
dich beschuldigen?« Nun, soll er nur fragen, es ergibt doch keinen
Sinn. Der Hohenpriester (und zweifellos auch andere der Anwesenden) ist sichtlich verwirrt – und wie sollte Jesus antworten? –, denn die
falschen Zeugenaussagen sind lächerlich.

Die einzigen relevanten Anklagepunkte sind die Mißachtung der
Sabbatruhe und der öffentliche Auftritt mit Sündern und Frauen, das
heißt, der Verstoß gegen die rituellen Gesetze. Dies läßt Jesus auch aus
der Sicht der religiösen Führer als selbsternannten Propheten erscheinen – und hier handelt es sich fraglos um aufrechte Männer, die überzeugt sind, daß wenn sie jemanden wie Jesus loswerden, sie »Gott einen
Dienst leisten«, wie sogar das sonst den etablierten Kreisen gegenüber
sehr kritisch eingestellte Johannes-Evangelium sagt.

»Wozu brauchen wir Zeugen?« stellte der Hohenpriester trium-
phierend die rein rhetorische Frage. Und damit stimmen alle überein,
daß dies Grund genug sei, Jesus nach dem mosaischen Gesetz zum
Tode zu verurteilen, denn falsche Propheten müssen getötet werden.
Auf die Frage, ob er seine Identität auf andere Weise erklären könne –
zum Beispiel als Messias –, verweigert Jesus die Antwort.

Die Evangelien sind sehr deutlich: die Handvoll (sicher nicht vor-
sätzlicher) blinder und oberflächlicher religiöser Führer ist nicht mehr
zu tadeln als die Feigheit eines der engsten Freunde Jesu. Und hier gibt
es eine ironische Nebenhandlung zum tragischen Drama, denn während Jesus nicht beansprucht, das zu sein, was er tatsächlich ist, beansprucht ein anderer *nicht* das zu sein, was er ist. Gleichzeitig mit dem
Verhör von Jesus durch das schnell zusammengerufene Synedrium
wird ganz in der Nähe Petrus befragt.

Nach der Festnahme fand Petrus heraus, wohin man Jesus gebracht
hatte, und folgte ihm in sicherer Entfernung. Die Nacht war kalt ge-

worden, und Petrus hielt sich nahe dem Feuer im Hof auf. »Da trat eine Magd zu ihm und sagte: Auch du warst mit diesem Jesus aus Galiläa zusammen. Doch er leugnete es vor allen Leuten und sagte: Ich weiß nicht, wovon du redest. Und als er zum Tor hinausgehen wollte, sah ihn eine andere Magd und sagte zu denen, die dort standen: Der war mit Jesus aus Nazareth zusammen. Wieder leugnete er und schwor: Ich kenne den Menschen nicht. Kurz darauf kamen die Leute, die dort standen, zu Petrus und sagten: Wirklich, auch du gehörst zu ihnen, deine Mundart verrät dich. Da fing er an sich zu verfluchen und schwor: Ich kenne den Menschen nicht. Gleich darauf krähte der Hahn, und Petrus erinnerte sich an das, was Jesus gesagt hatte: Ehe der Hahn kräht, wirst du mich dreimal verleugnen. Und er ging hinaus und weinte bitterlich.« (Matthäus 26, 69–75) Gleichzeitig aber ereignete sich eine noch viel verzweifeltere Tat aus Gewissensbissen und wird ähnlich geschildert. Von Judas lesen wir: » ... dann ging er weg und erhängte sich.« (Matthäus 27, 5) Diese beiden Taten des Verrats gehen parallel mit dem Prozeß Jesu, doch einer der Verräter ergibt sich in seiner Reue der göttlichen Gnade und wird damit das, was sein Name verheißt, Petrus – der »Fels« des Glaubens für die frühen Christen. Und sein eigener Tod unter Nero auf dem Kreuz, drei Jahrzehnte später, enthüllt die ganze Größe seines Mutes, die er nach Ostern an den Tag legte.

An diesem Freitag morgen, dem 7. April (vielleicht um acht oder neun Uhr früh), wird Jesus vor Pontius Pilatus gebracht, den römischen Präfekten und Prokurator – damals im fünften Jahr einer zehnjährigen Regierung in Judäa. Mitleidlos, feig und machthungrig hat er die höchste richterliche Gewalt in Judäa inne und ist nur Kaiser Tiberius unterstellt, dessen primäres Ziel es ist, den Frieden in den Provinzen zu erhalten. Jede Gefahr eines Aufstands, Aufruhrs oder der öffentlichen Unruhe muß unter allen Umständen unterdrückt werden.

Das Synedrium hat Jesus in den Palast des Pilatus ausgeliefert – auf aramäisch Gabbatha genannt, was die Übersetzung des griechischen Wortes für Steinplatten ist. Dieser überdachte gepflasterte Hof grenzt an die Nordwestecke des Tempelbezirks; in Rufweite davon befindet sich ein Raum für die römischen Wachen. Nach der Befragung durch Pilatus werden die Angeklagten über eine Treppenflucht auf eine äußere Terrasse geführt – so kann die Öffentlichkeit den Zustand der Angeklagten bezeugen und sich über den Fortgang der Verhandlung informieren.

Die religiösen Führer wollen vor dem ersten nächtlichen Passahmahl in der Nacht jede rituelle Unreinheit vermeiden, daher betreten sie Gabbatah nicht und warten außerhalb. »Deshalb kam Pilatus zu ihnen heraus und fragte: Welche Anklage erhebt ihr gegen diesen Menschen? Sie antworteten ihm: Wenn er kein Übeltäter wäre, hätten wir ihn dir nicht ausgeliefert. Pilatus sagte zu ihnen: Nehmt ihn doch und richtet ihn nach eurem Gesetz! Die Juden antworteten ihm: Uns ist es nicht gestattet, jemanden hinzurichten.« (Johannes 18, 29–31) »Ach so«, mochte Pilatus denken, »sie bringen mir einen Kapitalverbrecher!« Nur er allein kann jemanden zu Tod verurteilen. Früher und später in der jüdischen Geschichte konnten der Blasphemie Schuldige und falsche Propheten gesteinigt werden, doch die Bestrafung eines Kapitalverbrechens ist unter der römischen Herrschaft den Juden untersagt. Pilatus geht wieder in den Palast hinein, um Jesus das erstemal zu treffen; jetzt ist er sich über die Anklage im klaren – Blasphemie. Aber ebenso offenbar ist diesem sonst religiösen Problem eine *politische* Seite zugeordnet worden. Pilatus wurde bereits zugetragen, daß Jesus eine Gefahr für die Stabilität und die öffentliche Ordnung darstellt, denn er hat sich selbst zum Messias der Juden ernannt, was für Rom der Idee eines Königreiches gefährlich nahe kommt. »Er fragte ihn: Bist du der König der Juden? Jesus antwortete: Sagst du das von dir aus, oder haben es dir andere über mich gesagt? Pilatus entgegnete: Bin ich denn ein Jude? Dein eigenes Volk und die Hohenpriester haben dich an mich ausgeliefert. Was hast du getan?« (Johannes 18, 33–35)

Und nun antwortet Jesus mit der Schlußfolgerung, daß er, wenn er wirklich ein König wäre, keine Gefahr für die römische Oberhoheit darstellte. »Mein Königtum ist nicht von dieser Welt. Wenn es von dieser Welt wäre, würden meine Leute kämpfen, damit ich den Juden nicht ausgeliefert würde. Aber mein Königtum ist nicht von hier. Pilatus sagte zu ihm: Also bist du doch ein König? Jesus antwortete: Du sagst es, ich bin ein König. Ich bin dazu geboren und dazu in die Welt gekommen, daß ich für die Wahrheit Zeugnis ablege. Jeder der aus der Wahrheit ist, hört auf meine Stimme.« (Johannes 18, 36–37)

Und dann spricht Pilatus die in der Literatur so häufig verwendeten Worte. Er fragt, um diese spirituelle Konversation zu beenden, vielleicht die Achseln hebend und ironisch lächelnd: »Was ist Wahrheit?«

Damit kehrt Pilatus wieder zu der draußen wartenden Menge zurück. »Ich finde keinen Grund, ihn zu verurteilen.« (Johannes 18, 38) Aber als er dem Volk die Wahl gibt, zieht die Menge die Freilassung eines verurteilten Räubers der Freiheit Jesu vor. Es ist interessant zu bemerken, daß in allen vier Evangelien Pilatus zuerst als Fürsprecher der Unschuld Jesu gezeigt wird: Als ein aufrichtiger Mann scheint er dem Recht mehr verpflichtet zu sein als die religiösen Führer; und er allein scheint zu verstehen, daß Jesus keines politischen Vergehens schuldig ist. Doch in letzter Konsequenz sind ihm seine Stellung und seine Vorrechte ebenso wichtig wie den anderen.

Es liegt höchste Ironie darin zu verkünden, wie Christen dies in zweitausend Jahren getan haben, daß Jesus tatsächlich Regent, König und Richter ist, denn gerade diese scheinen die wohl bildlichsten aller ihm zugeschriebenen Titel zu sein. Trotzdem hat ein wahres Heer kirchlicher Würdenträger das, was als Lebensstil der Reichen und Großen bezeichnet wird, angestrebt und nachgeahmt. Zu viele der Kirchenfürsten haben in Glanz und Luxus von Titeln und Ehrbezeugungen geschwelgt, und manche von ihnen haben – um ihre Stellung zu halten – wie kleine Tyrannen ihre Macht ausgeübt und für ihre selbstsüchtigen Zwecke die göttliche Ermächtigung beansprucht. Glücklicherweise weigern sich am Ende des 20. Jahrhunderts viele der einfachen Gläubigen, eine solche Art von Sybariten finanziell zu unterstützen. Die Tage der mittelalterlichen Fürsterzbischöfe gehören eindeutig der Vergangenheit an. Das allein ist Grund genug zu glauben, daß der Geist Gottes noch immer die Kirche lenkt – damit sind natürlich alle gemeint, die ihre Hoffnung in Jesus Christus setzen, keineswegs nur der Klerus, der dazu berufen ist, ihm zu dienen.

Pilatus fürchtet sich immer mehr vor politischem Aufruhr. Vielleicht um die Menge zu beruhigen, vielleicht um sie zu überreden, sich mit körperlicher Züchtigung anstelle der Todesstrafe zufriedenzugeben, übergibt er Jesus seinen Soldaten zur Geißelung. Diese Strafe kann ohne weiteres zum Tod führen, da sie viel wirkungsvoller als eine Auspeitschung ist. Die Geißel besteht aus Lederschnüren, mit Bein und Metall beschlagen, die ganze Fleischklumpen herausreißen und damit so große körperliche (und seelische) Verletzungen verursachen, daß viele Opfer allein durch den Schock sterben. Römer werden nie gegeißelt: Diese Strafe bleibt Sklaven oder Fremden vorbehalten. Die Geißelung wird entweder als Einleitung der Exekution oder als Methode, Informationen zu gewinnen, angewendet.

Doch Jesus überlebt diesen Teil des Martyriums. Als es vorbei ist, und bevor Jesus wieder zu Pilatus gebracht wird, schleppen ihn die Soldaten in ihr Quartier, wo einer von ihnen eine noch grausamere Idee hat. Wenn dieser Mann Jesus angeklagt ist, sich als König zu bezeichnen, dann sollte er auch wie ein König behandelt werden. Und so beschließen sie ein grausames Schauspiel, in dem sich anscheinend zwei antike Bräuche verbinden.

In weit zurückliegenden Zeiten gab es die nebelhafte Gestalt des Schattenkönigs. Der regierende Monarch wurde in der Antike als Träger der Fruchtbarkeit und damit als die Zukunft des Volkes gesehen. Aber um sicherzugehen, daß Volk und Land überlebten, mußte der König, bevor er zu alt wurde, geopfert werden: Sein Blut – die Lebenskraft selbst – wurde, in dem Glauben, daß es Natur und Menschen erneuerte, über die Erde ausgegossen.

Natürlich wurde der König nicht wirklich getötet, ein Gefangener mußte stellvertretend für ihn sterben. Und dieser unglückliche Mann regierte einen Tag lang als der Schattenkönig. Das Volk hielt sich an ihm für allen Unmut gegen den wahren König schadlos: Sie stießen ihn herum, kleideten ihn in groteske Fetzen eines königlichen Gewandes, schlugen ihn, paßten ihm eine Krone aus Rohr oder Zweigen an – und am Ende des Tages schlachteten sie ihn hin wie ein Opfertier und gossen sein Blut über den Boden. Sein Tod ersetzte den Tod des Königs, die Natur würde sich mit dem Stellvertreter zufrieden geben, und die Zukunft wäre gesichert.

Die Soldaten, die nun Jesus umringten, mußten nur einen Blick auf die Steinplatten des Hofes werfen, um neue Ideen zu erhalten. Dort gibt es für eine Art Brettspiel Markierungen, in denen lebendige Spieler je nach dem Wurf der Scheibe sich von Platte zu Platte bewegen. Dem Gewinner steht der Platz auf der Seite mit eingeritzter Krone zu, der Verlierer muß dorthin, wo ein Schwert zu sehen ist.

Auch dieses Spiel dürfte auf den antiken Brauch mit einem Ersatzkönig zurückgehen. Während der Neujahrsfestlichkeiten im alten Mesopotamien sowie bei den römischen Saturnalien ließ man einen

Sklaven oder einen Verurteilten den König spielen. War das Fest zu Ende, so wurde er hingerichtet.

Und so wird Jesus zur Schachfigur in ihrem Spiel. Die Soldaten finden einen Fetzen königlichen Purpurs und werfen ihn über die blutenden Schultern. Irgendeiner kehrt aus den Tempelgärten mit einem Dornengewirr zurück, flicht daraus eine Krone und setzt sie Jesus auf das Haupt – »Heil dem König der Juden!« schreien die Soldaten, lassen ihn den Schattenkönig spielen und schlagen ihm ins Gesicht.

Als die Soldaten des Spiels müde sind, schleppen sie Jesus zu Pilatus, und die Tragödie nimmt weiter ihren Lauf, während sich die Handlung dramatisch vom Inneren des Palastes nach außen und wieder zurück bewegt. In der folgenden Zeit eilte Pilatus zwischen dem blutenden, wankenden Gefangenen und der Menge hin und her. Jesus wird durch den Palast auf die obere Terrasse geschleift. Im Inneren herrscht unheimliche, fast tödliche Stille – und ein Dialog beginnt, bei dem der mißhandelte Gefangene eher zum Ankläger des immer ängstlicheren und verwirrteren Pilatus wird –, während draußen, da die Religionsführer die Massen aufstacheln, der Schrei nach Blut immer lauter wird.

Und als sich dieser Wahnsinn seinem unausweichlichen Ende nähert, was tut Jesus da? Er benimmt sich gewiß nicht wie der typische Angeklagte. Weder leugnet noch bestätigt er, weder beschuldigt er noch geht er zum Angriff über. In geeigneten Momenten sagt er, was er sagen muß, um die Ehre Gottes zu verteidigen, aber niemals protestiert er gegen die Anschuldigungen, Gotteslästerer, falscher Prophet oder politischer Aufrührer zu sein. Doch sein Schweigen bedeutet nicht Schwäche, nicht Verzweiflung; in diesem Augenblick widerspricht er wirkungsvoll den üblichen Erwartungen. Und so wird sein Schweigen zur vielleicht eindrucksvollsten Aussage über Gott. Die letzte Wahrheit kann nur paradox ausgedrückt werden: Vielleicht können wir also sagen, daß diese göttliche Erklärung, im Schweigen geäußert und im Schweigen gehört, schließlich im Schweigen ihre Wirkung hatte.

Das Motiv des Schweigens ist für unser Buch von großer Wichtigkeit. Zuerst war die Stille Gottes, die die tiefe Stille der Schöpfung ist. Diese Stille ist für uns erklärender Hinweis zur inneren Ruhe, die Ruhe, die, wenn wir sie erreichen, zum Gebet notwendig ist. In diesem Augenblick finden wir auch in dem armen verurteilten Jesus den Schlüssel dazu, was Menschlichkeit adelt und niemals zerstört. Er bleibt still, von seinen Freunden verlassen, von seinen Feinden vernichtet. Sein Schweigen bedeutet nicht das Nichts, sondern die fundamentale Abhängigkeit von Gott, der allein ihn retten kann. Wir sind schließlich sehr genau durch unsere Bedürftigkeit und Unzulänglichkeit bestimmt, unseren Zweifel und unsere Verwirrung, unsere Unfähigkeit für uns selbst zu antworten. Noch viel weniger können wir den letzten Sinn unseres Lebens begreifen: Das muß von außen zu uns kommen. Und gerade dann, wenn wir mit Schrecken unsere absolute Zufälligkeit erkennen, werden wir gebrochen und blutend in die Arme Gottes geworfen. Grenzenlose, unvorstellbare Gnade bedeckt und heilt schließlich die Wunde unserer Unzulänglichkeit – was, mit anderen Worten gesagt, heißt, daß wir am Ende angenommen und umarmt werden, daß uns vergeben ist und wir für etwas Höheres gerettet sind. Dann gehören wir auf immer dem Königreich der Gnade an. Und dieses Reich ist nicht ohne harten Kampf zu erreichen.

Und so entscheidet sich Pilatus, Jesus dem Volk zu zeigen. Vielleicht, deutet das Evangelium an, wird der Anblick dieses geschundenen wehrlosen Mannes die Herzen der Menge erweichen, vielleicht gehen sie dann zufrieden fort und werden abgehalten, die Todesstrafe zu verlangen.

»Pilatus ging wieder hinaus und sagte zu ihnen: Seht, ich bringe ihn zu euch heraus; ihr sollt wissen, daß ich keinen Grund finde, ihn zu verurteilen.« Die Soldaten kommen und schleifen Jesus über die Treppe. » ... Er trug die Dornenkrone und den purpurroten Mantel. Pilatus sagte zu ihnen: Seht, da ist der Mensch! Als die Hohenpriester und ihre Diener ihn sahen, schrien sie: Ans Kreuz mit ihm, ans Kreuz mit ihm! Pilatus sagte zu ihnen: Nehmt ihr ihn und kreuzigt ihn! Denn ich finde keinen Grund, ihn zu verurteilen. Die Juden entgegneten ihm: Wir haben ein Gesetz, und nach diesem Gesetz muß er sterben, weil er sich als Gottes Sohn ausgegeben hat. Als Pilatus das hörte, wurde er noch ängstlicher. Er ging wieder hinein und fragte Jesus: Woher stammst du? Jesus aber gab ihm keine Antwort. Da sagte Pilatus zu ihm: Du sprichst nicht mit mir? Weißt du nicht, daß ich

Macht habe, dich freizulassen, und Macht, dich zu kreuzigen? Jesus antwortete: Du hättest keine Macht über mich, wenn es dir nicht von oben gegeben wäre; darum liegt größere Schuld bei dem, der mich dir ausgeliefert hat.«

Diese feierlichen überzeugten Worte wühlen etwas in Pilatus auf – die alte Ahnung über Götter vielleicht oder sogar über einen einzigen Gott. Jedenfalls zögert er mehr noch als vorher, Jesus hinrichten zu lassen, und so geht er wieder zu der Menge hinaus. Aber er kann sich bei dem Aufruhr kein Gehör verschaffen. » ... aber die Juden schrien: Wenn du ihn freiläßt, bist du kein Freund des Kaisers; jeder, der sich als König ausgibt, lehnt sich gegen den Kaiser auf.«

Jetzt packt Pilatus vor beiden Möglichkeiten die Angst – einerseits die Tragweite, einen unschuldigen Mann zu töten, andererseits das Risiko, gegen ein Verbrechen zu milde aufzutreten und damit Rom zu mißfallen.

Es ist später Vormittag. Pilatus geht für ein paar Worte nochmals hinein, ist aber einige Minuten später wieder draußen, diesmal mit Jesus. Das Geschrei von unten ist ohrenbetäubend. »Weg mit ihm, kreuzige ihn!« (Johannes 19, 4–15)

Pilatus kapituliert. Jesus wird den römischen Soldaten übergeben und weggeführt. Nach den Evangelien wurde Jesus auf Anraten der jüdischen Führer wegen seiner messianischen prophetischen Ansprüche, ein König und der Sohn Gottes zu sein, zum Tod verurteilt. Pilatus läßt ihnen ihren Willen, da er rund um Jesus sich bereits einen politischen Brand ausbreiten sieht: Wenn dieser Mann behauptet, ein König zu sein, dann ist Roms Vorherrschaft gefährdet.

Hier sind wir mit einer der schwierigsten und beschämendsten Tatsachen der Weltgeschichte konfrontiert.

Es führt kein Weg an dem unangenehmen Faktum vorbei, daß manches im Neuen Testament sehr deutlich antisemitische Vorurteile enthält. Das früheste christliche Dokument (der Erste Brief an die Thessalonicher, cirka 50 n.Chr.) spricht von den Juden: »Diese haben sogar Jesus, den Herrn, und die Propheten getötet...« (1 Thessalonicher 2, 15), und ähnliche Bemerkungen finden sich auch an anderen Stellen.

In dieser Beziehung ist das Evangelium des Johannes besonders kraß: In sarkastischen oder kritischen Äußerungen berichtet er nicht weniger als siebzigmal von »einem Juden« oder »den Juden« (im Vergleich zu Matthäus, Markus und Lukas, wo diese Art von Bezügen nur insgesamt elfmal aufscheint). Was den Tod Jesu anbetrifft, so war Johannes eindeutig: die Juden waren für seine Ablehnung verantwortlich, planten seinen Tod und verlangten die Todesstrafe für ihn (aus äußerst vagen und falschen religiösen Gründen); die römische Behörde bemerkte, daß es politisch vorteilhaft war, den Juden recht zu geben, und führte die Todesstrafe durch.

Es bringt nichts, dieses Motiv zu beschönigen, indem man es so auslegt, daß nur eine Handvoll korrupter jüdischer Führer die Verantwortung tragen. Das sagen die Texte nicht: Besonders was den Tod Jesu betrifft, sprechen sie von »den Juden« mit der ganzen generalisierenden Verachtung, die man auch heute von Antisemiten hören kann, wenn sie über eine Rasse oder eine Gruppe sprechen – wie »sie« sind und dergleichen.

Ihrerseits machen die jüdischen Zeitgenossen überhaupt keine Erwähnung von Jesus. Das ist nicht weiter erstaunlich, denn das jüdische Volk kämpfte um seine Identität (sogar um das Überleben) im Römischen Reich, und es gab weit wichtigere Dinge als das Leben und der Tod eines obskuren Wanderpredigers aus Galiläa.

Josephus Flavius schrieb zu Ende des ersten Jahrhunderts nichts darüber, *warum* Jesus zum Tod verurteilt wurde. Möglicherweise wußte er es nicht, oder er wollte sich weder für noch gegen Jesus aussprechen oder den Erfolg der Bewegung Jesu im späten ersten Jahrhundert nicht erwähnen. Doch Josephus sagte, daß Pilatus Jesus zum Tod am Kreuz auf Anklage der höchstrangigen Männer unter uns verurteilt habe – das heißt, unter den Juden. Und später gestand die jüdische Überlieferung freimütig die Verantwortung für den Tod Jesu ein: das *Sanhedrin* betitelte Werk im babylonischen Talmud aus dem dritten Jahrhundert verweist auf das jüdische Volk, das Jesus am Abend des Passahfestes hängte, weil er Israel verführt beziehungsweise in die Irre geführt hatte.

Es kann kein Zweifel darüber bestehen, daß einige der jüdischen Führer und Hohenpriester tatsächlich für die Planung des Todes Jesu verantwortlich waren (und daß es ein starkes Element Klerus gegen Laien in diesem Kampf um den Tod gegeben hat). Von dem glühenden Wunsch motiviert, den eigenen Stand zu schützen, sahen sie die Angriffe Jesu gegen die Heuchelei als ernsthafte Bedrohung. Andere wieder, strenge Interpreten des Gesetzes zur Reinhaltung des Judentums, müssen ernsthafte fromme Männer gewesen sein, die glaubten, das Richtige zu tun, wenn sie Israel von diesem Unruhe stiftenden, lästigen Jesus befreiten. In dieser Hinsicht hat der Prozeß gegen Jesus, das haben schon Gelehrte festgestellt, wie er von den Mitgliedern des Synedriums geleitet wurde (und wie es in den Evangelien wiedergegeben ist), den Buchstaben des jüdischen religiösen Gesetzes nicht im geringsten verletzt.

Wie wir in diesem Buch gesehen haben, verwarf Jesus viele der religiösen Voraussetzungen seiner Zeit; er mißachtete althergebrachte Sitten; er brachte seine Lehren so vor, als habe er die einmalige Billigung Gottes; er verkehrte mit Sündern und er prangerte wiederholt viele fromme Übungen als leer und heuchlerisch an. Einige, die von seinen Wundertaten und seinen befreienden Predigten tief bewegt waren, begannen zu glauben, daß es sich bei Jesus wirklich um den vom jüdischen Volk so lange erwarteten Messias handelte, obwohl er selbst diese Bezeichnung wegen ihrer politischen Folgerung energisch zurückwies.

Die Unterstützung Jesu erregte daher unter den jüdischen Führern beträchtliche Spannung – die Belastung durch seine Person erreichte ihren Höhepunkt, als er einige Tage vor seinem Tod im Tempel von Jerusalem zur Zeit des Passahfestes die Tempelpraktiken kritisierte. Der Priesterrat kam zu dem Schluß, daß Jesus für das Judentum eine Gefahr bedeutete. Sie richteten es so ein, daß er gefangengenommen und den römischen Behörden übergeben wurde, die ihren Wunsch, sich von einem Mann zu befreien, der offensichtlich für Unruhen verantwortlich war, mit Sicherheit unterstützen würden. Wenn Jesus wirklich für sich beanspruchte, der Messias oder ein König zu sein (oder wenn der Rat *erklärte*, daß er es beanspruchte), so konnte auch Rom ihn nicht dulden.

Buchstabengetreue und doktrinäre Fundamentalisten sind immer gefährlich, wie die Geschichte traurigerweise bis heute zeigt – Haltung und Handlungen von Zeloten in jedem Land, von jedem Glauben. Wie die irregeleiteten Oberpriester verurteilen auch Christen oft Menschen, die (für sie) das zu verletzen scheinen, was sie als traditionelles Verständnis des Gesetzes und des Willens Gottes sehen. Käme Jesus heute in diese Welt, wäre er für viele christliche Religionen, die glauben, die einzige Wahrheit zu vertreten, eine Herausforderung. Jesus, der Ungerechtigkeit zurückweist und die »Gewißheit« hinterfragt, würde mit Sicherheit aus vielen Pfarrversammlungen hinausgewiesen werden.

Doch ist es eine Sache, eine Handvoll jüdischer Führer, wie immer ihre Motive auch gewesen sein mögen, anzuprangern, eine andere aber von dem »gesamten jüdischen Volk« oder »den Juden« zu sprechen, wie es die Evangelien häufig tun – und hier liegen die unglückseligen Wurzeln des christlichen Antisemitismus, eine der am meisten zu verurteilenden Verdrehungen in der Geschichte. Um es klar auszudrükken: Warum scheint gerade das Neue Testament, das angeblich die Einstellung und Lehren Jesu wiedergibt, die Grundlage des Antisemitismus zu sein?

Es ist wichtig, sich vor allem daran zu erinnern, daß Jahrzehnte nach seinem Tod die Nachfolger Jesu Juden waren: Jesus selbst hatte keine neue Religion gegründet – noch viel weniger war er ein Vertreter des Glaubensabfalls. Christ zu sein bedeutete, Jude zu sein, der an Jesus glaubte, und Christen hielten sich weiterhin an das mosaische Gesetz, gingen in die Synagoge und waren an die religiösen Regeln gebunden, wie das Fastengebot, das Gebet, die Pflicht, den Tempel von Jerusalem zu besuchen und so weiter.

Der Riß zwischen dem eigentlichen Judentum und der christlichen Sekte hatte mehrere Gründe und erstreckte sich über einen Zeitraum von den frühen fünfziger Jahren des ersten Jahrhunderts bis vermutlich 150 n. Chr. Doch Mitte des zweiten Jahrhunderts wurde das Christentum als vollkommen neue und eigenständige Religion angesehen.

Als erstes begannen die Jünger und andere Juden, die durch deren Predigten an Jesus glaubten, einige Jahre nach seinem Tod Heiden aufzunehmen, ohne von ihnen den Übertritt zum Judentum zu verlangen. Juden, die nicht an Jesus glaubten, hätten es verständlicherweise als Beleidigung betrachtet, hätten christliche Heiden sich unter jüdische Christen gemischt und sich als Teil des neuen Israels betrachtet, weil sie sich zum Glauben an Jesus bekannten. Zusätzlich gab es jüdische Christen, die ihre eigene lokale Synagoge hatten, und an einigen Orten waren es ganze jüdische Synagogen, die dem Glauben Jesu anhingen. Solche Entwicklungen wurden für die Uneinigkeit im Judentum sowie für die weitere Schwächung des Glaubens verantwortlich gemacht.

Doch der endgültige Bruch zwischen Christentum und Judentum war nicht nur das Ergebnis der Verbreitung des christlichen Glaubens an Jesus, sondern auch eine Krise im Judentum selbst.

Mit Ende des ersten Jahrhunderts begannen die Christen, ihren festen Glauben an Jesus zu verkünden. Die Gemeinschaft zum Beispiel, aus der das Evangelium des Johannes stammt, verkündet den vollkommen durchdachten Glauben, daß Jesus beides war, der Herr (was bedeutet, der regierende Messias über die Welt kraft seiner Auferstehung) und Gott (kraft dessen, was später, philosophisch ausgedrückt, als seine »Natur« bezeichnet werden sollte). Für die Juden hieß das Abtrünnigkeit, und ihre Führer hatten die Pflicht, eindeutig und streng zu reagieren: Dieser christliche Glaube wurde von Juden als Glaube an »zwei Götter« mißverstanden und daher als eine Bedrohung des jüdischen Monotheismus (»... Jahwe, unser Gott, Jahwe ist einzig«) aufgefaßt.

Mit der Entwicklung des christlichen Glaubens verbunden war der zweite Faktor: die Krise des Judentums. Nach dem Zusammenbruch des jüdischen Aufstands gegen Rom in den sechziger Jahren und der Zerstörung des Tempels unter Befehl des Kaisers im Jahr siebzig, war es für die Juden eine Überlebensfrage, sich nicht nur im römischen Imperium, sondern auch darüber hinaus selbst zu bestätigen und ihre Identität zu wahren. Mit der gleichzeitigen rabbinatischen Bewegung und der schrittweisen Dominanz der Pharisäer wurde Pluralismus als verdächtig angesehen – und die ersten, die aus den Synagogen gewiesen und vertrieben wurden, waren die jüdischen Christen.

Daher wurde das Ritual der jüdischen Synagogen um eines der formellsten Gebete, eine der achtzehn Segnungen, erweitert, um einen Fluch über alle jene zu sprechen, die vom Judentum abgefallen waren – besonders »Häretiker und Nazarener«, ein klarer Hinweis auf jene, die in Jesus den Messias sahen. Gute Juden waren Jünger des Moses, Christen hingegen Jünger Jesu: Das allein genügte, um Verwünschungen und Flüche zu rechtfertigen. Der Bannfluch der Juden hat bis heute überdauert: Man hört auf, Jude zu sein, wenn man sich zu Jesus als Messias bekennt.

Und so wurden Juden, die sich zu ihm bekannten, aus der Synagoge verbannt. Ohne Schutz ihrer Identität als Juden – die im Römischen Reich zivile Rechte besaßen und damit der Pflicht der Götterverehrung entbunden waren – waren diese ausgestoßenen Christen nun der römischen Willkür und Verfolgung preisgegeben. Es fällt daher leicht, die christlichen Ressentiments gegen die Juden zu verstehen, und diese Gefühle spiegeln sich in den Evangelien im letzten Drittel des ersten Jahrhunderts: Sie sind das Werk von Außenseitern, die ihrer Bürgerrechte beraubt sind, der Unterdrückung und dem Tod ausgesetzt. Das ist die Wurzel der antijüdischen Tendenz im Neuen Testament. Andererseits wurde der wachsende Antisemitismus der Christen von ebenso heftigen antichristlichen Gefühlen der Juden aufgewogen. So zirkulierten Geschichten, in denen Jesus von Nazareth als gottloser, ehebrecherischer Magier dargestellt wurde, ein unehelicher Sohn einer Ehebrecherin, die mit einem römischen Juden zusammengelebt hatte.

Als aber im vierten Jahrhundert Konstantin römischer Kaiser wurde, gewannen die Christen politische Oberhand, und die Waagschale des Hasses neigte sich auf eine Seite. Von dieser Zeit an unterdrückten Christen Juden, nahmen ihnen ihre Rechte, verfolgten sie und sanktionierten – in durchaus unchristlichem Verrat ihres eigenen Herrn – häufig den Antisemitismus. Höhepunkt war, wie jeder weiß, der Holocaust, der nur in einer Welt geschehen konnte, in der der Wunsch, das jüdische Volk ein für allemal auszurotten, immer noch vorhanden war. Viele Christen versäumten es, gegen diesen tragischen Betrug ihrer eigenen geistigen Wurzeln aufzutreten, wie Papst Johannes XXIII. (1962) in seinem Gebet um Vergebung für alle Christen so wirkungsvoll aufzeigte:

»O Gott, wir sind uns bewußt, daß viele Jahrhunderte der Blindheit unsere Augen geblendet haben, so daß wir die Schönheit deines auserwählten Volkes nicht mehr sehen, in ihren Gesichtern nicht die Züge unserer bevorzugten Brüder erkennen. Wir sind uns darüber im klaren, daß wir das Kainszeichen auf der Stirn tragen. Über Jahrhunderte ist unser Bruder Abel im Blut gelegen, das wir fließen ließen oder für dessen Vergießen wir, die wir deine Liebe vergessen haben, Schuld tragen. Vergib uns den Fluch, den wir fälschlich über das Judentum aussprachen. Vergib uns, daß wir dich in ihnen ein zweitesmal gekreuzigt haben. Wir wußten nicht, was wir taten.«

Eine Frage liegt auf der Hand: Wie können Christen diesen Antisemitismus mit der allgemeinen Annahme, daß die ganze Heilige Schrift von Gott inspiriert ist, in Einklang bringen?

Die einzige Antwort darauf ist, daß Antisemitismus mit dem

christlichen Glauben tatsächlich so unvereinbar ist wie die Todesstrafe. Einige Ansichten der Bibelschreiber, Gefangene ihrer Zeit, können wir heute einfach nicht mehr teilen. Und einige der Berichte widersprechen der These vom Geist Gottes. Viele Verhaltensweisen der hebräischen Könige wurden im Alten Testament nicht als nachahmenswerte Exempel beschrieben, sondern gerade um mangelnde Gottesfurcht zu zeigen, die zu zügelloser Macht in der Welt führen kann. Und im Neuen Testament ist der Befehl im Brief an die Epheser »Ihr Sklaven, gehorcht euren irdischen Herren mit Furcht und Zittern« (Epheser 6,5) keine Rechtfertigung, um in den folgenden Jahrhunderten Minderheiten zu unterdrücken. Das erste Jahrhundert nahm es als selbstverständlich an, daß der Sklavendienst Teil der wirtschaftlichen und sozialen Struktur war; allerdings wurde dabei vorausgesetzt, daß christliche Herren ihre Sklaven wie Familienmitglieder behandeln – mit Liebe und Güte, keineswegs wie strenge, immer strafende heidnische Befehlshaber auftraten.

Für das Problem des christlichen Antisemitismus sind die in Frage stehenden Passagen des Evangeliums zweifellos unangenehm und peinlich, aber das ist kein Grund, sie im Namen politischer Korrektheit auszumerzen. Konsequenterweise müßte man dann auch im Alten Testament einige Stellen entfernen: wie zum Beispiel jene, die sich auf den frühen Polytheismus beziehen oder auf die Inferiorität der Frauen, auf Befehle, die Feinde Israels abzuschlachten, auf das Verbot der Zinsen für verliehenes Geld, auf Bestrafungen für Verhaltensweisen, die heute als Fehler oder epochenspezifische Eigenheiten, nicht aber als Verbrechen betrachtet werden. Der Versuch, mißliebige Stellen der Bibel einer Art Zensur zu unterwerfen, würde bei vielen den Irrtum fördern, das Gelesene müsse wörtlich genommen und nachgeahmt werden. Auch das Mißverständnis, antike Schriften so zu lesen wie heutige, erhielte dadurch Auftrieb. Diese Einstellung ist jedoch verhängnisvoll. Denn die menschliche Sprache ist wesentlich eine bildliche; das Wort Gottes aber wurde in menschlichen Worten niedergelegt, und diesen Worten sind durch Grammatik, die jeweilige Kultur, Geschichte, Politik und soziale Faktoren Grenzen gesetzt.

»Die Bücher der Heiligen Schrift«, verkündet weise das Zweite Vatikanische Konzil im Jahre 1965, »müssen als feste, glaubende Lehre und *als Wahrheit, die Gott um unserer Erlösung willen in die Heilige*

Schrift legen wollte, angenommen werden« – und es wäre absurd, Haß, Denunziation und Verurteilung eines Menschen (oder gar im Fall der eigenen geistigen Vorfahren, des ganzen jüdischen Volkes) mit »der Wahrheit, die Gott um unserer Erlösung willen wollte« zu rechtfertigen.

Die Wahrheit liegt anderswo, nicht in den soziohistorisch bedingten Sentenzen, die es für uns nicht zu wiederholen gilt. Gott kann uns in seiner Weisheit auch mit negativen Entscheidungen beeinflussen. Auch ein Schreiber der Bibel ist nicht in jedem seiner Aussprüche von Gott inspiriert; es ist die Erfahrung des Volkes Gottes, die inspiriert oder geleitet ist – und der Glaube, der daraus resultiert.

Einflußreiche, mächtige Juden in Jerusalem waren Jesus gegenüber wirklich feindlich gesinnt und konspirierten mit den römischen Behörden, um seine Hinrichtung sicherzustellen. Diese Tatsache aus den Texten zu entfernen, weil sie heute gewisse Schwierigkeiten nach sich zieht, hieße, zwei Grundsätze abzuleugnen, die sowohl für das Judentum wie für das Christentum fundamental sind: die Notwendigkeit der Vergebung und die Erkenntnis, daß ein gerechter und unschuldiger Mann Gottes vor allem deshalb zurückgewiesen wurde, weil er es wagte, die Enge bestimmter religiöser Vorschriften (das heißt jüdischer) in Frage zu stellen.

In dieser Beziehung müssen wir ehrlich sein. Heute gilt es als modern, unchristliche Christen für ihre Verbrechen zu verdammen. Aber es ist keineswegs modern, die analoge Wahrheit zuzugeben: daß einige dekadente, machthungrige Juden – die nicht wissen konnten, was sie taten – für diese furchtbare Tat verantwortlich waren.

Aber das hätte nicht Dekaden später zu einer allgemeinen Verurteilung der Juden durch die Christen führen dürfen, auch wenn sie glaubten, ihre Mühsal wäre auf jüdische Intoleranz zurückzuführen. Schließlich verurteilten die Juden sich auch nicht dauernd selbst, weil ihr großer Prophet Jeremias Jahrhunderte vor Jesus durch die Ränke jüdischer Priester getötet worden war. Um es auf den Punkt zu bringen: Die durch einige Juden verursachte Verfolgung der Christen rechtfertigt in keiner Weise Antisemitismus. Die Juden bleiben Gottes auserwähltes Volk, denn Gott wird seinem Versprechen nicht untreu; die Christen sind ihre geistigen Nachfolger. Mit Papst Johannes Paul II. sollten alle Christen niederknien und sich, wie er es 1995 bei seinem Besuch in Auschwitz getan hat, der Losung verpflichten: »Nie wieder Antisemitismus!«

Die Kreuzigung Jesu ist uns nach zweitausend Jahren durch Lesen, Hören und Predigen vielleicht zu vertraut geworden, und sie wurde durch Gemälde, Skulpturen, Kreuze und Kruzifixe häufig entstellt. Es scheint unmöglich, das Grauen zu realisieren, vielleicht gerade weil unsere Zeit uns so viele Bilder und Dokumentationen der Gewalt bietet. Dazu kommt, daß es für viele Wohlmeinende unmöglich ist, die Wahrheit eines Ereignisses zu begreifen, das sich hinter kitschiger Pietät, melodramatischer Darstellung in Kunst und Handwerk, sentimentaler in der Musik und häufig in schlechten, verfälschenden Predigten verbirgt. Es dürfte kaum Übertreibung sein zu sagen, daß dieses einmalige Ereignis in der Geschichte der Menschheit zum Klischee geworden ist. Das Kreuz ist heute modisches Beiwerk, geschmückt mit Smaragden und Diamanten; jede Spur von Blut würde als unangenehm und schockierend empfunden werden. Und doch wurde uns das vielleicht kraftvollste religiöse Sinnbild der Geschichte hinterlassen, das in seiner krassen Einfachheit entwaffnend ist. Da ist ein junger Mann, seiner Kleider und Würde beraubt, durch Hände und Füße an einen gefällten Baumstamm genagelt. Allein, mißhandelt, sterbend – das ist alles, nur kein Bild eines triumphalen Sieges, keine Glorie versprechende Ikone.

Qual und Tod Jesu sind in den Evangelien ohne große Emotionen, in knapper, würdevoller Kürze und bemerkenswert beherrscht beschrieben, ohne die körperlichen Leiden in den Vordergrund zu stellen; hier erübrigt sich jede Übertreibung, jede Dramatisierung. Die Evangelien stellen Jesus nicht als heldenhaften Märtyrer dar, dessen Tod Bewunderung verlangt. Er ist auch kein tapferer Krieger, der sein Schicksal in feierlicher Gelassenheit hinnimmt. Gläubig bis zum Ende, war er von der unendlichen Liebe Gottes überzeugt.

Doch das bedeutet nicht, daß es kein Leiden psychologischer, emotionaler und spiritueller Art gegeben hätte; angesichts seines unerträglichen körperlichen Leidens, muß Jesus auch unsagbare Todesangst ausgestanden haben. Zu oft hat eine falsche Christologie die Behauptung zumindest in den Raum gestellt, Gottes Sohn hätte niemals, auch nur für einen Augenblick seine transzendente Bestimmung aus den Augen verloren und daher auch nur scheinbar gelitten. Das ist natürlich reine Häresie. Nie müssen wir bedingungsloser an die Menschlichkeit des Jesus von Nazareth glauben als gerade angesichts seines Endes. Seine Gebrochenheit, seine seelische Verlassenheit, sein Gefühl der Sinnlosigkeit, des Versagens erklären die Tiefe seiner Todesangst. Und er war vollkommen allein, ohne den geringsten Trost von Freund oder Feind.

Als die Soldaten Jesus von Pilatus weg zur Hinrichtungsstätte führen, wird ihm ein Schild vor die Brust gehängt und zieht schwer an seinem Hals: »Jesus von Nazareth, König der Juden«, steht dort in Aramäisch, der Umgangssprache, in Griechisch, der weitverbreitetsten Sprache der antiken Welt, und in Latein, der offiziellen Sprache der römischen Verwaltung. In den nächsten Stunden senden einige fromme Leute die Forderung an Pilatus, es möge heißen: »Dieser Mann sagt, ich bin der König der Juden«. Doch ein sarkastischer Pilatus, der grausame Ironie erkennt, wenn sie ihm begegnet, antwortet: »Was ich geschrieben habe, habe ich geschrieben.« Und dabei bleibt es.

Jesus ist von der Geißelung zu erschöpft, um den Querbalken auf seinen Schultern zu tragen, wozu die Verurteilten gezwungen sind. Ein Vorübergehender wird daher gedrängt, den Balken hinter Jesus herzutragen, und der Name des Mannes dieser Episode hat seinen Klang über die Jahrhunderte behalten, denn die frühen Christen haben ihn niemals vergessen: Simon von Zyrene, ein Bauer, Vater von zwei Söhnen, Rufus und Alexander.

Simon, die Soldaten und die zu Tode verurteilten Männer (es gab noch zwei andere, deren Namen und Verbrechen unbekannt sind) nehmen ihren Weg vom Palast durch die staubigen Straßen Jerusalems, vielleicht halten sie sich so dicht wie möglich an der Stadtmauer, weil hier der direkteste Weg zur Hinrichtungsstätte führt. Nachdem sie durch das Gennath-Tor gezogen sind, können sie bereits außerhalb der Mauern den Platz sehen, auf dem häufig Hinrichtungen stattfinden. Die Stätte liegt bei einem Steinbruch, wo Gräber ausgehoben worden waren. Aussehen und Verwendung haben diesem Platz den Namen Golgota gegeben, dem aramäischen Wort für Schädelstätte.

Und hier wird Jesus gekreuzigt. Diese Art der Hinrichtung stammt von den Persern, wird selten von den Griechen, aber häufig von den Römern angewendet. Sie gilt nicht nur als grausam, sondern auch als

Schande, denn nur Sklaven und Nichtrömer werden bei Mord, Seeräuberei, Hochverrat und Rebellion gekreuzigt.

Die Durchführung dauert nicht lange. Zuerst werden, als besondere Erniedrigung, dem Verurteilten die Kleider heruntergerissen. Die langen Nägel werden an der flachsten Stelle des Armes eingeschlagen, genau zwischen Elle und Speiche, oberhalb des Handgelenks. Die Soldaten binden die Arme mit Stricken am Balken fest, und der gekreuzigte Mann wird an einen vertikalen Pfahl, der bereits am Ort steht, gehoben. Dann werden die Hämmer wieder aufgenommen, die Füße an den Balken genagelt und die Beine mit Stricken an das Holz gebunden, um ein Abrutschen zu verhindern.

Das Schild wird Jesus abgenommen und über seinem Kopf an den Pfahl genagelt. Da das ganze Gewicht des Körpers nach unten zieht, wird das Atmen besonders schwierig: Um Atem zu holen, muß der Gequälte dauernd versuchen, sich mit den Beinen auf und ab zu bewegen.

Es ist genau Freitag nachmittag, der 7. April des Jahres 30 – ungefähr zwölf Stunden nach der Ergreifung Jesu.

Im Tempelbezirk wird mit dem Schlachten der Lämmer für das Fest begonnen – denn es waren Lämmer, deren Blut beim ersten Passahfest über die Holzschwellen der Häuser geschüttet wurde, um die Bewohner vor allen Übeln zu bewahren. Und das Blut der jährlich geopferten Lämmer, das über den Altar und die Betenden gegossen wird, ist Zeichen des Bundes zwischen Gott und den Menschen sowie Zeichen der Vergebung der Sünden.

Der Tod am Kreuz kann langsam kommen, durch Unterkühlung, Hunger und Durst; er kann aber auch schneller eintreten, wenn der Verurteilte an Schock stirbt oder von wilden Tieren angegriffen wird. Jesus ist durch die Geißelung sehr geschwächt, er kann kaum atmen, Blutgerinnsel mögen sich gebildet haben, starke Blutungen, niedriger Blutdruck.

Gegen Mitte des Nachmittags schreit Jesus auf: »Mein Gott, mein Gott, warum hast du mich verlassen?« Sein Flehen stammt aus dem Psalm 22, der allen Juden bekannt ist. Die ersten Worte (*Eli, Eli*) klingen ähnlich wie der Ruf nach Elijas. »Einige von denen, die dabeistanden und es hörten, sagten: Hört, er ruft nach Elija! ... Laßt uns doch sehen, ob Elija kommt und ihn herabnimmt.« (Markus 15, 35, 36)

»Mein Gott, mein Gott, warum hast du mich verlassen?« Der Aufschrei muß mit der ganzen Bedeutung der tiefen Verlassenheit, die Jesus fühlt, aufgenommen werden. Die Worte sind weder eine Hymne des Vertrauens, daß Gott ihn rechtfertigen wird (wie es später in den Psalmen angedeutet wird), noch bitterer Verzweiflung. Es ist einfach das, was es ist: eine Bitte, ein Flehen: »Warum hast du mich verlassen?«

Jesus nimmt den Tod nicht geduldig hin. Er erträgt ihn mit seiner ganzen Todesangst, nach Gott schreiend, der schließlich am Ende seine Stütze bleibt. Er fühlt nichts, nur die unendliche Leere. Seine Freunde und seine Familie haben ihn verlassen, und als die Wachen und Zuschauer vor seinen Augen verschwimmen, ist Jesus, nach dem Maßstab dieser Welt ein vollständiger Versager: in der Blüte seiner Jahre am Ende, sein Werk unterdrückt, seiner Ehre beraubt, seine einst so Geliebten ihm entfremdet und einen furchtbaren Tod vor sich.

Er, der für Gott alles verlassen hat, scheint nun von Gott verlassen zu sein. Alles scheint vollkommen nutzlos.

Kann es sein, daß die Spötter im Recht waren?

Sollte dieser Mann – vielleicht in bester Absicht, so doch letztlich ein hoffnungsloser, weltfremder Mensch – mitleidig in die Seiten der Geschichtsbücher verbannt werden? Sind nicht schon zu viele Menschen zu lange getäuscht worden?

So vieles im Hintergrund sowie im Leben Jesu scheint schließlich den Zusammenbruch jeder großen Hoffnung und noblen Absicht vorherzusagen. Die Rasse, der er entstammt, ist von vergangener Würde, ihre Größe durch Siege anderer verblaßt – und Jesus versucht nie, die Rasse neu zu beleben oder ihren getrübten Glanz wieder erstrahlen zu lassen. Es gibt keine nennenswerten realen Leistungen – kein Werk, das ein Denkmal darstellen könnte, keine sicheren Quellen der Lehren, keine Fakultät, um sich mit dem zu befassen, was er hinterlassen hat. Tatsächlich sind seine Freunde unscheinbare Durchschnittsmenschen ohne die Spur von Größe, und sie haben keine klare Vorstellung von dem, was er beabsichtigt. Jesus hat seit dem Beginn seines Wirkens Erwartungen über den Haufen geworfen und sich über die anerkannten religiösen Regeln hinweggesetzt. In der Tat, er ist ein erschreckend einfacher Mann mit wenig weltlichen Talenten: Er zog einfach umher und tat Gutes, war für andere da und nahm sich ihrer Nöte an.

Doch nun scheinen seine Feinde Recht zu behalten, denn seine Lehren haben nirgends wirklich Fuß gefaßt und sind scheinbar endgültig erledigt. Sein Ende ist nicht mit einer großen Leistung verbunden, sondern mit einem Gerichtsverfahren, und seine Strafe wird an einem windigen Ort in der Wüste vollstreckt. Sein Leben scheint wenig Erfolg gehabt zu haben.

Und was seinen Tod anbetrifft, so gibt es da nichts von heroischem, bahnbrechendem Märtyrertum. Er ist weder ein großer Philosoph, der für seine Idee stirbt, noch ein Kriegsheld, der in der Glorie der Schlacht fällt. Er ist kein großer Staatsmann, der bei seinem Aufstieg der Klinge des Mörders zum Opfer fällt. Er ist kein weiser alter Mann, umgeben von liebenden Gefährten, die ihn trösten. Er hat keine Ehefrau, keine Geliebte oder Gefährtin, keinen Freund, der ihm während des Martyriums beisteht. Die einzigen Menschen, die seinen Tod zur Kenntnis nehmen, scheinen für alle gesprochen zu haben, sie verspotten ihn und fordern ihn heraus. Jeder Trost ist ihm versagt. Die ganze Schöpfung ist gegen ihn.

Was ist das für ein Gott, der Menschen so behandelt?

Ein Gott, der wahrlich menschliches Leid sehr ernst nimmt – ein Gott, der sich mit dem Leid identifiziert und der, wie wir sehen werden, dem Leid nicht den endgültigen Sieg erlaubt. Und ein Gott, der die Bedeutung von Tod und Leid völlig wandelt...

Und dann, um drei Uhr, scheint sich sogar die Welt gegen diese Greuel aufzulehnen. Der Himmel verdunkelt sich, kalter Wind peitscht über den Sand.

Mit von Qual erstickter Stimme schreit Jesus auf. Ein langer tiefer Seufzer entringt sich ihm – das Ächzen des Todes.

Und dann herrscht eisige Stille.

Nach den Forderungen der Jerusalemer Behörden muß der Leib Jesu schnell abgenommen und begraben werden, bevor der Sonnenuntergang das Passahfest ankündigt. Allerdings sind die beiden mit ihm gemeinsam gekreuzigten Verbrecher noch am Leben. Die Soldaten brechen ihnen mit schweren Keulen die Beine, und mit dieser Verletzung können sich die armen Männer nicht mehr aufrichten, um zu atmen, so ersticken sie rasch. Aber Jesus ist bereits tot.

Es ist keine Zeit, um den Leichnam Jesu der Sitte gemäß mit Kräutern zu salben, was die traditionelle jüdische Art der Einbalsamierung ist. Das Begräbnis in einem frischen Grab wird von einem Mann namens Josef von Arimathäa vorbereitet, einem gläubigen Mitglied des jüdischen Rates, der, zutiefst von Jesus beeindruckt, keinen Anteil an dem Wahnsinn des Gerichtsverfahrens und des Urteils hatte. Von Pilatus erhält Josef die Erlaubnis, den Körper vom Kreuz zu nehmen, ihn in Leinen zu hüllen und die Beerdigung in einem Grab zu überwachen, das in einem nahegelegenen Steinbruch ausgehoben worden war. Nach der Sitte – um Raub zu verhindern, da die Toten oft mit Beigaben begraben wurden – wird ein Felsblock vor den Grabeingang gerollt, was einiger starker Männer bedarf. Die Frauen, die Jesus gekannt und geliebt haben, müssen mit ihrer Einbalsamierung bis Sonntag warten.

Nach dem Begräbnis ist nichts als große Stille über und um Jesus von Nazareth: Niemand besucht das Grab, niemand trauert, keine Demonstration des Schmerzes über den Tod eines Führers. Die römischen Soldaten haben ihre grausige Pflicht getan, und über der Stadt liegt die Ruhe des Passahabends. Es ist, als würde der junge Mann, der gerade gekreuzigt wurde, bereits im Schatten der Geschichte verschwinden.

Doch für jene, die daran glauben, daß sich der ewige Gott in der historischen Person des Jesus von Nazareth endgültig und voll enthüllt hat, zeigt die Stille die unendliche Liebe Gottes – bereit, alles hinzugeben. Der Gott, der in Jesus stirbt, ist er selbst, der ohne Grenzen und ohne Einschränkung liebt. Er ist tot unter den Toten. Ein Mehr gibt es nicht.

Doch von da an ist die Geschichte der Menschheit, der Lauf der Zeit, das Los der Welt – die Bedeutung der Wahrheit selbst – im Begriff, sich für immer zu verändern.

Von Zeit und Ewigkeit:

Die Auferstehung

Nichts über Jesus wird so mißverstanden, fehlinterpretiert, trivialisiert und verfälscht wie die Auferstehung. Wie wir bereits oft gesehen haben, muß alles in den Evangelien im Licht der Auferstehung gesehen werden. Der christliche Glaube gewinnt seinen Sinn aus der Auferstehung – jede Behauptung über Jesus, jede Vorstellung, was es bedeutet, in vertrauender Hoffnung zu leben, jede Sicht der Welt, jeder Anteil an der Wahrheit. Was der Christ von Gott weiß – mit einem »Wissen« anderer Art als über Dinge oder Menschen –, kommt durch die Erfahrung des auferstandenen Jesus, wie auch immer die Erfahrung ausgedrückt wird. Nichts ergibt Sinn ohne das Verstehen der Auferstehung, und dennoch scheint alles Verstehen vor diesem augenscheinlichen übermäßigen Anspruch zu resignieren. Vom Tode auferstanden: Selbst die Sprache will uns in den Bereich des Unmöglichen verweisen. Es übersteigt das Verständnis.

Verständnis.

Was für ein fremder, schwierig zu verwendender Begriff, wenn wir etwas erörtern, das wir weder mit unseren Augen sehen noch mit unseren Händen berühren können. Wir nehmen die physische Realität des Sehens und Spürens als *die* Realität, doch könnten wir hier einer Selbsttäuschung unterliegen, wie wir erkennen, wenn uns die Liebe begegnet. Wir können Zeichen der Liebe sehen und spüren, aber Liebe (wie Gedächtnis und Wille, Inspiration und Verstehen) ist eine weit größere Realität als ihre Zeichen.

So wie wenn wir über Liebe, Kreativität, Kunst oder Sinn des Lebens diskutieren, ist es auch bei der Diskussion über die letztlich unsichtbare Realität des Glaubens, die Auferstehung. Aber um sie zu diskutieren, müssen wir, soweit das möglich ist, alle vorgefaßten Meinungen und negativen Klischees aufgeben und zu sehen versuchen, was das Neue Testament über das Wesentliche des Glaubens sagt, um dann zu beurteilen, wie die Texte den eigenen Umgang mit der Auferstehung ansprechen, bestärken oder sogar ermöglichen – und nicht, wie jemand sich mit seinen eigenen Erkenntnissen den Text auslegt.

Mit anderen Worten, statt die Texte unseren bisherigen Überlegungen entsprechend auszulegen, sollten wir uns den Texten gegenüber, der Bedeutung, die dahinter liegt, rückhaltlos öffnen. Das Lesen und Verstehen der Texte ermöglicht uns, in uns selbst zu lesen, uns selbst zu verstehen. Im Akt des Interpretierens, was nicht bedeutet, die Texte zu verfälschen oder ihnen die eigene Auslegung aufzuoktroyieren, gelangt der Interpret unwillkürlich zu einer neuen Erkenntnis über sich selbst. Der Prozeß, vom Text gefesselt zu werden, beginnt damit, ihn als etwas zu lesen, was *aus* der Vergangenheit stammt, aber durch sie *nicht begrenzt* ist.

Tatsächlich ist christlicher Glaube in seinen Grundfesten nicht Vergangenheit, sondern Gegenwart. Es ist die Erkenntnis von und die Beziehung mit jemandem Lebendigen, jemandem, dessen Existenz im irdischen Leben, dem Leben im Fleisch – mit anderen Worten, dem Leben, das wir kennen – vor nahezu zweitausend Jahren aufgehört hat. Der Glaube verkündet im Licht einer geheimnisvollen, aber sicheren Erkenntnis, daß Jesus von Nazareth verwandelt, für immer verändert ist.

Zu Beginn müssen wir vielleicht unseren Begriff vom Körper mit all seinen Implikationen neu überdenken. Sind wir wirklich nichts anderes als Knochen, Blut, Gewebe und Wasser? Urteilt man nach der heutigen krampfhaften Besessenheit, der Illusion der ewigen Jugend und dem unrealisierbaren Ziel körperlicher Vollkommenheit nachzujagen (wie lächerlich das auch sein mag), könnte man versucht sein, diese Frage mit »ja« zu beantworten.

Aber in einsichtigen Momenten erkennen wir, daß wir, wenn wir vom Körper sprechen, das Selbst meinen, mit dem wir Teil dieser Welt sind, das uns befähigt zu sehen, uns auszudrücken und zu handeln. Könnte es nicht eine andere »Welt« geben – eine andere Sphäre der Realität –, in der es auch für uns andere Ausdrucksmöglichkeiten gibt?

Die A-priori-Behauptung, die Auferstehung wäre ebenso absurd wie unmöglich (ein Einwand, der in ähnlicher Form gegen Wunder vorgebracht wird), steht nicht in Einklang mit der weit offeneren Einstellung vieler moderner Wissenschaftler, die zögern, ein solches Urteil abzugeben – nicht nur infolge der Entdeckungen auf dem Gebiet der Mikrophysik, sondern auch infolge der größeren Einsicht, daß durch die Beobachtung der Wirklichkeit eine Vorhersage über das, was möglich und das, was unmöglich ist, nicht gegeben werden kann. Nur dort, wo alle Gegebenheiten und alle Grenzen erklärt werden können, ist eine Aussage möglich – aber nur theoretisch und als Versuch: absolute, allgemein gültige Aussagen über die Welt als Ganzes können nicht gemacht werden.

Was wir als Zufälligkeit der Welt bezeichnen, könnte, wie wir gesehen haben, Teil eines Musters sein, das weit verwickelter und komplizierter ist, als wir heute zu erkennen fähig sind – etwas, das wir bei der Erörterung der Wunder in Erwägung gezogen haben. Diese Art des begrenzten Verständnisses war fraglos in vieler Hinsicht die Sicht unserer Vorväter, die wir deshalb weder als dumm noch als unbedeutend bezeichnen. So tadeln wir zum Beispiel nicht die großen Chirurgen des 19. Jahrhunderts, weil sie nichts über Laserstrahlen wußten. Nur Gott weiß, wie das kommende Jahrhundert unsere schwachen Versuche, die Welt zu begreifen, zu erklären und mit ihr umzugehen, beurteilen wird.

Haben wir nicht tatsächlich mehr als einen bloßen Hinweis auf eine Welt jenseits der unseren, wenn wir sehen, wie der Einfluß eines anderen auf uns die Grenzen von Zeit und Raum überschreitet und wie unsere tiefe Empfindung uns mit jemandem, den wir lieben, ohne Worte, ohne Berührung, ohne Blick verbindet?

Was Jesus von Nazareth vor langer Zeit einmal sagte und tat, bildet nicht das Ziel des christlichen Glaubens. Was er *jetzt* sagt und tut, wie er sich uns, dem Individuum und der Glaubensgemeinschaft enthüllt, das ist der Boden, in den der Glaube gepflanzt wird und wo er wächst. Das ist der Weg, der uns zu Gott führt.

Christentum ist somit ein Weg, die Wahrheit zu erkennen, begründet auf der Erkenntnis des in *unserer* Gegenwart lebenden und gegenwärtigen Jesus. »... aber er lebt aus Gottes Kraft.« (2 Korinther 13, 4) Christentum ist ein Weg, die letzte Bedeutung und den letzten Sinn zu finden, die Überzeugung, daß Gott in Liebe zu dem, was er geschaffen hat, handelt – das er immer in Liebe gehandelt hat.

Was das betrifft, gibt es eine gerade Linie, eine Art höchster Logik.

Vor allem gibt es den Gott, der hinter, über und in allem, was da ist, immer steht: Aus ihm und seiner ewigen Gegenwart erschafft er, und die Schöpfung gipfelt in einer Beschreibung von Gottes wirklicher »Natur«. In einem Evolutionsprozeß reift er und leitet zu ihm selbst zurück.

Die gerade Linie führt von der Schöpfung zu der Berufung der Patriarchen Israels, den Vätern des Volkes, das Zeugnis ablegt und die Einladung Gottes an alle Völker verkündet. Das irdische Leben verwirklicht sich im Bogen der Zeit: Menschen wandern, stolpern und gehen fehl, erheben sich, preisen und hören, dann wandern sie und gehen wieder fehl. Eine Besonderheit des Alten Testaments ist es, daß es das Auf und Ab menschlichen Fehlens im Hören, Aufmerken, Nichtbeachten und Beantworten dokumentiert.

Doch die gerade Linie vom Angebot und Streben setzt sich fort. Gott spricht durch jene, die wir Propheten nennen, die Vorbilder, nach deren Zeugnis die Menschen das unterdrücken können, was primitiv und grausam ist, und sich mehr und mehr der Gegenwart Gottes gefügig machen. Denn das ist es, was die gerade Linie der Geschichte – die höchste Logik – bedeutet: der ewige Strom der Gegenwart Gottes in Zeit und Materie.

Die gerade Linie erreicht den Zenit im endgültigen Eintritt Gottes in die Geschichte – in der Inkarnation, dem Kommen Gottes in diese Welt in Gestalt und Leben des Jesus von Nazareth. Gott ist nicht länger ein fernes unbekanntes Geheimnis, weit entfernt von seiner Schöpfung. Der Prozeß seiner Involvierung ist nun vollendet, er identifiziert sich in seiner ganzen Konsequenz mit der Menschheit.

In Jesus erkennen wir, was und wie Gott ist: aufmerksam, heilend, mitleidig, vollkommen eins mit dem Schicksal der Menschen. Und er unterläuft ohne Zögern alle Normen weltlicher Rechtsprechung, denn Jesus ist der Unschuldige, derjenige, der umherzieht und Gutes tut, der von der Welt zurückgewiesen wird. Er ist es, der ohne Schatten Gott gegenüber offen ist – so offen, daß es für ihn überhaupt keine Trennung von der Gegenwart Gottes gibt. Von Jesus kann etwas viel Höheres gefordert werden als von irgendeinem Menschen: Wenn wir Jesus begegnen, begegnen wir Gott.

Und wenn wir uns darauf beziehen, dann verkünden wir die Gottheit Jesu nicht darum, weil das ein Satz des Glaubensbekenntnisses ist, das man nicht nur aufzusagen soll, sondern zu dem man stehen muß, wie man es von den Mitgliedern eines Klubs verlangt. Die Gottheit Jesu wird auch nicht damit bestätigt, weil man es so gelernt hat. Sie kann nur damit bestätigt werden, daß sie als wahr erfahren wird. In dem Wissen, daß der Mensch durch Jesus ein Freund Gottes geworden ist. Das Zusammentreffen mit Jesus ist das Zusammentreffen mit Gott als Retter – nicht nur für die Ewigkeit gerettet, sondern im Hier und Jetzt für die Wahrheit, gerettet auch aus dem Chaos.

Diese Überzeugung beginnt mit einem bestimmten Augenblick in der Geschichte – mit dem Anspruch, daß zu irgendeinem Zeitpunkt, nachdem sein Leichnam ins Grab gelegt worden war und sich alle zurückgezogen hatten, Jesus in seinem ganzen Sein dorthin aufgenommen wurde, was als göttliche Sphäre bezeichnet werden könnte, in das Leben Gottes. Mit allem Nachdruck ist zu sagen, daß dies nicht bedeutet, daß der Mensch mit seiner Verherrlichung Jesus »zu Gott gemacht hat« oder er dadurch »zu Gott« wurde. In einem Augenblick der von Gott geschaffenen Zeit – bei der Empfängnis des Jesus von Nazareth – identifiziert Gott sich mit einem wesentlichen Teil dieser Welt: mit dem Sein des Mannes Jesus, dessen Identität *als Mensch* erhalten bleibt, auch wenn er Teil der göttlichen Person ist (und hier natürlich stolpern wir und stützen uns auf unzureichende philosophische Abhandlungen).

Aber wenn die Inkarnation – die Fleischwerdung – Gottes in der Geschichte nicht bedeutet, daß Jesus etwas wurde, was er nicht gewesen ist, so ist mit allem Nachdruck zu *betonen*, daß er *als Mensch* zur Herrschaft oder messianischen Führung über das Universum erhoben wurde, einer Stellung, die er vor seiner Verherrlichung nicht hatte. Wie wir sehen werden, ist das die Bedeutung des Wortes *Himmelfahrt*. Im zeitlosen »Jetzt« teilt Jesus in alle Ewigkeit das Leben Gottes, gemeinsam mit denen, die bitten und zu empfangen wissen.

Das Neue Testament beschreibt nicht das Ereignis der Auferstehung. Niemand war anwesend und konnte sie sehen, und da es sich um ein übernatürliches Ereignis handelt (ein Ereignis, das im Transzendenten oder Ewigen wurzelt und auf die geschaffene Zeitordnung seinen Einfluß hat), gibt es weder einen Beweis noch einen Gegenbeweis. Was aber sichtbar ist, könnten wir als Krater nach einer Explosion bezeichnen. Wir können die Geschichten über das Schicksal der Apostel verstehen und beurteilen, die ihn in einer Weise erschauten, die ihre Verwirrung, ihre Angst und ihr Zögern in absolute Sicherheit über den lebendigen Jesus verwandelte – denselben Jesus, nur in völlig gewandelter Gestalt und in gewandelter Art des Seins.

Die griechischen Worte des Neuen Testaments, Grammatik, Syntax und Sprachgebrauch scheinen zu entgleiten, sich zu verschieben; es gibt Versuche – in den Briefen des Paulus und dann bei den vier Evangelisten – in dem Bemühen, etwas absolut Einmaliges, noch nie Dagewesenes, ohne Parallelen in der Geschichte der Menschheit in die Sprache einzubinden. Die Berichte über untrügliche Visionen des auferstandenen Jesus nach Ostern, zum Beispiel, sind in den vier Evangelien sehr verschieden. Und wie bei allem anderen auch zeigen diese Verschiedenheiten nicht nur die Abweichungen in der örtlichen mündlichen Überlieferung, sondern auch die besondere Bedachtnahme des einzelnen Evangelisten auf die Erfordernisse und den Glauben seiner Gemeinden.

Dieses Geschehen ist in der menschlichen Geschichte einmalig, es ist als Ereignis, das Zeit und Raum durchdringt, zur Untersuchung der Beschreibung ungeeignet, es kann nicht wie die Eroberung Cäsars von Gallien jederzeit studiert und aufgelistet werden. Wie wir bereits hinsichtlich der Wunder festgestellt haben, geht es nicht an zu sagen, irgend etwas könnte nicht geschehen, nur weil es nicht innerhalb meines Erfahrungsbereichs geschehen ist oder weil man das Geschehen nicht gesehen hat.

Um über die Auferstehung Jesu zu diskutieren, ist es vor allem erforderlich zu verstehen, was sie nicht ist.

Wenn wir sagen, Jesus ist von den Toten auferstanden, so meinen wir nicht, daß sein Körper wiedererstanden ist, und er das Leben aufgenommen hat, das wir kennen: Denn das wäre letztlich nur wieder die Rückkehr in die Vergänglichkeit und die Hinwendung zum Tod. Die Teile, aus denen der menschliche Organismus besteht, können nach dem Tod niemals wieder in gleicher Weise zusammengesetzt werden, denn sie bleiben nicht dieselben: Alles im menschlichen Körper ist dauernder Veränderung unterworfen. Jedes Atom, jedes Gen ist in ständigem Fluß, was eine Reihe kleiner Tode und neuer Anfänge einschließt.

Bis vor kurzem wurde angenommen, Materie – und besonders der menschliche Körper – wäre aus festen Teilen einer trägen Masse aufgebaut. Von dieser Seite gesehen, ist die Vorstellung eines verklärten, vergeistigten Körpers mehr oder weniger der Narretei zuzuordnen. »Vergeistigter Körper« klingt tatsächlich wie eine kühne contradictio in adjecto. Aber heute wird Materie als eine Form der Energie gesehen, und nahezu jeden Monat hören wir von neuen Studien in Physik, Biologie und Neurochirurgie, in welchen die Natur der Energie der Materie und die Gehirnwellen für viel komplexer und mysteriöser befunden werden, als wir je angenommen haben.

Können wir ein für allemal und mit absoluter Überzeugung sagen, daß es keine andere Form als den Körper aus Fleisch und Blut gibt? Ist es nicht vorstellbar, daß du und ich irgendwann nicht in einem Körper aus Sehnen und Muskeln, Blut und Geweben eingeschlossen sein werden, sondern in einer ganz anderen Gestalt, aber mit unserer Identität, so daß wir sogar mit größerer Überzeugung sagen können, wir wären wie Jesus dem Grab entstiegen? Der Physiker Harold Schilling (im Geist Einsteins und anderer) dürfte da richtig liegen, wenn er der Meinung ist, daß wir mit jeder neuen Erfindung nicht nur etwas bisher Unbekanntes entdecken, sondern auch – besonders hinsichtlich der Energie der Masse – daß wir auch ein wenig mehr von der »Grenzenlosigkeit innerer Tiefe und dem Inhalt der physikalischen Realität« wissen.

Mit solchen Worten können wir mit der religiösen Sprache durchaus in Einklang sein, die letztlich nicht so weit von der Sprache der Physik entfernt ist: In seinem grundlegend verwandelten und verklärten Leben ist Jesus das, was auch wir sein werden. Er war immer unendlich mehr als nur das Zwischenspiel der Teilchen der Physik und Biochemie. Er war, ganz im Gegenteil, definiert durch Liebe, Mitleid und Treue – und vielleicht auch, wie wir gesehen haben, durch Alltäglichkeit. All das geschieht in Zeit und Raum, nichts aber erreicht in Zeit und Raum Erfüllung. Gott erhebt Leben in sein eigenes Leben. Jesus ist wahrlich, was wir sein werden.

Lazarus, die Tochter des Jairus und der Sohn der Witwe von Naïn wurden von Jesus sehr bald nach ihrem physischen Tod wiedererweckt. Sie wurden vom Tode zurückgeholt – eine großartige Überraschung für sie und ihre Familien; aber ihre Rückkehr hatte nicht die Wandlung der Welt zur Folge; auf jeden Fall starben im Laufe der

Zeit diese drei wieder, und diesmal wurden sie *nicht* ins Leben zurückgerufen. Die Auferstehung Jesu hingegen ist der Eintritt in eine vollkommen neue Form des Lebens, die weder von Zeit, Ort oder Tod eingeschränkt wird und, wie wir logischerweise hinzufügen können, vollkommen verschieden von dem Organismus aus Fleisch und Blut, mit dem ich diese Zeilen schreibe und sie von dir gelesen werden.

Mit der Feststellung, daß das auferstandene Leben Jesu ein völlig neues Leben »in Gott« ist, sagen wir nicht, daß sein Leichnam bis zur Verwesung im Grab blieb, wie es bei anderen der Fall ist. » ... der aber, den Gott auferweckte, hat die Verwesung nicht gesehen« (Apostelgeschichte 13, 37), sagt eine der frühesten Verkündigungen über Jesus. In anderen Worten, wir setzen nicht eine »nur« geistige Auferstehung voraus, in der »seine Wahrhaftigkeit weiterlebt, Gloria, Gloria, Halleluja!« Für viele fromme Menschen unserer Tage erschöpft sich die Bedeutung der Auferstehung genau darin – daß seine Absicht oder seine Botschaft in der Lehre von seiner Liebe weiterlebt. Wenn das alles ist, was die Auferstehung bedeutet, dann unterscheidet sich Jesus nicht von anderen großen Lehrern in der Geschichte oder irgendeinem großen Menschenfreund. Aber von der Auferstehung zu sprechen, heißt, von etwas völlig anderem zu sprechen.

Das Grab war tatsächlich leer, und kein Leichnam wurde gefunden. Natürlich beweist das nichts anderes, als daß sowohl Freunde wie Feinde Jesu in der Gewißheit übereinstimmten, daß das Grab leer und der Leichnam verschwunden war. Andere Erklärungen wurden auch gegeben, und die Evangelien berichten davon: das Gerücht, die Aposteln hätten den Leichnam gestohlen und behauptet, Jesus sei auferstanden, oder die Feinde hätten den Leichnam gestohlen, um einem Kult um den Toten zu verhindern. Das Nichtvorhandensein eines Leichnams ermutigt weder die Gemeinschaft, noch fördert sie den Glauben: Es ist die Gegenwart Jesu, die als real und wahr erfahren wird – nicht die Abwesenheit von irgend etwas.

Was berichten die Evangelien tatsächlich?

Nur daß die Frauen kamen, um den Leichnam Jesu zu salben, aber kein Körper gefunden werden konnte. In der folgenden Zeit erlebten Freunde und Jünger Visionen und Zeichen von ihm als höchst lebendig und gegenwärtig. Schließlich hörten diese Visionen auf. Das alles kann kaum als Beweis gelten. Was also kann mit irgendeiner Art

Sicherheit gesagt werden? Letztlich kann Glaube nicht auf einem frommen Wunsch basieren.

Betrachten wir für einen Augenblick die Person Josefs von Arimathäa, die schattenhafte Gestalt, die nur als der Mann erwähnt wird, der vortrat, als andere es nicht taten, und in Ehrfurcht für den Leib Jesu Sorge trug. Die Überlieferung nimmt ihn nur in diesem Zusammenhang zur Kenntnis, und sein Name wird in den Evangelien nicht mehr erwähnt. Doch sein Name, wenn es auch sonst nichts über ihn zu sagen gibt, ist ein historischer Anhaltspunkt dafür, daß Jesus wirklich ins Grab gelegt wurde. Wäre Jesus von Freunden oder Verwandten begraben worden, wäre die Überlieferung glücklich, das berichten zu können, und hätte diese Tatsache Petrus oder einem anderen Jünger zugeschrieben. Aber nein: Es war ein Fremder, ein Mann namens Josef von Arimathäa. Er legte den Leichnam Jesu ins Grab (kein Ruhmesblatt für die Freunde Jesu, darf man hinzufügen) und ist damit aus der Geschichte verschwunden.

Lesen wir uns einmal zur Entdeckung des leeren Grabes in die Berichte von Markus, Matthäus, Lukas und Johannes ein, so stoßen wir auf sehr unterschiedliche Schilderungen.

Im Evangelium des Markus kommen drei Frauen – Maria Magdalena, Maria, die Mutter des Jakobus, und eine Frau namens Salome – zum Grab, um den Leib Jesu zu salben. Sie finden den Felsblock entfernt, betreten das Grab und sehen dort einen jungen Mann sitzen. Der sagt den Frauen, sie sollten keine Angst haben, Jesus sei auferstanden, und seine Jünger würden ihn in Galiäa wiedersehen; die vor Angst und Erstaunen zitternden Frauen schweigen. (Markus 16, 1–8)

Nach Matthäus kommen zwei Frauen (Maria Magdalena und eine andere Maria) zum Grab; die Erde bebt, und ein Engel steigt herab, rollt den Felsblock zur Seite und setzt sich außerhalb des Grabes nieder. Der Engel bringt den Frauen die gleiche Botschaft wie der junge Mann bei Markus. Und mit dieser frohen Botschaft eilen die Frauen voll Freude zu den Jüngern. Auf dem Weg treffen sie Jesus, der sie beruhigt: »Fürchtet euch nicht! Geht und sagt meinen Brüdern, sie sollen nach Galiläa gehen, und dort werden sie mich sehen.« (Matthäus 28, 1–10)

Auch der Bericht des Lukas ist ungewöhnlich. Eine unbestimmte Zahl von Frauen – Maria Magdalena, Maria, die Mutter des Johannes, eine Frau namens Joanna und einige andere – kommen mit den aromatischen Ölen zum Grab. Der Stein ist bereits weggerollt, im Grab stehen zwei Männer, die die Frauen fragen, warum sie den Lebenden unter den Toten suchen. Die Männer sagen: Jesus ist nicht hier, er ist auferstanden. Das erzählen die Frauen den Jüngern und allen, die es hören wollen. Petrus und die anderen finden die Geschichte unglaubwürdig, und so geht Petrus zum Grab, findet es leer und kehrt vollkommen verwirrt zurück (Lukas 24, 1–12).

Bei Johannes ist Maria Magdalena allein die erste Zeugin. Wenn sie kommt, ist der Stein bereits weggerollt. Sie berichtet Petrus und einem anderen Jünger, daß der Leichnam schon weggetragen worden sei. Die beiden Männer gehen zum Grab, finden es leer und kehren zurück. Maria begibt sich erneut zum Grab und weint bitterlich, als ein Mann kommt und nach dem Grund ihres Schmerzes fragt. Sie hält ihn für einen Gärtner und möchte wissen, ob er den Leib Jesu weggebracht hat, und wo sie den Leichnam finden kann. Als sich der Mann dann als der auferstandene Jesus zu erkennen gibt, fällt Maria nieder, um ihn anzubeten. Später erzählt sie den Jüngern, was sich zugetragen hat. (Johannes 20, 11–18)

Die älteste Form der Überlieferung war vermutlich einfach diese: Die Frauen kamen zum Grab (Maria Magdalena kommt, wie gesehen, in jedem Bericht vor), waren erstaunt, es leer zu finden und flohen. Die spätere Überlieferung gibt in den Evangelien Antworten auf selbstverständliche Fragen: »Warum kamen die Frauen zum Grab und wann? Und was taten sie, als sie es leer fanden?« Die anderen Details verknüpfen die Geschichte des leeren Grabes mit der Botschaft der Auferstehung, wie sie gepredigt wurde, was vor allem in dem Erlebnis der ersten Erscheinungen Jesu wurzelte. Die Funktion des Engels oder der Engel ist, wie wir gesehen haben, ein Stilelement – das literarische Hilfsmittel, mit dem die göttliche Botschaft den Menschen verkündet wird. Mit anderen Worten, *der Sinn* der Entdeckung des leeren Grabes durch die Frauen wurde in der frühen mündlichen Überlieferung zur Verkündigung der Engel stilisiert.

Selbst das unglaubliche Schweigen der Frauen (nach Markus) dient literarischem Zweck: Es vertieft ihr Erstaunen und betont, daß der Auferstehungsglaube nicht die Schlußfolgerung der Entdeckung des leeren Grabes allein ist. Noch ruht dieser Glaube nicht nur auf dem

Wort der Frauen, die nach jüdischem Recht als Zeugen nicht zugelassen waren. Der Glaube an den auferstandenen Jesus ist einzig durch die Erfahrung begründet, daß er lebt und gegenwärtig ist.

Um es zu wiederholen, obwohl wir die Auferstehung Jesu nicht beweisen können, so können wir doch historische Überlegungen heranziehen, die die Gültigkeit der Evangelienberichte stützen. Wir können, anders gesagt, zeigen, daß der Glaube an die Auferstehung Jesu nicht Narretei ist.

Vor allem wären die Jünger nicht imstande gewesen, die Auferstehung zu predigen, hätte man sie mit einem Grab konfrontiert, in dem der Leib Jesu gelegen wäre. Das war von besonderer Wichtigkeit, denn der jüdische Glaube kennt nur die Einheit von Geist und Körper: Die Verkündigung der Auferstehung wäre nicht einen Tag in jüdischem Gebiet möglich gewesen, hätte es ein Grab mit dem Leichnam Jesu gegeben. Der Gedanke der vom Körper getrennten Seele, das sollte in Erinnerung gerufen werden, rührt aus der philosophischen Anthropologie der Griechen.

Als interessantes Detail erzählt Matthäus folgendes: Einige der Wächter gehen in die Stadt und berichten den Hohenpriestern von dem Erdbeben und der Erscheinung des Engels. Die Priester geben den Soldaten eine beachtliche Summe und sagen: »Erzählt den Leuten: Seine Jünger sind bei Nacht gekommen und haben ihn gestohlen, während wir schliefen. Falls der Statthalter davon hört, werden wir ihn beschwichtigen und dafür sorgen, daß ihr nichts zu befürchten habt. Die Soldaten nahmen das Geld und machten alles so, wie man es ihnen gesagt hat. So kommt es, daß dieses Gerücht bei den Juden bis heute verbreitet ist.« (Matthäus 28, 13–15) Damit endet die Geschichte. Hier sei angemerkt: Eine solche Aktion von seiten der Hohenpriester hätte sich erübrigt, wäre da ein Grab mit dem Leichnam Jesu gewesen, also stimmen alle hinsichtlich des leeren Grabes überein.

Und was die Version des Diebstahls durch die Apostel betrifft: Welchen Vorteil hätten diese davon gehabt? Diese verängstigte Gruppe mittelmäßiger Männer war alles andere als eine Schar von Heroen! Ist es psychologisch plausibel, daß diese Männer mit armseligem Glauben und noch weniger Mut einen Leichnam gestohlen hätten, um die Geschichte des ins Leben zurückgekehrten, auferstandenen Jesus zu erfinden? Eine solche Aktion hätte ihnen nur das gleiche Schicksal wie das ihres Meisters beschieden, die gleiche Verfolgung, den gleichen Tod (was allerdings tatsächlich ihr Schicksal war, doch unternehmen sie nichts, um es herauszufordern).

Und hätte ein von ihnen durchgeführter Betrug eine so vollkommene Verwandlung, wie in der Geschichte berichtet wird, nach sich gezogen – das Predigen, die Reisen, die furchtlose Konfrontation mit den Behörden, die Kraft, das Martyrium zu ertragen? Es ist, am Rande bemerkt, eine grundlegende soziologische Prämisse, daß große Bewegungen in der Weltgeschichte nicht mit Betrug beginnen; ist dies der Fall, stirbt die Bewegung eines frühen Todes.

Und die andere Alternative – daß die Juden den Leichnam stahlen, um einen Jesuskult zu verhindern? Wäre das der Fall gewesen, warum haben sie dann nicht den Leichnam zur Schau gestellt, sobald die Jünger von der Auferstehung zu predigen begannen? Was die Neigung phantasievoller Schreiber wie Hugh Schonfield anbetrifft (Autor von *The Passover Plot*, publiziert 1965), so ist seine Erklärung beinahe komisch: Jesus ist nicht wirklich am Kreuz gestorben, behauptet er, sondern verfiel in ein leichtes Koma; durch die Kühle des Grabes kam er wieder zu sich und nahm dann irgendwie seinen Weg aus dem Grab heraus.

Selbst wenn man dieser Version zugesteht, daß sie nicht gegen physische Gegebenheiten verstößt, hätte ein auf diese Art wiederbelebter Jesus den Glauben der Jünger gestärkt oder den Eindruck vermittelt, er wäre der Herr, der den Tod und das Grab besiegt? Seine Freunde wären nur noch enttäuschter gewesen, wäre er schließlich an seinen Wunden gestorben. Andere Phantasten ließen Jesus sich mit Maria Magdalena treffen und nach Spanien durchbrennen, wo sie heirateten, sich niederließen und eine Familie gründeten – vermutlich um an ihren Memoiren zu arbeiten oder eine Gucci-Vertretung zu übernehmen. Das ist Stoff für Hollywood, nicht aber für historisch-religiöse Forschungen. Muß ich hinzufügen, daß es für Geschichten dieser Art natürlich nicht den geringsten historischen Hinweis gibt?

Wenn das leere Grab eine spätere christliche Erfindung ist, um den Glauben an den unter ihnen weilenden Jesus auszudrücken, warum ist die Grabesgeschichte dann ausschließlich von den Bezeugungen der Frauen umrahmt, die nach dem jüdischen Gesetz dazu nicht befugt und nicht geeignet waren? Oder finden sich diese Frauen deshalb in der Überlieferung, weil es sich eben so abgespielt hatte, und sie damit nicht aus der Erzählung herausgenommen werden konnten? Es ist auch schwer zu erklären, warum, falls das ganze nur Erfindung ist, nicht die Jünger als erste Entdecker des leeren Grabes eingesetzt wurden. Mit anderen Worten, warum fehlen, wenn eine Geschichte glaubhaft dargestellt werden soll, gerade die wirkungsvollsten Elemente? Nein, die beste geschichtliche Beurteilung, die man der Überlieferung zuschreiben kann, ist, daß die Dinge so geschahen, wie sie geschildert sind. Sehr viel spricht dafür und im Grunde nichts dagegen.

Wenn die Auferstehung, die Botschaft und die Verkündigung über Jesus und die Verbreitung der Bibel eine Erfindung waren, muß man sich fragen »Zu welchem Zweck?« Das einzige, was dieser Glaube brachte, waren Gefahr, Verlust von religiösen und zivilen Freiheiten, Folter und Tod. »Niemand glaubte so fest an Sokrates, daß er für ihn gestorben wäre«, schreibt Justinus der Märtyrer, der erste christliche Philosoph im zweiten Jahrhundert. »Aber für Christus haben selbst ungebildete Menschen Angst und Tod auf sich genommen.«

Doch wir legen unseren Glauben nicht in ein leeres Grab: Das wäre ein sehr leerer Glaube, wie ein Spötter einmal bemerkte. Wir legen unseren Glauben in die lebendige Person.

Für die Auferstehung Jesu gibt es auch ein früheres Zeugnis als die vier Evangelien. Es stammt aus dem Jahr 56 n. Chr., also etwa ein Dutzend Jahre vor der Niederschrift des Markus-Evangeliums. Und es befindet sich in dem ersten Brief des Paulus an die Christen in Korinth.

Über Jesus sagt Paulus: »Christus ist für unsere Sünden gestorben ... und ist begraben worden. Er ist am dritten Tag auferweckt worden, gemäß der Schrift, und erschien dem Kephas [Petrus], dann den Zwölf. Danach erschien er mehr als fünfhundert Brüdern gleichzeitig; die meisten von ihnen sind noch am Leben, einige sind entschlafen. Danach erschien er dem Jakobus, dann allen Aposteln. Als letztem von allen erschien er auch mir.« (1 Korinther 15, 3–8)

Das ist das älteste schriftliche Zeugnis zur Auferstehung Jesu, doch es dokumentiert einen Glauben, der längst vor der Zeit des Paulus liegt, der sich auf das Fragment sehr früher Hymnen stützt, die den ersten Christen wohlbekannt waren. Es ist faszinierend, die Schlüssel-worte in diesem frühen Material zu bedenken.

»Christus ist gestorben ... und wurde begraben.« Die letzten drei Worte heben die Endgültigkeit des Todes Jesu hervor, und es ist interessant zu sehen, daß bis zu den Evangelien weder Paulus noch irgendein anderer früher Schreiber es für geraten erachtete, das leere Grab zu erwähnen. Es waren die Begegnung und die Erfahrung mit dem auferstandenen Jesus, die den Kern des Glaubens ausmachten, nicht die Tatsache des leeren Grabes. Und die Tatsache, daß keiner der nichtbiblischen Schreiber in der Geschichte einen Hinweis auf dieses Ereignis bringt, dürfte kaum verwundern: Die Umstände des Todes und Begräbnisses eines unbekannten nichtrömischen Juden und die kurz darauf auftauchenden Gerüchte von dem leeren Grab machten auf eine Welt, in der das Wort *media* nur »mitten« oder »inmitten« bedeutete, keinen Eindruck. Für die Welt war Jesus vor und nach sei-nem Tod von keinerlei Bedeutung – bis seine Nachfolger von un-gewöhnlichen Ereignissen nach seinem Tod sprachen.

»Er ist am dritten Tag auferweckt worden, gemäß der Schrift.« Das Wort »auferweckt« ist eine Metapher, die auf den gesamten Lebens-weg Jesu von der irdischen zur spirituellen Existenz verweist. Wie wir bereits gesehen haben, bedeutet das nicht die bloße Wiedererweckung eines Toten und die Rückkehr ins Leben dieser Welt. Die Folgerung ist vielmehr, daß Jesus in seiner Auferstehung und Verherrlichung voll-kommen vom Geist durchdrungen ist. Er wurde zum »lebendig-machenden Geist« (Paulus 1, 15, 45), erklärt Paulus.

Die Analogie, die Paulus daraus zieht, ist der Same, der in die Erde gepflanzt wird und als lebendiger Halm hervorkommt.

»Nun könnte einer fragen: Wie werden die Toten auferweckt, was für einen Leib werden sie haben? Was für eine törichte Frage! Auch das, was du säst, wird nicht lebendig, wenn es nicht stirbt. Und was du säst, hat noch nicht die Gestalt, die entstehen wird; es ist nur ein nacktes Samenkorn, zum Beispiel ein Weizenkorn oder ein anderes. Gott gibt ihm die Gestalt, die er vorgesehen hat, jedem Samen eine andere ... So ist es auch mit der Auferstehung der Toten. Was gesät wird, ist verweslich, was auferweckt wird, unverweslich. Was gesät wird, ist armselig, was auferweckt wird, herrlich. Was gesät wird, ist schwach, was auferweckt wird, ist stark.« (Paulus 1 Korinther 15, 35–43)

Und nun kommt die entscheidende Aussage: »Wenn es auch einen irdischen Leib gibt, gibt es auch einen überirdischen. So steht es auch in der Schrift: Adam, der erste Mensch, wurde ein irdisches Lebewesen. Der letzte Adam [Jesus] wurde lebendigmachender Geist.« (Paulus 1 Korinther 15, 44–45)

Paulus will uns über die Offenbarung nicht im Unklaren lassen: Die Welt des Göttlichen ist eine nicht greifbare, nicht stoffliche, nicht vergängliche Existenz: »Fleisch und Blut können das Königreich Gottes nicht erben; das Vergängliche erbt nicht das Unvergängliche. Seht, ich enthülle euch ein Geheimnis ... wir werden alle verwandelt werden – plötzlich in einem Augenblick, beim letzten Posaunenschall ... die Toten werden zur Unvergänglichkeit auferweckt, wir aber werden verwandelt werden. Denn diese Vergänglichkeit muß sich mit Unvergänglichkeit bekleiden und dieses Sterbliche mit Unsterblichkeit. Wenn sich aber dieses Vergängliche mit Unvergänglichkeit bekleidet und dieses Sterbliche mit Unsterblichkeit, dann erfüllt sich das Wort der Schrift: Verschlungen ist der Tod vom Sieg. Tod, wo ist dein Sieg? Tod, wo ist dein Stachel?« (Paulus 1 Korinther 15, 50–55)

Basierend auf der eigenen Erfahrung des Paulus mit dem auferstandenen Jesus sowie der Erfahrung von Hunderten anderen nach der Auferstehung, kann der verklärte, verwandelte Jesus nicht beschrieben, nur verglichen werden – mit der Ernte, die aus der angepflanzten Saat entsteht, mit etwas, das unsterblich und nicht sterbend, nicht länger »von« dieser Welt ist. Die Person Jesu hatte eine vollständige Wandlung durchmachen müssen, vom fleischlichen Körper zum vergeistigten Körper, so daß Paulus von unser aller endgültigem Zustand sprechen konnte, der sich mit diesem unsterblichen, nicht sterblichen Körper vergleichen läßt. Unter »Körper« ist alles zu verstehen, was zur Individualisierung, zur Besonderheit, zur Einmaligkeit jedes einzelnen Menschen gehört. Und diese Person wird nicht Teil eines kosmischen Wirbels noch einer vagen unbestimmbaren Kraft des Universums. Mit der aufrechterhaltenen Persönlichkeit, wie die Jesu, der die selbe Person blieb, nur in seiner Existenz völlig gewandelt, leben alle, die in Gott sterben, für und in Gott.

Das im Neuen Testament unverändert gebrauchte Wort, um diese Visionen zu beschreiben, ist wichtig: Paulus zum Beispiel berichtet, daß Jesus »dem Petrus erschienen ist«. Das griechische Wort *ophthe* bedeutet ein Hervortreten aus dem Unsichtbaren in das Sichtbare – es betont also die Tatsächlichkeit des Ereignisses, nicht die subjektive Sicht des Erzählers. Doch selbst das Wort »erschienen« muß analog verstanden werden: Dieses Sehen Jesu muß eine außergewöhnliche Wahrnehmungsfähigkeit gewesen sein, eine nicht für jedermann sichtbare Realität, die sich einfach an einem bestimmten Ort zu einer bestimmten Zeit manifestierte.

Das ist für uns heute eine wichtige Überlegung. Die Festlegung des Glaubens und die Gründung einer Glaubensgemeinschaft, die wir die Kirche nennen, basiert nicht auf gelegentlichen außergewöhnlichen Begegnungen und Offenbarungen, die sich zweitausend Jahre früher begeben haben: Sie basiert auf der Kenntnis der Wandlung und Ermächtigung Jesu, die zahllose Generationen über Jahrhunderte hinweg erfahren haben – und die sich in der Gegenwart fortsetzt.

In den Passagen, die sich mit der Auferstehung befassen, bezeugt das Neue Testament also nicht die Wiedererweckung eines Leichnams und gewiß nichts über eine Rückkehr in das Leben dieser Welt. Es behandelt vielmehr die Wandlung Jesu von der irdischen zu einer geistigen und ewigen Existenz.

Manche, die die Erscheinungen Jesu als bloße »Visionen« bezeichnen, glauben, die Auferstehung mit einer Handbewegung abtun zu können. Sie sprechen von einer Massenhysterie. Orientierungslose Jünger sehen und glauben etwas, das sie sehen und glauben wollen. Das ist in soziologischer Hinsicht naiv: Keine Bewegung in der menschlichen Geschichte war auf Massenhypnose oder epidemischer Wahnvorstellung gegründet. Eine auf solchem Fundament basierende Bewegung versinkt innerhalb kürzester Zeit in Vegessenheit und ändert gewiß nicht den Lauf der Weltgeschichte.

Bei einer abschließenden Betrachtung können Halluzination oder Schwindel mit der dramatischen und historisch bemerkenswerten Bewegung nicht in Einklang gebracht werden, die innerhalb von fünfundzwanzig Jahren nach der Kreuzigung Jesu unter den schmerzlichsten Bedingungen zur Gründung christlicher Gemeinden im mediterranen Raum führten. Der Mensch verschmilzt und vertieft nicht den Sinn eines persönlichen oder zur Gruppe gehörenden Zwecks ohne die kraftvolle Gegenwart einer charismatischen Persönlichkeit sowie ohne einzigartige, wesentliche und formende Begebenheiten. Mit anderen Worten, wenn nicht *irgendeine* erstaunliche Kenntnis der Gründung der christlichen Bewegung zugrundeliegt, wie können wir dann den Beginn, die unvorhergesehene Ausbreitung und die charakteristischen Schriften erklären, die den Ursprung widerspiegeln?

Der Jesus, den der Glaube als Herrn des Universums verkündet, ist nicht länger durch Zeit und Raum eingeengt, wie er es während seines menschlichen Daseins war, doch ist er den Menschen, die nach wie vor von Zeit und Raum bestimmt sind, zugänglich. Und wenn mir jemand darauf antwortet, der einzige Weg für »einen intelligenten Menschen« (was immer das auch bedeuten mag), die Auferstehung zu akzeptieren, wäre, sie auf etwas historisch Belegbares, Verifizierbares zurückzuführen, dann sind wir im Bereich dessen, was der amerikanische Schriftgelehrte Luke Timothy Johnson den »epistemologischen Imperialismus« genannt hat, die Ablehnung jeder Realität außerhalb unserer Kontrolle. Die Verfechter halten an ihrem Vorurteil fest, daß nur materialistische Erklärungen von Bedeutung seien. Das Problem einer so engstirnigen Ansicht ist, daß sie niemals Platz böte für Künstler, Dichter, Komponisten, für jene, die ihr Leben einander in Liebe schenken, und für jene, die ihr Leben im Dienst für andere in Liebe opfern.

Die Sprache des Glaubens, wie die der Dichter, der Liebenden und der Mystiker, berichtet nicht einfach über das, was in der Geschichte zu einem bestimmten Zeitpunkt geschieht. Der Glaube erfährt die göttliche Initiative in der Welt und spricht davon, und dieser Anspruch (wie der ausgezeichnete jüdische Talmudist Jacob Neusner sagte) »kommt nicht vor das Gericht der weltlichen Geschichte, um dort von Historikern verurteilt oder freigesprochen zu werden«. Es besteht kein Zweifel: Die Auferstehung Jesu ist der zentrale Punkt des christlichen Glaubens und Lebens, sie ist nicht ein poetischer nachträglicher Gedanke, eine erfreuliche Phantasie oder der Beweis für irgend etwas – und sie gehört nicht der Vergangenheit, sondern der Gegenwart an. In liebevoller Festigkeit sagt Paulus lakonisch: »Wenn wir unsere Hoffnung nur in diesem Leben auf Christus gesetzt haben, sind wir erbärmlicher daran als alle anderen Menschen.« (1 Korinther 15, 19)

Was also bedeutet es zu sagen: »Jesus ist von den Toten auferstanden?« Es bedeutet, daß Jesus in ein neues, ewiges Sein getreten ist – unsterblich, nicht länger von unserem Denken in Zeit und Raum begrenzt. Sein Leben ist keine Rückkehr in das Leben, das wir kennen: Es ist ein Leben in Gott. Doch es ist auch eine leibliche Auferstehung. Das Grab war leer. Doch der Leib, der in dem Grab lag, trat verwandelt wieder heraus.

Jesus ist auferstanden und lebendig – er ist nicht Seele oder Erinnerung, Geist oder Kraft, sondern der Beginn eines gewandelten Universums. Es gibt keine Räumlichkeit mehr, die ihn eingrenzt. Er ist uns gegenwärtig, wo immer wir uns befinden. Vor seiner Verherrlichung unterlag er den Grenzen seiner Körperlichkeit. Jetzt ist seine ganze Person mit uns, und nichts von ihm ist fern in einem räumlich vorstellbaren Himmel.

Dieser gegenwärtige Augenblick ist der erste Augenblick der Auferstehung Jesu, denn im Reich Gottes gibt es keinen Zeitablauf, und Jesus hat sich von diesem ersten Augenblick an niemals verändert. »Alle Zeit und alle Zeitalter gehören ihm.« Jeder Moment jedes Tages, in dem, was wir den Lauf der Zeit nennen, ist umfaßt von der ewigen Gegenwart der Auferstehung Jesu.

An diesem Punkt nähern wir uns vielleicht der Möglichkeit, den Sinn des »Opfers Jesu« in Worte zu kleiden. Als Mensch völlig verwandelt, gebührt ihm jetzt das Charakteristikum Herr – regierender Messias über das Universum. Bewirkt durch die Verherrlichung Gottes, ist er zur Herrschaft erhoben, die ihm *als Mensch* bis zu seinem Tod nicht zugesprochen wurde.

Diese Herrschaft ist die Bedeutung der Himmelfahrt, die nicht ein geographischer Begriff oder ein in der Zeit einmaliges Ereignis ist, sondern eine Metapher, die den Übertritt Jesu in die Göttlichkeit anzeigt – seine Erhebung durch Gott zum regierenden Messias. Indem wir sagen, »er ist zum Himmel aufgestiegen«, verkünden wir die unsichtbare, transzendente Thronbesteigung Jesu. Die Berichte im Evangelium des Lukas und in der Apostelgeschichte beschreiben diese letzten Erscheinungen und sind als theologische Glaubenssätze zu lesen.

»Als er das gesagt hatte, wurde er vor ihren Augen emporgehoben, und eine Wolke nahm ihn auf und entzog ihn ihren Blicken.« (Apostelgeschichte 1, 9) Die Worte drücken nicht eine menschliche Reise in den Himmel aus, denn der Weg Jesu ist nicht die Überfahrt von einem Ort zum anderen, sondern von einer Existenz in eine andere. Die Wolke, ein immer wiederkehrendes Symbol in den Evangelien, zeigt nicht die Abwesenheit, sondern die Anwesenheit Gottes bei seinem Volk, wie es den Israeliten in der Wüste Sinai geschehen ist. Von der Himmelfahrt zu sprechen, heißt also, sich auf den Gesichtspunkt der Inthronisierung der Verherrlichung Jesu zu konzentrieren, welche, ohne Zwischenspiel, die unmittelbare Folge seiner Auferstehung ist. Auferstehung und Himmelfahrt sind aus unserer Sicht zwei verschiedene Aspekte seiner Verherrlichung.

Sicher, Lukas schreibt davon, daß Jesus seinen Freunden nach der Auferstehung über einen Zeitraum von vierzig Tagen hinweg erschienen sei (Apostelgeschichte 1, 3). Vierzig ist in der Bibel eine periodische Zahl: Der Regen in Noahs Flut dauerte vierzig Tage und Nächte; Moses und Elija fasteten vierzig Tage, und Jesus tat das gleiche. Vierzig bedeutet eine Zeitspanne, die erlaubt, etwas zu vollenden. »Als er das gesagt hatte, wurde er vor ihren Augen emporgehoben, und eine Wolke nahm ihn auf und entzog ihn ihren Blicken.« Dieses Ereignis ist der sichtbare Weg etwas Unsichtbares zu beschreiben, das bereits mit der Auferstehung seinen Anfang nahm. Der Jesus, der sich in einem Mysterium seinen Jüngern als der Auferstandene offenbarte, ist bereits bei der Auferstehung in die ewige Herrlichkeit eingetreten.

Es gibt noch etwas, daß ich auch auf die Gefahr der Pietätlosigkeit hin in Erwägung ziehen möchte, denn für die Wahrheit gibt es keinen Beweis: Es könnte sein, daß niemand so erstaunt wie Jesus selbst war, als er den Tod durchlitt und endgültig verwandelt war – »zu einem Gott gewandelt« oder »einem Gott gemacht«, doch in seiner Menschlichkeit absolut verwandelt und aufgenommen in das Leben des ewigen Gottes. In dieser Menschlichkeit könnte er darauf gehofft, aber nicht erwartet haben, daß Gott ihn letztlich durch völlige Verwandlung rechtfertigen würde. Und in dieser Menschlichkeit konnte er natürlich nicht genau wissen, welcher Wandlung er unterworfen sein würde.

Neben der Auferstehung und Himmelfahrt ist der dritte Gesichtspunkt der Verherrlichung Jesu das, was wir als Ausgießen oder als das Geschenk des Geistes bezeichnen, dessen erste Auswirkungen fünfzig Tage später in Jerusalem beim jüdischen Pfingstfest sichtbar werden. Die Kraft, die jenen gegeben war, die den auferstandenen Jesus zuerst erlebten, offenbarte sich und zeitigte echte Ergebnisse, als die Jünger aus der Abgeschiedenheit aufbrachen und hinausgingen, um Juden zu begegnen, die gläubig zu einem anderen Fest in die Heilige Stadt zurückkehrten.

Jetzt erfuhren die Freunde Jesu, mit Mut gestärkt, wo vorher nur Furcht gewesen war, die ersten Erfolge des Geschenkes des Geistes, des *Geistes Gottes*. Von dieser Zeit an begann unabänderlich der Prozeß der Rettung der Welt, die ihren Sinn bekam. Das Geschenk des Geistes bürgt für die beständige Gegenwart Gottes in der Geschichte.

Aber wir wollen sehr vorsichtig sein: Das Geschenk des Geistes ist nicht die *Beherrschung* des Geistes. Das Versprechen, daß Gott sein Volk immer leiten wird, heißt nicht, daß sein Volk dieser Leitung immer folgen wird – wie die Geschichte bedauerlicherweise nur zu oft gezeigt hat. Wird eine Gemeinschaft von Gläubigen gebildet, so lauert immer die echte und reale Gefahr, daß die Einrichtung mit der Gemeinschaft verwechselt wird – so wie Kirchenvorsteher, Menschen, so schwach wie die Jünger selbst, manchmal fälschlich behaupten, Gesetze, Formeln, Regeln und sogar Glaubensbekenntnisse würden vollständig das Geheimnis Gottes erfassen. In der Inkarnation vereinigte sich Gott ein für allemal mit dem Schicksal dieser Welt und seiner konkreten Wirklichkeit. Im Hinblick auf die stoffliche Einheit des Universums – in dem alle Dinge miteinander verknüpft sind und einander beeinflussen, noch bevor der Einfluß verstanden oder ausgedrückt wird – ist es eine unumgängliche Erfordernis, daß der Leib Jesu verherrlicht wird. Damit ist die gesamte Schöpfung nun in einem Prozeß, in dem sie in und durch den auferstandenen Jesus den letzten Zustand, Gottes Triumph, erreichen kann. Das stoffliche Universum hat trotz aller Sünde und allem Bösen seinen Sinn im auferstandenen Jesus gefunden.

In dieser Beziehung enthüllt die christliche Verkündigung der Auferstehung genau das, was *nicht* vorgesehen war: daß dieser abgelehnte, ermordete Jesus im Recht war und daß Gott – indem er ihn über den Tod hinaus völlig verwandelte – den einen, der sich vollkommen Gott und der Menschheit geopfert hat, bestätigte. Gott hatte sein Wohlgefallen an Jesus – an seiner Botschaft, seinen Werken, seinen Lehren und seinen Wundern –, und er hat nicht für die Feinde Jesu Partei ergriffen. Der Gott des Anfangs – von der Schöpfung, dem Aufruf Israels, der Aufforderung an die Propheten, der Offenbarung im Leben Jesu und der Auferstehung – ist auch der Gott des Endes, der erschafft und vollendet. Tod ist nicht mehr das letzte Wort, Leiden nicht mehr die letzte Erfahrung. Der ewige Gott, der die Schöpfung aus dem Nichts ruft, kann auch vom Tod zum Leben rufen.

Liegt darin nicht, trotz allem, wahre Logik? Gott, der Schöpfer, enthüllt sich; der enthüllte Gott umarmt und ruft; der rufende Gott handelt am Ende mit Liebe, um das zu erretten, was er geschaffen hat.

Der verborgene Jesus:

Sein und unser neues Leben

Die Ankündigung der Frohen Botschaft oder des Evangeliums – die Verkündigung des Kommens Gottes als Retter der Menschheit – stellt sich nicht als politische Rechtfertigung des alten Israel
heraus, sondern als etwas unvorstellbar Größeres: die Auferstehung Jesu. Es ist unmöglich, zu viel aus diesem Mysterium und seiner Auswirkung auf die Realität zu machen.

Der Titel dieses Buches zeigt für mich den einzig wirklich wichtigen
Aspekt des Glaubens an Christus auf. Jesus war während seines körperlichen Erdendaseins verborgen: die volle Tragweite seiner Identität
als Gottes letzte Offenbarung des eigenen Selbst war nicht nur seiner
Familie, seinen Freunden und Jüngern verborgen, sondern vermutlich
auch dem eigenen Bewußtsein.

Gewiß hatte Jesus von Nazareth nicht die Fähigkeit, diese Identität
innerhalb der Grenzen seiner Sprache und seiner Kultur zu artiku-
lieren. Nichtsdestoweniger war Gott in dieser Verborgenheit am Werk,
sich selbst zu offenbaren – und was sich offenbarte, war unendliche
Liebe für die Menschheit, unendliche Geduld und unendliches Mitleid,
unendliche Gnade.

Von gleicher Bedeutung ist die vollkommene Umkehr menschlicher
Erwartungen. Alles widersprach dem, was man für den endgültigen
Eintritt Gottes in Zeit und Raum hätte erwarten können. Vor allem war
es ein ungünstiger Augenblick in der Geschichte, und alles geschah an
einem unmöglichen Ort, inmitten eines geschlagenen, gebrochenen,
unterjochten Volkes. Gottes Umarmung der Menschheit begann mit
einer Bescheidenheit, die sogar noch ausgeprägter war als die alljährlich
verkauften Weihnachtskarten mit ihren Krippenszenen uns heute sug-
gerieren.

Und dann das Leben des Mannes: verborgen, unbemerkt, für den
zufälligen Beobachter ohne weiteres zu ignorieren oder abzulehnen.

Das Werk Jesu hatte den Anschein von Improvisation: Er trachtete nicht nach politischer oder sozialer Macht, er hatte nichts mit den Großen dieser Welt gemein. Alles scheint danach ausgerichtet, den Stempel erstaunlicher Schlichtheit zu tragen. Gott identifiziert sich nicht mit den großen, berühmten oder schönen Menschen dieser Welt, sondern mit denen, deren Leben einfach ist, die das Übermaß nicht kennen und nicht von der Selbstsucht gefesselt sind.

Anstatt die Wege des Erfolgs, der Popularität und der bedeutenden Leistungen zu wählen, ist Jesus einfach der Mensch, der für andere da ist. Nicht einmal die Toten können sich ihm entziehen: Der lange Arm von Gottes Mitleid reicht durch ihn direkt in die Tiefen der Finsternis und wendet scheinbare Endgültigkeit und Fruchtlosigkeit in die Überraschung des Lebens. Für Gott gibt es keine Grenzen – besonders nicht in Taten oder Ereignissen der Vergangenheit.

Das Verhältnis von Vergangenheit zu Gegenwart gleicht im Glauben dem jeder menschlichen Beziehung, die nicht nur von den Erinnerungen des ursprünglichen Zusammentreffens, der Bindung und einer Reihe vergangener Ereignisse abhängt, sondern von dem, was heute geschieht. Meine Bindung mit einem Freund ist durch das, was geschah, als wir uns trafen, weder ein für allemal festgelegt noch gelöst, sondern vielmehr durch das, was jetzt geschieht, was wir beschließen, wohin wir gemeinsam gehen. Das gilt auch für unsere Beziehung zu Christus.

Er ist von heute, und es ist seine heutige Gegenwart, die Gegenstand des christlichen Glaubens ist.

Mit anderen Worten, ich glaube nicht an eine mehr oder weniger rekonstruierte historische Gestalt von Jesus, noch verpflichte ich mich dem, was er einmal gesagt und getan hat. Es ist der lebendige und für immer auferstandene Herr, zu dem ich meinen Blick richte: zu ihm, der verborgen, aber deshalb nicht weniger gegenwärtig ist. »Ich war tot, doch nun lebe ich in alle Ewigkeit«, sagt der verherrlichte Jesus in der Offenbarung. (Offenbarung 1, 18)

Ich glaube nicht, daß es viele Worte dieser Art gibt, die so anfeuern wie diese. Frühere Aussagen bringen mehr Versprechen, mehr Trost, mehr zweifelsfreies Vertrauen, das sich alles zum Guten kehren wird (wie Juliana von Norwich erinnert). Verderbtheit hat keinen endgültigen Sieg, Tod hat nicht das letzte Wort.

Jesus *ist* und er ist doch wieder *verborgen* – und heute wie damals wird er enthüllt: In unserer unermeßlichen Sehnsucht bedingungslos geliebt zu werden, in unserem Gebet, in unserem Mitleid mit den Bedürftigen, in unserer Erkenntnis der eigenen Zufälligkeit, im Leben zahlloser Menschen, die sich dem Wohl anderer gewidmet haben, im Tod jener, die als Zeugen menschlicher Würde lebten und starben, oder jener, die an dem Verbrechen, dessen man sie anklagte, unschuldig waren und dafür ihr Leben ließen.

Wenn irgend etwas Vernünftiges über Gott gesagt werden kann, so nur, daß er sowohl in wie außerhalb der Zeit existiert. Und wenn wirklich alle Zeit ihm gehört und wirklich jeder Mensch für ihn lebendig ist, dann müssen wir genau überlegen, was wir meinen, wenn wir von Zeit und Geschichte sprechen.

Vor allem: Was ist Zeit anderes, als der bequeme Weg Erfahrung zu messen? Allgemein herrscht die Meinung, daß wir vollkommen unter dem Diktat der Zeit leben. Doch das stimmt nicht. Für Gott, mit Gott gibt es keine Zeit. Gott »sieht« nicht die Vergangenheit, »beobachtet« nicht die Gegenwart und »kennt« nicht die Zukunft, so als wäre er der einzige Besucher eines kosmischen Kinos, der den ewigen Zeitablauf abspulen läßt, wobei er die Handlung und jede Zeile des Dialogs bereits kennt.

Tatsächlich haben wir in einem realen Sinn die Zeit erfunden, ihre Grenzen und Einheiten bestimmt – und ändern sie willkürlich, um sie den Messungen anzugleichen. Im Jahre 1582 zum Beispiel wurde beschlossen, den Kalender zu verändern, und so wurde der dem 4. Oktober folgende Tag zum 15. Oktober erklärt. Niemand fühlte sich davon besonders gestört: Es schien keine besondere Rolle zu spielen, wie ein Tag genannt wurde. Ebenso markierte bis vor kurzem der 1. Januar nicht den Beginn eines »neuen Jahres«. Lange Zeit begann das Jahr im März, und aus ökonomischen Gründen differierte der Jahresanfang je nach Ort. Sogar heute haben wir noch Rudimente dieses Denkens: das fiskalische Jahr, das akademische Jahr und so fort.

Was in dieser Beziehung wirklich einiger Überlegung bedarf, ist das, was wir Vergangenheit nennen, denn in der Art eines Teleskops schiebt sie sich in die Gegenwart. Die Augenblicke, die beim Lesen dieser Zeilen entgleiten, gewinnen nur dadurch an Bedeutung, daß sie mit der gemeinsamen Vergangenheit verbunden sind: Wörter in einem Satz ergeben nur dann einen Sinn, wenn jede Einheit der »Gegenwart« ein Glied in der Kette zur »Vergangenheit« ist. Die Zeit, die es mich kostet, diese Worte zu schreiben, und dich, sie zu lesen, ist tatsächlich eine Folge kleiner »Vergangenheiten«. Wir aber erfahren sie als eine Einheit, die wir als »Gegenwart« bezeichnen, um sie als Erfahrungseinheit zu messen und zu identifizieren. Vielleicht sollten wir besser sagen, daß die Gegenwart ein Puzzle aus gerade vergangenen Augenblicken ist. Wir dehnen das Gummiband unserer Erfahrungen nach hinten, um alles einzuschließen, was zum Begreifen der Wirklichkeit notwendig ist, alle ihre Bestandteile zu durchforsten und sie in Beziehung zu unserem inneren, unserem wahren Leben zu setzen.

Das ist zum Beispiel offenkundig, wenn wir in den Nachthimmel blicken. Wie der dänische Astronom Ole Romer bereits vor drei Jahrhunderten bewies, hat das Licht eine bestimmte Geschwindigkeit, und wenn wir also auf die Schönheit der Sterne und Planeten schauen, so wissen wir heute, daß wir nicht ins Weltall, sondern in die Vergangenheit blicken. Das Licht, das wir wahrnehmen, hat lange Zeit gebraucht, um seinen Weg zu uns zu nehmen, so daß wir, wenn wir es weiter betrachten, über Jahrhunderte zurückschauen, auch wenn der Himmelskörper nur jetzt für uns sichtbar ist.

Wenn wir den Himmel absuchen, ist uns klar, daß wir in Wahrheit einen Zeitabschnitt sehen. Der Mond ist für uns das, was vor einer Sekunde oder so passiert ist; die Konstellation des Sirius, die sich uns bietet, ist, wie sie vor mehr als neun Jahren gewesen ist – je weiter ein Objekt im Raum, desto länger die Zeit, bis wir es sehen können. Manches von dem, was wir sehen, existiert längst nicht mehr – doch es ist da! Und alles, in einem einzigen Augenblick, ist in der Gegenwart Gottes sichtbar und existent. Ist es dann ein Wunder, daß der Blick in die Nacht dafür bekannt ist, die eiserne Überzeugung eines Atheisten mehr als ins Wanken gebracht zu haben?

Wo aber hören wir auf, das Gummiband der Zeit zu dehnen? Wie weit zurück haben wir zu gehen, um Erfahrung zu begreifen und wiederzuerkennen? Fünf Minuten? Diesen Morgen? Letztes Jahr? Zu unserer Geburt? Zur eigenen Empfängnis? Wieviel der erkannten und bedeutungsvollen Vergangenheit ist in unsere Gegenwart eingewoben und lebt in ihr?

Der eine empfindet sein Leben als sinnvoll, seit er einen erfüllenden Beruf gefunden hat, der andere, seit er sich verliebt hat – oder sich aus einer sinnlosen Bindung, die für eine Zeit glaubhaft erschienen war, gelöst hat.

Höchstwahrscheinlich sind diese Erfahrungswerte oder Lebenskapitel an den Vertrauensbeziehungen zu beschreiben und zu messen, die wir die Liebe der Freundschaft nennen könnten, und Freundschaft ist die Wurzel der wahren Liebe, welcher Art auch immer.

Und so kommen wir zu der zentralen Frage: Wieviel von der Vergangenheit kann wirklich als tot bezeichnet werden? Und die Antwort muß sein, daß nichts von dem tot ist, was unsere Gegenwart beeinflußt. Die Vergangenheit ist sehr wohl in jedem Menschen lebendig, wenn man von bedeutenden Persönlichkeiten und großen Taten jener, die vor uns waren, beeinflußt wird. Und aus der Physik und der Kenntnis der kleinsten Teilchen wissen wir, daß Materie niemals verloren geht, sondern nur ihre Form ändert.

Die Vergangenheit und ihre Menschen leben mit uns. Das wissen wir aus der Genetik, denn es ist eine Binsenweisheit, daß unser Leben nicht erst mit der Geburt oder der Empfängnis beginnt. Die biologischen Komponenten, die uns bestimmen, nahmen ihren Anfang in den Genen der Familie – wann? Vor wieviel Generationen? Bringt uns diese gemeinsame Vergangenheit so weit zurück, wie zum – ja! – ersten Moment, da es überhaupt etwas gab? Dem ersten Moment, als Gott zu arbeiten »begann«? Sind wir nicht tatsächlich mit einer Vergangenheit verbunden, die unserer eigenen spezifischen Vergangenheit vorangeht? Wie weit können wir den Bogen der Geschichte spannen, um uns selbst zu verstehen? Sind wir nicht deshalb von der Geschichte und von Biographien fasziniert, weil wir *fühlen*, daß wir auf geheimnisvolle Weise mit dem zusammenhängen, was vor unserem Bewußtsein geschah, und mit denen, deren Bewußtsein uns voranging? In anderen Worten, sind wir nicht mit dem ersten Augenblick der Schöpfung verbunden?

In gewissem Sinn ist dieser erste Augenblick der Schöpfung *jetzt*, denn Gottes Handlungen kennen keine Zeit. Er ist in der Zeit, ohne von ihr abzuhängen. Über Ebbe und Flut hinaus, wonach das Leben bemessen wird, ist das, was wir Vergangenheit und Zukunft nennen, für Gott in einem ewigen Jetzt allgegenwärtig.

In diesem Zusammenhang ist das, was uns als das außerhalb der Geschichte stehende Ereignis der Auferstehung Jesu bekannt ist, in Wahrheit der Eintritt Jesu in das ewige Jetzt Gottes. *Dieser Augenblick* – wenn ich schreibe und du liest – ist der erste Augenblick der Auferstehung Jesu, denn er lebt in Gott. Und weil Gottes Ewigkeit unsere Zeit umfaßt, ist er, der aus der Fülle des Lebens auferstanden ist, befreit von Vergangenheit, Wechsel, Zufall und Nebel der Geschichte, für uns uneingeschränkt und jederzeit zugänglich.

Wir verstehen also Bruchstücke der Erfahrung, indem wir sie beurteilen: das nennen wir Zeit. Bruchstücke der Vergangenheit werden durch Gedächtnis und Reflexion begriffen; Teile der Zukunft sind durch Erwartung, Hoffnung und Ahnung vorweggenommen. Doch für Gott ist alles gegenwärtig: »Denn tausend Jahre sind für dich wie der Tag, der gestern vergangen ist, wie eine Wache in der Nacht.« (Psalmen 90, 4) Die Vergangenheit, die uns tot erscheint, ist für Gott weiterhin lebendig und gegenwärtig, eins in der einmaligen ewigen Gleichzeitigkeit seiner Allgegenwärtigkeit.

Und nun sind wir schließlich dem letzten logischen Schluß sehr nahe – unsere endgültige Bestimmung, welche die ewige Gegenwart in Gott bedeutet. Was wir Leben nach dem Tod nennen, ist Teil der unerbittlichen Logik, die mit der Schöpfung begann und in dem Aufruf an Israel, der Forderungen der Propheten, der Menschwerdung Gottes in Jesus und der Auferstehung Jesu zum Leben in Gott ihre Fortsetzung fand. Jedes Leben ist, so wie es in jedem Stadium mit dem Leben seiner genetischen Vorfahren verbunden ist, auch mit jedem anderen Leben verbunden – kraft der stofflichen Einheit des Universums, wie wir gesehen haben. In diesem Zusammenhang sind die Toten nicht ausgelöscht: Sie sind in das Leben Gottes selbst aufgenommen, zu dem durch Jesus der Weg bereitet wurde, als Gott ihn von den Toten auferweckte. In dieser Verherrlichung begann Gott mit der Versöhnung der Vergangenheit.

So wie du und ich nicht aus dem Nichts gekommen sind, so wie unsere Verbindung zur Vergangenheit sich in unserer persönlichen Gegenwart weiterentwickelt, so lösen wir uns nicht im Nichts auf. In mancher Hinsicht fehlt uns das Verstehen, wie ich mehrmals sagte: Gott liebt, was er geschaffen hat, und rettet es. Genau wie die Schöpfung zur Gründung Israels und Israel zu Jesus von Nazareth führt, in dem Gott den Tod besiegt –, so ist auch die immer in Gott gegenwärtige unendliche Kette des Seins ständiger Veränderung unterworfen, und wir mit ihr.

Um die Linie des göttlichen Plans zu wiederholen: Schöpfung, Ruf, Verschmelzung, zielbewußte Führung, Fleischwerdung, Auferstehung, das Versprechen des ewigen Lebens in Gott – alle diese Augenblicke beschreiben den Schnittpunkt der Zeit mit Gottes ewigem Jetzt. Die menschliche Sprache verläßt sich aus Bequemlichkeit und als Maß auf die dreiteilige Metapher von Vergangenheit, Gegenwart und Zukunft.

Während seines Lebens im Fleisch war Jesus von Nazareth an die Grenzen des Raums gebunden: War er an einem Ort, so konnte er nicht gleichzeitig an einem anderen sein; was er in einem Augenblick tat, konnte er nicht in einem anderen tun; ein Ereignis folgte dem anderen. Dann kommt die Auferstehung. In seiner ganzen Menschlichkeit wird Jesus zu einem neuen, ewigen Leben erhoben, in dem er von uns weder durch Zeit noch Raum getrennt, durch die Forderung des Fleisches uns nicht entfernt ist.

Und der Himmel, in den er aufsteigt? Der ist natürlich nicht ein Ort, wo er oder wir hingehen, sondern ein Zustand, in den er beziehungsweise wir uns begeben – das Leben in Gott. Nichts davon kann erklärt werden. Alles, was wir tun können, ist, in unklaren Metaphern zu tasten, weil alle Sprache nur Metapher ist. Am Ende denken, reden wir nicht mehr, wir sitzen nur still da mit gefalteten Händen. Ehrfurcht läßt unsere Worte ersterben, unseren Atem stocken und nimmt uns die Illusion, daß wir den Dingen wirklich nahe gekommen sind. In Thornton Wilders großem Schauspiel *Unsere kleine Stadt* kommt der junge trauernde George Gibbs zum Grab seiner Frau Emily, die bei der Geburt ihres Kindes gestorben ist und gerade begraben wurde. Als er weint, wendet sich Emily (die in dieser Szene mit allen ihren toten Freunden zusammensitzt) zu Georges Mutter, die sich unter denen befindet, die Emily im Jenseits getroffen hat. »Lebende Menschen verstehen nicht – nicht wahr?«

Und Mutter Gibbs antwortet mit großer Weisheit, Ruhe und Güte: »Nein, mein Liebes – nicht sehr viel.«

Und das stimmt, wir verstehen wirklich nicht viel.

Doch die Erkenntnis unserer eigenen Finsternis, Schwäche und Ungewißheit wirft uns in die Arme Gottes. Unsere Teilnahme am ewigen Leben beginnt selbst jetzt. Jede Handlung Gottes seit dem ersten erkennbaren Augenblick der Schöpfung, jedes Wort, das je von Jesus gesprochen wurde, jede Berührung und jede Heilung – kraft des Lebens Gottes, in das er voll eingetreten ist – sind lebendige Gegenwart. Christus Jesus: Er, der *ist*, nicht er, der war.

Wie wir gesehen haben, ist in den Evangelien die Bedeutung des auferstandenen Lebens Jesu für alle jene niedergeschrieben, die unter neuen Bedingungen zu ihm kommen. Für die Schreiber ergab sich keine Notwendigkeit in der Vergangenheit herumzustöbern oder sich die Mühe zu machen, weiße Stellen in der »historischen« Kenntnis über Jesus zu füllen, denn er war damals und ist heute nicht der Jesus der Vergangenheit. Er lebt für immer, und das ermöglicht uns unser neues Leben.

Auf welche Weise Gott schließlich die Geschichte betreten, umarmen und erretten wird, war unter den frommen Juden bis zur Zeit der Geburt Jesu ein heftig diskutiertes Thema. Wie würden ihn die frommen Söhne des Bundes erkennen? Vielleicht würde er in Betlehem, der Stadt Davids, geboren werden, und seine Geburt würde Israel und der ganzen Welt bekannt werden?

Und heute ist es das gleiche: Wo ist er? Wie können wir wissen, wo wir ihn finden?

Gott, der sich über alle menschlichen Erwartungen hinwegsetzt und sie übertrifft, ist damals wie heute vor uns.

Wenn wir Kraft und Macht erwarten, Ruhm und vielleicht ein wenig majestätischen Glanz, dann suchen wir am falschen Platz. »Wahrhaftig, du bist ein verborgener Gott«, lesen wir bei Jesaja (Jesaja 45, 15).

Aber Gottes und Jesu Verborgenheit im gegenwärtigen Leben sind nicht Ferne, viel weniger noch Entlegenheit.

Die vertrauende Hoffnung auf den verborgenen Jesus ist nicht beruhigende intellektuelle Pose noch poetisch-romantische Phantasie, an der wir hängen, als wäre es das rettende Floß im stürmischen Meer unserer Welt. Nein, unser Vertrauen – unsere Erkenntnis, daß das, ja, das alles die wahrste Wahrheit dessen ist, was geschieht – ist die aus Erfahrung geborene Überzeugung.

Die Erfahrung vollzieht sich in Stille und im Verborgenen, die tief in uns sind, nicht allzu weit entfernt, denn Gott kann immer und jeder

Zeit gefunden werden, wir können ihm Eintritt gewähren, damit er uns in jedem Augenblick neu erschafft, unseren Atem durch seinen stärkt, uns mit sich vereint. Und er belastet uns niemals, sondern arbeitet mit dem, was er uns gegeben hat – unsere Talente, unsere Fähigkeit zu lieben und geliebt zu werden und, vielleicht das wichtigste, unsere Sehnsucht nach ihm.

Im Nichts geboren, in Armut gelebt, in Schande gestorben: Wie unangemessen scheinen die Fäden des Lebens Jesu zu sein, und wie taumeln wir in der Dunkelheit, um Gottes Wege für ihn und für uns zu sehen. Doch die Dunkelheit ist das Licht Gottes, der alles umarmt, was das Schicksal des gewöhnlichen Menschen ist, und der sich nicht mit dem Mächtigen oder dem König identifiziert, sondern mit dem einen, der bedingungslos liebt, mit dem, der von der Welt verachtet und beiseite geschoben wird. Die Verborgenheit Gottes in Christus, damals wie heute, ist die Voraussetzung der Offenbarung.

In Jesus spricht Gott, doch er spricht in der Stille; er überschreit unseren Lärm mit einem Flüstern. Damals wie heute bleibt er verborgen – und so enthüllt er sich in alle Ewigkeit. In der Stille hören wir ihn. Wenn wir uns erlauben von Gott geliebt zu werden, finden wir den verborgenen Jesus, der still und in leisen Schritten unser schales Leben wandelt.

Auf unsere beharrliche Blindheit fällt das Licht in lebendigen Strahlen, Barmherzigkeit senkt sich über uns wie Sommerregen. Die Tiefe unserer Dunkelheit, unsere lange Nacht der Angst und der Schwermut sind gebannt.

So ist es. In seiner unvorstellbaren und nie enden wollenden Gnade beansprucht Gott uns für immer als die seinen.

Anmerkungen

Dieses Buch bezieht sich aus naheliegenden Gründen weder auf apokryptische Evangelien noch nichtkanonische frühe Werke. Die ersten Christen wählten aus den sehr verschiedenen Dokumenten jene aus, die ihrem Glauben entsprachen; Schriften, die sich Evangelien nannten, wie das Evangelium des Thomas, das Protoevangelium des Jakob und so fort, sind spätere, auf der Phantasie basierende Schriften, die von den christlichen Gemeinden des 1. Jahrhunderts abgelehnt wurden, bis schließlich der Kanon beziehungsweise die Liste der offiziell anerkannten Schriften im 5. Jahrhundert festgelget wurde. Die Ablehnung war Teil des natürlichen Prozesses, christlichen Glauben gegenüber Irrlehren (Häresie) abzugrenzen, genau das, was in den Apokryphen zu finden ist. Die apokryphischen Werke bieten keine Offenbarung für den christlichen Glauben; sie sind zum Großteil phantastische Legenden, die nach Stil und Inhalt sofort als völlig verschieden von den vier Evangelien erkennbar sind. Ende des 20. Jahrhunderts ist die Übertreibung (und Fälschung) hinsichtlich der apokryphischen Evangelien Teil der allgemeinen Kommerzialisierung der biblischen Literatur, die damit viel an historischer Glaubhaftigkeit verliert.

1. Kapitel

In P.-L. Couchoud, Hrsg.: *Le massacre des Innocents ou la persécution de l'Enfant prédestiné*, Congrès d'histoire du Christianisme, hat P. Saintyves eine Anzahl alter literarischer Berichte über einen bösen Herrscher aufgelistet, der nach einem Helden suchte, dessen Geburt geweissagt worden war, um ihn zu töten. Die Erzählungen stammen aus Indien, Persien Mesopotamien, Griechenland und Rom, sie beziehen sich auf Heldengestalten, wie Gilgamesch, Sargon, Cyrus, Perseus sowie Romulus und Remus.

Die Verschiebung des Weihnachtsabends auf den 25. Dezember geht auf das 4. Jahrhundert zurück als Gegensatz zu dem römischen

Fest zu Ehren der »unbesiegten Sonne«. Das Fest wurde anläßlich der länger werdenden Tage gefeiert – als Tag- und Nachtgleiche im Winter sah man den 25. Dezember an (nicht, wie später bestimmt, den 22.). Es war daher für die Christen passend, ihr Fest des Sieges über die Dunkelheit durch die Geburt des Lichtes zu begehen. Das genaue Datum der Geburt Jesu ist nicht bekannt.

2. Kapitel

Über die Geburt Jesu um zirka 7 bis 6 v. Chr.: Nach Matthäus ist Herodes Antipas über alle Kinder von zwei Jahren und darunter beunruhigt, das allerdings spielt sich knapp vor seinem Tod im Jahre 4 v. Chr. ab. Über das Paradoxon, daß Jesus »vor Christi Geburt« geboren wurde, siehe: Brown: *Birth of the Messiah*, und Meier: *A Marginal Jew*. Meier gibt richtigerweise zu bedenken, daß »es nicht immer eindeutig ist...zu welcher Jahreszeit ein Ereignis geschieht, auf welchen Kalender Bezug genommen wird, ob Teile der Jahre als ganze Jahre und ob Jahre gemeinsam gezählt werden (d.h., beide Jahresenden der Reihe werden gezählt)«. In der antiken Welt gab es je nach zivilen und religiösen Gruppierungen verschiedene Kalender.

Die unzureichende Überlieferung über die Eltern Marias, vermutlich ein Paar namens Joachim und Anna, stammt aus dem apokryphischen *Protoevangelium des Jakob* aus dem 2. Jahrhundert.

Mit der Frage der Genealogie erhebt sich natürlich die weit größere Frage der Geschichtlichkeit, und in dieser Hinsicht muß man auf das zutiefst unbefriedigende Werk von Dominic Crossan wie auch auf die Anhänger des sogenannten Jesus-Seminars verweisen. Crossant zum Beispiel präsentiert einen perfekten politischen Revolutionär und verweist darauf, daß er jede Art der Apokryphen den Evangelien vorzieht. Luke Timothy Johnson, der eine vernichtende Kritik dieser Art von Methodologie geboten hat, faßt das Problem zusammen: »Die Kriterien, die [Crossant] für die Authenzität seiner Behauptungen beansprucht, sind solche, die das vorherbestimmte Porträt zeichnen, das Crossant zu erwecken wünscht. Seine Verwendung kulturübergreifender Muster drängt Jesus in die stereotype kulturelle Kategorie, und zwar als Teil einer ›bäuerlichen Kultur‹. In diese *historical cipher* kann Crossant seine persönliche Ansicht über das, was Christentum sein sollte, verpacken: Nicht eine Kirche mit Führern, Kulthandlungen und Glaubensbekenntnissen, sondern eine lose Gesellschaft zynischer

Philosophen, die sich selbst den Zugang zum Königreich des Eigendünkels und der gegenseitigen Anerkennung vermitteln.« (Luke Timothy Johnson: *The Real Jesus*).

Die Vorstellung, daß Maria den Kindheitserzählungen des Lukas als Quelle gedient hat, hält nicht stand. In den Evangelium des Lukas sind zu viele Fehler hinsichtlich des jüdischen Lebens und der jüdischen Kultur, die Maria niemals unterlaufen wären. Wie Meier zusammenfaßt: »Entweder war Maria nicht die Quelle dieser Erzählung ... oder sie hatte ein bemerkenswert schlechtes Gedächtnis über die wichtigen Ereignisse, die Jesus und sie selbst betrafen. Wie auch immer, die historische Glaubhaftigkeit der Kindheitserzählungen wird so nicht verstärkt.«

Der Ausdruck »Heiliger Geist« sollte uns nicht zu der Annahme verführen, daß es sich hier um eine bereits entwickelte Dreieinigkeits-Theologie handelt. »Vielleicht deckt die viel weiter gesteckte Kategorie eines göttlichen Sendboten am besten den Wert des Geistes in den Gedanken des Neuen Testaments ... Hinter einer solchen Konzeption stünden die Bilder des Geistes als der gottgegebene Lebenshauch, als die Kraft, durch die Gott die Propheten dazu brachte zu sprechen, und als das treibende Motiv der Werke Jesu, das ihm bei der Taufe durch Johannes zuteil und seinen Jüngern nach der Auferstehung weitergegeben wurde.« (Brown)

»Seit Gabriel der verkündende Engel im Buch Davids [im Alten Testament] ist, der die große Vision vom Ende der Zeit erklärt, bedeutet seine Anwesenheit in den Kindheitserzählungen des Lukas das Signal, daß sich die Prophezeihungen Daniels nun erfüllen werden – durch die Empfängnis und die Geburt Jesu ist das Ende der Zeit nahe.« (Brown)

3. Kapitel

Lukas verweist die Zeit des Wirkens von Johannes dem Täufer »in das fünfzehnte Jahr der Regierungszeit des Kaisers Tiberius«, der vom 19. August des Jahres 14 an Rom regiert hat. Lukas, so scheint es, verwendete für seine Berechnung den Julianischen Kalender, womit für ihn das erste »Jahr« am 31. Dezember 14 endete. Daher würde das fünfzehnte Jahr der Regierung des Tiberius vom 1. Januar bis 31. Dezember 28 andauern.

Das Johannes-Evangelium bringt eine sehr genaue Christologie, und ein wichtiger Teil schließt das ein, was die meisten Gelehrten als eine Art Anti-Täufer Motiv ansehen. Dieser Versuch, aus der Notwendigkeit den Befürwortern von Johannes dem Täufer entgegenzutreten, die Jesus nicht anerkannten, findet seinen Niederschlag in den Sätzen des Johannes-Evangeliums, die die Unterordnung des Täufers gegenüber Jesus betonen.

Nur Lukas gibt Zeugnis von dem speziell sozialen Gesichtspunkt der Verkündigung von Johannes dem Täufer. Da das Thema der drastischen Armut und des Teilens in der Gemeinschaft bei Lukas beziehungsweise der Apostelgeschichte ein immer gleichbleibendes ist, sehen einige Gelehrte darin ein redaktionelles Element – und daher nicht direkt auf Johannes den Täufer zurückzuführen. Obwohl Markus und Matthäus ganz klar sagen, daß Johannes der Täufer Menschen sehr wohl ihre Sünde aufgelastet hat, sind diese beiden Evangelisten über die Auslegung der Botschaft weniger genau. Doch hat Johannes der Täufer mit Sicherheit *irgend etwas* für sündhaft gehalten, und die Überlieferung, die Lukas bekam – vor allem im Licht der Geschichte Johannes des Täufers –, zeigt deutlich den Mangel an sozialer Gerechtigkeit. Damit ist natürlich die Botschaft des Johannes im Einklang mit der (späteren) von Jesus.

Im Konflikt mit den überlebenden Parteigängern von Johannes dem Täufer zu Ende des 1. Jahrhunderts läßt der vierte Evangelist die Taufe Jesu überhaupt aus – obwohl Johannes der Täufer die Überlegenheit Jesu deutlich betont, und von ihm stammt der Bericht der wunderbaren Theophanie oder dem Erscheinen Gottes – zum Vorteil des (untergeordnet) Täufers. Selbst Johannes berichtet dann die spirituelle Wichtigkeit der Taufe Jesu.

Die letzte Version des Ereignisses bei Matthäus fügt einen Austausch zwischen Jesus und Johannes hinzu, der entsprechend dem Glauben der Kirche des späten 1. Jahrhunderts die Überlegenheit Jesu und die dienende Stellung von Johannes dem Täufer feststellt. Das ist sicher ein Beitrag des Herausgebenden, welcher die Signifikanz dieses Augenblicks für den Glauben offenbart und nicht eine tatsächlich stattfindende Konversation, denn sonst wäre die Taufe Jesu nur eine leere Zeremonie, der er sich unterzogen hätte, um das Volk zu gewinnen, doch erreichte Jesus (wie im übrigen Evangelium gezeigt wird) damit weder die Erleuchtung noch Wertschätzung der Menschen! Die Erfüllung der Rechtschaffenheit, die bei Matthäus erwähnt wird, ist andererseits im Einklang mit dem ethischen Thema der Gerechtigkeit, das sich durch das erste Evangelium hindurchzieht.

Wissenschaftler diskutieren darüber, ob die aramäischen Fragmente einer *Testament of Levi* genannten Arbeit mysteriöse Parallelen enthalten oder die Ankündigung der Taufe Jesu oder, wahrscheinlicher, lehnten sie sich gegen den späteren christlichen Einfluß auf das *Testament* im Hinblick auf das Evangelienereignis der Taufe auf. »Die Himmel werden geöffnet sein. Aus dem Tempel von Gottes Herrlichkeit wird über ihn durch die Stimme des Vaters Heiligkeit kommen wie von Abraham auf Isaak. Und seine Herrlichkeit wird über ihn verkündet werden. Der Geist der Weisheit und des Wissens wird mit dem Wasser über ihn kommen.«

»Jesus erfuhr, daß die Pharisäer gehört hatten, er gewinne und taufe mehr Jünger als Johannes – allerdings taufe nicht Jesus selbst, sondern seine Jünger.« In diesen Worten des Johannes liegt das Bemühen, das Werk Jesu von dem des Johannes des Täufers zu trennen; doch es war natürlich auch ein Hinweis für die Leser, daß Johannes im späten 1. Jahrhundert nicht von Jesus selbst, sondern von einem seiner Jünger getauft worden war.

Wenn das Evangelium des Matthäus wörtlich gelesen wird, so zeigt sich, daß der auferstandene Jesus selbst seinen Jüngern wörtlich befohlen hat, »alle Völker im Namen des Vater und des Sohnes und des Heiligen Geistes« zu taufen, doch es ist der *auferstandene Jesus*, der durch seine verborgene, mysteriöse Existenz zur Gemeinde spricht. Wie Brown gesagt hat: »Wäre diese Feststellung unmittelbar nach der Auferstehung in genau diesen Worten gemacht worden, wäre die Apostelgeschichte nahezu unverständlich, denn dann hätte es für die Jünger Jesu keinen Zweifel gegeben, daß er Jünger unter den Heiden haben wollte. Nichtsdestoweniger ging die Debatte über die Akzeptanz von Heiden die ersten zwanzig Jahre des Christentums weiter. Wie im Text des Matthäus angedeutet, könnte eine ähnliche weiterentwickelte Taufzeremonie unmittelbar nach der Auferstehung bekannt gewesen sein, womit der allgemein gebräuchliche Ausdruck, den wir überall sonst im Neuen Testament des Taufens im Namen Jesu finden, schwer verständlich wird.«

Die Gefangennahme und Hinrichtung von Johannes dem Täufer konfrontiert uns mit zahllosen Problemen, wenn wir den Vorfall im Neuen Testament in jedem Detail als wörtlichen historischen Bericht nehmen. Meier hat überzeugend argumentiert, daß Markus bei verschiedenen wichtigen Tatsachen irrt, und somit dieser spezielle Bericht des Markus überhaupt in Frage zu stellen ist. Die zweite Frau von Herodes Antipas, Herodias, zum Beispiel, war nicht mit Herodes Philippus verheiratet, sondern mit einem anderen Halbbruder des Herodes Antipas. Was auch gegen die historische Authenzität des Markus spricht – und von größerem Interesse ist –, sind die Vorläufer der Festnahme und des Todes des Täufers im Alten Testament (der Konflikt des Propheten Elijas mit König Ahab und der tückischen Königin Jezabel und die im Volk verhafteten Geschichten sowie die Legenden, die sich bei Esther und Judith finden). Meier hat überzeugend ausgeführt, daß – abgesehen von der unbestrittenen Tatsache, daß Johannes auf den Befehl von Herodes Antipas enthauptet wurde – die anderen Einzelheiten bei Markus und Matthäus (bei Lukas völlig außer acht gelassen) einen religiösen Exkurs bringen, nicht aber eine Videobandreportage. Diese religiöse Überlegung schließt die Einzelheiten des Markus ein, die dann durch das Theaterstück von Oscar Wilde und die Oper von Richard Strauss populär gemacht wurden – daß nämlich Herodias und ihre Tochter sich verschwören, den Kopf des Johannes auf einer Platte gereicht zu bekommen, und zwar trotz des Zögerns des schwachen Herodes Antipas, dem das eigene Versprechen Angst einjagt, seiner Stieftochter, dem erotisch tanzenden Mädchen, jeden Wunsch zu erfüllen (in den Evangelien ohne Namen, doch von Josephus Flavius als Salome bezeichnet – wenn auch nicht gerade als ein Mata Hari-Typ).

4. Kapitel

Abgesehen vom Neuen Testament gibt es in der antiken Literatur oder in der Geschichte wenige substantielle Hinweise auf Jesus, was nicht weiter verwunderlich ist, denn er war (so Meier: *A Marginal Jew*) »ein nebensächlicher Jude, Führer einer nebensächlichen Bewegung in einer nebensächlichen Provinz des großen römischen Reiches«, und es war, so scheint es, bis zu seinem Tod und den darauf folgenden Ansprüchen seiner Jünger nichts Außergewöhnliches an ihm. Die wenigen, beinahe beiläufigen Hinweise finden sich bei Josephus Flavius, Sueton, Plinius und Tacitus.

Persönlichkeit zu rekonstruieren siehe unter anderem Küng: *Christsein*, 146–153.

Datiert um 150 (eine Generation nach dem Autor), wurde es 1920 in Ägypten gefunden und befindet sich jetzt in der John Ryland Library in Manchester, England. Das Fragment ist beidseitig beschrieben – es war folglich nicht Teil einer Schriftrolle, sondern eines Kodex, das, was wir heute als Buch bezeichnen. Der sogenannte Codex Sinaiticus im Britschen Museum wurde in einem Kloster auf dem Berg Sinai gefunden und 1933 nach England gebracht. Im 4. Jahrhundert auf Pergament geschrieben, enthält er das gesamte Evangelium, einiges aus dem Alten Testament und zwei andere nichtchristliche Schriften. Im dem aus der ersten Hälfte des 5. Jahrhunderts stammenden, ebenfalls im Britischen Museum aufbewahrten Codex Alexandrinus findet sich die gesamte Bibel.

Die römisch-katholische Kirche, die Modetorheiten nicht bereit ist zu anerkennen und ihre Zeit braucht, sich irgendeiner Theorie oder Theologie anzuschließen, hat seit langem dem zugestimmt, was heute für biblische Studien als gültig angesehen wird: vor allem, daß es drei Entwicklungsstufen gegeben hat, die schließlich zu den niedergeschriebenen Evangelien führten. 1964 hat die päpstliche Bibelkommission eine Instruktion über die historische Wahrheit der Evangelien mit dem vollen Text herausgegeben, die mit einem entsprechenden Kommentar versehen ist.

Mit Ende des 2. Jahrhunderts stimmten die christlichen Gemeinden darin überein, daß die Evangelien, deren Ursprung auf Gemeinschaften zurückging, die durch Männer namens Matthäus, Markus, Lukas und Johanes repräsentiert wurden, den wahren apostolischen Glauben verkündeten; das endgültige Neue Testament lag erst ungefähr im Jahre 400 vor.

Der Bericht des Johannes, nach dem Maria nach dem Karfreitag mit einem der Jünger Jesu zusammengelebt hat, setzt absolut ihre Witwenschaft voraus, doch ist nicht auszuschließen, daß sie von ihrem Ehemann verlassen wurde. In einer Kultur allerdings, in der die Familienehre so hochgehalten wurde, wäre es mehr als seltsam, daß ein solcher Skandal niemals in den Evangelien Erwähnung gefunden hätte oder, noch bezeichnender, von den Feinden Jesu nicht zu Tage gebracht worden wäre.

5. Kapitel

Das Wort *Apostel* (aus dem Griechischen »ausgesandt«) wird allgemein mißverständlich als Bezeichnung der Zwölf angesehen, während der Rest nur als Jünger verstanden wird. Doch ist es nicht das, was das Neue Testament sagt. »Apostel« war ein Titel, der erst nach der Auferstehung jenen gegeben wurde, die an ihn glaubten und als Missionare ausgesandt wurden. Und das galt (vierundsiebzigmal im Neuen Testament außerhalb der Evangelien) für eine weit größere Gruppe als die Zwölf oder auch als die Jünger, die Jesus während seines körperlichen Daseins gekannt hatten. Wird das Wort *Apostel,* was sehr selten geschieht, im Sinn der Zwölf in den Evangelien verwendet (niemals bei Johannes, einmal bei Matthäus, zweimal bei Markus und sechsmal bei Lukas), so gilt dies analog für die größere Gruppe der Nach-Auferstehungsgemeinschaften. Es besteht kein Zweifel, daß die Zwölf vor und nach dem Tod Jesu einen Ehrenplatz hatten, und als unmittelbar nach der Auferstehung der Platz des Judas von Matthäus eingenommen wurde, es später keinen Anlaß gab, einen der anderen unter den Zwölf nach ihrem Tod zu ersetzen.

9. Kapitel

Die Aussprüche über Scheidung bei Markus, Matthäus und Lukas wurden für eine jüdisch-christliche Gemeinde geschrieben, ihnen ist noch hinzugefügt, daß Scheidung verboten ist, außer aus dem Grund der *porneia.* Das griechische Wort wurde häufig falsch mit »Unkeuschheit« oder »Ehebruch« übersetzt, doch entspricht das nicht seiner Bedeutung. *Porneia* ist der Fachausdruck im griechischen Alten Testament für die inzestiöse Ehe, eine Verbindung zwischen Blutsverwandten. Solche Ehen, setzt Matthäus hinzu, *müssen* gelöst werden, wenn Juden Christen werden.

12. Kapitel

Das Mahl wird im Evangelium des Johannes nicht dokumentiert, und das aus gutem Grund, denn es wurde bereits symbolisch und mystisch als die wunderbare Vermehrung des Brotes und der Fische beschrieben. Zusätzlich arbeitet Johannes in der Fußwaschung der Jünger durch Jesus das Wesen des Dienens heraus, das die Wurzel seiner Hingabe beim Letzten Abendmahl ist.

13. Kapitel

Es gibt eine beachtliche wissenschaftliche Debatte über die Geschichtlichkeit der Befragung Jesu vor dem jüdischen Synhedrion. Zweifel erheben sich vor allem durch die Ungewöhnlichkeit eines Prozesses mitten in der Nacht so kurz vor einem großen Fest. Dazu kommt, daß die Haltung der Hohenpriester und ihrer Freunde (wie in den Evangelien beschrieben) alle Grenzen des zivilen und religiösen Rechtes überschreitet. Es ist auch unklar, warum der Synhedrion, nachdem Jesus zum Tod verurteilt worden war, ihn dem römischen Statthalter übergab. Nur das vierte Evangelium stellt fest, der Synhedrion hätte nicht das Recht gehabt, die Todesstrafe zu vollziehen – was allerdings zweifelhaft ist, wie der Fall von Johannes dem Täufer beweist: Herodes Antipas benötigte keine Genehmigung der Besatzer, um Johannes zu enthaupten. »Wenn das Bild des Synhedrion unvermindert feindlich gezeichnet ist, so müssen wir uns daran erinnern, daß [die Evangelisten geschrieben haben für] Christen, die selbst durch Konfrontationen mit Synagogenführern gelitten haben« (*A Crucified Christ*). Matthäus ist, wie üblich, besonders unerbittlich über die Rolle der Juden am Tode Jesu: er schreibt nur, daß »die Hohenpriester und Ältesten des Volkes gemeinsam den Beschluß [faßten], Jesus hinrichten zu lassen«.

Über die verwirrende Geschichte der Debatte, ob die Juden das Recht hatten, die Todesstrafe zu verhängen, siehe Winter: *On The Trial of Jesus*, 66–90, und Brown: *The Gospel According to John*, XIII–XXI, 848–850. Hier findet sich »beeindruckende Schlüßigkeit« (Browns Worte), um Winters Widerlegung von Jeremias und anderen zu unterstützen sowie dabei zu bleiben, daß Johannes vollkommen recht hat. Die Römer wachten eifersüchtig über ihrem Recht, die Todesstrafe zu verhängen, denn sonst wäre es durchaus möglich gewesen, daß lokale Behörden prorömische Parteien exequiert hätten.

Die Frage der Geschichtlichkeit von Barabas (was kein Name, sondern einfach eine Bezeichnung ist – »Sohn eines Vaters«) ist umstritten. Brown nimmt an, daß es wirklich einen Guerillakämpfer namens Barabas gegeben hat, denn sonst ist schwer zu erklären, warum diese Geschichte erfunden wurde und wie sie ihren Weg unabhängig in die Überlieferung aller vier Evangelien fand. Doch ist es letztlich möglich, daß die Barabas-Episode in die mündliche vorevangelische Überlieferung einfloß, um die Schuld der Juden drastischer darzustellen: sie ziehen einen staatlich anerkannten Gauner Jesu vor.

Zur Zeit als die Evangelien den Heiden zu Ohren kamen – vor allem den Römern –, konnten sie bereits sicher sein, daß Jesus nicht ein antirömischer Krimineller war und daß er sogar tatsächlich vom römischen Statthalter verteidigt wurde.

Der Vers des Johannes »Die Juden entgegneten ihm: Wir haben ein Gesetz, und nach diesem Gesetz muß er sterben, weil er sich als Sohn Gottes ausgegeben hat.« ist als ironischer Ausspruch zu verstehen, den der Evangelist der Menge in den Mund legt. Es ist unumstößliche Tatsache, daß Jesus während seines Lebens niemals im göttlichen Sinn beansprucht hat, Gottes Sohn zu sein – obwohl er bei verschiedenen Gelegenheiten eine sehr entschiedene Meinung über den Anspruch »Sohn Gottes« ausgedrückt zu haben scheint. Doch weder seine Sprache noch seine Lehre konnten einen Geist der Göttlichkeit ausdrücken, die ihn von Gottes Vaterschaft trennte. In dieser Beziehung repräsentiert das Evangelium des Johannes, mehr als die anderen, den im späten 1. Jahrhundert bereits gefestigten Glauben der Christen an Jesus.

Der Babylonische Talmud, mit dem im 3. Jahrhundert n. Chr. begonnen wurde und der seine endgültige Fassung erst mehr als vierhundert Jahre später erlangte, spricht von einem Mann namens Yeshu (Jesus), der am Abend des Passahfestes gehängt wurde, doch gibt es verwirrende Berichte über ein einmonatiges Gerichtsverfahren. Yeshu, sagt dieses Dokument, war ein Magier oder Zauberer, der das Volk von Israel betrog.

Nach Matthäus und Markus sagt Jesus nur »Eli, Eli...« Lukas fügt zwei weitere Erklärungen hinzu, die er seinem anderen Werk (Apostelgeschichte) entnommen hat: Dies sind die letzten Worte des ersten christlichen Märtyrers, des Diakon Stephan, als er zu Tode gesteinigt wurde: »Herr Jesus, nimm meinen Geist auf«, und »Herr rechne ihnen diese Sünde nicht an.« (Apostelgeschichte). Er fügt auch die Worte Jesu zu dem reuigen Verbrecher hinzu (»Heute noch wirst du mit mir im Paradies sein.«), was bei Lukas im Einklang mit dem Werk des glorifizierten Jesus steht. Die bei Johannes gesprochenen Worte Jesu sind stark theologisch gefärbt, doch ihre Geschichtlichkeit ist zweifelhaft. Mutter und Jünger die Sorge für einander aufzutragen, ist ein kirchliches Symbol: Maria und der Apostel Johannes werden nicht einmal namentlich als Mutter und Jünger genannt – viel-

mehr stellen sie Embleme der neugegründeten Kirche und ihres Ur-
bilds dar. Die Phrase »Mich dürstet« ist ebenso komplex und könnte an
den Psalm 22 erinnern (»die Zunge klebt mir am Gaumen...«). Seiner
Darstellung folgt in Johannes die Beschreibung des in Essig getauchten
Schwammes, der Jesus auf einen Hysopzweig gereicht und an den
Mund gehalten wird. In Ägypten wurde der Hysopzweig dazu verwendet, die Türpfosten der Israeliten mit dem Blut des Passahlamms
zu beschmieren. Zusätzlich berichtet Johannes, daß Jesus nach seinem
Tod kein Knochen gebrochen wurde, so wie es auch für das Opfer-
lamm gilt.

Alle vier Evangelien erwähnen die Anwesenheit von Frauen beim
Tode Jesu, doch sind die Berichte unmöglich in Einklang zu bringen.
Bei Markus und Matthäus wird – nach der Erzählung vom Tode Jesu –
berichtet, daß sich in der Nähe Frauen aufhalten, die »von weitem
zusahen« und die Jesus während seines Wirkens gedient hatten. Doch
erwähnt werden nur Maria Magdalena, Maria, die Mutter von Jakobus
und Josef (Markus: Joses) und (Matthäus) die Mutter der Söhne des
Zebedäus (möglicherweise dieselbe wie bei Markus: Salome, die nicht
die Mutter der Söhne des Zebedäus ist). Lukas erwähnt nur: »Alle seine
Bekannten aber standen in einiger Entfernung, auch die Frauen, die
ihm seit der Zeit in Galiläa nachgefolgt waren...«. Hier also gibt es in
der Zusammenfassung keine Erwähnung der Mutter Jesu oder eines
speziellen Jüngers. Den einzigen Namen, den Matthäus, Markus und
Lukas mit Johannes gemeinsam haben, ist der der Maria Magdalena.
Doch für seine persönlichen Zwecke geht Johannes weiter: »Bei dem
Kreuz Jesu standen seine Mutter und die Schwester seiner Mutter,
Maria, die Frau des Klopas, und Maria von Magdala.« Der Sytax dieses
Verses ist im Griechischen zweideutig, wie ich mich auch bemüht habe,
es in dieser Übersetzung zu zeigen: sind es zwei oder drei Frauen? Ein
namentlich genanntes Paar (Maria, die Frau des Klopas, und Maria
Magdalena) und ein namenloses Paar (die Mutter Jesu und die Schwester seiner Mutter). Oder handelt es sich um drei Frauen namens Maria
(mit der »Schwester seiner Mutter« als Hinzufügung zu »Maria, die
Frau des Klopas«)? Gegen die Auffassung, daß es sich um drei Frauen
gehandelt hat, spricht, daß es sich bei Maria, der Frau des Klopas, nicht
um »die Schwester seiner Mutter« gehandelt haben konnte, da zwei
Schwestern nicht den gleichen Namen tragen (Maria) – allerdings
erwähnt Johannes in seinem Evangelium niemals den Namen der Mut-

ter Jesu. Sie scheint im Evangelium des Johannes nur bei der Hochzeit von Kana auf, aber auch hier hat sie keinen Namen und wird nur als »Frau« bezeichnet. Ernstzunehmende Wissenschaft des Johannes-Evangeliums sieht zu Recht in der Mutter Jesu eine Symbolgestalt: Hätte Johannes ihrem zweimaligen Auftreten einen speziellen historischen Aspekt verleihen wollen, warum nannte er dann nicht ihren Namen, der allgemein bekannt war? Als »Frau« hat sie fraglos theologische Bedeutung. John McKenzie hat vermutlich in dieser Beziehung vollkommen recht: »Die Evangelisten sagen deutlich, daß alle Jünger geflohen waren und beim Tode Jesu nicht anwesend waren; es ist nicht so erstaunlich, daß die Quellen der Evangelien so verschieden darüber sind, wer nun wirklich anwesend war, doch sind die Synoptiker hinsichtlich der Anwesenheit Marias nicht verschiedener Ansicht. *Wir müssen die Worte Jesu zu Maria und dem geliebten Jünger als theologische Konstruktion des Johannes akzeptieren (The Mother of Jesus in the New Testament*, Konzil 1983).

14. Kapitel

Die immer wiederkehrende Verwendung des Wortes *lebendig* im Neuen Testament ist von singulärer Bedeutung: Im Gespräch über die Patriarchen Israels sagt Jesus: »Er ist der Gott nicht der Toten, sondern der Lebenden, für *ihn sind alle lebendig*.« Im Griechischen ist *pantes gar 'auto zosin* »alle leben für [oder in bezug auf] ihn, das heißt, im Reich Gottes oder in Beziehung zu Gott (ein hinweisender Dativ) sind alle lebendig. In der Apostelgeschichte wird über Jesus gesagt: »Ihnen hat er durch viele Beweise gezeigt, daß er lebt – *parestesen 'euton zonta*«, wörtlich »er zeigte sich selbst, lebendig« (*zonta* ist das näherbezeichnende Partizipium presentis von 'euton). Im Römerbrief heißt es: »... die für die Sünde tot sind, aber für Gott leben in Christus Jesus.« – *Nekrous men te 'amartia, zontas de to theo*, das heißt, »tot in bezug auf die Sünde, was bedeutet, lebendig in bezug zu Gott.« Einer der hervorragendsten Sätze scheint am Ende des Neuen Testaments (Offenbarung des Johannes) auf: »Ich bin der Erste und der Letzte«, sagt der auferstandene Jesus, »und der Lebendige. Ich war tot, doch nun lebe ich in alle Ewigkeit,...« – *'ego 'eimi 'o protos kai 'o 'eschatos, kai 'o zon, kai 'egenomen nekros kai 'idou zon 'eimi 'eis tous 'aionas ton 'aionon.*

Die Geschichte der Maria Magdalena im Evangelium des Johannes ist sowohl faszinierend wie problematisch, und sie hat zu verschiedenen geistreichen wie gequälten Auslegungen geführt. Wie üblich geht Brown mit dem Problem sehr rigoros um. »Indem er ihr sagt, ihn nicht festzuhalten, zeigt Jesus, daß seine ständige Gegenwart nicht in seinem Erscheinen, sondern im Geschenk des Geistes zu sehen ist«. Über den Eindruck, den das Evangelium des Johannes gibt, nämlich daß in das ganze Geschehen ein Zeitrahmen eingewoben ist, so ist es wichtig zu sehen, wie der Erzähler eine Geschichte aufbaut. Johannes sieht die Verherrlichung Jesu als Übergang vom Letzten Abendmahl zur Osternacht. Die Bedeutung in dem ausdrücklichen Befehl, ihn nicht festzuhalten, liegt somit auch darin, daß die fixe Vorstellung von seiner *sichtbaren Gegenwart* die Wirkung seiner Verherrlichung für die Menschheit mindert.

Die Auferstehung am dritten Tag entspricht der Bibel: Siehe Hosea: »... am dritten Tag richtet er uns wieder auf, und wir leben vor seinem Angesicht.« Genesis: »Als Abraham am dritten Tag aufblickte, sah er den Ort von weitem.« Exodus: »Am dritten Tag nämlich wird der Herr vor den Augen des ganzen Volkes auf den Berg Sinai herabsteigen.« Samuel: »... kam am dritten Tag ein Mann aus dem Lager Sauls.« 1 Könige: »Am dritten Tag kamen Jerobeam und das ganze Volk zu Rehabeam...« Der dritte Tag bezieht sich nicht auf den Ablauf von zweiundsiebzig Stunden, sondern den *Wendepunkt*, an dem Altes von Neuem getrennt wird. Johannes: »Am dritten Tag fand in Kana in Galiläa eine Hochzeit statt...« Am dritten Tag *wonach*? Wir erfahren es nicht: es ist ein literarischer Kunstgriff, der auf einen Zeitpunkt verweist, an dem etwas Entscheidendes passiert ist. Auch die frühe Kirche wußte natürlich, daß die erste Ankündigung der Auferstehung Jesu an einem Sonntag erfolgte. Und so nahm die mündliche Überlieferung sofort die Phrase des Alten Testaments auf: »am dritten Tag« und fand sie in dem Ereignis der Erlösung erfüllt.

Ausgewählte Bibliographie

Achtemeier, Paul J., Hrsg. *Harper's Bible Dictionary,* San Francisco: Harper San Francisco, 1985

Alexander, David und Pat Alexander *Eerdmans Handbook to the Bible,* Oxford, England: Lion Publishing, 1973

Alsop, John R., Hrsg. *An Index to the Revised Bauer-Arndt-Gingrich Greek Lexicon,* 2. Ausgabe, Grand Rapids, Mich.: Zondervan, 1981

Appleton, George, Hrsg. *The Oxford Book of Prayer,* Oxford, England: Oxford University Press, 1985

Balz, Horst und Gerhard Scgneider, Hrsg. *Exegetical Dictionary of the New Testament,* 3 vol. Grand Rapids, Mich.: William B. Erdmans, 1991–1994

Barrett, C.K. *A Critical and Exegetical Commentary on the Acts of the Apostles,* 2 Bnd., Edinburgh: T. & T. Clark, 1994

– *The Gospel According to St. John,* Philadelphia: Westminster, 1978

Beare, Francis Wright *The Gospel According to Metthew: A Commentary,* Oxford, England: Basil Blackwell, 1981

Blair, Edward P. *The Illustrated Bible Handbook,* Nashville, Tenn.: Abigton Press, 1987

Blass, F. und A. Debrunner *A Greek Grammar of the New Testament and Other Early Christian Literature,* übersetzt und bearbeitet von Robert W. Funk. Chicago: University of Chicago Press, 1959

Boulding, Maria *The Coming of God,* London: SPCK, 1982

– *Gateway to Hope: An Exploration of Failure,* Petersham, Mass. St. Bede's Publications, 1985

Bourke, Myles M. *Passion, Death and Resurrection of Christ,* New York: Paulist Press, 1963

Bowker, J. *Jesus and the Pharisees,* Cambridge, England: Cambridge University Press, 1973

Brooks, James A. und Carlton L. Winbery *Syntax of New Testament Greek,* Lanham, Md.: University Press of America, 1979

Brown, Raymond E. *An Adult Christ at Christmas,* Collegeville, Minn.: Liturgical Press, 1978

– *The Birth of the Messiah,* New York: Doubleday / Anchor Bible Reference Library, 1993 (Originalausgabe 1977)

– *The Churches the Apostles Left behind,* New York: Paulist Press, 1984

– *A Coming Christ in Advent,* Collegeville, Minn.: Liturgical Press, 1988

– *The Critical Meaning of the Bible,* New York: Paulist Press, 1981

– *A Crucified Christ in Holy Week,* Collegeville, Minn.: Liturgical Press, 1086

– *The Death of the Messiah,* 2 Bnd., New York: Doubleday / Anchor Bible Reference Library, 1994

– *The Gospel According to John I–XII,* Garden City, N. Y.: Doubleday / The Anchor Bible, 1966

– *The Gospel According to John XII–XXI,* New York: Doubleday / The Anchor Bible, 1970

– *The Gospel and Epistles of John,* Collegeville, Minn. Liturgical Press 1988

– *An Introduction to the New Testament Christology,* New York: Paulist Press, 1994

– *New Testament Essay,* Milwaukee: Bruce, 1965

– *A Once and Coming Spirit at Pentecost,* Collegeville, Minn. Liturgical Press, 1994

– *Reading the Gospel with the Church from Christmas Through Easter,* Cincinnati: St. Anthony Messener Press, 1996

– *Responses to 101 Questions on the Bible,* New York: Paulist Press, 1990

– *A Risen Christ in Eastertime,* Collegeville, Minn. Liturgical Press

– *The Virginal Conception and Bodily Resurrection of Jesus,* New York: Paulist Press, 1973

Brown, Raymond E., Joseph A. Fitzmyer, S.J., und Roland E. Murphy, O. Carm., Hrsg. *The New Jerome Biblical Commentary,* Englewood Cliffs, N. Y.: Prentice Hall, 1990

Campenhausen, H. F. von *Tradition and Life in the Church,* Philadelphia: Fortress, 1968

Capon, Robert Farrar *The Parables of Judgement,* Grand Rapids, Mich.: Eerdmans, 1989

Collins, John J. *The Scepter and the Star,* New York: Doubleday / Anchor Bible Reference Library, 1995

Cook, Michael *Responses to 101 Questions About Jesus,* New York: Paulist Press, 1993

Cullmann, Oscar *Prayer in the New Testament,* übersetzt von John Bowden, Minneapolis: Fortress Press, 1995

Daniel-Rops, Henri *Daily Life in Palestine at the Time of Christ,* London: Weidenfeld and Nicholson, 1962

Davies, W. D. *A Critical and Exegetical Commentary on the Gospel According to Saint Metthew,* Edinburgh: T. & T. Clark, 1988

– *The Setting of the Sermon on the Mount,* Cambridge, England: Cambridge University Press, 1964

de Caussade, Jean-Pierre *Abandonment to Divine Providence,* übersetzt von John Beevers, New York: Doubleday Image, 1975

Deiss, Lucien *Early Sources of the Liturgy,* übersetzt von Benet Weatherhead, Collegeville, Minn.: Liturgical Press, 1967

Donahue, John R. *The Gospel in Parabel,* Minneapolis: Fortress, 1988

Ehrman, Bart D. und Micheal W. Holmes, Hrsg. *The Text of the New Testament in Contemporary Research,* Grand Rapids Mich.: Eerdmans, 1995

Eliot, T. S. *The Complete Poems and Plays,* 1909–1950, New York: Harcourt, Brace & World, 1952

Fiensy, David A. *The Social History of Palestine in the Herodian Period,* Lewiston, N. Y.: Edwin Mellon Press, 1991

Fitzmeyer, Joseph A., S. J. *A Christological Catechism,* New York: Paulist Press, 1991

– *The Gospel According to Luke, I–IX and X–XXIV,* vol. 28 and 28A of *The Anchor Bible,* Garden City N. Y.: Doubleday, 1981

– *Responses to 101 Questions on the Dead Sea Scrolls,* New York: Paulist Press, 1993

– *Scripture and Christolog,* London: Geoffrey Chapman, 1986

– *To Advance the Gospel: New Testament Studies,* New York: Crossroad, 1981

Freedman, David Noel, Chefredakteur *The Anchor Bible Dictionary, 6 Bnd.,* New York: Doubleday, 1992

Freyne, S. *Galilee from Alexander the Great to Hadrian: A Study of Second Temple Judaism,* Wilmington, Del.: Michael Glazier and Notre Dame: Notre Dame Press, 1980

Fuller, Reginald H. *The Formation of the Resurrection Narratives,* New York: Macmillan, 1971

– *Interpreting the Miracles,* London, England, and Naperville, Ill.: SCM Book Club, 1963

Goold, G.P., Hrsg. *Tacitus: The Annals, 5 Bnd.,* Cambridge, Mass.: Havard University Press / London: William Heinemann, 1981

Guardini, Romano *The Lord,* Chicago: Henry Regnery, 1954

Guelich, Robert A. *The Sermon of the Mount: A Foundation for Understanding,* Waco Texas: Word Books, 1982

Hamel, Patrick J. *Handbook of Patrology,* Staten Island, N. Y.: Alba House, 1968

Hamm, Dennis *The Beatitudes in Context,* Wilmington: Michael Glazer / Zacchaeus Studies: New Testament, 1990

Harrington, Daniel *How to Read the Gospels,* Hade Park, N. Y.: New City Press, 1996

Jeremias, Joachim, übersetzt von F. H. und C. H. Cave *Jerusalem in the Time of Jesus,* London: SCM Press, 1969

– *New Testament Theology: The Proclamation of Jesus,* New York: Scribner's, 1971

– *The Prables of Jesus,* 3. überarb. Aufl., London: Xpress Reprints / SCM Press, 1995

– *Rediscovering the Parables,* London: SCM Press, 1066

Johnson, Luke Timothy *The Acts of the Apostles,* Collegeville, Minn.: Michael Glazier / Liturgical Press, 1992

– *The Real Jesus: The Misguided Quest for the Historical Jesus and the Truth of the Traditional Gospels,* San Francisco: Harper San-Francisco, 1996

Jones Clifford M. *New Testament Illustrations,* Cambridge, England: Cambridge University Press, 1956

Julian of Norwich *Revelations of Divine Love,* übersetzt von Clifton Wolters, Baltimore: Penguin, 1966

Karris, Robert J. *The Collegeville Bible Commentary: New Testament,* Collegeville, Minn. Liturgical Press, 1992

Kee, Howard Clark *Understanding the New Testament*, 5. Aufl., Englewood Cliffs, N.Y.: Prentice Hall, 1993

Kelly, J. N. D. *Early Chritian Doctrines,* überarb. Aufl., San Francisco: Harper San-Francisco, 1976

Kingsbury, Jack Dean *Proclamation Commentaries: Jesus Christ in Matthew, Mark and Luke,* Philadelphia: Fortress Press, 1981

Kloppenburg, John S. *Q Parallels,* Sonoma, Calif.: Polebridge Press, 1988

Komonchak, Joseph A., Mary Collins und Dermot A. Lane, Hrsg. *The New Dictionary of Theology,* Wilmington: Michael Glazier, 1987

Kümmel, Werner Georg *Introduction to the New Testament,* übersetzt von Howard Clark Kee, neue überarb. Aufl., Nashville, Tenn. Abingdon, 1975

Küng, Hans *On Being a Christian,* übersetzt von Edward Quinn, Garden City N. Y.: Doubleday, 1976

Latourelle, René und Rino Fisichella, Hrsg. *Dictionary of Fundamental Theology.* New York: Crossroad, 1994

Leclerc, Eloi *Francis of Assisi: Return to the Gospel,* übersetzt von Richard Arnandez, Chicago: Franciscan Herald Press, 1981

Léon-Dufour, Xavier *Dictionary of Biblical Theology,* übersetzt von P. Joseph Cahill, New York: Desclee, 1967

Lienhard, Joseph T. *The Bible, the Church, and Authority,* Collegeville, Minn. Liturgical Press / Michael Glazier, 1995

Livingstone, E. A., Hrsg. *The Concise Oxford Dictionary of the Christian Church,* New York: Oxford University Press, 1977

Macquarrie, John *Christian Hope,* New York: Seabury Press, 1978

– *Jesus Christ in Modern Thought,* London: SCM, 1990

Malina, Bruce J. *The New Testament World: Insights from Cultural Antropology,* Atlanta: John Knox, 1981

Marchione, Margherita *Yours Is a Precious Witness: Memoirs of Jews and Catholics in Wartime Italy,* New York: Harper & Row, 1968

Matthews, Victor H. *Manners and Customs in the Bible,* Peadbody, Miss.: Hendrickson, 1988

Mays, James L., Hrsg. *Harper's Bible Commentary,* San Francisco: Harper San-Francisco, 1988

McBrien, Richard P. *Catholicism,* San Francisco: Harper San-Francisco, 1994

– *Responses to 101 Questions on the Church,* New York: Paulist Press, 1966

McBrien, Richard P., Hrsg. *The HarperCollins Encyclopedia of Catholicism,* San Francisco: Harper San-Francisco, 1995

McKenzie, John L. *Dictionary of the Bible,* Milwaukee: Bruce, 165

McManners, John L. *Dictionary of the Bible,* Milwaukee: Bruce, 1965

McManners, John, Hrsg. *The Oxford Illustrated History of Christianity,* New York: Oxford University Press, 1990

Meier, John P. *A Marginal Jew, 1. und 2. Bnd.,* New York: Doubleday/ Anchor Bible Reference Library, 1991 und 1994

– *Metthew,* Collegeville, Minn.: Michael Glazier / Liturgical Press, 1980

Metz, Johannes B. *Poverty of the Spirit,* übersetzt von John Drury, New York, Paulist Press, 1968

Metzger, Bruce M. und Michael D. Coogan, Hrsg. *The Oxford Companion to the Bible,* New York and Oxford, England: Oxford University Press, 1993

Meyers, Eric M. und James F. Srange *Archaeology, the Rabbis, and Early Christianity,* Nashville, Tenn. Aington, 1981

Murphy, Roland E. *Responses to 101 Questions on the Psalms and Other Writings,* New York: Paulist Press, 1994

Murphy-O'Connor, Jerome *Paul – A Critical Life,* Oxford, England: Clarendon, 1996

Neufeld, Vernon H. *The Earliest Christian Confession,* Grand Rapids, Mich.: Eerdmans, 1963

Neusner, Jacob *From Politics to Piety,* Englewood Cliffs, N. Y.: Prentice Hall, 1973

– *New Interpreter's Bible,* The, 12 Bnd., Nashville, Tenn.: Abingdon Press, 1997

Newman, Barclay M., Jr. *A Concise Greek-English Dictionary of the New Testament,* London: United Bible Societies, n. d.

Osborne, Kenan B. *The Resurrection of Jesus,* New York: Paulist Press, 1997

Pannenberg, Wolfhart *Jesus – God and Man,* Philadelphia: Westminster Press, 1968

Perkins, Pheme *Resurrection,* Garden City, N. Y.: Doubleday, 1984

Perowne, Stewart *The Later Herods: The Political Background of the New Testament,* London: Hodder ND Stoughton, 1958

– *The Life and Times of Herod the Great,* Nashville, Tenn. Abingdon, 1956

Pesch, Rudolf *Das Markusevangelium,* Freiburg / Basel / Wien: Herder, 1977

Rahner, Karl *Foundations Of Christian Faith*, übersetzt von William V. Dych, New York: Crossroad, 1986

Rahner, Karl *The Resurrection of the Body, Derby,* N. Y.: St. Paul Publications, 1967

Ratzinger, Josef *Introduction to Christianity,* New York: Herder and Herder, 1969

Rivkin, E.A. *Hidden Revolution: The Pharisees' Search for the Kingdom Within,* Nashville, Tenn.: Abingdon, 1978

Rousseau, John J. und Rami Arav *Jesus and His World: An Archaeological and Cultural Dictionary,* Minneapolis: Fortress Press, 1995

Sandmel, Samuel *Herod: Profile of a Tyrant,* Philadelphia: Lippincott, 1967

Schillebeeckx, Edward *The Language of Faith: Essays on Jesus, Theology and the Church,* Maryknoll, N. Y.: Orbis, 1995

Schilling, Harold *The New Consciousness in Science and Religion,* Philadelphia: United Church Press, 1973

Schnackenburg, Rudolf *All Things Are Possible to Believers: Reflections on the Lord's Prayer and the Sermon on the Mount,* übersetzt von James S. Currie, Louisville: Westminster John Knox Press, 1995

– *Jesus in the Gospel: A Biblical Christology,* übersetzt von O. C. Dean Jr., Lousville: Westminster John Knox Press, 1995

Schweizer, Eduard *the Good News According to Matthew,* übersetzt von David E. Green, Atlanta: John Knox, 1975

Scott, Bernard Brandon *Hear Then the Parable: A Commentary on the Parables of Jesus,* Minneapolis: Fortress Press, 1982

Senior, Donald *The Gospel of Matthew,* Nashville, Tenn.: Abingdon Press, 1997

– *Jesus: A Gospel Portrait,* New York: Paulist Press, 1992

Shuler, Philip L. *A Genre for the Gospels: The Biographical Character of Matthew,* Philadelphia: Fortress Press, 1982

Spoto, Donald *Christ's Preaching to the Dead: An Exegesis of I Peter 3.18–4.6.* Dissertation für den Dr. Phil. an der theologischen Fakultät der Fordham University, New York: 1970. Erhältlich bei University Microfilms, Ann Arbor, Michigan; auch in Disseration Abstracts.

Staniforth, Maxwell, Übers. *Early Christian Writings,* London: Penguin, 1968

Stanton, Graham *Gospel Truth? New Light on Jesus and the Gospels.* Valley Forge, Pa.: Trinity Press, 1995

Stone, Michael E. *The Testament of Levi,* Jerusalem: St. James Press, 1969

Stuhlmueller, Carroll, Hrsg. *The Collegeville Pastoral Dictionary of Biblical Theology,* Collegeville, Minn.: Liturgical Press, 1996

Theissen, G. *The Miracle Stories of the Early Christian Tradition,* Philadelphia: Fortress, 1983

Throckmorton, Burton H., Jr. *Gospel Parallels: A Synopsis of the First Three Gospels,* 3. überarb. Aufl., Toronto: Thomas Nelson, 1967

Tillich, Paul *The Shaking of the Foundation,* New York: Scribner's, 1948

Ulanov, Ann und Barry, Hrsg. *A Dictionary of Christian Spirituality*, London: SCM, 1983

Wakefield, Gordon S., Hrsg. *A Dictionary of Christian Spirituality,* London: SCM, 1983

Ward, Benedict, Übers. *The Prayers and Meditations of St. Anselm,* London: Penguin, 1973

Wenham, J.W. *The Elements of New Testament Greek,* Cambridge, England: Cambridge University Press, 1965

Wilson, Ian *Jesus: The Evidence,* San Francisco: Harper San-Francisco, 1996

Winter, Paul *On the Trial of Jesu,* Berlin und New York: de Gruyter, 1961; 2. Auflage (1974), überarbeitet von T. A. Burkill und G. Vermes.

Witherington, Ben, III. *The Jesus Quest: The Third Search for the Jew of Nazareth,* Downer's Grove, III.: Inter Varsity Press, 1995

Wright, N.T. *What Saint Paul Really Said,* Grand Rapids, Mich.: Eerdmans, 1997

– *Who Was Jesus?* Grand Rapids, Mich.: Eerdmans, 1992

Zerwick, Maximilian *Biblical Greek,* 4. Auflage, übersetzt von Joseph Smith, Rom: Pontifical Biblical Institute, 1963

Über den Autor

Donald Spoto erwarb sein Bakkalaureat mit summa cum laude am Iona College in Griechisch und Latein. Dann erhielt er den Master of Arts und den Dr. phil. in Theologie an der Fordham University, wo er sich auf die Studien des Neuen Testaments unter der Leitung von Myles M. Bourke konzentrierte. Seine Dissertation *Christ's Preaching to the Dead: An Exegis of I Peter 3.18–4.6* untersucht Bibelstellen, die davon ausgehen, daß die ersten Christen an die Möglichkeit einer Konvertierung nach dem Tod geglaubt haben. Dr. Spoto lehrte 20 Jahre auf Universitätsniveau Theologie, christliche Mystik und biblische Literatur, bevor er sich vollständig dem Schreiben zuwandte. Seit 1976 sind unter seinen 16 Büchern Biographien von Alfred Hitchcock, Tennessee Williams, Laurence Olivier und Ingrid Bergmann sowie eine Geschichte des englischen Herrscherhauses zu internationalen Bestsellern geworden. Er lebt in Los Angeles.